本书得到兰州大学中亚研究所和兰州大学
"中央高校基本科研业务费专项资金"项目(16LZUJBWZY024)资助

RESEARCH ON
ETHNIC CONFLICT
AND
COUNTERMEASURES

民族冲突及应对研究

以吉尔吉斯斯坦南部民族冲突为例

A CASE STUDY OF THE ETHNIC CONFLICT
IN SOUTHERN KYRGYZSTAN

蒋海蛟　著

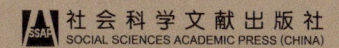

社会科学文献出版社
SOCIAL SCIENCES ACADEMIC PRESS (CHINA)

一个聪明的民族，从灾难和错误中学到的东西会比平时多得多。

——恩格斯

目 录

绪 论 ·· 001
  一 研究缘起 ·· 001
  二 研究现状 ·· 009
  三 研究意义 ·· 015
  四 研究方法 ·· 018
  五 问题陈述 ·· 019
  六 研究设计 ·· 023

第一章 民族冲突何以可能 ·· 025
  一 "民族"与"冲突" ·· 025
  二 民族冲突 ·· 040
  三 民族冲突何以可能 ·· 049

第二章 民族冲突何以激变 ·· 059
  一 民族冲突何以发生 ·· 059
  二 民族冲突基本变量 ·· 070
  三 民族冲突如何动员 ·· 085
  四 民族冲突如何升级 ·· 093
  五 民族冲突如何激变 ·· 101
  六 民族冲突如何化解 ·· 116

第三章 吉尔吉斯斯坦南部民族冲突 ·· 123
  一 吉尔吉斯斯坦民族关系概况 ··· 123
  二 吉尔吉斯斯坦南部民族冲突前 ·· 128
  三 吉尔吉斯斯坦南部民族冲突中 ·· 142

四　吉尔吉斯斯坦南部民族冲突后……………………………179

第四章　吉尔吉斯斯坦南部民族冲突的影响、原因及教训…………184
　　一　吉尔吉斯斯坦南部民族冲突的影响……………………184
　　二　吉尔吉斯斯坦南部民族冲突的原因……………………195
　　三　吉尔吉斯斯坦南部民族冲突的教训……………………214

第五章　民族关系如何评估预警………………………………………238
　　一　建立民族关系评估体系…………………………………239
　　二　建立民族关系监测预警体系……………………………277

第六章　民族冲突如何应对……………………………………………285
　　一　民族冲突爆发前…………………………………………286
　　二　民族冲突爆发中…………………………………………302
　　三　民族冲突发生后…………………………………………317

第七章　结语……………………………………………………………328
　　一　本书的一些主要观点……………………………………328
　　二　有待进一步研究的议题…………………………………330

参考文献…………………………………………………………………332

附　　录…………………………………………………………………347
　　Ⅰ　吉尔吉斯斯坦南部民族冲突简编………………………347
　　Ⅱ　民族关系评估指标体系调查问卷………………………350

后　　记…………………………………………………………………352

绪 论

民族问题是马克思主义理论三个组成部分中"科学社会主义"的重要内容,民族冲突是民族问题的极端表现形式,已经成为二战结束以来民族问题中的一种常态,民族冲突对国家秩序和生命财产所造成的灾害性损失已经越来越引起国内外学术界的重视。2010年6月10～15日,中国邻国吉尔吉斯斯坦发生吉尔吉斯族与乌兹别克族的严重冲突事件,造成数百人死亡,上千人受伤,数万人沦为难民,不仅对吉尔吉斯斯坦国内人民的生命财产和社会秩序造成灾难性影响,而且对中亚地区的国家关系和安全环境造成了严重后果。2010年6月吉尔吉斯斯坦民族冲突就"民族冲突"本身的结构、逻辑、演化而言具有一定的典型性和代表性,本书选题的目的就是要以该次民族冲突为例,探究民族冲突酝酿、动员、爆发、升级、蔓延的规律性,并以此为基础制定相应的措施,以期为我国防控大规模民族冲突及突发公共安全事件提供对策建议。

一 研究缘起

(一) 当今世界民族问题的普遍性

当今世界上,绝大多数国家不是单一民族国家,而大多数多民族国家存在民族问题。20世纪80年代末以来,世界各地爆发了多起民族冲突,如纳戈尔诺—卡拉巴赫(简称纳卡地区)、波斯尼亚和黑塞哥维那(简称波黑)、索马里、科索沃、刚果(金)、布隆迪、卢旺达、印度尼西亚等,其中比较严重的有:1994年卢旺达胡图族和图西族的冲突造成50万～100万人死亡,200多万人逃往国外;1992～1995年波黑内战期间塞尔维亚族、穆斯林和克罗地亚族围绕领土划分等发生的冲突造成20多万人丧生,60多万人致残,200多万人流离失所……据统计,1945～1999年,因民族冲突而造成的人员伤亡大约为 169 万人，数倍于国家间战争伤亡的人数。① 20 世纪 90 年代的 10 年间，世界上有 53 个国家和地区发生了民族冲突，149 个国家和地区中有 112 个存在民族问题隐患。② 1989～2002 年，世界上发生了 116 起主要的武装冲突，其中 109 起是国内民族冲突。③ 冷战后，民族冲突爆发的形式越来越多样，并逐渐成为第二次世界大战结束后民族问题的一种常态。进入 21 世纪，民族与宗教问题已经成为国际政治中的重要内容，对国内局势、地区稳定、全球政治格局等造成了明显冲击，引起了国内外学者的高度关注。

（二）马克思主义解决当代民族问题的理论困境

马克思主义民族理论是由马克思、恩格斯在 19 世纪中期创立的关于民族和民族问题的科学理论，是马克思主义科学体系中的重要组成部分。1843 年，马克思发表了《论犹太人问题》，这是马克思主义经典作家论述民族问题的首个重要著作。此后《共产党宣言》《论波兰问题》等著作提出了一系列关于民族问题和殖民地问题的思想，这些思想促进了马克思主义民族理论的最终确立。列宁在《民族问题提纲》《关于民族问题的批评意见》等著作中丰富和发展了马克思主义关于殖民地问题的革命学说。斯大林在《马克思主义和民族问题》《论民族问题的提法》等著作中提出了"民族"的含义，为马克思主义民族理论的丰富和发展做出了重要贡献。总体而言，马克思主义民族理论属于马克思主义理论三大组成部分中"科学社会主义"的范畴，与国家学说联系紧密，其立论基础是始终从无产阶级革命的根本立场出发来观察和论述民族问题。

但随着社会生产力和物质资料生产方式的不断变化，马克思主义经典作家生活的时代的阶级状况、国情、社会性质等都与现在有了重大差别，这种差别不仅反映在马克思主义经典作家对民族问题产生原因的论述上，

---

① 萨阿德·埃丁·易卜拉欣：《阿拉伯世界中的民族冲突与建国》，漆芜译，《国际社会科学杂志》（中文版）1999 年第 2 期。
② Ted Robert Gurr, Michael Haxton, *Peoples Versus States: Ethnopolitical Conflict and Accommodation at the End of the 20th Century* (Washington D. C. : US Institute of Peace Press, 2000), pp. 1-10.
③ Mikael Eriksson, Peter Wallensteen, Margareta Sollenberg, "Armed Conflict: 1989 - 2002," *Journal of Peace Research*, No. 40, 2003, pp. 593-607.

还反映在马克思主义经典作家对解决民族问题途径的论述上。

马克思、恩格斯生活的时代主要是欧洲资产阶级革命和工业化大发展的时代,马克思、恩格斯区分了两种不同性质的民族运动,提出只有进行无产阶级革命,才能实现真正的民族解放,并引导波兰、爱尔兰民族解放运动向无产阶级革命运动转换。马克思、恩格斯指出,"随着资产阶级的发展,随着贸易自由的实现和世界市场的建立,随着工业生产以及与之相适应的生活条件的趋于一致,各国人民之间的民族分隔和对立日益消失"。[①] "无产阶级对资产阶级的胜利也就是对民族冲突和工业冲突的胜利,这些冲突在目前使各国互相敌视。因此,无产阶级对资产阶级的胜利同时就是一切被压迫民族获得解放的信号。"[②] 基于这一认识,马克思、恩格斯曾预言,"人对人的剥削一消灭,民族对民族的剥削就会消灭"。"民族内部的阶级对立一消失,民族之间的敌对关系就会随之消失。"[③] 由此可见,马克思、恩格斯认为民族之间的敌对关系主要是民族内部的阶级对立,只要阶级消灭了,民族之间对立冲突的根源就消灭了,民族冲突也就随即消亡。

列宁根据帝国主义的特点与时俱进,提出了"压迫民族与被压迫民族的划分",认为被压迫民族的解放运动是无产阶级社会主义革命总问题的一部分,在此基础上,提出了"民族自决"是解决民族问题的政治途径。列宁认为民族问题从属于阶级问题,当二者发生矛盾时,民族问题应服从和服务于阶级问题,列宁强调"无产阶级认为民族要求服从阶级斗争的利益"。[④] 列宁主张无产阶级要站在本民族国家的立场来对待民族自决权,不能只赞成某一民族分离而不赞成一切民族分离,这样不利于各民族无产阶级的团结和联合,也不符合无产阶级的根本利益。因此,必须把"各民族无产者之间的联合看得高于一切,提得高于一切,从工人的阶级斗争着眼来估计一切民族要求,一切民族的分离"。[⑤] 在此基础上,列宁提出了不同类别国家的无产阶级在民族自决问题上的不同任务,如先进资本主义国家中的无产阶级必须支持殖民地人民的民族解放运动等。

---

① 《马克思恩格斯选集》(第一卷),人民出版社,1995,第291页。
② 《马克思恩格斯选集》(第一卷),人民出版社,1995,第309页。
③ 《马克思恩格斯选集》(第一卷),人民出版社,1995,第291页。
④ 《列宁选集》(第二卷),人民出版社,1995,第384页。
⑤ 《列宁选集》(第二卷),人民出版社,1995,第385页。

斯大林在马克思主义经典作家中最早提出了民族问题，斯大林在《马克思主义和民族问题》中论述"俄国的民族问题"时指出，"最后，我们还必须提出一个积极解决民族问题的办法"。"国家完全民主化是解决民族问题的基础和条件。""自决权是解决民族问题的一个必要条件。""区域自治是解决民族问题的一个必要条件。""在一切方面（语言、学校等等）实行民族平等是解决民族问题的一个必要条件。""工人的民族间团结的原则是解决民族问题的一个必要条件。"① 在此，斯大林列出了解决民族问题的5种途径：①国家完全民主化，即实现国家政治的民主化，斯大林认为这是解决民族问题的基础和条件；②自决权，即不同民族具有民族自决权；③区域自治，即一定范围内的以民族为单位的区域自治；④民族平等，即民族在语言、受教育权等方面的完全平等；⑤民族团结，即斯大林认为的不同民族的工人之间的相互团结。苏联和当时的一些社会主义国家按照斯大林的思路制定了相应的民族制度和民族政策，但历史证明，斯大林解决民族问题的方法和途径还存在需要改进的地方。

为了认识和解决民族问题，中国共产党人也进行了艰难的探索。毛泽东直言，"在民族斗争中，阶级斗争是以民族斗争的形式出现的"。② "民族斗争，说到底，是一个阶级斗争问题。"③ 邓小平同样指出，"社会主义最大的优越性就是共同富裕，这是体现社会主义本质的一个东西。如果搞两极分化，情况就不同了，民族矛盾、区域间矛盾、阶级矛盾都会发展，相应地中央和地方的矛盾也会发展，就可能出乱子"。④ 邓小平将两极分化后的民族矛盾和阶级矛盾放到了同样重要的位置。江泽民也指出，"只要有民族存在，就有民族问题存在。民族问题既包括民族自身的发展，又包括民族之间，民族与阶级、国家之间等方面的关系"。⑤ 江泽民认为民族问题包含民族与阶级的关系。

由此可见，马克思主义理论对民族问题产生根源和解决途径的认识都是基于当时的背景和国际环境的实践，从"国际主义""民族压迫""民族

---

① 《斯大林选集》（上卷），人民出版社，1979，第112~117页。
② 《毛泽东选集》（第二卷），人民出版社，1991，第539页。
③ 《毛泽东文集》（第八卷），人民出版社，1999，第330页。
④ 《邓小平文选》（第三卷），人民出版社，1993，第364页。
⑤ 《江泽民文选》（第一卷），人民出版社，2006，第181页。

解放""阶级斗争""民族自治"等方面认识和解决民族问题。但总体而言，马克思主义理论对民族问题特别是"民族冲突"的认识是宏观的和"粗线条"的，对二战结束以来特别是冷战结束以来世界范围内民族问题的产生根源、爆发过程、事件影响等的认识缺乏预见，对民族冲突的爆发原因、动员过程、升级途径、事件后果、政府处理等更没有提供现成的答案。

民族问题是当今世界的热点问题之一，对国际政治和地区安全的影响已经非常严重。对于当今世界特别是前殖民地国家（卢旺达等）和社会主义国家出现的民族问题，我们显然不能继续用"阶级斗争""民族压迫""民族解放"等的眼光来审视和解读，因为这些国家已经不完全是"殖民地国家对被殖民地国家的压迫""一个阶级剥削另一个阶级""一个民族压迫另一个民族"等。

马克思主义是中国特色社会主义建设的指导思想，马克思主义理论在中国的生命力正在于其能够根据实践的变化与时俱进，近年来，民族问题对中国国家安全和社会稳定的影响逐渐凸显，对这些问题的回答和解决既是当前中国面临的重大理论和实践问题，又是当代马克思主义者无法回避的使命和担当。

（三）"国家安全"视角下的民族冲突

安全始终是一个国家的首要目标和基本利益。邓小平曾指出"国家的主权和安全要始终放在第一位"，江泽民曾指出"维护国家安全和统一，历来是治国的头等大事"，党的十八大以后，不仅设置了国家安全委员会，还提出了"总体国家安全观"，"将保证国家安全明确列为头等大事"。习主席多次强调"安而不忘危，存而不忘亡，治而不忘乱"。"坚持既重视外部安全又重视内部安全、既重视国土安全又重视国民安全、既重视传统安全又重视非传统安全、既重视发展问题又重视安全问题、既重视自身安全又重视共同安全，切实做好国家安全各项工作。"

反观影响我国国家安全的诸多因素，"内忧明显大于外患"、"保障国家安全的重点不在外部而在内部"、"国内安全"重于"国际安全"的观点已经不仅仅是一个根据哲学的"内外因理论"推导出来的学术结论，而是一个必须高度重视的严重甚至严酷的现实。如果对此再熟视无睹、漠然置之，那么它对我国国家安全的威胁就可能变得越来越严重，甚至会变成直接的危害。①

在影响我国国家安全的"内忧"中，"三股势力"（宗教极端势力、民族分裂势力、暴力恐怖势力）无疑是影响范围最大、影响后果最严重的因素；在我国所有受"三股势力"影响的地区中，新疆无疑又是受到威胁最严重的地区。近年来，由疆内外分裂势力发动的暴力恐怖事件的频度和强度都明显增加和提高，据不完全统计，仅2013年3月到2014年7月由于暴恐事件死亡的人数就高达311人（见表0-1），其中有震惊中外的"10·28天安门恐怖袭击事件""3·1昆明严重暴恐案件""5·22乌鲁木齐爆炸案"，这些恐怖袭击事件对我国的国家安全和社会秩序造成了严重冲击。

近年来的诸多事实表明，"三股势力越来越多地融为一体，成为极端-恐怖分子的意识形态和价值观"②，"三股势力"合流的迹象越来越明显，作案的手段也越来越多样。很有可能发动以"民族冲突"为主要形式的突出公共安全事件，以达到颠覆国家政权、破坏社会秩序、分裂国家领土的目的。而民族冲突一旦发生，将从根本上改变我国新疆的稳定局势，不仅会造成严重的人员伤亡和财产损失，而且会危及公共秩序和经济发展，对我国的国民安全、领土安全、主权安全、政治安全、国家形象等造成无法估量的影响。

党的十八大之后，党中央多次召开会议部署新疆工作。2013年以来，习近平对新疆工作先后做出多次指示和批示，部署维护新疆稳定和反新疆分裂问题的工作。2014年4月，习近平在新疆考察时指出，"反对民族分裂，维护祖国统一，是国家最高利益所在，也是新疆各族人民根本利益所在"。2014年5月底，在第二次新疆工作座谈会上，习近平强调，"民族分裂势力越是企图破坏民族团结，我们越要加强民族团结，筑牢各族人民共同维护祖国统一、维护民族团结、维护社会稳定的钢铁长城"。2017年3月10日，习近平在参加新疆代表团审议时强调，民族团结是各族人民的生命线，是新疆发展进步的根本基石，也是13亿多中国人民的共同意志。

---

① 刘跃进：《影响我国国家安全的内部因素及对策探讨》，《江南社会学院学报》2007年第2期。
② 杨恕：《"三股势力"已合成一体——当前恐怖活动新特点新动向》，《人民论坛》2014年第16期。

表 0-1　2013 年 3 月到 2014 年 7 月新疆内外暴恐事件一览

单位：人

时间	地点	死亡人数		
		暴力恐怖分子	人民群众	合计
2013 年 3 月 7 日	新疆库尔勒市	0	5	5
2013 年 4 月 23 日	新疆巴楚县色力布亚镇	6	15	21
2013 年 6 月 26 日	新疆鄯善县鲁克沁镇	11	24	35
2013 年 6 月 28 日	新疆和田	6	0	6
2013 年 8 月 20 日	新疆喀什地区叶城县	15	1	16
2013 年 8 月 23 日	新疆泽普县	12	0	12
2013 年 10 月 28 日	北京市长安街	3	2	5
2013 年 11 月 16 日	新疆巴楚县色力布亚镇	9	2	11
2013 年 12 月 10 日	新疆和田洛浦县	0	1	1
2013 年 12 月 15 日	新疆疏附县萨依巴格乡	14	2	16
2013 年 12 月 30 日	新疆喀什地区莎车县	8	0	8
2014 年 3 月 1 日	云南昆明	4	29	33
2014 年 4 月 30 日	新疆乌鲁木齐市	1	2	3
2014 年 5 月 22 日	新疆乌鲁木齐市	4	39	43
2014 年 7 月 28 日	新疆喀什地区莎车县	59	37	96
合计	—	152	159	311

资料来源：笔者自制。

2007 年 2 月 27 日，《国务院办公厅关于印发少数民族事业"十一五"规划的通知》，在《少数民族事业"十一五"规划》中强调，"建立反映少数民族和民族自治地方经济社会发展状况和民族关系的指标体系，建立以信息资源集成为基础的统计、分析、评价、监测、预警和决策咨询系统"①，这是中国首次提出要建立民族关系评估指标体系，随后，国家民族事务委

---

① 《国务院办公厅关于印发少数民族事业"十一五"规划的通知》，中华人民共和国中央人民政府网站，2007 年 3 月 8 日，http://www.gov.cn/zwgk/2007-03/08/content_545955.htm。

员会开始部署建立中国国家民族关系预警体系的各项工作。2012 年 7 月 12 日，《国务院办公厅关于印发少数民族事业"十二五"规划的通知》，在《少数民族事业"十二五"规划》中再次强调"进一步提高对民族关系分析评估、民族地区经济社会发展监测能力"。① 但到目前为止，对于民族关系如何评估，民族冲突如何发生、如何预警、如何防控还没有成熟的思路和有效对策。

在当前中国学术界，对于民族问题，许多学者的研究仅限于进行概念的考究、民族实体的细化、民族关系的评析，对民族冲突这一重要问题的研究大大落后于对中国其他社会科学的研究。在此背景下，本书选取了民族问题中的民族冲突作为研究对象，研究突发民族冲突爆发的原因、过程、政府应对等，以期对我国防控民族冲突等公共安全事件提供有效启示。

到目前为止，世界范围内发生的民族冲突数量庞大、模式多样，但从"民族冲突"本身的逻辑结构来讲，2010 年 6 月吉尔吉斯斯坦南部民族冲突具有一定的典型性和代表性，因此，本书选取 2010 年 6 月吉尔吉斯斯坦南部民族冲突作为研究案例。

（四）吉尔吉斯斯坦南部民族冲突的典型性

2010 年 6 月 10～15 日，吉尔吉斯斯坦南部奥什州、贾拉拉巴德州和巴特肯州发生吉尔吉斯族与乌兹别克族之间的民族冲突，造成严重的人员伤亡和财产损失，本书之所以选取吉尔吉斯斯坦南部民族冲突作为研究样本，是因为以下几方面。

（1）多年来，中国和吉尔吉斯斯坦在上海合作组织（以下简称"上合组织"）框架内合作打击"三股势力"，对"三股势力"在该地区的活动方式、活动范围、作案手段等具有一定的把握，研究吉尔吉斯斯坦南部民族冲突可以为新疆防控"三股势力"发动民族冲突等突发公共安全事件提供有益借鉴。

（2）到目前为止，国外多个组织和机构（国际独立调查委员会、国际危机组织、挪威赫尔辛基委员会等）已经掌握了吉尔吉斯斯坦南部民族冲

---

① 《国务院办公厅关于印发少数民族事业"十二五"规划的通知》，中华人民共和国中央人民政府网站，2012 年 7 月 20 日，http://www.gov.cn/zwgk/2012－07/20/content_ 2187830.htm。

突爆发的详细过程，这可以作为研究吉尔吉斯斯坦南部民族冲突的前期资料。

（3）民族冲突从酝酿、动员、爆发、升级进而转入低潮，具有一个完整的生命周期，民族冲突爆发过程中的导火索、持续时间、冲突空间、打砸活动、强奸行为等也具有特定的规律，吉尔吉斯斯坦南部民族冲突从"民族冲突自身的规律"上讲具有一定的典型性。

正是基于以上几点考虑，本书选取吉尔吉斯斯坦南部民族冲突作为案例，研究吉尔吉斯斯坦南部民族冲突的爆发原因、发展过程、政府应对的教训和如何构建民族关系评估预警和应急管理体系等，对我国防控民族冲突等突发公共安全事件具有借鉴意义。

二 研究现状

（一）国内研究现状

1. 国内研究总体状况分析

2010年吉尔吉斯斯坦南部民族冲突发生前的4月7日，吉尔吉斯斯坦曾发生过大规模骚乱，这导致总统巴基耶夫下台。吉尔吉斯斯坦"4月事件"和"6月事件"发生后，国内学者和媒体进行了相关的分析和研究。

在CNKI学术总库中以"吉尔吉斯斯坦"为主题，并分别以"政变""骚乱""冲突""民族冲突"为并含主题进行搜索，在2010年6月至2015年3月，分别有12篇、44篇、43篇、14篇文章，其中包括重复篇章及发表在报纸、杂志和学术会议上的文章。从研究时段来看，研究高峰出现在2010~2011年，分别有10篇、39篇、22篇、9篇文章。从索引数据来看，国内刊载吉尔吉斯斯坦"骚乱""冲突"事件论文的主要刊物有《新疆师范大学学报》（哲学社会科学版）、《新疆社会科学》、《新疆大学学报》（哲学·人文社会科学版）、《国外理论动态》等，研究机构集中于兰州大学中亚研究所、中国社会科学院俄罗斯东欧中亚研究所、中国社会科学院政治学研究所、新疆大学中亚文化研究所（现已更名为新疆大学中亚研究院）、陕西师范大学中亚研究所等。从整体研究情况来看，对吉尔吉斯斯坦"4月事件"的关注比较多，其中还有一项国家社会科学基金西部项目立项：新疆社会科学院中亚研究所艾莱提·托洪巴依2011年度"吉尔吉斯斯坦政局对中国的影响及对策研究"（项目批准号：11XGJ003）。而关于吉尔吉斯斯坦 2010 年 6 月民族冲突的研究还没有社会科学基金项目①。

关于 2010 年 6 月吉尔吉斯斯坦南部民族冲突的研究，国内还没有专著出版，期刊论文也非常有限，论点比较集中的是："中央统战部研究室四处"的《吉尔吉斯斯坦因民族问题引发骚乱对我国做好民族工作的启示》（《重庆社会主义学院学报》2010 年第 6 期），曹伟的《吉尔吉斯斯坦南部民族冲突评析》（《中亚研究》2014 年第 1 辑），艾莱提·托洪巴依的《吉尔吉斯斯坦奥什骚乱评析》（《新疆社会科学》2011 年第 2 期），雷琳、郎正文的《吉尔吉斯斯坦南部面临的困境与挑战》[《新疆师范大学学报》（哲学社会科学版）2014 年第 2 期]，赵嘉麟的《吉尔吉斯斯坦骚乱不断——奥什·华商之劫》（《中亚信息》2010 年第 6 期），董玉洁的《吉尔吉斯斯坦的奥什之殇》（《世界知识》2010 年第 13 期），朱倍德的《民族冲突对中亚政局稳定的影响》（《社会科学论坛》2013 年第 8 期）等。别的论述大多与中亚安全形势、吉尔吉斯斯坦政局变动、中国西北安全等结合在一起。

2. 国内研究的主要方式及观点

在对吉尔吉斯斯坦南部民族冲突进行研究的过程中，国内学者主要有以下几种方式和观点。

（1）将吉尔吉斯斯坦南部民族冲突放在吉尔吉斯斯坦"4 月事件"的大背景下研究，认为吉尔吉斯斯坦南部民族冲突是"4 月事件"的继续。如焦一强的《吉尔吉斯斯坦政变的原因及其对转型国家的启示》（《领导科学》2010 年 8 月中）认为，"巴基耶夫政权的垮台并未导致吉国内局势的稳定。时隔仅两个月，自 6 月 10 日起，吉南部城市奥什与贾拉拉巴德因吉乌两族青年冲突又骤然发生种族骚乱，造成 200 多人死亡和数千人受伤"。赵伟明的《吉尔吉斯斯坦无色革命的原因与政治前景》（《国际观察》2010 年第 5 期）在谈到"4 月事件"后上台的临时政府时指出，"6 月中旬吉尔吉斯斯坦南部发生的民族冲突导致重大伤亡，7.5 万名乌兹别克族人逃到邻国，民族矛盾进一步加深。如何安置返乡的难民，如何缓解民族矛盾、避免冲突，

---

① 关于中亚地区民族冲突的社会科学基金项目有 1 项：兰州大学马克思主义学院张新平教授承担的 2001 年度教育部人文社会科学研究"十五"规划第一批研究项目"中亚地区民族冲突及对中国西部安全的影响研究"，该项目的研究成果之一是民族出版社 2006 年出版的《地缘政治视野下的中亚民族关系》。

吉尔吉斯斯坦政府缺乏可行的解决方案"。

（2）将 1990 年"奥什事件"①与 2010 年吉尔吉斯斯坦南部民族冲突进行对比研究，分析二者的异同点。如石岚、马媛的《中亚国家政局突变对新疆的影响及对策研究》（《决策咨询通讯》2010 年第 6 期）认为，"2010 年吉尔吉斯斯坦乱局中一个不为外人预料的局势变化在于 6 月的奥什骚乱事件。而早在 1990 年，这一地区就发生过类似事件。2010 年的种族冲突进一步损害了当地原本脆弱的多民族和谐关系"。艾莱提·托洪巴依的《吉尔吉斯斯坦奥什骚乱评析》（《新疆社会科学》2011 年第 2 期）分别介绍了 1990 年"奥什事件"和 2010 年"奥什骚乱"，分析了两次民族冲突的过程，并对我国处理民族关系提出了建议。

（3）直接分析吉尔吉斯斯坦南部民族冲突爆发的原因及其影响，并分析了其对我国的影响。如张子特的《吉尔吉斯斯坦事件及其影响》（《国外理论动态》2011 年第 4 期）认为，"这次族际冲突背后隐藏着巴基耶夫家族的影子，在 6 月大规模骚乱爆发之前，贾拉拉巴德地区就曾发生小规模冲突，吉临时政府称截获了巴基耶夫的儿子马克西姆和他叔叔通话的录音，这些录音是他们试图挑起族际冲突的阴谋活动的证据。在应对骚乱的过程中，临时政府的宵禁令未发挥作用，吉强力部门控制局势的能力在骚乱面前显得十分有限"。"中央统战部研究室四处"的《吉尔吉斯斯坦因民族问题引发骚乱对我国做好民族工作的启示》（《重庆社会主义学院学报》2010 年第 6 期）认为历史原因、经济利益、现实政治、外部势力是吉尔吉斯斯坦南部民族冲突的主要原因，并认为做好民族工作必须有一套完整的民族政策，引导各民族增强国家意识，妥善处理民族纠纷和突发事件，还要有效促进民族交流交融。曹伟的《吉尔吉斯斯坦南部民族冲突评析》（《中亚研究》2014 年第 1 辑）认为历史上吉尔吉斯族、乌兹别克族两族的恩怨，"吉尔吉斯人优先"的民族政策，"4 月事件"导致的国内秩序失控等是造成吉尔吉斯斯坦南部民族冲突的主要原因。

（4）分析吉尔吉斯斯坦南部民族冲突对中资企业的影响。如石岚、马媛的《中亚国家政局突变对新疆的影响及对策研究》（《决策咨询通讯》2010 年

---

① 1990 年 6 月，吉尔吉斯苏维埃社会主义共和国（苏联加盟共和国）南部曾经发生过吉尔吉斯族与乌兹别克族的冲突事件，后文中有论述。

第 6 期）认为，"6 月吉尔吉斯斯坦南部地区爆发的严重种族冲突，对当地华人华商而言，冲击巨大。许多华人华商不得不面对该国极不稳定的社会现实，做出了撤资或停止商业活动的痛苦选择"。赵嘉麟的《吉尔吉斯斯坦骚乱不断——奥什·华商之劫》（《中亚信息》2010 年第 6 期）中指出，"虽然骚乱发生在吉南部地区，但首都比什凯克的局势也并不乐观：路上车流减少非常明显，店铺、市场纷纷关张……总体而言，在吉留守的中资企业为数不多；中小型企业中，没有项目或合作可以延后的，人员都已回国"。

总体而言，国内关于吉尔吉斯斯坦南部民族冲突的研究主要存在以下几方面的不足。①对吉尔吉斯斯坦南部民族冲突的关注度不够。国内对吉尔吉斯斯坦南部民族冲突的关注大多源于对"4 月事件"的关注，而"4 月事件"又掩盖了民族冲突的严重程度，国内对民族冲突的学术分析不足，从学术论文的数量和质量上都能体现这一点。②对吉尔吉斯斯坦南部民族冲突的挖掘深度不够。国内研究没有触及吉尔吉斯斯坦南部民族冲突的动员过程、升级方式及政府在民族冲突中的作用，没有对吉尔吉斯斯坦南部民族冲突进行总结，没有分析吉尔吉斯斯坦南部民族冲突对地区安全的影响，吉尔吉斯斯坦南部民族冲突对中国的启示，更没有研究民族冲突前后吉尔吉斯斯坦民族关系中出现的一些异常变化。③从研究方法上讲，国内研究大多引用美国、俄罗斯、吉尔吉斯斯坦当地新闻报道和报纸杂志的观点，鲜有详细调研资料，对吉尔吉斯斯坦南部民族冲突的后续处理、关注不够。④国内虽然有"民族冲突"的相关研究，但大多针对"事前预防"，即如何在事前预防民族冲突，且对策大多采用"促进经济发展""处理好民族团结""发展民族地区教育"等抽象的表述，对民族冲突发生后政府应该如何应对的关注度有限。

（二）国外研究现状

1. 国外研究的总体状况

吉尔吉斯斯坦南部民族冲突发生以后，美国、欧盟、俄罗斯学者对其进行了大量调查和研究，到目前为止，国际上公认的研究报告有 6 份，分别是：①国际危机组织 2010 年 8 月发布的《吉尔吉斯斯坦大屠杀》（*The Pogroms In Kyrgyzstan*, International Crisis Group, Asia Report N° 193 – 23 August, 2010, 共 39 页，英文、俄文两种）；②人权观察组织 2010 年 8 月发布的《"正义何在?"——吉尔吉斯斯坦南部民族骚乱及其后果》("Where Is the Justice?" Interethnic Violence in Southern Kyrgyzstan and Its Aftermath, August, 2010, 共96页, 英文)①; ③吉尔吉斯斯坦国家调查委员会2011年1月发布的《吉尔吉斯斯坦: 国家调查委员会公布关于"6月事件"的调查结果》(Комментарии правительства Кыргызстана котчетумеждународной независимой комиссии по исследованию событий На юге Кыргызстана в июне 2010 года, 共23页, 俄文)②; ④国际独立调查委员会2011年5月发布的《国际独立调查委员会关于吉尔吉斯斯坦南部2010年"6月事件"的报告》(Международной независимой комиссии по исследованию событий на юге Кыргызстана виюне 2010 года, 共117页, 俄文)③; ⑤乌兹别克斯坦维权组织——专家工作组发布的《奥什动议——吉尔吉斯斯坦(2010年)"6月事件"社会独立调查结果报告》[Ошская инициатива доклад по результатам независимого общественного расследования июньских (2010) событий в Кыргызстане, 共73页, 俄文]; ⑥挪威赫尔辛基委员会、"'纪念碑'维权中心"和"自由之家"2012年联合发布的《暴力冲突大事记: 2010年吉尔吉斯斯坦南部(奥什地区)事件》[Хрониканасилия: события июня 2010

---

① 人权观察组织的研究人员在奥什市、贾拉拉巴德市、卡拉-苏、巴扎尔-库尔干、苏扎卡、阿赖、卡拉-库尔扎和吉尔吉斯斯坦南部的其他城市进行了调查,该报告是在采访了200多位吉尔吉斯族和乌兹别克族两族的受害者与目击证人、律师、人权卫士、社会活动家、当地政府官员、执法人员、军人、军方和民事检察官的基础上完成的。人权观察组织对受害者、目击证人和其他人提交的照片、录像、书面证明等材料和自己收集到的照片和录像资料进行了评估分析,也对这一地区的卫星照片和联合国卫星项目(UNSOT)提供的分析报告进行了评估。
② 为了客观深入地调查2010年6月吉尔吉斯斯坦南部民族冲突的原因和后果,吉尔吉斯斯坦国家调查委员会相关人员曾两次抵达本国南部,在冲突发生的地方进行实地调查,对部分吉尔吉斯族人和乌兹别克族人(作为事件的目击者)进行了大量访问。在奥什市和比什凯克市召开多次公开见面会;此外,还对中央政权机关和地方自治机关的首脑、情报和安全机关、教育机构、卫生机构的代表及奥什州、贾拉拉巴德州、奥什市和贾拉拉巴德市的媒体代表进行了采访,获取了他们的口头及书面报告并对它们进行了分析。
③ 国际独立调查委员会共收集了700多份文件、近5000张照片和1000段视频资料,进行了750多次访问;着重分析了132份检察机关的声明材料。国际独立调查委员会还在奥什市和贾拉拉巴德市分别组建了两个社会性的办事处,人们可以自愿前往办事处,讲述自己在"6月事件"中的亲身经历,也可以提供资料,甚至提出控诉和请求。

г. на юге Кыргызстана（Ошский регион），共 202 页，俄文]①。这 6 份报告通过田野调查、法庭取证、街头采访、调取档案等方法对 2010 年 6 月吉尔吉斯斯坦南部民族冲突进行了历史还原。此外，还有大量的新闻报道和一些学术论文论述了吉尔吉斯斯坦南部民族冲突事件。

2. 国外研究的主要方式及观点

综合以上 6 份报告和国外学者关于吉尔吉斯斯坦南部民族冲突的研究可知，国外研究主要有以下几种研究方式和观点。

(1) 通过调查直接还原民族冲突的发生过程。如《暴力冲突大事记：2010 年吉尔吉斯斯坦南部（奥什地区）事件》从 2010 年 4 月至 6 月初的紧张局势谈起，以大事记的方式回顾了 6 月 10～15 日发生在奥什州、贾拉拉巴德州、其他地区的零星冲突事件和破坏行动，对冲突受害者的民族构成进行了确认；《国际独立调查委员会关于吉尔吉斯斯坦南部 2010 年"6 月事件"的报告》从特殊问题、武器强占、分发和使用、放火焚烧事件、强奸和性暴力事件等方面回顾了"6 月事件"。

(2) 从国际法的角度评价"6 月事件"。《国际独立调查委员会关于吉尔吉斯斯坦南部 2010 年"6 月事件"的报告》引用了《国际人权法》《国际人道主义法》《国际刑法》中有关暴力案件的法律分类，最后得出结论，在吉尔吉斯斯坦存在严重的违反人权的行为，在事件处理过程中存在违反国家法律的行为。《奥什动议——吉尔吉斯斯坦（2010 年）"6 月事件"社会独立调查结果报告》以时间为序回顾了 6 月 10～15 日大屠杀期间发生的犯罪行为及其他类型的违法活动，还记述了在大屠杀中为了保护受害居民而遭受迫害的人权捍卫者和律师。

(3) 对吉尔吉斯斯坦政府处理民族关系提出建议。《吉尔吉斯斯坦大屠

---

① 调查团分别于 2010 年 6～9 月、2010 年 11 月、2011 年 6 月、2011 年 11 月对吉尔吉斯斯坦南部进行了走访，在走访过程中，共进行了 300 多次采访，收集了 550 多段影像、3000 多张照片以及大量相关文件。除了"纪念碑"维权中心和挪威赫尔辛基委员会的相关代表外，比什凯克市的民间社团的一些积极活动家也参加了此次走访调查活动。采访活动主要集中在奥什市、贾拉拉巴德市、奥什州的卡拉－苏地区以及贾拉拉巴德州的巴扎尔－科尔贡地区和苏扎卡地区，在比什凯克市、莫斯科市和伊斯坦布尔市也进行了一些采访。在调查过程中，调查团还研究了检察院、卫生部、警察局、国家安全局、国防部以及边境部队的相关文件，根据国家代表团、议会代表团和政府监察官员委员会的调查结果分别编制报告以及医疗机构的相关文件等。

杀》提出：①支持成立一个调查机构对"6月事件"进行彻底调查；②公众对一些重要的政治人物的个别极端民族主义思想和立场持强硬态度，政府对此应有清醒的认识；③支持欧安组织在奥什州部署警力并与国际人道主义组织和其他外部力量展开合作以减少暴力活动再次发生的可能，共提出了14条建议。《"正义何在？"——吉尔吉斯斯坦南部民族骚乱及其后果》提出：①责成法律实施机构对种族动机骚乱行为迅速做出反应，并采取预防性措施，包括增加巡逻和设置额外的警察编制；②对市民关于此类袭击的抱怨迅速做出回应、迅速进行调查并给予相关者相应的正义；③与欧安组织治安任务部门实现全面的合作，创造条件以促使欧安组织警察能有效发挥作用，实现其既定的目标，包括与当地警察共同巡逻和在警署维护秩序。

总体而言，国际组织和国外学者对吉尔吉斯斯坦南部民族冲突的调查是相对客观的，但也存在一些问题：①学术分析过程中过度使用"民主""人权""大屠杀"等术语，存在从西方话语角度对吉尔吉斯斯坦临时政府的过分指责；②在调查报告中，国际组织对同一事件的描述存在不一致的现象，对伤亡情况、经济损失、刑事案件等的调查结果也存在不一致；③对事件本身（包括吉尔吉斯斯坦政府的建议）的分析比较多，而对防止类似事件再次发生的国际国内环境、"6月事件"对其他国家的借鉴意义的分析很少。

三　研究意义

（一）现实意义

1. 为国家应对民族冲突等突发公共安全事件提供对策建议

民族冲突从酝酿、爆发、升级到消亡具有一定的规律，2010年吉尔吉斯斯坦南部民族冲突的发生与发展就呈现一定的规律性。吉尔吉斯斯坦政府在民族冲突发生过程中暴露出了"对民族问题掉以轻心"、"未吸取已有冲突教训"、"缺乏民族关系评估预警体系"和"民族冲突应急能力低下"等问题，并最终造成了严重的人员伤亡和经济损失，这对我国是一个重要的借鉴。我国近年来深受"三股势力"威胁，相关人员也极有可能通过发动"民族冲突"达到自己的目的，如何有效遏制和防范民族冲突的发生是社会各界共同关注的问题。本书从建立民族关系评估体系、民族冲突预警体系和民族冲突应急管理体系等方面为国家应对民族冲突等突发公共安全事件提供对策建议。

2. 为国家处理新疆问题提供建议

新疆问题在我国的战略布局中具有重要地位，胡锦涛曾指出，"新疆工作在党和国家工作全局中具有特殊重要的战略地位"，习近平也强调，"做好新疆工作是全党全国的大事"。近年来，我国新疆地区接连发生暴力恐怖事件，新疆暴恐事件在某种程度上恶化了汉族与维吾尔族、内地与新疆的关系。新疆问题的主因虽不是民族问题，但从长远来看，新疆问题的解决还要从民族问题上寻找突破口，习近平在第二次中央新疆工作座谈会上直言"新疆的问题，最难最长远的还是民族团结问题"。本书的研究出发点即保障我国新疆地区的稳定，对我国处理新疆地区的民族团结问题提供对策建议。

3. 为维护边疆地区的稳定与发展提供建议

我国边疆地区大多是少数民族地区，边疆少数民族地区的居住特点又是"大杂居、小聚居"，不同民族混居的程度非常高，而我国的周边地区又不同程度地成为世界地缘政治的热点地区，民族冲突、部族冲突、政权冲突（如缅甸果敢冲突）接连在周边国家上演，极个别民族分裂分子甚至以周边国家为大本营对我国从事分裂活动，这对我国边疆地区的安全与稳定造成了极大威胁，面对少数民族地区如此复杂的人文地理环境，有效预防与化解民族冲突，对维护我国边疆地区的稳定与发展具有至关重要的作用。

4. 为保障国家安全提供政策建议

党的十八大以来，以习近平同志为核心的党中央把保障国家安全摆在党和国家工作全局的特殊重要位置，先后设立了"国家反恐怖工作领导小组""国家安全委员会"，从顶层设计的角度为保障国家安全提供了新的思路。我国是一个多民族国家，民族关系问题不仅关系到普通民众的人身安全和财产安全，还关系到中国的主权安全和领土安全。本书以有效化解民族冲突等突发公共安全事件为研究目标，吸取吉尔吉斯斯坦临时政府处理本国南部民族冲突问题的教训，为国家有效应对民族冲突，保障国家安全提供政策建议。

5. 为国家发展周边外交提供政策建议

党的十八大以来，中国高规格召开周边外交工作会议，并确定了"亲、诚、惠、容"的周边外交理念，凸显出周边外交在中国外交中的重要地位。习近平在2013年周边外交工作座谈会上强调"做好周边外交工作，是实现'两个一百年'奋斗目标、实现中华民族伟大复兴的中国梦的需要"，"要从战略高度分析和处理问题，提高驾驭全局、统筹谋划、操作实施能力，全面推进周边外交"。吉尔吉斯斯坦是我国周边外交中重要的一环，不仅与我国有共同的边界，还涉及我国能源、安全、经济合作等诸多问题，分析吉尔吉斯斯坦南部民族冲突不仅能够深入了解中亚地区特别是吉尔吉斯斯坦的民族政治现状和安全形势，还能为我国在"一带一路"倡议背景下处理与中亚国家的关系提供政策建议。

（二）理论意义

1. 对马克思主义民族理论的继承和发展

马克思、恩格斯生活的时代虽然也有民族冲突，但马克思主义理论对民族问题关注的角度更多的是"民族解放运动"，即"被压迫民族如何获得独立和解放"，马克思、恩格斯从无产阶级革命利益出发，根据国际主义和民族平等的原则，提出了被压迫民族争取民族独立、实现民族平等的民族解放运动理论。在无产阶级取得政权以后，马克思主义提出了通过"民族平等、民族团结和民族融合"的方式解决民族问题。但在第二次世界大战结束以后特别是冷战结束以来，对于第三世界特别是发展中国家内部出现的严重的民族冲突，马克思主义基于"阶级斗争"理论的解释力已经非常弱。总之，马克思主义对民族问题的指导是宏观的，并没有对国内民族冲突发生的起因、动员、升级、处置、根源、影响等进行微观的论述，马克思主义理论发展过程中也几乎没有理论家或学者对一国国内民族冲突爆发的微观层面等进行相关的论述和解释。本书正是在论述马克思主义国家和民族学说的前提下结合国内外政治学、民族学、管理学等学科知识论证民族冲突爆发的原因，民族冲突爆发的导火索、升级动力、升级模型等，是对马克思主义民族理论的继承和发展。

2. 为科学认知民族冲突提供学理依据

民族冲突从"酝酿""发酵"到"爆发""升级"，再到"衰落""结束"的整个过程是遵循特定规律的。民族冲突的发生需要特定的原因，民族冲突的爆发需要特定的空间环境、导火索、行为主体、谣言、大众传媒等,民族冲突的动员有其特殊的方式、结构和阶段,民族冲突爆发过程中也有特定的行为(暴力行为、身份识别、去人性化和去个体化等),民族冲突的升级也有其特殊的方式、模型和动力。本书从"民族"和"冲突"的概念入手,分析民族冲突如何爆发、如何动员、如何升级等,为科学认知民族冲突提供学理依据。

3. 构建民族冲突预警防控理论

构建民族冲突预警防控理论首先要建立民族关系评估体系,本书初拟了政治、经济、文化、社会、宗教等12个系统指标,提出了用德尔菲法、层次分析法等来确定最终的指标体系及其权重,并通过无量纲化和加权汇总的方法来评估民族关系。关于民族冲突的预警,本书将民族冲突划分为异常严重(Ⅰ级)到一般严重(Ⅵ级)六个级别,然后根据设计好的民族关系评估指标来分析民族关系的优劣,并根据民族冲突的级别来发布警情。关于民族冲突的防控,本书认为政府在民族冲突前应该建立民族冲突应急预案、组建应急体系、筹备应急资源等;在民族冲突中要建立信息汇报制度,综合使用各种应急手段;在民族冲突后要对民族冲突进行调查和反思。本书从民族关系"评估""监测""预警""应对"等层面提出防控民族冲突的理论。

4. 服务于相关学科发展

随着交叉学科在科学领域生命力的不断增强,交叉学科研究领域也在不断向外拓展。民族问题不仅是马克思主义理论的重要命题,还是政治学、民族学、国别与区域研究的重要议题。以民族问题研究国家安全并为相关国家提供对策建议已成为全球化时代国际社会科学研究的重要范式,"不仅有利于相关学科研究方法的融会贯通,还有利于跨学科人才的培养"。本书从吉尔吉斯斯坦南部民族冲突的研究中汲取对中国处理民族关系的启示既有利于马克思主义理论相关学科的发展,又有利于国内政治学、民族学、中亚研究的发展。

四 研究方法

1. 案例分析法

吉尔吉斯斯坦是中国的邻国,在中国周边安全中占有重要地位。本书以2010年6月吉尔吉斯斯坦南部民族冲突为案例,分析乌兹别克族与吉尔吉斯族冲突的爆发原因、动员过程,分析政府在民族冲突过程中的责任,总结吉尔吉斯斯坦临时政府在民族冲突处理过程中的教训,为我国构建和谐民族关系、预防民族冲突提供对策建议。

2. 文献资料法

由于语言和实际情况限制,笔者在本书写作过程中未能对吉尔吉斯斯坦南部民族状况进行实地调研,但在民族冲突发生后,包括吉尔吉斯斯坦政府在内的多个调查团(联合国、欧安组织、欧盟、独联体等的调查团)已经对吉尔吉斯斯坦南部的民族冲突进行了实地调查,并发布了多份报告。本书在这些文献资料的基础上进行了分析和总结。

3. 对比研究法

吉尔吉斯斯坦南部民族冲突具有一些典型特征,是主体民族与少数民族冲突的"典型案例"。本书对吉尔吉斯族与乌兹别克族在吉尔吉斯斯坦的地位进行对比,对吉尔吉斯斯坦1990年6月的民族冲突和2010年6月的民族冲突进行对比,通过对比发现民族冲突的异同及其对国家安全的影响。

4. 模型构建法

本书构建了民族关系评估体系模型,初拟了政治系统指标、经济系统指标、社会系统指标、文化系统指标、媒体系统指标、民族系统指标、宗教系统指标、法律系统指标、周边系统指标、历史系统指标、人口系统指标、心理系统指标共12个系统指标,每个系统指标又初拟了若干个测量指标,提出用德尔菲法选取指标,用层次分析法确定指标权重,用无量纲化和加权汇总的方法评估民族关系。

5. 跨学科研究法

本书在论述民族冲突的概念、民族冲突如何发生和激变的过程中,综合运用了马克思主义及民族学、政治学、心理学等相关学科的理论和知识;在论述民族关系评估预警的过程中,综合运用了数学、社会学、统计学、计量经济学等相关学科的理论和方法;在民族冲突应急管理的论述中,综合运用了管理学、心理学、灾害经济学等相关学科的理论和方法。

五 问题陈述

在选题和写作的过程中,本书主要是围绕以下几个问题展开论述的。

问题一:什么是民族冲突?民族冲突的特征和分类有哪些?

关于"民族"和"冲突"的概念,马克思主义、中西方学者分别给出了不同的答案，但究竟什么是民族冲突？国内外学者往往从"民族冲突"本身出发，认为民族冲突是不同民族间由于特定原因发生的相互攻击。本书从民族关系的角度出发，认为民族冲突是民族关系由"融洽"到"隔阂"单向升级过程中的一种极端表现形式，民族冲突本身又包括萌芽、前兆、激发、控制、衰退、消亡等过程。关于民族冲突的特征，本书认为从应急管理的角度出发，民族冲突主要具有突发性、破坏性、公共性、复杂性、隐蔽性等特征。根据牵涉的人数、涉及的地域、可能造成的破坏等，民族冲突可以划分为不同的级别。

问题二：民族冲突为什么会爆发？

关于民族冲突爆发的原因，马克思主义和国内外学者分别从阶级斗争、事实上的不平等、历史仇恨与怨愤、民族歧视与偏见、民族主义的鼓动、民族精英相互竞争等角度进行总结和论述。本书认为民族冲突爆发的原因并非某一个或几个单独因素作用的效果，而是一系列因素共同积累的效果，可以将引起民族冲突的原因组成一个"致因组"，由于不同地区、不同性质的民族冲突的爆发原因是不同的，可以根据不同原因的作用"强度"进行不同的排列组合。

问题三：民族冲突怎样爆发？

通常而言，人们认为民族冲突的爆发是没有规律可循的，除非民族冲突已经爆发，否则是不可能知道哪些地区的哪些民族会发生冲突，但事实上，在民族冲突发生前，冲突双方已经开始不同程度的酝酿和发酵。本书认为，在民族群体之间存在事实上的不平等、歧视和偏见，民族主义、历史怨恨和仇恨等基质性原因的基础上，民族成员经过"相互比较"产生"相对剥夺感"，在产生"相对剥夺感"之后就会对既有的资源进行"相互竞争"，在相互竞争中产生了彼此的"不信任和猜疑"，在这期间，如果信息失灵、沟通不畅、信任承诺度低，那么"不信任和猜疑"就会逐渐转化为彼此对自己安全感的担忧，进而产生"安全困境"；在民族"安全困境"产生之后，各自就会为防御或进攻对方而进行准备，在这个过程中进而产生了对彼此实力的模糊性判断，如果一方乐观地认为己方实力完胜对方的话，就会采取优先进攻的"冒险性"行动，如果再加上国家控制力弱、民族精英的鼓动、某次割裂民族关系的突发性事件，就极有可能酝酿和发酵出具有暴力谋杀性质的民族冲突。当然，以上阶段只说明了民族冲突在爆发前酝酿和发酵的可能性过程，民族冲突的爆发并不必然经历上述的所有阶段，也并不必然按照次序经历每一个阶段。

问题四：民族冲突在爆发过程中如何动员？

民族动员是民族冲突爆发过程中的必要阶段，本书认为民族动员应该具备"存在动员主体""民族内部的一致性""动员途径畅通""民族内部结构弱化"四个条件；民族动员的途径应该包括"关系性途径"、"非关系性途径"和"社会组织途径"三种；民族动员可以有"内部动员"和"外部动员"两种结构，究竟采取何种途径？本书认为应该取决于"冲突双方的情况"、"第三方的情况"和"政府控制力"三种因素；民族动员的过程可以分为"认同动员"、"问题动员"、"症结动员"、"预后动员"和"行动动员"五个步骤；从时间上来讲，民族动员又可以分为"事前动员""事中动员"和"事后动员"三个阶段。

问题五：民族冲突在爆发过程中如何升级？

本书认为，民族冲突的升级是指冲突双方都在使用比先前更为严重的战术而导致民族冲突在整体上有所增加的过程。民族冲突的升级主要表现在冲突程度、冲突范围、冲突对象、冲突问题、冲突目标、参与人数、使用工具上的升级；民族冲突的升级主要有"争斗者—防御者"和"冲突螺旋"两种模型；民族冲突升级的推动力主要有"复仇的愿望""冲突自身的惯性""冲突中的行动捆绑"等。

问题六：吉尔吉斯斯坦南部民族冲突爆发的原因是什么？

2010年6月，吉尔吉斯斯坦南部民族冲突不仅对吉尔吉斯斯坦人民的生命财产和社会稳定造成了严重损失，而且对中亚地区的国家关系、安全环境和上合组织在该地区的影响力造成了影响。本书认为，吉尔吉斯族与乌兹别克族事实上的不平等、双方民族精英的相互竞争、双方的歧视与偏见、双方历史上的仇恨与怨愤、第三方势力的参与等是造成吉尔吉斯斯坦南部民族冲突爆发的主要原因。

问题七：吉尔吉斯斯坦南部民族冲突有什么教训？

在民族冲突爆发后，临时政府虽然迅速调动力量并实施"紧急状态"，但总体而言，吉尔吉斯斯坦南部民族冲突的发生有以下几方面教训：第一，吉尔吉斯斯坦政府忽视了对国家安全的维护；第二，吉尔吉斯斯坦政府对民族问题掉以轻心；第三，吉尔吉斯斯坦政府未吸取已有民族冲突的教训；

第四，吉尔吉斯斯坦缺乏民族关系评估预警体系；第五，吉尔吉斯斯坦临时政府的应急能力低下。

问题八：民族关系是否能够被评估和预测？

吉尔吉斯斯坦南部民族冲突的一个重要教训就是该国缺乏民族关系评估预警体系，究竟民族关系是否能够被评估和预测？本书认为，作为一种社会现象，民族冲突的爆发是有其特定规律和模型的，民族冲突作为民族关系的一种表现形式，在民族关系不断变化的过程中，有些环节是潜在的，不容易被察觉，而有些环节则是骤然激变的，是可以通过指标或仪器（计算机、摄像头）进行观测的。影响民族关系的作用力系统（政治系统、经济系统、文化系统、精英系统等）是多种多样的，这些系统都会不可避免地传递出一些特有的信息流，如果能够及时地对这些信息流进行收集和整理，分辨出某些敏感性指标的异常变化，并综合运用科学的理论和方法，那么对民族关系的发展趋势进行预警和调控是可能的。

问题九：如何评估、预警民族关系？

民族关系是可以被评估预测的，究竟如何评估、预警民族关系？本书认为，民族关系评估首先要建立评估指标，评估指标的选择要遵循综合性与系统性、可操作性与可测量性、针对性与灵敏性等原则，本书初拟了政治系统指标、经济系统指标、文化系统指标、社会系统指标、宗教系统指标等12个系统指标，并提出了用德尔菲法来确定这些指标系统，在评估指标体系建立之后，可以通过层次分析法来确定不同指标体系的权重，最后通过无量纲化和加权汇总的方法来"计算"民族关系。关于民族关系的预警，本书认为，应该根据设计好的民族关系评估指标来建立专门的信息监测系统和信息收集渠道，通过专门的数据分析系统和专家分析系统来分析民族关系的优劣，并根据民族冲突的级别适时发布警情。

问题十：政府应该如何应对民族冲突？

本书认为，为了有效应对民族冲突，在民族冲突爆发前，政府要制定民族冲突应急预案，要进行风险识别和应急能力评估，要组建民族冲突应急组织体系、应急法制体系和应急联动体系，要进行必要的应急资源储备，如应急队伍、应急资金、应急物资等。在民族冲突爆发后，政府要建立专门的信息识别和信息报告制度，成立临时指挥部，适时启动应急预案、宣布紧急状态、调集应急资源；在应急处置中，要综合使用强制性、限制性、躲避性、保护性和救助性等措施。在民族冲突发生后，政府要对民族冲突进行调查，查明民族冲突爆发的原因、人员伤亡和经济损失情况、违法犯罪活动等，进行相应的责任追究和恢复重建。

六 研究设计

基于以上问题，本书的研究思路如图 0-1 所示。

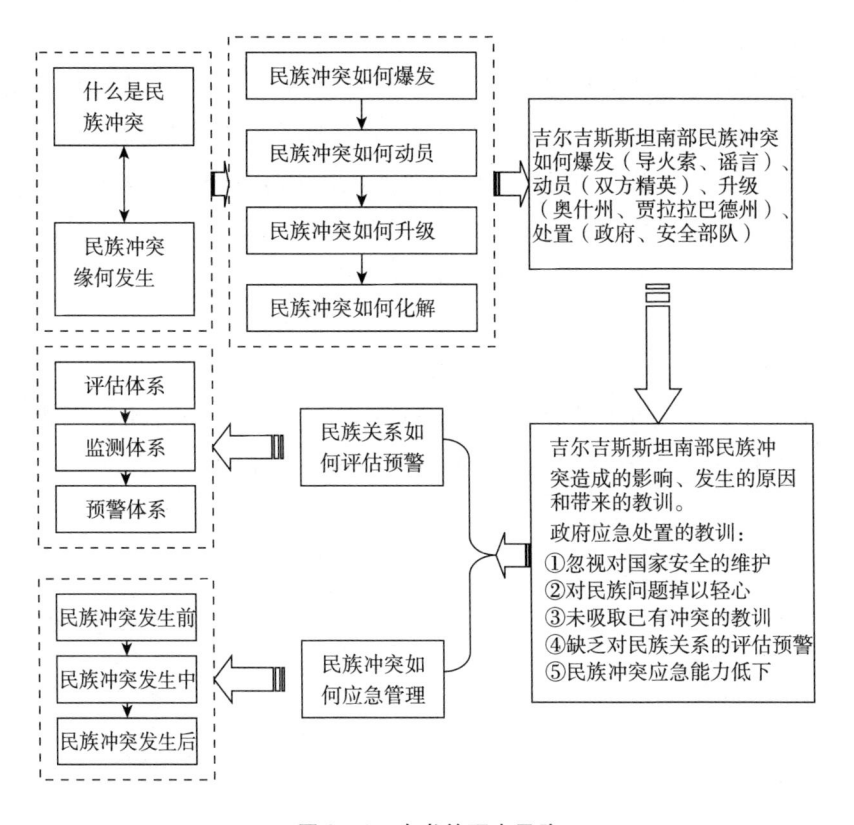

图 0-1 本书的研究思路

第一章讨论民族冲突如何爆发，其中包括什么是"民族"和"冲突"，什么是"民族冲突"，民族冲突爆发的原因都有哪些。

第二章论述民族冲突如何激变，其中包括民族冲突如何爆发，民族冲突如何动员，民族冲突如何升级，民族冲突如何化解。

第三章论述 2010 年 6 月吉尔吉斯斯坦南部民族冲突如何发生，其中包括民族冲突发生前事件的演化过程，民族冲突发生过程中的违法行为和政府的应对措施，民族冲突发生后政府的调查和恢复。

第四章论述吉尔吉斯斯坦南部民族冲突造成的影响、发生的原因和带来的教训，重点论述了吉尔吉斯斯坦政府应急处置的教训：①忽视对国家安全的维护；②对民族问题掉以轻心；③未吸取已有冲突的教训；④缺乏对民族关系的评估预警；⑤民族冲突应急能力低下。其中前三个教训是宏观层面的，是可以主观改善的，后两个是微观层面的，是需要客观建构的，由此引出第五章和第六章。

第五章论述了如何构建民族关系评估预警体系，其中包括民族关系评估体系的建立、民族冲突监测系统的建立和民族关系预警体系的建立。

第六章论述了政府如何应对民族冲突，其中包括民族冲突发生前、民族冲突发生中和民族冲突发生后政府应该怎么做。

总体而言，本书在框架结构上分为三部分：第一章和第二章是理论部分，重点论述民族冲突如何发生；第三章和第四章是案例部分，重点论述吉尔吉斯斯坦南部民族冲突如何发生，吉尔吉斯斯坦南部民族冲突中政府应吸取的教训等；第五章和第六章是对策部分，紧扣案例部分的教训，重点论述如何评估预警民族关系，政府如何应对民族冲突。

第一章 民族冲突何以可能

民族问题是当今多民族国家内部、国际政治中普遍存在的社会问题之一，对多民族国家的发展和国与国之间的关系具有重要意义。民族问题关系到一个国家的安全、稳定和统一，如果处理不好就很可能会上升为民族矛盾或民族冲突，对一个国家的社会秩序和国民生命财产造成严重伤害。究竟什么样的民族问题才会发展成为民族冲突？什么是民族冲突？民族冲突与普通的民族纠纷有什么样的区别？民族冲突的产生是哪些因素作用的结果？对这些问题的回答有利于从民族问题内部和根源上认识民族冲突。

一 "民族"与"冲突"

（一）"民族"的概念

1. 马克思主义对民族的定义

马克思主义认为，作为一种社会历史现象的民族不是从来就有的，是人类社会发展到一定历史阶段的产物。马克思曾指出，"人的本质不是单个人所固有的抽象物，在其现实性上，它是一切社会关系的总和"。① 人类社会最初并没有以"民族"为划分单位，而是以"血缘"为单位结合成原始人类共同体。"原始社会中以血缘关系为纽带的氏族和部族是人类共同体的最早形式。民族则是在原始社会末期，才逐渐形成的。"② 民族的出现是多种原因在一个十分漫长的历史中相互作用的结果，而这种相互作用最终得益于人类社会的三次大分工，在原始社会后期畜牧业和农业的分离中，逐渐产生了剩余产品，为私有制的产生提供了物质基础；在原始社会末期，

---

① 《马克思恩格斯选集》（第一卷），人民出版社，1995，第56页。
② 王惠岩：《政治学原理》，高等教育出版社，2006，第163~164页。

随着手工业从农业中分离出来，剩余产品不断增加，最终促使了私有制的形成，在商人阶级产生之后，原始社会就开始瓦解。在人类社会的三次大分工中，"随着剩余产品的增多和私有财产制度的确立，不仅使氏族、部落内部产生贫富分化，而且使物质利益的冲突逐渐演变为不同的氏族、部落内部之间的争战。为了掠夺他人的财富或防御他人对财富的掠夺，一些关系紧密的部落联合起来，结成了日趋牢固的部落联盟"。① 在结成部落联盟之后，原始的以血缘关系为纽带的氏族和部落就越来越松散，继而被以共同地域、语言等为纽带的人类共同体所取代，这就是"民族"。在民族产生之后，原来的部落联盟就逐渐成为"民族和国家"。"而在共同的生产和交换中形成的共同经济生活逐渐占据主导地位，过去以血缘关系为基础的地域范围被以经济关系为基础的地域范围取代，民族的形成过程是同从氏族制度向国家过渡的过程相伴随、相一致的。"② 《德意志意识形态》中指出，"各民族的原始封闭状态由于日益完善的生产方式、交往以及因交往而自然形成的不同民族之间的分工消失得越是彻底，历史也就越是成为世界历史"。③ 因此，在马克思主义看来，民族的形成是从原始人类共同体到氏族、部落，从氏族、部落到部落联盟，继而从部落联盟发展到民族的一个过程。马克思主义还认为，民族不是从来就有的，也不会长期存在，民族有其自身形成、发展和消亡的规律，民族消亡只有在阶级消亡、国家消亡之后才能实现，正如毛泽东曾指出的："首先是阶级消亡，而后是国家消亡，而后是民族消亡，全世界都是如此。"④

对"民族"定义的探讨是从马克思和恩格斯开始的，在马克思、恩格斯的许多著作和论文中，虽然没有给"民族"下一个明确的定义，但是他们的确指出了民族的许多特征和特性。如马克思在《路易斯·亨·摩尔根〈古代社会〉一书摘要》中指出："'民族'{nation}一词被人们用来称呼许多印第安人部落，因为它们的人数虽然不多，却各有其独特的方言和地域。"⑤ 恩格斯在《法兰克时代》一文中说："关于这一方面的记忆越来

---

① 王惠岩：《政治学原理》，高等教育出版社，2006，第164页。
② 王惠岩：《政治学原理》，高等教育出版社，2006，第164页。
③ 《马克思恩格斯选集》（第一卷），人民出版社，1995，第88页。
④ 《民族理论和民族政策》编写组编《民族理论和民族政策》，民族出版社，1988，第47页。
⑤ 《马克思恩格斯全集》（第四十五卷），人民出版社，1985，第426页。

淡薄了，余下来的仅仅是共同的历史和共同的方言。"① 之后，他在《家庭、私有制和国家的起源》等著作中，对民族概念做了许多精辟的论述，剖析了人类从部落发展到民族，最后形成国家的具体过程，马克思、恩格斯的论述为科学地界定民族概念奠定了基础。列宁对民族的概念虽然也没有下过确切的定义，但他明确地提出过地域、语言、心理、生活条件等几个民族特征。②

1912年底到1913年初，斯大林在《马克思主义和民族问题》中明确提出，"民族（нация）是什么呢？""民族首先是一个共同体，是由人们组成的确定的共同体"。"然而并非任何一个稳定的共同体都是民族。""民族是人们在历史上形成的一个有共同语言、共同地域、共同经济生活以及表现在共同文化上的共同心理素质的稳定的共同体。"而且斯大林还指出："这些特征只要缺少一个，民族就不成其为民族。""只有一切特征都具备时才算是一个民族。"③

在斯大林关于民族的定义中，共同语言是指一个民族在日常联系中所使用的交流工具，它是民族最容易识别的一个外部特征；共同地域是指一个民族共同生活、生产、居住的地理环境，它是一个民族与另一个民族在居住区间上的区别；共同经济生活是指一个民族在共同地域上从事的与当时生产力相适应的经济生产和交往活动，它是决定一个民族先进与落后的最主要特征；共同心理素质是指民族发展过程中由共同地域、共同经济活动、共同生活方式所形成的气质、精神和心理现象，它是区别不同民族的一个隐形特征。

民族的四个特征是相互联系、相互促进、相互影响的，物质、经济、文化要素共同塑造了民族的本质属性。"共同语言、共同地域、共同经济生活和共同心理素质"既成为"民族"定义的理论内核，又为"民族"定义的不断丰富和完善提供了一个逻辑起点，这四个特征在科学社会主义的实践中逐渐成为区分不同群体的基本参考，并成为一定时期内社会主义国家制定民族制度和民族政策的唯一标准，因此，马克思主义关于"民族"的

---

① 《马克思恩格斯全集》（第二十五卷），人民出版社，2001，第258页。
② 王学俭、张新平编著《政治学原理新编》，兰州大学出版社，2006，第125页。
③ 《斯大林选集》（上卷），人民出版社，1979，第61~64页。

定义成为社会科学中关于"民族"定义的一个重要探讨,我国目前理论界关于"民族"的定义也主要借鉴了马克思主义(斯大林)关于"民族"定义的论述。

2. 西方关于民族的定义

西方国家民族学文献中的"民族"一词源远流长,可以追溯到古希腊、古罗马时期的 ethnos、natio 等术语。古希腊人用来表示民族概念的名词主要是 ethnos。古希腊人用来表示"民族"概念的名词有三个:ethnos、genos 和 philon。其中,ethnos 是现代西方民族学语境中 ethnic、ethnicity、ethnology 等词(以英文为例)的词源,但 ethnos 要比 ethnic group 具有更广泛的含义和使用范围。古希腊人可以被称为 ethnos。在古希腊文献中,ethnos 的初始含义是指群体、群,用来指称同一类人或动物群体。ethnos 既可以用来指称希腊人自己,也可以用来指称那些非希腊人的外族人群。[①] 古罗马人用来表示民族概念的名词是 natio。natio 原意是指种族、地域、出身或血缘纽带等,是指具有同一出生地的居民团体。在古罗马,natio 主要用来指称那些具有相同籍贯的外国人群,在一定程度上含有贬义。[②] 随着时代演变和研究的深入,西方国家关于"民族"概念的研究逐渐转变为对民族、族体、族性、族群等概念的辨析。

安东尼·D. 史密斯认为,族裔是"具有共同祖先神话和历史记忆、具有共同文化成分、与历史版图有一定联系、既有团结的(至少在精英层是这样的)、有名称的人口单元",[③] 史密斯将"共同文化、历史、神话"作为民族的特征。安东尼·吉登斯认为,"'民族'指居于拥有明确边界的领土上的集体,此集体隶属于统一的行政机构,其反思监控的源泉既有国内的国家机构,又有国外的国家机构"。[④] 英国政治学家恩斯特·巴克尔(Emst Barker)认为"民族是一个为着不同的目的自愿组成的社会共同体的基本形式,而国家是建立在这个社会共同体之上的政治上层建筑,是一种

[①] 徐晓旭:《古希腊人的"民族"概念》,《世界民族》2004 年第 2 期。

[②] 潘蛟:《"族群"及其相关概念在西方的流变》,《广西民族学院学报》(哲学社会科学版)2003 年第 5 期。

[③] 〔英〕安东尼·D. 史密斯:《全球化时代的民族与民族主义》,龚维斌等译,中央编译出版社,2002,第 65 页。

[④] 〔英〕安东尼·吉登斯:《民族—国家与暴力》,胡宗泽、赵立涛、王铭铭译,生活·读书·新知三联书店,1998,第 141 页。

把民族社会从政治上统一起来、形成民族国家这种联合体的特殊结构"。① 本尼迪克特·安德森（Benediction Anderson）认为民族（Nation）就是"想象的共同体"（Imagined Communities），"是我们这个时代的政治生活中最具普遍合法性的价值"，他指出"民族是一个想象的政治共同体——并且，它是被想象为本质上有限的（Limited），同时也享有主权的共同体"。② 西方学者中苏联（俄罗斯）学者关于"民族"的定义明显受到马克思主义的影响。如俄罗斯学者瓦利里·季什科夫认为，"民族"（People）往往被大多数人理解成一个群体，该群体的成员们共有一个名称和一些共同文化成分，这些成员也拥有关于共同起源的神话，并有共同的历史记忆，他们还把自己与特定地域联系起来，并分享团结一致的感情。③

西方国家关于"民族"的定义受到了马克思主义的影响，从人类共同体角度出发，阐明"民族"在词源和语义学上的主要内涵，虽没有像马克思主义那样对民族产生的过程进行深入的研究，但我们在西方国家关于民族的定义中也能看到诸如共同地域、共同文化、共同历史等特征。就目前而言，西方国家对"民族""族群""部族""族裔"等概念的区别和联系的探究比较精深，主要从一个国家内亚群体（族群、族体）应然享有的权利和现实存在的问题角度来定义不同层次的"民族"。西方国家关于"民族"的定义对世界各国民族学和政治学中"民族"概念的界定产生了非常重要的影响。

3. 中国关于民族的定义

我国若干古代文献虽然偶有"民"与"族"二字放在一起使用的情况，但这两个字并没有组成一个词。如《周礼》中讲的"令国民族葬"，"国民"是一个词，"族葬"是一个词，"民族"则不是一个词；东汉郑玄在注释《礼记·祭法》时所写的"与民族居百家以上"，"族居"是一个词，"民族"则不构成一个词。④

---

① Emst Barker, *Principles of Social and Political Theory* (London: Oxford University Press), pp. 54 - 55.
② 〔美〕本尼迪克特·安德森：《想象的共同体——民族主义的起源与散布》，吴叡人译，上海人民出版社，2003，第5页。
③ 〔俄〕瓦利里·季什科夫：《苏联及其解体后的族性、民族主义及冲突——炽热的头脑》，姜德顺译，中央民族大学出版社，2009，第43页。
④ 唐鸣：《民族矛盾概念分析》，《高等函授学报》（哲学社会科学版）2000年第4期。

据邱永君考证,中文"民族"一词最早见于约公元8世纪《南齐书》卷五十四中:

> 今诸华士女,民族弗革,而露首偏踞,滥用夷礼,云于剪落之徒,全是胡人,国有旧风,法不可变。

该文用"民族"表示中原的汉人,与"夷""胡""戎"相对,① 而"汉""夷""胡"可以被称为现代意义上的不同民族,因此,这里的"民族"明显具有了与现代汉语"民族"共同的本质内涵。

中国现代意义上的"民族"一词是在19世纪后半期受到日文汉字"民族"一词的影响而翻译过来的。在中国近代汉语中最先使用民族一词的是近代改良主义思想家王韬。后来,康有为、梁启超也开始使用民族一词。② 1903年,梁启超把伯伦知理的民族概念引入中国,指出民族最要之特质有八:一是"其始也同居一地",二是"其始也同其血统",三是"同其支体形状",四是"同其语言",五是"同其文字",六是"同其宗教",七是"同其风俗",八是"同其生计"。③ 1924年,孙中山在《三民主义》一文中提出了著名的民族"五要素"说,他说:"我们研究许多不相同的人种,所以能结合成种种相同民族的道理,自然不能不归功于血统、生活、语言、宗教和风俗习惯这五种力。这五种力,是天然进化而成的,不是用武力征服得来的。"④

新中国成立以来,中国学术界对"民族"概念进行了多次大讨论,也涌现出了一批具有代表性的学者和观点,但总体而言,中国学术界关于"民族"的概念大多沿袭了马克思主义和西方学术界关于"民族"的定义。

如马戎认为,"民族"(nation)与17世纪出现于西欧的"民族主义"和"民族自决"政治运动相联系,"族群"(ethnic group)这个词则出现于20世纪并在美国使用较多,用于表示多族群国家内部具有不同发展历史、

---

① 邱永君:《"民族"一词见于〈南齐书〉》,《民族研究》2004年第3期。
② 王学俭、张新平编著《政治学原理新编》,兰州大学出版社,2006,第125页。
③ 《政治学大家伯伦知理之学说》,载《梁启超全集》(第2册),北京出版社,1999,第106页。
④ 《孙中山选集》,人民出版社,1981,第620~621页。

不同文化传统（包括语言、宗教等）甚至不同体质特征但保持内部认同的群体，这些族群在一定程度上也可被归类为这些社会中的"亚文化群体"。①宁骚认为，无论是已经形成的国族还是正在形成的国族，都有几个、十几个、数十个、一百多个甚至数百个组成部分，这些组成部分就是民族（nationality，ethnicity）……在各个不同的国家里，对这层含义上的民族有不同的提法，如在美国称作族体（ethnic group），在中国称作民族（nationality 或 ethnicity），在撒哈拉以南非洲称作部族（tribe 或 ethnicity）。②严庆认为，族性（ethnicity）作为一个单词最早出现在 20 世纪 50 年代的英语中，从 20 世纪 60 年代起，族性和族群开始成为社会人类学家喻户晓的词，尽管使用者很少去精确定义它们。但到了 20 世纪 70 年代这一术语被广泛使用。③时殷弘指出，"民族"（nation）首先是个文化心理范畴的存在，它指由氏族、部落发展而来，代表一种起初基于血缘关系，而后具有某种共同语言、历史、文化传统的相当稳定的共同体。这一点可从"民族"的词源看出：nation 一词是由拉丁文"出生"（nasci）的过去分词 natus 转化而来的，意指种族、血统、出生物等。古罗马词 natio 进入古法语后演变成 nacion，后来移植到英语中成为现在所见的 nation。④

王剑峰认为，族群（包含英文语境下的 Ethnic Group 和 Ethnic Community）指的是这样一群人：他们认为自己是一个被共同的一脉相承的文化、一致的种族特征、共同的宗教以及共同的历史、共同祖先的信仰所连接起来的共同体，不管他们生活在落后社会还是在先进社会。⑤

李占荣认为，民族是有层次的。第一个层次的民族就是英语中的"nation"一词，是"享有国家主权的民族"，简称"主权民族"（政治民族），它既是建立国家的主体，同时又是被国家塑造出来的客体，我们通常所说的"中华民族"就属于这个层次的民族。第二个层次的民族是英语中

---

① 马戎：《从文化角度对待中国民族问题》，中国民族宗教网，2012 年 4 月 8 日，http://www.mzb.com.cn/html/Home/report/390034-1.htm。
② 宁骚：《民族与国家》，北京大学出版社，1995，第 15 页。
③ 严庆：《族群动员：一个化族裔认同为工具的族际政治理论》，《广西民族研究》2010 年第 3 期。
④ 时殷弘：《国际政治——理论探究、历史概观、战略思考》，当代世界出版社，2002，第 173 页。
⑤ 王剑峰：《族群冲突与治理》，社会科学文献出版社，2014，第 12 页。

常用的"nationality"一词，是"享有民族自决权的民族"，简称"自决权民族"，在英语中应当用"nation of self-determination"来表述，自决权民族只存在于联邦制国家，如马戎指出"斯大林对沙皇俄国统治下各部族的新称呼翻译成英文的'nationality'，似乎是略低于欧洲'民族'（nation）层次但又具有很强政治意义的群体，所以用加盟共和国、自治共和国、自治州等形式把各群体的政治地位和领土固定下来"。第三个层次的民族实际上是指"族群"，英语中的"ethnic groups"或者"ethnicity"一词，是指"享有自治权的民族"，简称"自治权民族"，我们通常所说的汉族、维吾尔族也即族群意义上的"民族"。①

刘中民等中国学者指出，区分"政治民族"和"文化民族"是把握民族概念的一个重要基点。"'政治民族'就是和国家主权相联系的'国民'或'国族'；而'文化民族'或者与'政治民族'重合而成为构成一个民族国家的民族群体（如单一民族国家），或者是作为'政治民族'即'国族'之组成部分的民族群体而存在。'政治民族'只能属于一个主权国家，而'文化民族'则可能分布在不同国家甚至没有自己的国家。"②

郝时远对西方学界有关族群（ethnic group）释义的辨析中，对"民族"概念进行了详细而又直观的论述，他认为，民族单位实际上必须同时具有并表现出四种特征：①相信它们有唯一归属；②相信它们有共同的血统；③相信它们的文化独特性；④外人根据上述条件（不论真假）看待该聚集体及其成员。因此，除非这四个条件同时具备，并且对成员和非成员都有效，否则就不能把一个集体或聚集体称为"民族"（ethnic）。③ 继而，郝时远又将西方关于族群（ethnic group）的概念分为不同的层次，用同心圆的形式直观表现出来（见图1-1）。同心圆的最外层是"族群"（ethnic group），次外层是"族体"（nationality），第三层是"民族"（nation），核心层是"种

---

① 李占荣：《宪法的民族观——兼论"中华民族入宪"》，《浙江大学学报》（人文社会科学版）2009年第3期。
② 刘中民、左彩金、骆素青：《民族主义与当代国际政治》，世界知识出版社，2006，第39~40页。
③ 郝时远：《对西方学界有关族群（ethnic group）释义的辨析》，《广西民族学院学报》（哲学社会科学版）2002年第4期。

族"（race）。而与除种族外的三个同心圆结构相交的四个圆，则分别代表语言、宗教、文化和历史这几个基本要素。在这个结构中，郝时远想表达的意思主要有以下几点。

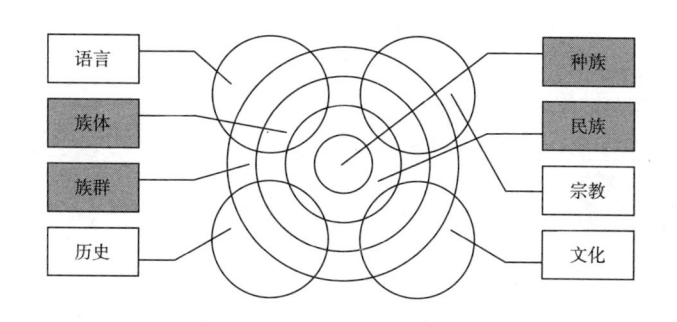

图 1-1　民族共同体同心圆结构

资料来源：郝时远《对西方学界有关族群（ethnic group）释义的辨析》，《广西民族学院学报》（哲学社会科学版）2002 年第 4 期。

①种族仅仅在生物学意义上有科学价值，种族本身并不与语言、历史、宗教和文化这些要素产生交互影响，因此对人类群体进行"种族族群"的划分在抽象的层面上是毫无意义的，而种族区分为民族、族体和族群后才与相关的要素发生关系。

②国家层面上的民族，是对基于语言、宗教、文化、历史等异质性要素的族类群体进行国民特性均质化整合的共同体，它与国家归属、公民身份及其权利紧密地联系在一起，它属于一个国家范围的社会整体而非一部分或少数，所以民族（nation）本身也不属于"族群"范畴。

③族体（nationality）是指那些不具有国家层面民族地位的、得到社会承认和特殊待遇的或受到排斥或压迫的、人口在其所处的社会或者国家中处于少数的群体（包括土著人），每一个现代民族（nation）内部都存在不同的族体（nationalities）。

④每一个族体（nationality）中都包括了表现出历史、文化、语言、宗教等要素差异的分支群体，这些属于"族群"范畴。

郝时远还解释称，之所以将"族群"这一概念置于同心圆结构的最外层，一方面是想表达这一概念所确指的群体具有贯通历史与现实的特点，另一方面是想表达"族群"这一概念的"抽象、模糊、具有很强伸缩性和渗透性"的特征，其抽象程度相对于种族、民族、族体、土著、移民等概念更加泛化而缺乏清晰的边界，这也造成其在具体应用中具有高度的弹性。为了更加清晰地表达这种理解，将平面图立体化，用金字塔结构来进一步加以说明（见图1-2）。

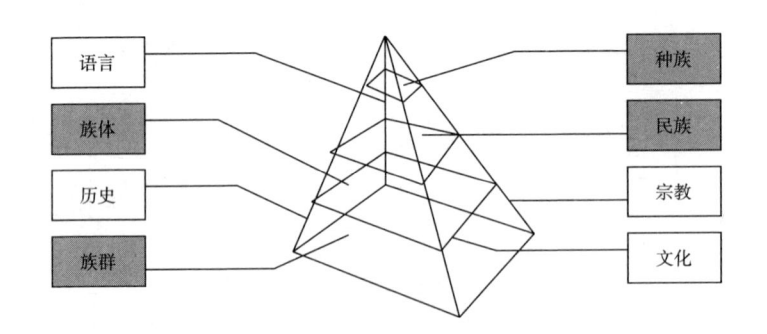

图1-2 民族共同体金字塔结构

资料来源：郝时远《对西方学界有关族群（ethnic group）释义的辨析》，《广西民族学院学报》（哲学社会科学版）2002年第4期。

在图1-2中，其塔身的四棱分别代表了语言、历史、宗教和文化要素，而其四个级层则自上而下地分别代表了种族、民族、族体和族群。在这个立体结构中，最显见的是一种量化的启示，也就是说族群数量多于族体，而族体的数量多于民族，民族的数量多于种族。[①]

囿于国内外学术界对"民族"概念的精深考证和篇幅所限，本书无意对"民族"概念进行过多的论述或提出新的"民族"概念，也没有必要给民族下一个"自己的"定义，在本书中，"民族"是指在一个国家内存在的各种具有相同文化、心理、地域、历史的人类共同体，无论是学理意义上的"民族"（中华民族）、"族群"（汉族、乌兹别克族、吉尔吉斯族），还是"族体""族裔"，在用语上都统称为"民族"。

---

① 郝时远：《对西方学界有关族群（ethnic group）释义的辨析》，《广西民族学院学报》（哲学社会科学版）2002年第4期。

（二）"冲突"的概念

1. 马克思主义对冲突的论述

通常意义上，冲突（conflict）是一个社会学名词，但实际上，马克思很早就关注到了这一社会现象。戴维·波普诺（David Popenoe）认为，冲突理论源于马克思，在他的《社会学》中指出，"冲突论者源于马克思，在他们看来，社会经常处在极易被破坏的平衡之中。事情常常是这样的，社会冲突源于社会的一部分统治于另一部分之上，而不是源于各部分之间的自然合作，社会秩序是力量与强制的产物，是统治——强的压迫弱的，富的压迫穷的"。[①] 美国冲突功能学派代表人 L. A. 科塞（Lewis A. Coser）承认"尽管自己不是一个马克思主义者，但他的冲突学说的理论前提和出发点是始于马克思的阶级斗争学说"。[②] 中国学者任剑涛认为，"马克思将冲突视为解释人类历史的一把钥匙，他创立的剩余价值理论，就是用冲突的观点通览资本主义的理论。而他创立的历史唯物主义理论，也就是用冲突的眼光通观人类历史的理论"。[③] 可见，"冲突"理论的研究将马克思作为冲突理论的首倡者，从某种意义上讲，正是马克思主义开创了现代社会科学中关于冲突理论的探讨。

马克思、恩格斯以生活的 19 世纪资本主义社会的现实为研究对象，提出了不同阶级之间相互斗争的理论。如在《德意志意识形态》中，就指出"生产力和交往形式之间的这种矛盾——正如我们所见到的，它在迄今为止的历史中曾多次发生过，然而并没有威胁交往形式的基础，——每一次都不免要爆发为革命，同时也采取各种附带形式，如冲突的总和，不同阶级之间的冲突，意识的矛盾，思想斗争，政治斗争，等等"。[④] 这里将生产力和交往形式之间出现的不威胁交往形式的矛盾称为冲突，又将冲突分为阶级冲突、思想意识冲突、政治斗争等。

在《共产党宣言》中，指出，"至今一切社会的历史都是阶级斗争的历史"。[⑤] "自由民和奴隶、贵族和平民、领主和农奴、行会师傅和帮工，一句

---

① 〔美〕戴维·波普诺：《社会学》，李强等译，中国人民大学出版社，1999，第 18 页。
② 钟金洪主编《马克思主义社会学思想》，中国审计出版社，2001，第 395 页。
③ 任剑涛：《从冲突理论视角看和谐社会建构》，《理论参考》2006 年第 5 期。
④ 《马克思恩格斯选集》（第一卷），人民出版社，1995，第 115 页。
⑤ 《马克思恩格斯选集》（第一卷），人民出版社，1995，第 272 页。

话，压迫者和被压迫者，始终处于相互对立的地位，进行不断的、有时隐蔽有时公开的斗争，而每一次斗争的结局都是整个社会受到革命改造或者斗争的各阶级同归于尽。"① 由此可见，马克思、恩格斯认为社会冲突是历史发展的必然，而社会冲突的集中表现形式就是"阶级斗争"。《德意志意识形态》指出，"一旦发生任何实际冲突，即当阶级本身受到威胁的时候，当占统治地位的思想好像不是统治阶级的思想而且好像拥有与这一阶级的权力不同的权力这种假象也趋于消失的时候，这种对立和敌视便会自行消失"。② 由此可见，马克思认为，即使在同一阶级（统治阶级）内部，也会存在掌握政治权力的人和进行意识形态思考的人之间的斗争。

而关于阶级斗争的根源，马克思在《政治经济学批判（序言）》中也有论述，"人们在自己生活的社会生产中发生一定的、必然的、不以他们的意志为转移的关系，即同他们的物质生产力的一定发展阶段相适合的生产关系。这些生产关系的总和构成社会的经济结构，即有法律的和政治的上层建筑竖立其上并有一定的社会意识形式与之相适应的现实基础"。③ "社会的物质生产力发展到一定阶段，便同它们一直在其中运动的现存生产关系或财产关系（这只是生产关系的法律用语）发生矛盾。于是这些关系便由生产力的发展形式变成生产力的桎梏。那时社会革命的时代就到来了。随着经济基础的变更，全部庞大的上层建筑也或慢或快地发生变革。在考察这些变革时，必须时刻把下面两者区别开来：一种是生产的经济条件方面所发生的物质的、可以用自然科学的精确性指明的变革，一种是人们借以意识到这个冲突并力求把它克服的那些法律的、政治的、宗教的、艺术的或哲学的，简言之，意识形态的形式。我们判断一个人不能以他对自己的看法为根据，同样，我们判断这样一个变革时代也不能以它的意识为根据；相反，这个意识必须从物质生活的矛盾中，从社会生产力和生产关系之间的现存冲突中去解释。"④ 马克思还指出，"一切历史冲突都根源于生产力和交往形式之间的矛盾。此外，不一定非要等到这种矛盾在某一国家发展到极端尖锐的地步，才导致这个国家内发生冲突。由广泛的国际交往所引起

---

① 《马克思恩格斯选集》（第一卷），人民出版社，1995，第 272 页。
② 《马克思恩格斯选集》（第一卷），人民出版社，1995，第 99 页。
③ 《马克思恩格斯选集》（第二卷），人民出版社，1995，第 32 页。
④ 《马克思恩格斯选集》（第二卷），人民出版社，1995，第 32～33 页。

的同工业比较发达的国家的竞争,就足以使工业比较不发达的国家内产生类似的矛盾(例如,英国工业的竞争使德国潜在的无产阶级显露出来了)"。①

由此可见,马克思主义认为人类社会一切冲突的根源都可以从社会生产力和生产关系的矛盾中得到解释,社会生产力与生产关系的矛盾会导致冲突(变革或革命),但并非所有的矛盾都必须极端尖锐才会爆发冲突,在同工业比较发达国家的竞争中,工业比较落后的国家可能爆发国内冲突。

2. 中西方学者关于冲突的论述

作为一种普遍存在的现象,冲突早在19世纪末20世纪初就作为一种单独理论受到西方社会学家的关注,第二次世界大战结束后,社会发展存在的问题间接推动了现代社会冲突理论的发展。20世纪40年代以后,以T.帕森斯为代表的结构功能主义强调社会成员共同持有的价值取向对于维系社会整合、稳定社会秩序的作用,将冲突视作健康社会的"病态",努力寻求消除冲突的机制。20世纪50年代中后期到六七十年代,在批判吸收帕森斯理论的基础上,冲突理论逐渐成为西方社会学理论体系中的主流理论,并逐步产生了两个不同的思想学派:以科塞为代表的冲突功能学派和以拉尔夫·达仁道夫为代表的辩证冲突论学派。

西方冲突理论的代表人物主要有美国的科塞、L. 柯林斯,德国的达仁道夫,英国的J. 赖克斯等。科塞在《社会冲突的功能》中最早使用了"冲突理论"这一术语,他认为冲突是:"争夺价值以及稀有的地位、权力和资源的斗争。敌对双方的目标是压制、伤害或消灭对方。"② 科塞还分析了冲突的正功能和负功能,指出冲突不仅具有破坏社会秩序的负功能,在一定条件下还具有防止社会系统僵化、促进社会整合的正功能。如科塞指出,"冲突经常充当社会关系的整合器,通过冲突,互相发泄敌意和发表不同的意见,可以维护多元利益关系的作用"。③ 他还通过对群体内冲突的研究得出结论:冲突的激烈程度与群体成员对群体的感情投入程度直接相关,即群体成员投入的感情越多,冲突激烈程度就越高。达仁道夫在《现代社会

---

① 《马克思恩格斯选集》(第一卷),人民出版社,1995,第115~116页。
② Lewis A. Coser, *The Founctions of Social Conflict* (New York, 1956), p. 3.
③ 〔美〕科塞:《社会冲突的功能》,华夏出版社,1989,第144页。

冲突》中指出,"统治经由不平等的道路,引发冲突,这并不是说,任何形式的统治都是一种好事",①"阶级冲突的渊源存在于统治结构里,这种结构不再具有传统等级结构的绝对的性质。冲突的主题就叫做生存机会"②。"只要缺乏共同的前后联系,也就没有结构的冲突,只要没有结构的冲突对立也就不会向前驶到新的海岸。"③ 他认为,社会结构内部根据不同量的权威和权力可以分为统治和被统治两个准群体,这两个准群体为明显的利益群体,权威和权力的不断分配导致准群体之间的不断冲突。

西方其他学者对冲突还有不同的解释,如斯蒂芬·P. 罗宾斯(Stephen P. Robbins)把冲突定义为"一种过程,这种过程起始于一方感觉到另一方对自己关心的事情产生消极影响或将要产生消极影响"。④ 芬克(K. Fink)把冲突定义为"在任何一个社会环境或过程中,两个以上的统一体被至少一种形式的敌对心理关系或敌对互动所联结的现象"。彼得·康戴夫(P. Condlife)认为冲突是"一种彼此相关或互动的形式",在这种形式中,"我们发现我们自己处于某种被觉察到的对我们个人或集体的目标威胁之下。这些目标通常要涉及人与人之间的需求关系。这些被觉察到的威胁可能是真实的,也可能是想象出来的"。⑤ 小罗宾·M. 威廉认为,"冲突是一方企图剥夺、控制、伤害或者消灭另一方并与另一方的意志相对抗的互动;真正的冲突是一场战斗,其目标是限制、压制、消灭,否则将受到对方的伤害"。⑥ 日本学者星野昭吉认为,"冲突是不同的团体追求互不兼容的目标,就是说,它们之间社会价值互不相容时所处的状态"。⑦ 按照《韦伯斯

---

① 〔英〕拉尔夫·达仁道夫:《现代社会冲突》,林荣远译,中国社会科学出版社,2000,第40页。
② 〔英〕拉尔夫·达仁道夫:《现代社会冲突》,林荣远译,中国社会科学出版社,2000,第43页。
③ 〔英〕拉尔夫·达仁道夫:《现代社会冲突》,林荣远译,中国社会科学出版社,2000,第67页。
④ 〔美〕斯蒂芬·P. 罗宾斯、〔美〕蒂莫西·A. 贾奇:《组织行为学》,关培兰译,中国人民大学出版社,2006,第434~435页。
⑤ 〔澳〕彼得·康戴夫:《冲突事务管理——理论与实践》,何云峰等译,世界图书出版公司,1998,第3~15页。
⑥ 〔美〕小罗宾·M. 威廉:《社会秩序和社会冲突》,转引自〔美〕乔纳森·H. 特纳:《社会学理论的结构》,吴典辉译,浙江人民出版社,1987,第212页。
⑦ 〔日〕星野昭吉编著《变动中的世界政治——当代国际关系理论沉思录》,刘小林等译,新华出版社,1999,第451页。

特词典》的解释，冲突一词本意是指"打斗（fight）、作战（battle）、斗争（struggle）"，或者指"当事人各方之间的公开对峙"。倪世雄概括了西方学界关于冲突的基本含义，主要包括四个方面：①冲突是指某一可确认的人或群体，有意识地反对一个或几个可以确认的人或群体，原因是它们各自在谋求不同的目标；②冲突是人与人之间的相互作用；③冲突的形式有暴力的和非暴力的，有显形的和隐形的，有可控制的和不可控制的，有可解决的和不可解决的；④正如在世界上总是充满矛盾一样，冲突存在于宇宙万物中。①

我国学者也对冲突进行了多方面的研究，如刘绛华指出，"冲突是组织动态的主要表现形式之一。在传统意义上，冲突从来被认为是造成和导致组织不安、紧张、不和、动荡、混乱乃至分裂、瓦解的主要原因之一"。②李杰指出，"所谓冲突，是指人们由于某种抵触或对立状况而感知到的不一致的差异，这些差异包括看问题的角度和方法、所处的环境、信息来源等。冲突遍布个体、群体及组织等各个方面，包括组织与外部冲突和组织内部冲突"。③夏淑梅认为，"冲突是由于工作群体或个人，试图满足自身需要而使另一群体或个人受到挫折时的社会心理现象。冲突表现为：由于双方的观点、需要、欲望、利益和要求的不相容而引起的激烈争斗"。④马新建认为，"冲突是一个过程，它是从人与人、人与群体、人与组织、群体与群体、组织与组织之间的相互关系和相互作用过程中发展而来，它反映了冲突主体之间交往的状况、背景和历史"。⑤刘俊波区分了软性冲突和硬性冲突，"所谓软性冲突就是双方目标或利益不协调、不相容，双方发生了敌意的对抗，但是并没有出现暴力行为。而所谓的硬性冲突则是指双方已经出现了暴力对抗，也即一般意义上的军事冲突或战争"。⑥秦启文认为，"冲突具有以下特性：冲突的参与者必定有矛盾或分歧。这些矛盾或分歧也许是客观存在的，也许存在于人们的主观意识之中。这些矛盾或分歧经常表现在观点、

---

① 倪世雄等：《当代西方国家关系理论》，复旦大学出版社，2001，第270页。
② 刘绛华：《试论冲突》，《求实》1999年第12期。
③ 李杰：《论企业内部的冲突管理》，《铜陵学院学报》2004年第2期。
④ 夏淑梅：《组织中群体冲突的辨析》，《华东经济管理》1994年第5期。
⑤ 马新建：《冲突管理：基本理念与思维方法的研究》，《大连理工大学学报》（社会科学版）2002年第3期。
⑥ 刘俊波：《冲突管理理论初探》，《国际论坛》2007年第3期。

利益、需求、需要、欲望、意志、文化、价值观、宗教信仰等方面"。①

不仅在社会学中,在其他社会科学中也有对冲突的不同理解,如政治学认为"冲突"是"人类为了达到不同的目标和满足各自相对利益而发生的某种形式的斗争"。管理学认为"冲突"是"两个或两个以上的行为主体,由于在管理问题上的目标、看法、处理办法或意见的不一致,存在的分歧,所产生的相互矛盾、排斥、对抗的一种态势"。管理心理学认为"冲突"是"两个人或两个群体的目标互不相容或互相排斥,从而产生于人们心理上的矛盾"。②

综上所述,冲突的主体可以是组织、群体或个人;冲突的客体可以是利益、权力、资源、目标、方法、意见、价值观、感情、程序、信息、关系等;冲突的表现形式可以是激烈的(感情宣泄、暴力行动),也可以是缓和的(愤怒、丧失沟通)。本书认为,"冲突"是不同主体或主体的不同意向对特定客体或目标在处置方式或追求赋予过程中所产生的一种相互对立的行为状态或心理状态,前者主要表现为行为主体之间的行为对立状态,后者主要表现为主体内部的心理矛盾状态。当冲突与不同的主体或客体进行叠加时,会产生不同的冲突形式,如与冲突的主体进行叠加,会产生民族冲突、企业冲突、国家冲突、部族冲突等;与冲突的客体进行叠加,会产生经济冲突、权力冲突、价值冲突、感情冲突等。

二 民族冲突

(一)民族冲突的概念

在得知"民族"和"冲突"的概念后,是否将二者简单叠加就是"民族冲突"?事实并非如此。民族冲突是不同民族之间由于目标或客体的分歧所产生的直接对立状态,但这种直接对立状态只是民族关系的一种特殊表现形式,是民族关系中两个(或多个)民族由"关系融洽"到"关系隔阂"发展过程中的一种表现形式。因此,要想弄清楚什么是"民族冲突",首先必须弄清楚什么是"民族关系"。

---

① 秦启文:《突发事件的预防与应对》,新华出版社,2008,第17页。
② 马新建:《冲突管理:一般理论命题的理性思考》,《东南大学学报》(哲学社会科学版)2007年第3期。

那么究竟什么是"民族关系"？马曼丽认为，"民族关系一般不指本民族内部，而是指有族际内涵的关系，大体可简明概括为三类关系：一是国家和代表国家的统治阶层和各级执政权力阶层与各民族人民的关系；二是处于不同地位的各民族的统治阶层或权力集团相互间的关系；三是各族人民之间的相互关系"。① 余梓东认为，"从时间上看，民族关系是一个动态过程；从空间上看，民族关系是一个多层次、多系列的网络结构；从关系载体上看，既存在内在的民族关系，又存在外在的民族关系，前者包括同一民族内部不同支系之间的关系，本民族成员与本民族整体的关系等，后者包括民族与自然及整个社会环境的关系和族际关系"。② 蒋立松根据我国实际情况，"按照民族关系发生的主体来进行划分，将民族关系划分为三类：一是民族社会与国家权力之间的互动关系；二是民族社会各民族之间的关系；三是汉族与各少数民族之间的关系"。③ 黄世君认为，"民族关系当然指两个或两个以上民族之间的问题，它包括单一民族与单一民族之间的联系与矛盾，包括单一民族与统一的多民族之间的联系与矛盾，也包括统一的多民族内部各民族之间的联系与矛盾"。④ 由此可见，民族关系可以被看作特定时期内以民族为主体而构成的不同民族之间在社会生活中的不同状态，民族关系是一组"关系状态"，可以被感知，可以被比较，也可以被衡量，通常意义上，衡量民族关系的标准可以通过不同民族个体在社会生活中的状态来表示，而社会生活状态又可以分为政治生活状态、经济生活状态、文化生活状态等。因此，民族关系是一个不断变化的过程。

我们知道，在一个国家内，通常有一个或少数几个民族群体占主导地位，被称为主体民族，而其他民族则为少数民族。就大多数国家而言，所谓的民族关系，主要指主体民族与少数民族的关系，而在一定地域范围内，所谓的民族冲突也往往是主体民族与少数民族的冲突。民族冲突是民族关系变化过程中的一种极端表现形式，因此，只有把民族冲突的发生放到民族关系的长线光谱中才能观察民族冲突的全貌。民族关系的变化往往是一系列因素不断

---

① 马曼丽：《论民族关系的实质与当代民族关系的核心问题》，《烟台大学学报》（哲学社会科学版）2005 年第 4 期。
② 余梓东：《民族关系辨析》，《内蒙古社会科学》（文史哲版）1992 年第 4 期。
③ 蒋立松：《略论西南民族关系的三重结构》，《贵州民族研究》2005 年第 3 期。
④ 黄世君：《关于"民族问题"、"民族关系"的再认识》，《民族研究》1989 年第 6 期。

积累叠加的过程，其中既有促进民族关系发展的"正能量"，又有阻碍民族关系发展的"负能量"，民族冲突的发生正是"负能量"叠加的结果。

民族关系是一个缓慢的发展过程，从理论上分析民族关系的基本状态，大致可以分为三种：一是相互完全隔绝的状态，二是相互交往、相互影响的状态，三是相互完全融合、彼此不存在实质性区别的状态。美国学者辛普森（George Eaton Simpson）在1968年提出了"把群体的互动结果视为一条连续的直线，完全隔离与完全同化可视为处于这条直线的两端"的观点。按照这个观点，马戎教授把民族关系由"完全融合"到"完全隔离"的状态用分布在一条虚线上各个点的方式直观表达出来（如图1-3所示）。

图1-3中虚线是一组可以双向移动的点，虚线的左端表示"完全融合"状态，虚线的右端表示"完全隔绝"状态，虚线中间方框内的点表示甲、乙两族群关系现状，这个点可能会向左或向右移动。影响民族关系的因素很多，既有内部因素，又有外部因素；既有经济原因，又有政治原因等。图1-3中箭头的方向和长短表示该因素作用力的方向和大小。在诸多因素的共同作用过程中，有些因素的作用可能会相互抵消，有些因素的作用可能会形成更强的合力；有的因素除了自身的直接作用外，还可以通过对其他因素的作用而间接影响民族关系，如图1-3中的外部因素C，既有直接的作用，又通过内部因素D而间接影响民族关系。而象征民族关系状

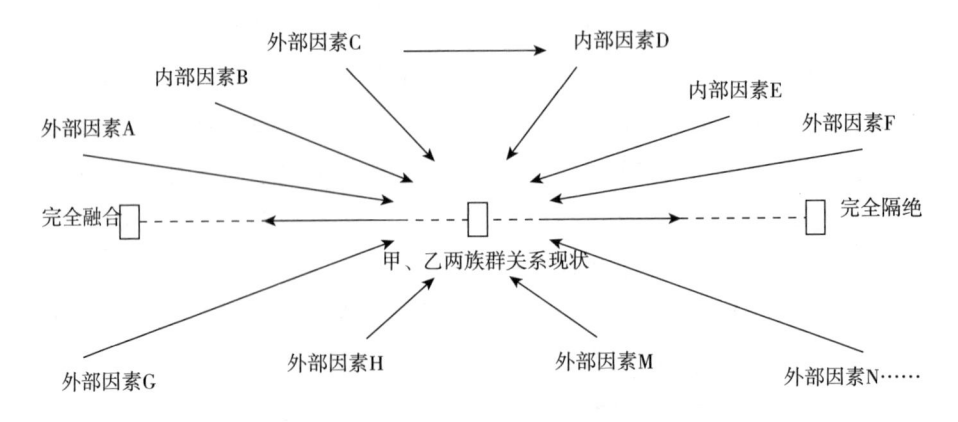

图1-3 影响族群关系因素作用分析

资料来源：马戎编著《民族社会学——社会学的族群关系研究》，北京大学出版社，2004，第467页。

态的（方框内的）点最终向哪个方向并以什么样的速度移动，完全取决于这些因素共同合力作用的结果。①

从民族关系的中间点（可以称为"不和"）向（右）"完全隔绝"状态转变的过程中，民族关系还可能经历不同的阶段：由最初的不和状态，发展到彼此抱有偏见和相互歧视；之后在日常交往中出现不同的分歧和纠纷，发展到相互争吵、谩骂，进而发展到民族冲突和战争，最终导致民族之间的严重隔阂。笔者将"不和"到"隔阂"状态又分为"民族纠纷""民族矛盾""民族冲突""民族战争"四个阶段（当然还可以分为更多阶段，见图1-4）：民族纠纷是指民族之间由于资源、物质利益等的争夺而发生的分歧和争吵；民族矛盾是指民族之间在心理和价值观上对对方民族产生偏见，普通的纠纷和争吵常态化，金炳镐从民族矛盾的视角将民族矛盾关系又分为49种②；民族冲突是民族矛盾进一步激化的结果，由民族内部单个（数个）成员的矛盾发展为一个地区或数个地区民族之间的械斗和骚乱，莫岳云认为，"民族矛盾处理不好，就会成为民族冲突、社会骚乱甚至国家动乱、战争爆发的原因，尤其当它被别有用心的本国民族主义狂热分子和境外挑衅势力所夸大之时"；③ 民族战争是民族整体间的长期对立和斗争，既会带来严重的人员伤亡，又会造成地缘政治或国际政治的相应变动，如巴以冲突、印巴冲突等。

---

① 马戎编著《民族社会学——社会学的族群关系研究》，北京大学出版社，2004，第466~467页。
② "1. 不同民族之间的矛盾；2. 民族猜疑；3. 民族隔阂；4. 民族歧视；5. 民族仇恨；6. 民族不团结；7. 民族不平等；8. 民族不和；9. 民族对立；10. 民族纠纷；11. 民族冲突；12. 民族斗争；13. 民族战争；14. 民族压迫；15. 阶级社会的民族矛盾；16. 奴隶制社会的民族矛盾；17. 封建制社会的民族矛盾；18. 半殖民地半封建社会的民族矛盾；19. 资本主义社会的民族矛盾；20. 社会主义初级阶段的民族矛盾；21. 社会主义发达阶段或高级阶段的民族矛盾；22. 具有具体形式的民族矛盾；23. 不具有具体形式的民族矛盾；24. 民族群体交往形式中表现出的民族矛盾；25. 民族成员个体交往形式中表现出的民族矛盾；26. 世界民族矛盾；27. 国际民族矛盾；28. 强国和弱国之间的民族矛盾；29. 利益占有国与利益损失国之间的民族矛盾；30. 不同政治体制国家之间的民族矛盾；31. 国内民族矛盾；32. 全国性民族矛盾；33. 地方性民族矛盾；34. 全局性民族矛盾；35. 局部性民族矛盾；36. 主体民族与非主体民族的矛盾；37. 汉族与少数民族的矛盾；38. 少数民族与少数民族的矛盾；39. 自治民族与非自治民族的矛盾；40. 聚居民族与散居民族的矛盾；41. 农业民族与畜牧民族的矛盾；42. 民族政治矛盾；43. 民族经济矛盾；44. 民族文化矛盾；45. 民族社会（狭义）矛盾；46. 对抗性民族矛盾；47. 非对抗性民族矛盾；48. 阶级对立性质的民族矛盾；49. 非阶级对立性质的民族矛盾等。"金炳镐：《民族关系理论通论》，中央民族大学出版社，2007，第140~165页。
③ 莫岳云：《马克思主义民族融合理论的当代思考——兼论李维汉对民族融合的理论贡献》，《广东社会科学》2011年第6期。

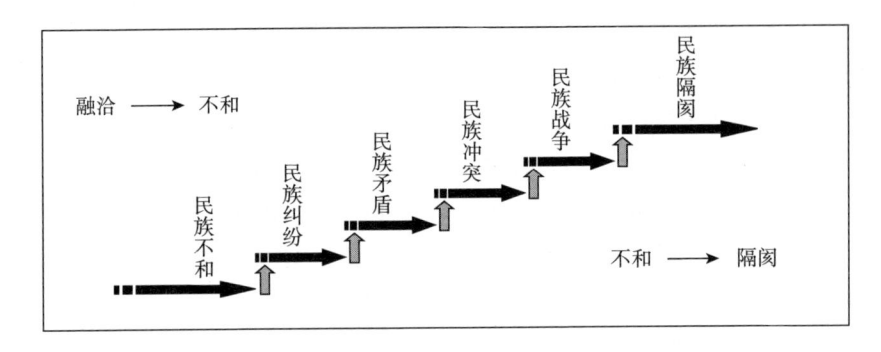

图 1-4　民族关系变化

资料来源：笔者自制。

由"民族不和"到"民族隔阂"是一个单向逐步升级的过程，其中各个阶段的界线并不明显，有些可能会由民族纠纷直接发展为民族冲突或战争，有些可能一直停留在"不和"或"纠纷"的状态。"民族冲突"只是民族关系由"不和"到"隔阂"状态发展过程中"短暂的一个瞬间"[①]，但"民族冲突"本身又涉及多个不断演化的过程。每一次民族冲突又包含一个萌芽、前兆、激发、演化、扩散、控制、衰退、消亡的过程。

那么，从概念上来讲，究竟什么是民族冲突？《民族关系：跨文化百科全书》对民族冲突的解释是"不同民族之间因文化、宗教、体质特征和语言等不同而发生的暴力冲突"。[②] 蒙特塞拉特·桂博纳（Montserrat Guibernau）和约翰·雷克斯（John Rex）认为，"民族冲突是发生在两个或多个民族之间关于政治、经济、文化、社会或领土等问题的争执或冲突"。[③] 俄罗斯学者 B. A. 季什科夫认为，"民族冲突是一定程度上的社会抵抗，是有组织的政治行为、社会运动、群众性的骚动、分裂主义行动，甚至是内

---

① 笔者认为，民族冲突和民族战争具有许多共同特征，但二者的区别在于：①持续时间不同，民族冲突持续的时间较短，民族战争持续的时间较长；②参与人数不同，民族冲突只涉及某个地域内的民族斗争，而民族战争则涉及民族整体之间的斗争；③冲突规模不同，民族冲突的冲突规模较之民族战争要小得多。

② David Levinson, *Ethnic Relations: A Cross-Cultural Encyclopedia* (California: Santa Barbara, 1994), p. 61.

③ Montserrat Guibernau, John Rex, *The Ethnicity Reader: Nationalism, Multiculturalism and Migration* (Cambridge: Polity Press, 1997), p. 81.

战，其对抗发生在民族的一致性范围内"。① 霍洛维茨（Horowitz）将民族冲突（致命的族群骚乱）定义为"一场剧烈的、突发的（尽管并不必然是毫无计划的），由一个族群的平民百姓向另一个族群的平民百姓发动的致命袭击。受害者因其族群身份而被袭击"。②

综上所述，笔者认为，民族冲突是民族关系由"完全融合"到"完全隔离"发展变化过程中的一种极端表现形式，是不同民族主体由于资源、地位、文化等特定目标和客体的分歧而发生的不同民族主体或民族主体与政府之间的暴力攻击。民族冲突既会发生在两个民族之间，又会发生在两个民族国家之间，还会发生在民族与政府之间，民族冲突的具体实践者往往是经过民族精英动员了的普通民族成员，而发生民族冲突的原因往往是多元的。从发展过程来讲，民族冲突可能只是民族关系发展变化的一个"点"，但就单次（场）民族冲突而言，又会存在一个完整的"生命周期"。

（二）民族冲突的特征

关于民族冲突的特征，约翰·西斯林（John Sislin）和费雷德里克·皮尔逊（Frederic S. Pearson）认为，在许多情况下民族冲突往往带有明显的暴力色彩。③ 严庆、青觉指出，民族冲突具有以下特点，"第一，冲突的民族性。民族冲突必须发生在民族与民族之间或民族与政府之间。第二，不言自明的群体性。民族冲突是一种群体冲突或集体暴力，冲突方个体数量必须累加到一定的规模，而且冲突牵扯到相关民族的整体行动，民族成员或是直接参加，或是间接支援。第三，冲突的暴力性。尽管有的学者将民族冲突

---

① 张俊杰：《俄罗斯避免民族纠纷与冲突的法律机制》，《辽宁大学学报》（哲学社会科学版）2008年第1期。
② 〔美〕Steven I. Wilkinson：《骚乱》，汪卫华译，《观察与交流》2009年第37期。
③ "其表现方式有以下几个方面。（1）叛乱。居住在特定地域的民族与政府处于尖锐的政治矛盾之中，他们试图保全自己独特的身份，而且对所受到的歧视强烈不满。这样的民族往往采取暴力反抗，以排解强烈的不满情绪和争取自治或独立的地位。②对峙。当一个政府为确保既定的权力结构不受威胁而对某些民族实施压制（甚至是军事镇压）时，这些民族就会奋起反抗，从而与政府形成对峙。③争夺。在一个国家内，当两个或更多的民族意识到国内的政治权力游戏只能产生出'零和'结果时，它们之间的权力争夺就会演变为民族暴力冲突。"曾强：《民族冲突研究的独特视角——〈武器与民族冲突〉介评》，《现代国际关系》2004年第4期。

具体划分为暴力冲突和非暴力冲突，但令人关注的还是民族冲突的剧烈性，即暴力冲突"。① 郭巍、任清丽指出，"第一，民族冲突只能发生在一个民族的外部，在一个民族的内部是不存在民族冲突的。第二，民族冲突有可能是暴力形式的，也有可能是非暴力形式的。第三，民族冲突不一定全都是非法的，如加拿大魁北克独立问题。第四，民族冲突有可能发生在一个多民族国家内部"②。笔者认为，暴力性是民族冲突的基本特征之一，暴力性的主要表现就是民族主体通过民族成员对对方进行暴力攻击，而心理层面的矛盾或对立只要不付诸"行动"，都不算真正意义上的民族冲突。

笔者认同民族冲突具有民族性③、群体性等特征，但从民族冲突应急管理的角度来讲，民族冲突的特征至少应该包括以下几点。

1. 突发性

民族冲突往往具有起因偶然、升级剧烈、失控迅速的特点，民族冲突在爆发前虽然有一定的先兆，但其爆发时间、地点、方式、规模等都难以预料，民族冲突往往会在短期内瞬间爆发。人类是可以通过在把握科学规律的基础上较为准确地预测出灾害发生的时间、地点、规模等，对有些自然灾害的预测甚至可以十分精确，但民族冲突则不同，不只具有突然性，其爆发还具有极大的不确定性，不仅不能够按照政府治理者的意志进行，有时甚至还不能够按照冲突双方的意志进行。

2. 破坏性

民族冲突具有暴力攻击的特点，在民族冲突中，往往会发生不同规模的打砸抢烧或人体伤害，其直接后果是人员伤亡和经济损失，使社会组织面临解体，对国家权力的正常运作造成障碍。民族冲突对经济和社会秩序的破坏可以在短期内恢复，但对民族心灵造成的创伤则会持续几十年甚至上百年，造成"代代相传的不可磨灭的伤害"。因此，民族冲突的破坏性又具有长期性和延展性的特点。

---

① 严庆、青觉：《从概念厘定到理论运用：西方民族冲突研究述评》，《民族研究》2009 年第 4 期。
② 郭巍、任清丽：《试论民族冲突》，《兵团职工大学学报》1999 年第 1 期。
③ 笔者认为，民族冲突的民族性不仅体现在参与主体的民族性上，还体现在民族冲突爆发原因的民族性上，如因不尊重民族风俗习惯而引起的民族冲突。

3. 公共性

民族冲突本身就是一类社会公共事件，会"对一个社会系统的基本价值和行为准则架构产生严重威胁，其影响和涉及的主体具有社群性"。[①] 民族冲突的参与对象和损害对象都是不特定的多数人，不仅会造成公众心理恐慌和社会秩序混乱，还会对公共基础设施、公共财产等造成巨大损害。民族冲突的公共性要求政府在应急管理过程中必须采取强力措施尽快制止民族冲突的破坏性行动。

4. 复杂性

民族冲突的爆发是社会、历史、宗教等多重因素共同叠加的后果，民族冲突的参与主体有时会涉及"跨界民族"或"跨境民族"[②]，民族冲突爆发过程中会渗入"三股势力"、有组织犯罪、贩毒集团、黑恶势力等因素，民族冲突的处理也会牵涉国际干预、第三方维和、难民安置等问题。因此，民族冲突具有相当大的复杂性。

5. 隐蔽性

民族冲突是民族关系的一种极端表现形式，民族冲突的爆发是一系列"负能量"逐步积累和变化的动态过程，这个过程很难被察觉和中止，民族冲突爆发前尽管会有一些人口异常、网络串联、精英动员等现象，但这些现象也往往非常隐蔽，很难被识别和发现。从危机管理的角度来讲，对民族冲突的预测、预警体系的设计也会由于民族冲突的隐蔽性而异常困难。

（三）民族冲突的类型

关于民族冲突的类型，可以依据不同的标准进行不同的分类。根据民族冲突的参与主体来进行划分，可以将民族冲突分为民族与民族的冲突、

[①] 薛澜、钟开斌：《突发公共事件分类、分级与分期：应急体制的管理基础》，《中国行政管理》2005 年第 2 期。

[②] 跨界民族和跨境民族是两个概念，二者不能等同。曹兴认为，跨境民族是移民的产物，而跨界民族（翻译为英文应是"Cross-Border Nationality"或"Across-Border Ethnicity"）则是政治疆界把传统民族分隔开来的产物。跨境民族的英文表达词应该是"Transnationality"或"Trans-Nationalism"，意思是穿出本国国界到任何国家的移民而形成的民族集团。跨界民族则是地处两国或三国以上的交界处，原来受同一国家管理，后来被分隔为在两国或三国或更多国家的民族。曹兴：《僧泰冲突与南亚地缘政治》，民族出版社，2003，第 10 页。

民族与政府的冲突。如丹尼尔·拜曼（Daniel L. Byman）认为，"民族冲突主要有两种类型：民族与民族的冲突，民族与政府的冲突"。① 根据民族冲突的爆发地域进行划分，可以将民族冲突划分为边疆民族冲突、内地民族冲突等；根据民族冲突的客体目标和原因进行划分，可以将民族冲突划分为民族政治冲突、民族经济冲突、民族文化冲突、民族宗教冲突等。而每一类型的民族冲突又可以进行再次分类，如在民族宗教冲突中，既可以按照信仰不同宗教的不同民族之间的冲突进行划分，如穆斯林（民族）与天主教（民族）之间的冲突，又可以按照信仰同一宗教的不同民族之间的冲突进行划分，如同是信仰伊斯兰教（或基督教、佛教）的不同民族之间的冲突等。

我国学者曹兴在分析当代（民）族（宗）教冲突的分类时，提出了"是否民族宗教的整体性对抗"和"是否主体民族之间的冲突"两个标准。如果剥离其中的宗教因素，以"是否民族的整体性对抗"为标准，那么可以将民族冲突划分为"整体性民族冲突"和"非整体性民族冲突"两大类：所谓"整体性民族冲突"是指民族冲突的参与方是该民族的整体或多数成员；而"非整体性民族冲突"的参与主体则不一定是整个民族的整体。以"是否主体民族之间的冲突"为标准，可以将民族冲突划分为"主体性民族冲突"和"非主体性民族冲突"："主体性民族冲突"中卷入冲突的是相关国家的主体民族；而"非主体性民族冲突"是指少数民族参与的冲突。②

如果综合考虑"是否民族宗教的整体性对抗"、"是否主体民族之间的冲突"和其他因素，那么可以将民族冲突划分为四类：主体性民族冲突、跨界性民族冲突、移民性民族冲突和文化传播性民族冲突。具体来说：①主体性民族冲突，民族冲突有主体民族的参与，主体性民族冲突又可以分为两种，一种是双方均为主体民族的冲突，另一种是单方主体民族冲突；②跨界性民族冲突，民族冲突中有跨界民族的参加；③移民性民族冲突，民族移民在达到一定数量和规模时与当地世居民族之间的摩擦和冲

---

① Daniel L. Byman, *Keeping the Peace, Lasting Solutions to Ethnic Conflicts* (Baltimore and London: The Johns Hopkins University Press, 2001), p. 2.
② 曹兴：《从民族冲突类型看巴以冲突的根源与走向》，《西亚非洲》2008年第1期。

突；④文化传播性民族冲突，民族作为文化传播的物质载体，在文化传播过程中由于文化差异所造成的民族冲突。① 民族冲突分类见表1-1。

表1-1 民族冲突分类

民族冲突分类	分类标准	民族冲突分类
整体性民族冲突 非整体性民族冲突	是否民族的整体性对抗	主体性民族冲突 跨界性民族冲突
主体性民族冲突 非主体性民族冲突	是否主体民族之间的冲突	移民性民族冲突 文化传播性民族冲突

资料来源：笔者自制。

笔者认为，划分民族冲突的标准是多种多样的，根据不同的研究目的，既可以以"是否民族的整体性对抗"或"是否主体民族之间的冲突"为标准，又可以以"民族冲突的参与主体""民族冲突的特定目标"为标准。

根据本书的研究重点和研究目标，本书侧重于从民族冲突应对的角度来对民族冲突进行划分，根据民族冲突可能的破坏程度对民族冲突进行的划分更有利于政府机构对民族冲突的管理和应对。如可以根据民族冲突牵涉的人数、涉及的地域、可能造成的破坏等将民族冲突划分为Ⅰ级民族冲突、Ⅱ级民族冲突、Ⅲ级民族冲突等，这样划分的优点在于能够迅速调动既有的应急资源对民族冲突进行及时有效的防控。

三　民族冲突何以可能

民族冲突何以可能？即民族冲突怎么样才能成为可能，在什么样的条件下才有可能爆发民族冲突，也就是民族冲突的爆发是什么原因导致的。

国内学者王学俭、张新平认为，从历史和现实的角度来看，民族问题产生的根源具体来说包括五点：①民族差异的存在是出现和产生民族问题的基本前提；②剥削制度是产生民族压迫的根源；③各民族事实上的不平等是社会主义时期产生民族问题的根源；④民族意识的增强和各种社会力量对民族意

---

① 曹兴：《从民族冲突类型看巴以冲突的根源与走向》，《西亚非洲》2008年第1期。

识的利用是当代民族问题发生的重要原因;⑤民族政策的不公正和失当。①杨仁厚也认为,"特定的民族状况(国家内的民族多样化程度、国内各民族间的力量结构、多民族国家的形成类型、民族的跨国性及各民族间的宗教差异)是导致民族冲突的客观原因;错误的民族政策(经济政策、政治政策、文化政策)是导致民族冲突的主观原因"。②

以上学者在谈到民族冲突爆发的原因时,都提到了经济、政治、文化政策等方面的原因,目前国内外关于民族冲突爆发的原因,总结起来主要有以下几个层面的研究。

(一) 根源是阶级斗争

马克思主义认为民族冲突的根源主要是阶级斗争。马克思、恩格斯在《共产党宣言》中曾指出,"至今一切社会的历史都是阶级斗争的历史"。在这里,马克思、恩格斯指出了阶级斗争的普遍性。在论述各民族之间的关系时,他们指出,"各民族之间的相互关系取决于每一个民族的生产力、分工和内部交往的发展程度",③"在古代,每一个民族都由于物质关系和物质利益(如各个部落的敌视等等)而团结在一起"。④ 在每一个民族内部,随着生产力水平的不断提高,逐渐出现了剩余产品和私有制,在这之后,民族关系就变成了阶级关系,而民族矛盾和对立也就主要表现为人对人的剥削、民族对民族的剥削。列宁认为,"无产阶级认为民族要求服从阶级斗争的利益"。⑤ 斯大林认为,"民族问题不能认为是什么独立自在的、一成不变的问题。民族问题只是改造现存制度总问题的一部分,它完全是由社会环境的条件、国家政权的性质并且总的说来是由社会发展的全部进程决定的"。⑥ 斯大林认为民族问题是由社会发展的进程决定的,私有制国家就必然会有民族问题,他指出,"私有制和资本必然使人们离散,燃起民族纷

---

① 王学俭、张新平编著《政治学原理新编》,兰州大学出版社,2006,第128~131页。
② 杨仁厚:《论民族冲突的影响、原因和消除——民族政治学的观点》,《贵州民族研究》1996年第1期。
③ 《马克思恩格斯选集》(第一卷),人民出版社,1995,第68页。
④ 《马克思恩格斯全集》(第三卷),人民出版社,1960,第169页。
⑤ 《列宁全集》(第二十五卷),人民出版社,1988,第238页。
⑥ 《斯大林选集》(上卷),人民出版社,1979,第118页。

争"，① "在资本主义民主占统治的以私有制为国家基础的西方，国家的基础本身就在制造民族纠纷、冲突和斗争"。② "只要资本掌握着政权……民族仇视和民族冲突就必不可免。"③ 国家的本质是阶级统治的工具，私有制国家的民族冲突必然是掌握着资本的资产阶级对无产阶级的冲突。毛泽东更是直言，"在民族斗争中，阶级斗争是以民族斗争的形式出现的"，④ "民族斗争，说到底，是一个阶级斗争问题"。⑤ 邓小平同样指出，"社会主义最大的优越性就是共同富裕，这是体现社会主义本质的一个东西。如果搞两极分化，情况就不同了，民族矛盾、区域间矛盾、阶级矛盾都会发展，相应地中央和地方的矛盾也会发展，就可能出乱子"。⑥ 邓小平将两极分化后的民族矛盾和阶级矛盾放到了同样重要的位置。江泽民也指出，"只要有民族存在，就有民族问题存在。民族问题既包括民族自身的发展，又包括民族之间，民族与阶级、国家之间等方面的关系"。⑦ 江泽民认为民族问题包含民族与阶级的关系。由此可见，马克思主义者都将民族问题与阶级问题进行类比，并认为民族矛盾和冲突的根源就是阶级斗争。

（二）事实上的不平等

事实上的不平等是民族冲突爆发的又一根源。亚里士多德曾指出，"综观所有这些事例，煽动叛乱的原因全在于不平等"。⑧ 马克思主义者也非常强调民族平等的重要性，恩格斯认为民族平等不仅应该是多方面的，而且应该是实实在在的，他指出，"平等应当不仅是表面的，不仅在国家的领域中实行，它还应当是实际的，还应当在社会的、经济的领域中实行"。⑨ 列宁曾指出，"各民族完全平等，各民族享有自治权，各民族工人打成一片，——这就是马克思主义教给工人的民族纲领，全世界经验和俄国经验

---

① 《斯大林全集》（第五卷），人民出版社，1957，第17页。
② 《斯大林全集》（第五卷），人民出版社，1957，第123页。
③ 《斯大林全集》（第五卷），人民出版社，1957，第152页。
④ 《毛泽东选集》（第二卷），人民出版社，1991，第539页。
⑤ 《毛泽东文集》（第八卷），人民出版社，1999，第330页。
⑥ 《邓小平文选》（第三卷），人民出版社，1993，第364页。
⑦ 《江泽民文选》（第一卷），人民出版社，2006，第181页。
⑧ Aristotle, *Politics* (Oxford: Clarendon Press, 1995), p. 205.
⑨ 《马克思恩格斯选集》（第三卷），人民出版社，1995，第146页。

教给工人的民族纲领"①。"对俄国的任何一个公民，不分性别和宗教，都不得因为他的任何民族出身或族籍而在政治权利和任何其他权利上加以限制。"② "不仅要帮助以前受压迫的民族的劳动群众达到事实上的平等，而且要帮助他们发展语言和图书报刊，以便清除资本主义时代遗留下来的不信任和隔阂的一切痕迹。"③ 列宁更是强调"谁不承认和不维护民族平等和语言平等，不同一切民族压迫或不平等现象作斗争，谁就不是马克思主义者，甚至也不是民主主义者。这是毫无疑问的"。④ 王惠岩认为，"在阶级社会中，民族问题主要表现为民族压迫，在社会主义革命取得胜利的国家，民族压迫的阶级根源已被铲除，民族问题主要表现为历史遗留下来的民族间事实上的不平等所引发的问题"。⑤ 达伦多夫在论述冲突的原因时说，"不论社会冲突发生在不同个人或者社会群体之间，也不论冲突发生在部分与部分或者部分与整体之间，冲突总是来源于合法权利的不平等分配上，总是来自统治者（支配者）与被统治者（被支配者）两者之间冲突的基本模式之中，不受具体的表现形式影响"。⑥ 我国反分裂理论学者李捷认为，"由于历史、现实等原因，各民族在权利、资源、地位等方面经常会形成不平等的分配格局，而民族聚落的地域特征更容易使民族间在政治、经济上的不平等相互叠加和强化……这往往是政治共同体结构性断裂的根源所在"。⑦ 从学理上讲，民族平等不仅应该包括不同民族群体之间的平等，还应该包括不同民族个体之间的平等，在具体的表现形式上，民族平等应该包括政治（权利、义务）平等、经济（收入、分配）平等、文化（受教育机会）平等、社会（地位）平等多个方面。而事实上的不平等则是在以上诸多方面的真实水平或实际收益上的不平等：在政治上，"如果一个群体整个被排斥在国家的政治决策过程之外，在政权中没有足够代表本族群利益的代理人，会让该群体觉得自己在政治上被疏离，自己的权利得不到保障"，⑧ 那

---

① 《列宁全集》（第二十五卷），人民出版社，1988，第285页。
② 《列宁全集》（第二十五卷），人民出版社，1988，第20页。
③ 《列宁全集》（第三十六卷），人民出版社，1985，第101页。
④ 《列宁全集》（第二十四卷），人民出版社，1990，第130页。
⑤ 王惠岩：《政治学原理》，高等教育出版社，2006，第167页。
⑥ 秦启文：《突发事件的预防与应对》，新华出版社，2008，第16页。
⑦ 李捷：《对基于自由民主角度的分裂权利理论的简评》，《世界经济与政治》2011年第12期。
⑧ 郑永年、单伟：《疆藏骚乱原因剖析暨新加坡经验的启示》，《东亚论文》2010年第77期。

么就容易爆发冲突；在经济上，如果两个民族在人均收入、职业构成、资源分配等方面存在严重的差异，那么这也会成为冲突的潜在因素；在文化上，如果一个民族的文化和传统得不到应有的尊重，"强行用多数族群的文化和宗教去同化少数族群，企图消灭少数族群的认同或身份，也可能会激起强烈的不满"；① 在社会生活上，人们的身份和地位以民族为标准呈现社会分层（结构性差异）时，如果两个族群从整体上存在明显的"社会分层"倾斜（即一个族群基本上属于社会地位和收入较低的阶层，而另一个族群基本上属于社会地位和收入较高的阶层），那么就极有可能发生民族冲突。如杨恕、李捷认为，"在一个民族身份决定个人在社会利益和机会分配中享有特权或遭受歧视的社会里，民族间在这方面的差别越大，民族之间的歧视程度越严重，优势民族捍卫自身特权和劣势民族力图改善自身状况的动力也就越强烈"。②

（三）历史仇恨和怨愤

在社会生活中，历史往往是一种被人动用的资源，历史的价值主要体现在，历史往往是模糊的，可以根据现实的需要进行必要的修改或增删，以一种"集体记忆"的方式来凝聚力量、激起仇恨，或做出判断。历史仇恨和怨愤是民族冲突爆发的潜在原因，往往会借助现实中的某次激烈事件而突然爆发。一些多民族国家历史上往往存在不同程度的民族矛盾，有些甚至发生过直接对抗冲突（造成过严重的人员伤亡），这里"历史记忆"就会通过文字或"代代相传"的方式进入不同民族的"潜意识"，不同民族对历史的"记忆"是不同的，对历史的"回忆"也是不同的，对历史的"回忆"往往会"忘记"历史中的悲剧性事件，"过去的恩怨甚至仇杀一直嵌印在记忆的深处……一旦遇到重大变故，历史恩怨与现实政治、经济、语言、文化以及社会权利地位纠葛在一起会爆发民族冲突"。③ 波斯尼亚发生的种族屠杀在很大程度上就是历史仇恨造成的。"怨恨"说认为，群体之间之所以会产生冲突，主要是因为某些群体受

---

① 郑永年、单伟：《疆藏骚乱原因剖析暨新加坡经验的启示》，《东亚论文》2010 年第 77 期。
② 杨恕、李捷：《当代美国民族政策述评》，《世界民族》2008 年第 1 期。
③ 李学保：《当代世界冲突的民族主义根源》，世界图书出版公司，2012，第 43 页。

到了不公正待遇，引起了群体成员的不满。从民族冲突的角度来看，"怨恨"的来源主要有两种情况：一是民族间在历史上遗留下来的仇恨；二是当前民族间政治经济社会权利的不平等。① 在"历史性怨恨"产生之后，民族心理的一体性会造成同一民族对外"怨恨的趋同性，即一个族群主体往往在大致相同的时间里形成大致相同的话题和悲愤情绪，一个个体不必仇恨另一个群体中的成员，但他可能还是感到对方群体成员可能的仇恨，或者仅仅是他们所可能产生的威胁"。② 在这种情况下，一个民族对另一个民族特定的伤害事件就会唤醒另一民族的"历史性怨恨"，而该民族的不同成员也会不约而同地对另一民族进行"报复性"攻击，这就很容易爆发民族冲突。

（四）民族歧视与偏见

群体偏见（group prejudice）是最常见的群体态度，即某社会群体的个体对自己所属内群体（in-group）偏爱和保护、对外群体（out-group）厌恶和贬损的现象,③ 民族歧视与偏见即一个民族对另一个民族的歧视或偏见，是一个主观感受和心理感知的过程，杨恕、李捷认为，"从理论上看，偏见是族群敌视的态度维度，偏见是针对族群的类型化的、稳定的和负面的态度。歧视则是族群敌视的行动维度，它包含了意在维持族群不平等的各种行动。歧视有两种类型：一种是个体的，另外一种是制度上的。前者通常是由单独的个人或小群体以蓄意的方式实现，后者是作为一种组织、制度的规范和结构的结果"。④ 民族歧视与偏见可以分为两种情况：一个民族对另一个民族客观意识上的歧视或偏见；一个民族感知（客观上其实没有）到另一个民族对自己的歧视或偏见。无论主观或客观上的歧视与偏见都会引起民族间的不信任、隔阂甚至纠纷。塔吉菲尔（Tajfel）和特纳（Turner）提出的社会认同理论（Social Identify Theory）认为，仅仅意识到外群体的存

---

① 杨恕、李捷：《分裂与反分裂：分裂主义研究论集》，中国社会科学出版社，2014，第4页。
② 〔美〕拉塞尔·哈丁：《群体冲突的逻辑》，刘春荣、汤艳文译，上海人民出版社，2013，第179页。
③ 张婍、冯江平、王二平：《群际威胁的分类及其对群体偏见的影响》，《心理科学进展》2009年第2期。
④ 杨恕、李捷：《分裂与反分裂：分裂主义研究论集》，中国社会科学出版社，2014，第9页。

在，就足以激起内群体的歧视反应，即只要认识到别的群体的存在，就会不断强化自我群体相较于外群体的优越感。① 前文指出，民族冲突是一个不断积累和演进的过程，在发展为"民族冲突"前，往往已经出现"民族不和"、"民族纠纷"或"民族矛盾"，在这些阶段，民族成员间的相互交往就会越来越少，对对方的思想和行为就会越来越不信任。这种状态容易产生歧视和偏见，而歧视和偏见又会成为进一步激化矛盾的工具。

（五）民族主义的鼓动

民族主义有多种定义和类型，既有争取民族独立的民族主义，又有脱离一国主权的民族主义；既有促进民族团结共御外敌的民族主义，又有一个民族欺辱另一个民族的"族群民族主义"。王宗礼认为，世界范围内的第三次民族主义浪潮对民族关系产生了深刻影响，除民族分离运动之外，跨界民族问题也比较突出，主要表现为泛民族主义的兴起。② 民族主义的鼓动是民族冲突的重要原因之一，因为民族主义可以通过不同民族之间的差异来制造隔阂、煽动仇恨。如张丽娟认为，"民族主义以民族特征、民族意识、民族情感和民族利益为基础，因此很容易在各民族之间造成猜疑、仇恨、不信任之类的隔阂对立，也很容易激起民族狂热情绪，从而引发不同民族间的对立和冲突"。③ 导致一个国家内部（或跨界）民族冲突的民族主义主要有"族群民族主义"和"极端民族主义"两种类型。族群民族主义是一种典型的狭隘民族主义，容易造成民族之间的抵触、误解和相互歧视。列宁指出，"无产阶级不能支持任何巩固民族主义的做法，相反，它支持一切有助于消灭民族差别、消除民族隔阂的措施，支持一

---

① Tajfel, H., Turner, J. C., "An Integrative Theory of Intergroup Conflict," in W. G. Austin and S. Worchel, eds., *The Social Psychology of Intergroup Relations* (Monterey, CA: Brooks-Cole, 1979), p. 38.
② 其中泛民族主义又有两种突出的形式：一是一些民族企图恢复历史上的帝国疆域；二是分属于不同国家的同一民族寻求建立本民族独立国家或回归以本民族为主体民族的国家。王宗礼：《对西北地区构建和谐民族关系的战略分析与对策建议》，《甘肃社会科学》2006 年第 4 期。
③ 张丽娟：《中亚地区民族问题与中国新疆民族关系》，社会科学文献出版社，2014，第 311 页。

切促进各民族间日益紧密的联系和促进各民族打成一片的措施。不这样做就站到反动的民族主义市侩一边去了。"① 导致民族冲突的另一种"民族主义"是"极端民族主义",极端民族主义认为民族差别的存在是不同民族无法和谐相处的唯一原因,"非我族类,其心必异",反对本民族居住地上任何其他民族的出现,这就导致了不同民族之间的直接对立。

(六) 民族国家构建中的普遍现象

民族国家的构建往往是一个从传统社会向现代社会过渡的过程,在这个过程中往往会出现民族的"现代化"和"单一化"的现象:前者是不同民族逐渐抛却民族习俗和民族特征的过程;后者是"主体民族""强制""少数民族"使用同一语言、同一文化,形成"同一民族"的过程。民族的"现代化"和"单一化"的过程是民族国家构建的普遍现象,而这一过程会造成国家内不同民族间的矛盾和冲突。宁骚在《民族与国家》《论民族冲突的根源》等著作中指出,当代世界的国内民族冲突,实质上是民族国家构建(nation-building)过程中发生的一种普遍现象。民族国家构建过程中往往由以下五对矛盾的展开而导致国内族际(民族)冲突:①民族国家构建越是以强制手段提升某一民族语言为国家语言并贬抑其他民族语言的地位,就越有可能爆发族际冲突;②民族国家构建越是以强制手段提升某一民族文化为国民文化并以这一民族文化去取代和同化其他民族文化,就越是扩大族际文化断层线并越有可能爆发族际冲突;③单一族体对国家权力垄断程度越高而其他族体被排挤到权力体系的边缘地位,其他族体对民族国家的认同和忠诚程度就越低,爆发族际冲突的可能性就越大;④经济现代化过程中的国土开发越是加剧族际社会、经济、文化上的不平等和利益结构上的不平衡,非主体民族对民族国家的认同和忠诚程度就越低,爆发族际冲突的可能性就越大;⑤经济现代化越是以牺牲非主体民族或者在现行国家权力体系处于边缘地位的民族的自身发展为代价,民族国家体制上的缺陷和政策上的失误就越有可能以族际冲突的方式予以

---

① 《列宁全集》(第二十四卷),人民出版社,1990,第138页。

清算。①

本书认为，民族冲突爆发并不是某一个或几个单独因素作用的结果，而是一系列因素共同积累的结果。斯大林曾说，"民族问题不能认为是什么独立自在的、一成不变的问题。民族问题只是改造现存制度总问题的一部分，它完全是由社会环境的条件、国家政权的性质并且一般的是由社会发展的全部进程决定的"。② 王剑涛也认为，"族群（民族）冲突具有多维性，它的出现不是单一因素所致，恰恰是由于若干不同因素的相互作用，引发了族群动员向族群暴力冲突演变。对这一假设的共识尽管日益增多，但究竟什么元素才能归入明确的致因清单之列，这一点并没有取得共识"。③ 在引起民族冲突爆发的诸多原因中，由于不同地域、不同民族的区别，不同原因对民族冲突的作用效果也是不同的：在一个民族冲突中，某些因素可能直接引发了民族冲突，而其他因素只起"辅助作用"，而在另一个民族冲突中，"辅助因素"可能会成为主导因素。

在此，笔者将引起民族冲突的原因组成一个"致因组"（见表 1-2），"致因组"内包含引发民族冲突的诸多因素，如事实上的不平等、历史仇恨、精英竞争等。由于导致民族冲突的原因在强度上都是不同的，因此将这些"原因"根据强度的不同分为若干个层级：第一层级（强度极强），如资源分配不平等、政治上受挫、语言文化的排挤等；第二层级（强度较强），如历史上的不公正、民族主义的鼓动、精英竞争……而引起民族冲突的原因又不是单一的，所以根据不同民族冲突的性质，又可以列举出不同民族冲突的不同引发原因，由于引发每次民族冲突的原因都是不同的，因此强度和排列组合也是不同的。如某地某次民族冲突爆发的原因：第一层级的原因是"致因组"中的①④⑤，第二层级的原因是"致因组"中的②⑥，第三层级的原因是"致因组"中的③……这就构成笔者分析民族冲突成因的基本框架。

---

① 孙代尧：《解释民族冲突的三种理论图式》，《贵州民族研究》1999 年第 3 期。
② 《斯大林全集》（第四卷），人民出版社，1956，第 140 页。
③ 王剑峰：《族群冲突与治理》，社会科学文献出版社，2014，第 40 页。

表 1-2 民族冲突"致因组"

级别	强度	原因	具体原因
第一层级	极强	①④⑤	①在社会生活中得到不公正待遇；②民族主义的鼓动；③民族精英的相互竞争；④历史上的民族压迫；⑤民族偏见与歧视；⑥⑦⑧……
第二层级	较强	②⑥	
第三层级	强	③	
第四层级	较弱	⑧	
第五层级	……	……	

资料来源：笔者自制。

第二章 民族冲突何以激变

究竟民族冲突是怎么爆发和升级的呢？前文回答了民族冲突何以成为可能。我们通常会发现，前文所提到的民族关系恶化的种种原因（政治经济不平等、精英竞争、历史积怨等）在世界各地民族地区（或多或少）普遍存在，但民族冲突只是在某些特定地点、特定时间爆发，而且烈度也大小不等，这是为什么？这是因为仅存在民族冲突爆发的主客观原因，还不足以导致民族冲突，民族冲突的爆发还要经过一系列不断演进升级的过程。

一 民族冲突何以发生

通常而言，人们认为民族冲突的爆发是由于某次"特殊性"事件而"突然发生"的，除非民族冲突爆发，人们是不可能提前知道哪些地区的哪些民族会发生冲突。但事实上，在民族冲突发生前，冲突已经在双方之间开始酝酿和发酵。究竟民族冲突在什么条件下才有爆发的可能？民族冲突的爆发需要经过什么样的酝酿和发酵？相关学者进行了相应的研究。美国符号互动理论家布鲁默（Blumer）用循环反应（circular reaction）理论来解释集体行动，他将集体行动分为三个步骤：集体磨合（milling）、集体兴奋（collective excitement）和社会感染（social contagion）。[①] 这是一种社会心理学模型，在这种解释模型中，集体行动（民族冲突）的发生也需要三个步骤：通过相互鼓动、传播谣言、彼此倾诉等的"磨合"后，人们就产生了共同的不安、共同的仇恨和共同的愤怒等"集体兴奋"，在产生"集体兴奋"后人与人之间就通过把彼此的情绪"传染"给第三方的形式来增强凝聚力，并最终导致集体行动（民族冲突）爆发。斯梅尔塞（Smelser）的加

---

① 赵鼎新：《社会与政治运动讲义》，社会科学文献出版社，2012，第63页。

值理论（value-added model）（如图 2-1 所示）认为集体行动（民族冲突）的发生离不开以下六个因素：①结构性诱导因素（structural conduciveness），如有可能引发民族冲突的不同民族的职业构成、阶层构成等（前文提到的原因）；②由社会结构衍生出来的结构性的怨恨、剥夺感或压迫感（structural strain），如不同民族之间由于职业构成、阶层构成等产生相对剥夺感和压迫感；③一般化信念（generalized beliefs）的产生，这种一般化信念是指人们对某个特定问题产生的症结及其解决途径产生共同的认识，这种认识在某种程度上再造了、深化了甚至是夸大了人们的怨恨、剥夺感或压迫感，如认为某一民族在职业构成中居于有利地位是因为他们投机取巧，挤掉了本民族的就业机会，并由此产生出对对方民族的怨恨等；④触发社会运动的因素或事件（precipitation factors），恰好发生某一件影响民族关系的突发事件（导火索）；⑤有效的社会动员（mobilization for action），这一阶段就是要充分发动本民族成员做好与对方进行对抗的准备；⑥社会控制能力（operation of social control）的下降，政府由于某些原因（政权更迭、地方势力过重等）对该地区的管控能力下降。① 斯梅尔塞还认为，这六个因素都是集体行动发生的必要条件（并非充分条件），随着上述因素自上而下形成，发生集体行动的可能性也在逐渐提高。一旦具备六个因素，集体行动就必然会发生。

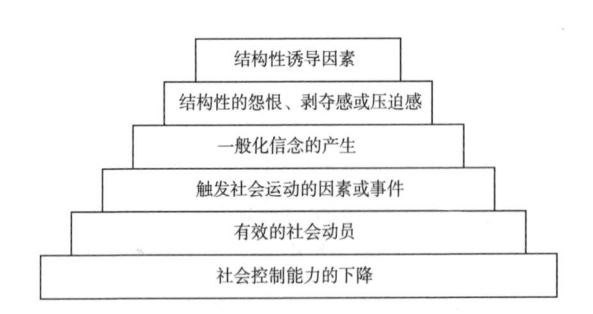

图 2-1 斯梅尔塞的加值理论模型

资料来源：赵鼎新《社会与政治运动讲义》，社会科学文献出版社，2012，第 21 页。

---

① 尽管斯梅尔塞的理论遭到了西方社会学家的众多批判，认为这种传统理论过分强调参与者的非理性和情感在集体行为发展过程中的重要作用，并列举了西方社会的各种实例来驳斥斯梅尔塞的理论，"但到 20 世纪 90 年代中期以后，新一代学者才重新重视情感在社会运动参与中的重要性（如 Goodwin 1997；Goodwin And Jasper 2004；Jasper 1997, 1998）"。赵鼎新：《社会与政治运动讲义》，社会科学文献出版社，2012，第 21 页，第 64~69 页。

由此可见，学者们认为集体行动在爆发前经过了不同阶段的酝酿和发酵，需要产生共同的心理、发生某一次触发性事件、社会控制能力下降等。本书认为，民族冲突会发生，也需要经过一系列酝酿和发酵。

（一）进行不公平比较

事实上的不平等是引发民族冲突的原因之一，但存在事实上的不平等不足以引起冲突，还必须进行比较，在比较中感受到不公正、相对剥夺等才有可能引起冲突。吴琼认为，"频繁的族际流动会使各民族的特点得到相互比较，相似的共同要素通常被不由自主地忽略。而差别却在主观理解中不断深化，并刺激民族本能的防卫意识"。[1] 民族成分比较复杂的地区，民族成员之间往往会进行不同的比较，与主体民族、对立民族、国外同族成员、历史上的民族进行经济收入、文化待遇、政治职位等的比较，如果人们将自己所属的群体与其他群体或某些合理的标准进行比较，发现身份地位悬殊，存在严重的不平等时，就极有可能发生冲突。我们知道，一套价值观或理论体系的正确（正义）与否，只能在一个理论内部或者从一个特定的视角来审视，而站在对方的立场上，或许会产生完全相反的理解，不公平比较正是如此。民族冲突的比较主要有两类。第一类是共同居住在同一个地区的不同民族成员之间的比较。这些民族由于居住在同一个地区，处在同样的自然资源环境和经济发展条件之下，如果出现民族之间的不平等，就需要深入分析造成这些差异的原因，是自身的知识技能与生产经验不如别人，还是当地存在差异化的民族政策。在如何认识与理解这一差距方面，可以进一步区分为两种情况。①这一差距是由个人素质（教育水平、努力程度等）造成的：由于某个民族整体上处于劣势，但是并没有制度或政策的歧视，即民族之间在法律上是平等的，这种情况下，劣势民族比较容易接受，但也有迅速改变这一态势达到"事实上平等"的迫切愿望。②这一差距是由制度或政策性歧视造成的，如种族隔离制度或就业歧视政策等，存在以民族为单位的"法律上的不平等"，那么这种情况下，劣势民族就必然非常反感，认为不可以接受并要求改变这些不平等的制度与政策，民族关系就会十分紧张。第二类是对分别居住在不同地区的不同

---

[1] 吴琼：《西部开发：民族关系的变动及原因分析》，《贵州民族研究》2001年第1期。

民族进行比较。在这类比较中发现的民族差距,也可以区分为两种情况。①客观条件和历史条件。由于各自所居住的地区在自然资源环境、经济发展基础等方面很不相同,存在一定程度的民族差距。这些差异实质上反映的是地区差异,但以跨地区的民族差异的形式表现出来,人们会以民族差异或民族间的"事实上的不平等"来看待这一差距。②政府制度或政策原因。政府对于不同地区实行不同的制度与政策,从而导致一些民族在发展中处于不利的地位,存在以地区为单位的"法律上的不平等",在这种政策下民族关系必然比较紧张,而且被歧视的民族必然怀着改变这一格局的强烈愿望。① 有学者指出,从心理学来说,民族特点本身并不重要,重要的是一个民族与另一个民族的差别。在很多情况下,正是族际对比成为一个民族的心理基础和机制,并通过它们形成另一个民族形态,在这方面民族特点差异常常被夸大。各民族间交往实践越少,就越有可能曲解别的民族的形态,在制定行为准则时常常有夸大民族间差别而缩小民族内部差别的倾向。基于某种历史原因产生民族冲突时,敌视和偏见会长期保存在现行的民族行为准则中,这种民族偏见则可能会导致民族冲突。②

(二) 产生相对剥夺感

1970 年,泰得·罗伯特·格尔(Ted Robert Gurr)出版了名为《人们为什么要造反》(*Why Men Rebel*)一书,在书中,格尔提出了"相对剥夺感"(relative deprivation)的概念。他认为,每个人都有某种价值期望(value expectation),而社会则有某种价值能力(value capacity)。当社会变迁导致社会的价值能力小于个人的价值期望时,人们就会产生相对剥夺感。相对剥夺感越大,人们造反的可能性就越大。根据价值期望和价值能力之间的不同关系,格尔定义了三种类型的相对剥夺感,即递减型相对剥夺感

---

① 赵磊:《国际视野下的民族冲突与管理》,社会科学文献出版社,2013,第 200 页。
② 〔苏〕杰缅季叶夫:《论民族冲突心理》,《共产党人》(苏联)1990 年第 1 期,转引自《现代外国哲学社会科学文摘》1991 年第 5 期。

(见图 2 - 2a)、欲望型相对剥夺感（见图 2 - 2b）和发展型相对剥夺感（见图 2 - 2c）。① 马克思在《雇佣劳动与资本》中举的例子②就是典型的"发展型相对剥夺"。如果民族成员在相互比较中发现存在相对剥夺感，那么还需要弄清很多问题：产生这种剥夺感的根源是什么，如何才能消除这种相对剥夺感，是否必须通过冲突来解决。唐纳德·霍洛维茨（Donald Horowitz）认为，落后群体倾向于用一些与人口相关的比例概念的偏差来测量自己的劣势；先进群体则利用与价值相关的比例概念来衡量歧视带来的剥夺，③即落后群体或先进群体都会通过各种概念来解释自己的相对剥夺感，为自己的相对剥夺寻找佐证。相对剥夺感产生后，会引发两种后果。①相对剥夺感会提醒冲突一方注意利益矛盾的存在，一方在探究剥夺的起因时，会了解与自身利益矛盾的冲突另一方。②相对剥夺往往伴生沮丧感和愤怒感，这种感觉会使人们采取各种措施应对剥夺。当剥夺看似不合理时，这种力量就变得尤为强大。如果冲突一方认定某项剥夺源自某个人或某一群体，那么这种力量就会以愤怒的形式表现出来，进而使得冲突一方倾向于采取争斗行动。④ 由此可见，冲突之所以发生，或者是因为双方事实上的不平等，或者是因为双方产生了相对剥夺感，如果双方的愿望都非常强烈，都认为自己的愿望合理，冲突的规模就会变得相当大，因此，相对

---

① "递减型相对剥夺感"，"如果一个社会中人们的价值预期没有变化，但社会提供的某种资源的价值能力降低了，就会产生递减型相对剥夺感"；"欲望型相对剥夺感"，"如果社会能提供的价值总量（即价值能力）未变，但人们的价值期望变强，就会产生欲望型相对剥夺感"；"发展型相对剥夺感"，"当一个社会的价值能力和人们的价值期望均在提高，但社会的价值能力由于某种原因而有所跌落，从而导致价值期望和价值能力之间的落差扩大时，就会产生发展型相对剥夺感"。赵鼎新：《社会与政治运动讲义》，社会科学文献出版社，2006，第 78 ~ 81 页。
② 一座房子不管怎样小，在周围的房屋都是这样小的时候，它是能满足社会对住房的一切要求的。但是，一旦在这座小房子近旁耸立起一座宫殿，这座小房子就缩成茅舍模样了。这时，狭小的房子证明它的居住者不能讲究或者只能有很低的要求；并且，不管小房子的规模怎样随着文明的进步而扩大起来，只要近旁的宫殿以同样的或更大的程度扩大起来，那座较小房子的居住者就会在那四壁之内越发觉得不舒适，越发不满意，越发感到受压抑。《马克思恩格斯选集》（第一卷），人民出版社，1995，第 349 页。
③ Horowitz, Donald, *Ethnic Groups in Conflict*（Berkeley: University of California Press, 2002），p. 259.
④ 〔美〕狄恩·普鲁特、〔美〕金盛熙：《社会冲突：升级、僵局及解决》（第三版），王凡妹译，人民邮电出版社，2013，第 24 ~ 25 页。

剥夺感会造成利益的分歧；而相对剥夺引起的失望感会促使人们追求冲突目标。① 英格尔（J. Milton Yinger）认为，当一些少数民族的成员对于主体社会和多数民族主导的国家机器出现"疏远"的现象时，该民族的这些成员中的民族意识有可能会由于彼此在"疏远"方面的感情共鸣而得到强化。② 严庆也认为，"经验表明，被剥夺感最强的和社会最底层的群体最容易参加民族运动，而大多数民族运动通常都是由中产阶级领导的，因为他们的相对剥夺感最强"。③

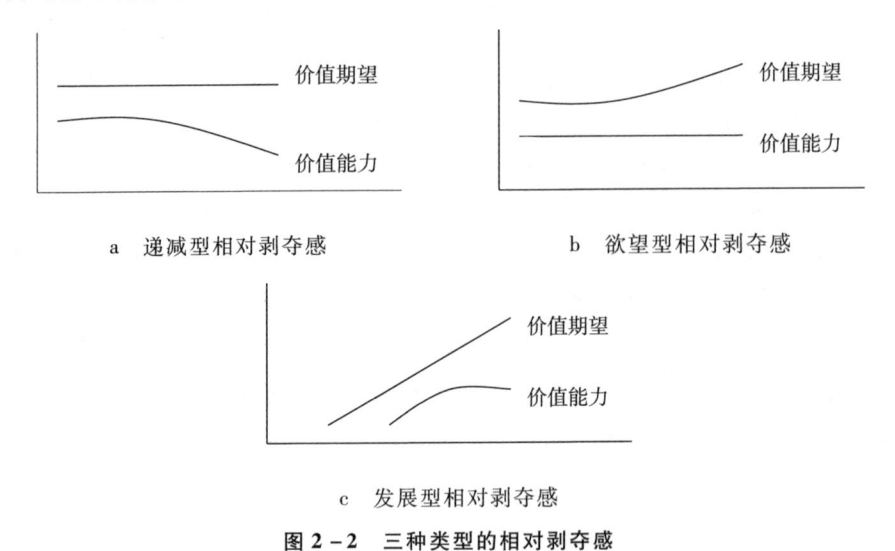

a 递减型相对剥夺感　　　　b 欲望型相对剥夺感

c 发展型相对剥夺感

图 2-2　三种类型的相对剥夺感

资料来源：赵鼎新《社会与政治运动讲义》，社会科学文献出版社，2012，第 78~81 页。

（三）稀缺性零和思维

在相互比较发现本民族被对立民族或国家"相对剥夺"之后，本民族成员就会有意与别的民族争夺"失去"的机会或有限的资源，这样就会产生"稀缺性零和思维"。狄恩·普鲁特（Dean G. Pruitt）认为，如果各方都竞争

---

① 〔美〕狄恩·普鲁特、〔美〕金盛熙：《社会冲突：升级、僵局及解决》（第三版），王凡妹译，人民邮电出版社，2013，第 42 页。
② 马戎：《族群关系变迁影响因素的分析》，《西北民族研究》2003 年第 4 期。
③ 严庆：《族群动员：一个化族裔认同为工具的族际政治理论》，《广西民族研究》2010 年第 3 期。

获得某一有限的资源，就往往会冲突。人们根据经验认为，稀缺性与物品的价值有关联，稀缺的物品往往拥有更大的价值。在资源稀缺的条件下，人们往往会"认为"（通常是"认为"，而不是资源本身具有"零和性"）他人所得必定是自己所失，反之亦然，这就是零和思维（zero-sum thinking）。更为重要的是，随着冲突各方对稀缺性认识的增长，他们追逐有限资源的欲望也会变得更加强烈。这种欲望越强烈，冲突的可能性越大。[1] 族裔竞争的观点也认为，在竞争的条件下，一旦出现各个族群（主体族群和附属族群）被迫竞争同一报酬和资源的局面，族裔动员就被点燃。[2] 这里需要注意的是，稀缺性资源不仅包括能够获得价值的有形资源，如石油、土地、水、矿产等，还包括就业岗位、宗教教权、政府职位、声望、荣誉等无形资源。

（四）彼此相互猜疑

在对"稀缺性"资源进行零和竞争的过程中，两个民族的信任就会逐渐消失，信任逐渐消失之后，伴之而来的就是沟通的缺失和相互猜疑。当然，造成猜疑的原因还有多种，如两个群体由于自闭性敌视（autistic hostility）[3] 所造成的相互猜疑、由于地理阻隔所造成的相互猜疑、由于歧视和偏见所造成的相互猜疑等。费伦（Fearon）分析了信任承诺与民族冲突的关系模式。他认为，在一个新独立的国家中，一个民族处于支配地位，同时又至少存在一个与支配民族具有同样或相似力量的民族时，问题就会产生。处于被支配地位的、有力量的民族通常不会等待支配民族对它的信任承诺，反而为了本民族的利益和地位会立即通过暴力冲突的行动寻求独立。而冲突一旦爆发，就很难解决，因为双方都不会在没有安全保障的前提下放下武器，相互信任的缺失将维持长久的敌意与对立。[4] 由信任缺失所造成

---

[1] 〔美〕狄恩·普鲁特、〔美〕金盛熙:《社会冲突：升级、僵局及解决》（第三版），王凡妹译，人民邮电出版社，2013，第 25~28 页。
[2] Charles Ragin, *The Comparative Method* (Berkeley: Uiversity of California Press, 1987), p. 136.
[3] 假设 A 和 B 两兄弟共同经营一家商店，A 谴责 B 从钱柜里偷拿了 1 美元，但遭到了 B 的否认，于是 A 和 B 就不再说话了。在双方沉默 30 年后的一天，C 坦诚了自己的偷盗行为，至此 A 和 B 的沟通才得以恢复，这就是典型的自闭性敌视。〔美〕狄恩·普鲁特、〔美〕金盛熙:《社会冲突：升级、僵局及解决》（第三版），王凡妹译，人民邮电出版社，2013，第 193 页。
[4] James D. Fearon, "Ethnic and Cultural Diversity by Country," *Journal of Economic Growth*, Vol. 2, No. 8, 2003.

的相互猜疑形成之后，一方便开始认为另一方对己方的利益充满敌意或漠不关心，对方所做的任何行为（即使合理）都会被解读为是针对己方的不利行为，各自坚持自己的观点，美化自己的行为，并扭曲对方的动机，最终会产生民族间的"安全困境"。

（五）产生安全困境

安全感是人们主观意识到不存在外来攻击恐惧感的一种感知，"是人对可能出现的对自身身体或心理的危险或风险的预感，以及个体在应对处置时的有力感或无力感，主要表现为确定感和可控制感"。① 民族安全困境的产生主要是由于民族间的不信任和相互猜疑，温加斯特（Weingast）认为，在缺乏信任、相互敌对的情形下，民族个体及其领导人都会认识到如果放下武器，就有可能成为对手灭绝的对象，在民族信任没有建立之前，最好的办法就是保持实力，实力能够确立自信、保障安全，甚至成为民族谈判的资本。② 而己方实力的保持又会被对方看成进行攻击的准备，这使对方也会增加用于进攻的"实力"，民族间相互增加"实力"的过程中就出现了民族间的"安全困境"。1993 年，巴里·波森（Barry Posen）将安全困境理论运用到民族冲突的解释中，他指出，国家转型过程中出现的两种状况将可能提升民族群体对安全困境的感知：一是民族的"群体化"使民族无论是基于进攻性还是防御性目的都可以轻易地进行武装动员；二是民族的"地缘政治学"，如果某一民族处于地缘性孤立或易受攻击的地缘位置，它们的不安全感将上升，它们就可能会采取某些防卫性措施，但是这可能被其他民族视为进攻性行为。③

（六）相对权力的模糊

在"安全困境"产生之后，由于缺乏沟通，对立双方对各自的相对权

---

① 秦启文：《突发事件的预防与应对》，新华出版社，2008，第 251 页。
② B. Weingast, "Constructing Trust: The Politics and Economics of Ethnic and Regional Conflict," in V. Haufler, K. Soltan, E. Uslaner, eds., *Institutions and Social Order* (Ann Arbor: University of Michigan Press, 1998).
③ Posen, Barry., "The Security Dilemma and Ethnic Conflict," *SURVIVAL*, No. 2, 1993, pp. 27–47.

力没有一个客观的评估，就会产生模糊性认识，都认为自己的实力比对方强大。如果冲突双方都一厢情愿地认为本民族的实力比对方强大（实际情况并非如此），假定发生冲突，本民族一定能在短期内给对方毁灭性的打击，这种对己方实力的盲目乐观就产生了对双方相对权力的模糊性判断，这种模糊性判断很容易导致双方中的一方采取"冒险性"的行动，在这种情况下，双方的愿望往往会变得互不相容，那么冲突就极有可能发生。① 彼此对相对权力的模糊性认识往往来自本民族成员的错误性认识，如只认识到本民族在特定地域的人口优势而忽视可能的外援，只认识到本民族已有的实力（经济、军事）优势而忽视对方的潜在优势，只认识到本民族的道德优势（受到对方欺压）而忽视冲突后可能遭受的谴责等。

（七）优先发动进攻

"安全困境"和"相对权力的模糊"都可能导致对立的一方"优先发动进攻"。杰维斯（Jervis）的"优先进攻理论"认为，由于安全忧虑而相互戒备的民族双方通常会认为"优先进攻"是一种保持自己优势的技术或策略，首先实施进攻能够降低己方的成本，加重对方的负担，即"先下手为强"。这也提高了小的民族纠纷和瓜葛导致战争或激烈冲突的可能性。② 在对立双方的"安全困境"中，即便冲突一方的预备明显带有防御动机，另一方也可能仍旧会小心翼翼，以免冲突一方后期会产生攻击动机。因此，另一方可能还是感到有必要发动袭击，以削弱冲突一方晚些时候实施伤害的能力。"不先发制人的风险会由于对方不能保证不攻击而急剧增加，那么我先发制人地镇压了那些与我有冲突的人，就可以在冲突中胜出。"③ 在盲目乐观地认识到自己比对方实力强大之后，对立的一方也会采取冒险性的"优先进攻"，以用"己方强大的实力"来"教训"对方对己方造成的威胁和伤害。

---

① 〔美〕狄恩·普鲁特、〔美〕金盛熙：《社会冲突：升级、僵局及解决》（第三版），王凡妹译，人民邮电出版社，2013，第 28 页。
② Robert Jervis, *Perception and Misperception in International Politics*（Princeton：Princeton University Press, 1976）, p. 67.
③ 〔美〕拉塞尔·哈丁：《群体冲突的逻辑》，刘春荣、汤艳文译，上海人民出版社，2013，第 178~179 页。

（八）政权控制力弱

在以上步骤具备之后，还有一个关键因素就是"政权控制力弱"。政权控制力弱一方面无法遏制对立双方的不断挑衅，另一方面也无法有效应对民族冲突。"政权控制力弱"既可以作为以上阶段的补充环节，也会原发性地导致民族冲突。在现实生活中，一个"政权控制力弱"的国家或地区往往会成为民族冲突的"多发地"。古德温和斯考契波认为具有下述特征的政权最容易造成"革命大联合"：①国家对民族地区的社会秩序缺乏强有力的控制；②未能在国家政权中有效地吸收（少数民族）民族精英；③军队缺乏职业化和专业化，管理比较散漫，不能有效地应对民族冲突。[①] 狄恩·普鲁特认为，政权控制力弱，会造成共同体规范（Communal Norms）[②] 的缺失，在一个运作良好的社会中，会存在各种共同性规范，如秩序、规则、习惯、法则等，这些规范规定着社会中亚群体和人们的角色定位、决策程序、权力等，契合反对者的愿望，并约束各成员的行为，以降低冲突发生的可能性。如果一个社会中共同体规范缺失或模糊（规定的不明确）的话，就很有可能会发生冲突。一旦中央政府变得软弱不堪或者声誉扫地，冲突升级，随时会发生。[③] 赫格雷（Hegre）指出，一个政权对社会的控制力，是一个重要的"机会"变量。研究发现，处于专制—民主光谱中段的国家，或者正处于从威权向民主转型的国家，可能爆发群体冲突。在完全威权的政体下，群众自发的集体抗议行动几乎是不可能的。而在成熟的民主社会，由于有大量公民参与的渠道，民族的怨恨可以通过制度化的程序得到表达和化解，酿成大规模冲突的可能性就降低了。处于半威权半民主状态的国家，最可能出现群体暴力，因为这些国家既没有足够专制去压制所有可能

[①] 冯仕政：《西方社会运动理论研究》，中国人民大学出版社，2013，第181页。

[②] 这些规范又可分为差别性规范（norms of difference）、排他性规范（norms of exclusion）和普遍性规范（universalistic norms）等。

[③] 〔美〕狄恩·普鲁特、〔美〕金盛熙：《社会冲突：升级、僵局及解决》（第三版），王凡妹译，人民邮电出版社，2013，第169页。

的暴动，也没有足够的民主去消除所有的民族怨恨。①

出现以上一些步骤和阶段之后，民族冲突就极有可能发生。在民族群体之间存在事实上的不平等、歧视和偏见、民族主义、历史怨恨和仇恨等基质性原因的基础上，民族成员经过"相互比较"产生"相对剥夺感"，产生相对剥夺感之后就会对既有的资源进行"相互竞争"，在相互竞争中产生了彼此的"不信任和猜疑"。在这期间，如果信息失灵、沟通不畅、信任承诺度低，"不信任和猜疑"就会逐渐转化为彼此对自己安全感的担忧，进而产生"安全困境"。在民族安全困境产生之后，各自就会为防御或进攻对方而进行准备，在这个过程中进而产生了对彼此实力的模糊性判断，如果一方乐观地认为己方实力完胜对方的话，就会采取优先进攻的"冒险性"行动，这个过程如果加上国家控制力弱、民族精英的鼓动、某次割裂民族关系的突发性事件，就极有可能酝酿和发酵出具有暴力谋杀性质的民族冲突（如图 2-3 所示）。

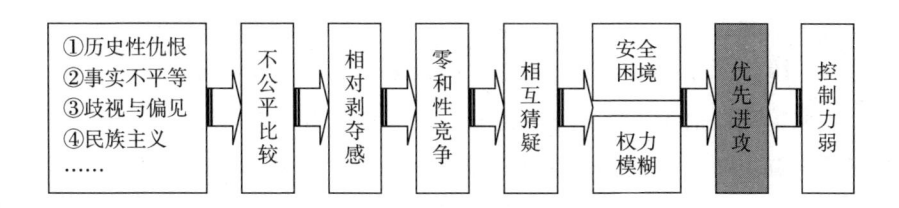

图 2-3 民族冲突酝酿、发酵过程

资料来源：笔者自制。

需要说明的是，以上阶段只是说明了民族冲突在爆发前酝酿和发酵的可能性过程，民族冲突的爆发并不必然经历上述的所有阶段，也并不必然按照次序经历每一个阶段，上述阶段的重要意义就在于说明民族冲突的爆发不是"骤然发生"的，而是经过一系列酝酿和发酵的。在对立双方经过酝酿、发酵后，如果发生触发性事件，民族冲突就极有可能发生，在民族冲突发生过程中还有一些基本的变量，如谣言、精英、武器、空间、导

---

① Hegre, Harvard et al. , "Toward a Democratic Civil Peace? Opportunity, Grievance, and Civil War, 1816-1992," Paper Presented at the World Bank Workshop on "Civil Conflicts, Crime, and Violence in Developing Countries," Washington D. C. , 转引自郑永年、单伟《疆藏骚乱原因剖析暨新加坡经验的启示》，《东亚论文》2010 年第 77 期。

火索等。

二 民族冲突基本变量

民族冲突的爆发是一系列因素在特定空间内综合作用的结果，本书借鉴了皮埃尔·布迪厄（Pierre Bourdieu）的"场域"（field）分析模式来分析。布迪厄的"场域"① 是特定的社会行动者相互关系网络（network）所表现的各种社会力量和因素的综合体，可以比作一个力量交织的运作空间，在这个空间内，既存在各种因素的综合体，又存在各种相互制约的力量、关系、常规和规则，对任何与这个空间有所关联的对象都可以在场域内发挥作用。场域内的每种因素（力量、行动者、客体等）都是一个子场域（力量有不同的推力和阻力，行动者可以进行不同的分类等），都有自身的逻辑和规则。子场域在场域的共同作用力中形成一个综合体。布迪厄同时指出，"场域运作的动力在于它的结构形式，同时还特别根源于场域中相互面对的各种特殊力量之间的距离、鸿沟和不对称关系，作为包含各种隐而未发的力量和正在活动的力量空间，场域同时也是一个争夺的空间，这些争夺旨在维续或变更场域中这些力量的构型"。②

我们也可以把民族冲突爆发的整个运作空间设想为一个"场域"，在这个场域中有施动者（冲突双方）、谣言、导火索、媒体等不同因素（子场域），这些因素围绕"民族冲突的爆发"产生各种引力、推力、反作用力等，而每一种因素又是一个"子场域"，这些"子场域"共同构成一个体系，推动了民族冲突的爆发。

（一）谣言

谣言是各种未经证实的阐述或诠释。美国学者奥尔伯特（Gordon W. Allport）与波斯特曼（Leo Postman）提出了谣言的四阶段理论以及它们

---

① 一个场域可以被定义为在各种位置之间存在的客观关系的一个网络（network），或一个构型（configuration），是诸种客观力量被调整定型的一个体系（其方式很像磁场），是某种被赋予了特定引力的关系构型，这种引力被强加在所有进入该场域的客体和行动者身上。〔法〕皮埃尔·布迪厄、〔美〕华康德：《实践与反思——反思社会学导引》，李猛、李康译，中央编译出版社，1998，第7、133～134页。

② 〔法〕皮埃尔·布迪厄、〔美〕华康德：《实践与反思——反思社会学导引》，李猛、李康译，中央编译出版社，1998，第133～140页。

与骚乱的关系：①一般化的传播；②有关具体威胁的谣言扩散；③特定导火索，例如关于袭击、强奸、谋杀的谣言；④通常是虚假的谣言，在骚乱中急剧扩散，其中"严刑拷打、强奸杀人等被头脑发热、添油加醋地加以描述，从而给已经开始的暴力行为正名，并为报复行动煽风点火"。① 法国学者弗朗索瓦丝·勒莫（Francoise Reumaux）在《黑寡妇——谣言的示意及传播》一书中提出了谣言传播的三阶段模式，将谣言的产生与发展划分为"幼虫"、"成蛹"和"出茧"三个阶段（见表 2-1）：①幼虫阶段，人们在充斥不公、愤恨、荒谬和困境的社会环境中，会在记忆中汇成一种与社会系统相冲突的力量，此即为谣言的幼虫阶段——土壤正在培育，集体意识正在形成；②成蛹阶段，偶然或必然的现实打碎了既有的心理平衡，个人的不满迅速成长为谣言的"蛹"，信息和能量从一个系统交换到另一个系统，从一个群体扩散到另一个群体，从一个层面渗透到另一个层面，此即为谣言的"成蛹阶段"；③出茧阶段，当权威信息源和公开渠道缺失、薄弱时，人们开始幻想构造出各种事实和连缀一体的象征性现实，它在口耳相传中迅速膨胀，当特定的导火索出现，幻想的底线被突破，象征的边界被击碎，谣言就此喷发，此即为谣言的"出茧"阶段。②

表 2-1 谣言传播的三阶段模式

幼虫阶段	成蛹阶段	出茧阶段
神话	现实	想象
社会环境	个人环境	表象
传染	孵化	爆炸
集体记忆、行动冲动、过去的压力	中间状态	社会震荡破裂

资料来源：〔法〕弗朗索瓦丝·勒莫《黑寡妇——谣言的示意及传播》，唐家龙译，商务印书馆，1999，第 156 页。

秦启文认为，突发事件传播经常面临信息混乱、渠道不畅的困境，从而使传播环境呈现噪声源的泛化和噪声强化的特征，并突出以"谣言"的

---

① Gordon W. Allport, Leo Postman, *The Psychology of Rumor* (New York: Henry Holt and Company, 1947), pp. 193 – 196.
② 〔法〕弗朗索瓦丝·勒莫：《黑寡妇——谣言的示意及传播》，唐家龙译，商务印书馆，1999，第 156 页。

形式表现出来。① 谣言在民族冲突爆发过程中具有以下作用：①歪曲作用，从微观上来讲，谣言的发起者要么是基于某种客观事实，对其进行放大或重新塑造，要么是根据自己意愿的一种臆想，无论是加工过的事实还是臆想，谣言都能编造出一套完全与事实脱离的原因、经过和结果；②煽动作用，谣言对事件的歪曲往往会使接收者产生异常情绪（异常愤恨、异常紧张、异常激动、异常恐慌），谣言往往还会暗示接收者面对如此的后果应该怎样去做，王赐江指出，"在谣言和暗示的动员下群体行为趋于情绪化，在管治无术的情况下容易最终失控而发展成为伴随着打砸抢烧的暴力活动"；② ③串联作用，在民族冲突情况下，谣言的传播往往是基于特定的社会关系网络（亲戚、朋友等），沿着谣言的"传播线"将谣言的接收者们凝聚起来，组成具有共同行动潜能的集体，一旦对其进行行动动员，将产生严重冲突。瓦利里·季什科夫认为，"在保障成群动员和逐步升级以便使冲突变成族际暴行的过程中，荒诞说法（谣言）起到了明显作用。适宜的荒诞言说和以此为根据而建立的群体团结，既能使群体动员起来，也能释放内部的压抑，用在攻击行为上"。③

在谣言的传播过程中，接触者们会有一种集体兴奋：传播者认为自己了解到的信息对他人或整个群体至关重要，急不可耐地要与周围的人或最亲近的人分享，在信息分享后由于得到了他人的感激、引起了他人的互动而感到异常兴奋；而对谣言接收者而言，也由于能够"及时"得到如此"重要"的信息而感到庆幸和得意。在传播者与接收者之间，还会由于对一个信息的"共享"而在心理上形成一种彼此都是"自己人"的亲密感。这样一种集体兴奋，一方面使卷入谣言传播的个体进一步丧失理性思考的意愿和能力，另一方面又为谣言的进一步扩散提供了动力，不管最初有多少真实的成分，谣言在扩散过程中总是会离事实越来越远，因为在传播过程中，为了使"故事"听起来更加有趣或符合逻辑，每个人都会自觉不自觉地根据自己的理解和需要添加若干成分，于是谣言越传越盛，越传越离

---

① 秦启文：《突发事件的预防与应对》，新华出版社，2008，第208页。
② 王赐江：《当前中国群体性事件的学理分析》，《人民论坛》2010年6月中。
③ 〔俄〕瓦利里·季什科夫：《苏联及其解体后的族性、民族主义及冲突——炽热的头脑》，姜德顺译，中央民族大学出版社，2009，第283～284页。

奇。① 谣言是民族冲突的必要条件之一。

（二）精英

所谓精英（elite）是指"那些能够凭借其社会位置而对特定条件下的价值标准承担特殊责任的人，具体包括两个方面：一是在一个社会结构中处于上层的那些位置，占有这些位置的人能够要求或获得社会优势；二是与这些位置关联在一起的职责，特别是在特定社会范围内塑造和保护价值标准的社会责任"。② 以色列社会学家艾森斯塔德（S. N. Eisenstadt）认为，民族精英主要有三类：第一类是政治精英，直接效力于社会上的权力调节；第二类是文化精英，主要创造文化秩序；第三类则是调解主要群体之间的团结关系的精英，致力于信任的建设。③

在民族冲突中，民族精英表面上看是基于群体的目的而进行动员，而且表现出甘愿放弃自身利益的倾向，但是根据集体行动的逻辑，民族精英的民族动员有很大一部分是为了自己（家族）的政治前途，有时甚至表现出由个体利益所驱动的群体导向与群体利益背道而驰的状况。国内学者严庆等人指出，对于有政治野心的政客来讲，民族问题对其来说是一笔重要的"财富"和"资源"，政治精英可以通过激活某一国家或地区的民族问题造成局部动乱，从而坐收渔翁之利，达到自己的政治目的。④ 俄罗斯学者瓦利里·季什科夫指出，"掌权的精英们，包括那些挑战现状的人在内，已经得到机会，在一些价值观，例如个人生命与人权均处于低优先级的社会中，以及权力分层依然建立在不明晰的顺从这种基础上的社会中，发动战斗"。⑤ 在民族冲突发生时，民族精英会成为冲突的组织者和领导者，会将民众在政治、经济、文化等方面的不满引向政治诉求，并制定详细的斗争计划和政治纲领。他们不但能够清楚地表达出人们的关注点，而且能够增强成员之间的群体认同感和群体失落感，认清对手，并

---

① 冯仕政：《西方社会运动理论研究》，中国人民大学出版社，2013，第 21 页。
② William Kornhause, *The Politics of Mass Society* (Glencoe: The Free Press, 1959), p. 51.
③ 赵磊：《国际视野中的民族冲突与管理》，社会科学文献出版社，2013，第 138 页。
④ 严庆、青觉：《从概念厘定到理论运用：西方民族冲突研究述评》，《民族研究》2009 年第 4 期。
⑤ 〔俄〕瓦利里·季什科夫：《苏联及其解体后的族性、民族主义及冲突——炽热的头脑》，姜德顺译，中央民族大学出版社，2009，第 518 页。

且开展行动来安抚群体的不满。冲突群体形成后,群体成员能够强烈地感受到一种共同的认同感(群体身份)。① 民族冲突中的不满或抱怨只是发动暴力的必要条件,而不是充分条件。不满必须被煽动和动员,才会转化为行动,这时候就需要政治精英的作用。族群的政治精英集团会操纵族群认同和怨恨情绪去寻求利益,会有意夸大与其他民族的矛盾,挑动民族间冲突。②

(三) 武器

在民族冲突中,冲突双方(由于很多国家的武器限制)往往会使用石块、铁棍、砍刀、枪支、燃烧瓶等作案工具,这些工具在民族冲突中的作用无外乎有两种:一方面用以攻击对方民族,另一方面是在对方民族对本民族进行攻击时进行防御和还击。无论这些工具的用途是攻击还是防御,都会对冲突双方的人身和财产造成不可挽回的伤害。在这些作案武器中,枪支的使用是最致命的。

美国研究冲突管理问题专家约翰·西斯林和费雷德里克·皮尔逊合著的《武器与民族冲突》(Arms and Ethnic Conflict)一书深刻剖析了武器与民族冲突之间的复杂关系,通过对 1990 年以来发生的 133 起民族冲突进行归纳研究,最后得出以下结论。①民族冲突是否带有暴力性,与武器是否容易得到具有一定内在联系。在 133 起民族冲突中,超过 20% 为暴力冲突。这些冲突爆发前,民间已有大量的武器存在,而且非常容易获得。②武器的数量、质量及获得的难易程度与冲突的烈度、持续时间、破坏程度、战争方式等有关。③ 目前,关于武器的可接触性是否能够导致民族冲突加剧,有两种主流观点:第一种观点认为如果武器的供应商,尤其是第一世界的国家缩小武器出口规模,这种冲突就可能避免或被抑制;第二种观点认为武器只是民族冲突的征兆,而不是其发生的原因。减少武器的出口最终会

---

① 〔美〕狄恩·普鲁特、〔美〕金盛熙:《社会冲突:升级、僵局及解决》(第三版),王凡妹译,人民邮电出版社,2013,第 39 页。
② Shultz, R. H., "State Disintegration and Ethnic Conflict: A Framework for Analysis," *Annals of the American Academy of Political and Social Science*, No. 541, 1995.
③ 曾强:《民族冲突研究的独特视角——〈武器与民族冲突〉介评》,《现代国际关系》2004 年第 4 期。

导致冲突中实力较弱的一方没有能力保护自己，从而鼓励实力较强的一方向较弱的另一方开战。① 我们可以看到，民族冲突中武器的获得不仅局限于武器的走私和购买，还存在其他多种情况：①某些国家（美国、英国、法国等）的人本身具有合法拥有枪支（包括猎枪）的权利，这些枪支在民族冲突中就可以直接作为攻击的工具；②民族冲突过程中自制的武器，如拼装的手枪、土炸弹、燃烧瓶等也具有相当大的杀伤性；③民族冲突的混乱局势下，从军队的武器库中抢夺或窃取的武器，或者从武装人员手中"缴获"的武器，如强力部门控制民族冲突的各种武器（冲锋枪、装甲车等），杀伤力相当大，会立即改变民族冲突的力量平衡局面。

（四）导火索

导火索，又称导火线或引火线，是指用以引爆雷管或黑火药的绳索，是一个化学名词。民族冲突中的导火索主要是指引起民族冲突的突发事件、敏感事件或恶性事件，是民族冲突的"触发点"，是民族关系的"引爆点"和"转折点"。美国学者特纳（Turner）的突生规范理论（Emergent Norm Theory）认为，集体行为的产生需要某种共同的心理（共同的意识形态和思想或共同的愤恨）。如何才能产生这种共同的心理？特纳解释称，共同心理的产生需要某种共同的规范，而共同规范的产生又需要不确定的环境，在不确定的环境中"一个符号性事件"以及"与之相伴的谣言"就会在共同的心理的形成中发挥关键性作用，在共同心理产生之后，又会围绕"符号性事件"产生共同的反感、仇恨以及与之相对的集体行动。② 特纳所指的"一个符号性事件"就是冲突爆发的"导火索"。

民族关系中并非所有的紧张状况都会演变成民族冲突和暴行，但是公开的暴力冲突都是以紧张关系和导火索的逐步升级为先导的。暴行发生的动机和动因，往往是某件事（导火索）触碰到了民族交往的底线，发生了（或谣传）一个民族针对另一个民族的伤害性行为。导火索往往有一些基本特征：第一，导火索的出现往往是以民族关系紧张为背景的，两个

---

① 赵磊：《国际视野中的民族冲突与管理》，社会科学文献出版社，2013，第375页。
② 赵鼎新：《社会与政治运动讲义》，社会科学文献出版社，2012，第63～64页。

民族原本就存在相互猜疑和偏见,如果两个民族关系非常融洽,导火索就会被当作普通的治安事件;第二,导火索往往是一个民族对另一个民族造成了实质性的伤害(人员伤亡、形象受损等);第三,导火索出现后,国家强力部门往往没能很好地处理和化解,造成冲突双方要寻求机会"复仇"。在民族关系紧张状态下的"导火索"往往会造成"自律神经系统的唤醒",而"自律神经系统的唤醒"又会造成对"导火索"的过度反应。假如冲突一方(在历史上曾经遭受过另一方的迫害)最近又有类似的经历(导火索),冲突就更有可能升级,即便这件事情已经过去了一段时间,以至于其并不知道唤醒源在哪里,都会唤醒冲突一方的自律神经。"自律神经系统的唤醒"所带来的愤怒效果,往往在唤醒消失之后还会持续很长时间。比如如果冲突一方在被另一方挑衅之前恰好处在唤醒之中,那么其在数月后攻击另一方的可能性会提高。①

(五) 媒体

"传媒方式本身就是信息"(Media Is Message),在传统社会,信息的传播往往是从 A 传播给邻近的 B(一级传播),再由 B(或者直接由 A 传播给 C)传播给稍远的 C(二级传播),之后由 C 传播给更远的 D(三级传播),即冲突发源地 A 的信息快速传播到邻近的 B,然后是稍远的 C……这种信息传播受制于地理空间的远近、不同居住点(村社、市镇)之间交通状况的好坏、社会关系(亲情、友情、同学情)的亲密程度、不同语言(不同族群语言、各种方言)的交流程度等,但是在网络传媒迅速发展的现代社会,冲突信息的流动几乎是"同步"的,"电子化的大众传媒构成一支庞大的动员及战斗力量。这很像是坦克和火炮一样的军事资源,因为有了电视和报纸的帮助,就能达到极其重要的目的——例如向底层民众灌输军事热情,并寻求公众(包括国际上的公众)的支持"。②传统社会与现代社会信息传播对比见表 2 – 2。

---

① 〔美〕狄恩·普鲁特、〔美〕金盛熙:《社会冲突:升级、僵局及解决》(第三版),王凡妹译,人民邮电出版社,2013,第 153 页。
② 〔俄〕瓦利里·季什科夫:《苏联及其解体后的族性、民族主义及冲突——炽热的头脑》,姜德顺译,中央民族大学出版社,2009,第 352 页。

表 2-2 传统社会与现代社会信息传播对比

分类	传播途径	速度	传播媒介	受制因素	中断措施
传统社会	由A到B再到C	慢	口耳相传	空间距离、交通状况、社会关系、沟通语言	人口隔离
现代社会	由A同步到B和C	快	电视、电话、手机、互联网等	信号覆盖和通畅度、传媒工具普及率等	信号隔离

资料来源：笔者自制。

在民族冲突中，媒体发挥的作用主要有以下几点。①触发作用。在某一事件（导火索）发生后，通过媒体歪曲、编纂事件的经过，散布言过其实的言论或视频，激起不同群体对对方的仇恨，自1961年丹尼尔·布尔斯廷（Daniel boorstin）的《影像》一书出版以来，大家已经很清楚，视觉影像比文字或口头转播手段更具煽情潜能，因为很多人"看见啥相信啥"。[①] 以现代传媒中的手机为例，手机可以同时传播声音、图像和文字，而手机的便携性使得手机传播不受时间、地点、距离的限制。利用手机进行传播，由于传受双方是看不见彼此的，交流行为丧失了面对面的现场感。身体的缺位让有些传播者在传播过程中不像面对面传播那样负责任，由于有对方无从验证的心理，说谎、欺骗在一些人看来变得很正常。[②] ②动员作用。以媒体（手机、互联网）为中介传播谣言、小道消息，迅速鼓动更多的成员参与民族冲突，扩大民族冲突的参与范围。如赵鼎新认为，"媒体报道还可以是社会运动传播其思想、主张和认同感的一个最为有效的渠道，是社会运动动员大众和寻求同盟的有力武器，是取得社会同情和关注以及从舆论上击败对手的法宝"[③]。③预警作用。政府通过媒体向社会公众预警民族冲突的发生，减少民族冲突的损失。④确证作用。通过广泛的媒体报道让外部世界对民族冲突（发展阶段、政府的处置、人员伤亡等）有更清楚的了解，以终止谣言的传播。

[①] 〔美〕Steven I. Wilkinson：《骚乱》，汪卫华译，《观察与交流》2009年第37期。
[②] 郝晓云：《短信在人际传播中的优势与缺陷》，《今传媒》2007年第5期。
[③] 赵鼎新：《社会与政治运动讲义》，社会科学文献出版社，2012，第267页。

（六）空间

空间变量对民族冲突的影响主要表现为一个地区的地貌地形、城市布局、社区结构、居住格局等对民族冲突的影响。作为资源动员理论一部分的所谓"凝聚力理论"中的一个核心论点就是，只有当人群的空间分布形式和其同质性增强了该群体凝聚力的时候，它才对动员有意义。

地形地貌因素对民族冲突的影响主要表现在以下几个方面。①在地形复杂，交通不便，远离国家政治中心，少数族群人数众多的地区，暴力发动者容易隐藏，这是有利于群体暴力的条件。[1] 在经济发达的国家，交通网络成熟，国家对基层社会的管控能力比较强，通过行政、军事等手段控制边远地区的能力也比较强，因此发生群体暴力事件的频率就相对较低，而且即使发生，波及面也不会太大。②没有自然障碍物或遮蔽所的人烟密集的平坦地域，有利于大规模对抗的展开，会即刻发生大规模民族冲突，其范围要比在山区和森林地带大得多。[2] 由于这种地形视野比较开阔，人群逃离的难度比较大，如果使用的武器中有枪支，逃离人群极有可能在射程范围以内。③在有凸起（凹下）障碍物（山包、巨石、壕沟）的崎岖地域，虽然不利于大规模对抗的开展，但会延长民族冲突的时间（极有可能演变为长期的游击对抗），凸起的障碍物（山包等）极有可能会以制高点（部署狙击手）的形式出现，造成冲突双方人员伤亡。

城市的不同建筑物、街区和道路对民族冲突的影响主要体现在以下几个方面。①不同的建筑物既可以作为冲突成员藏匿和躲避的场所，又可以为攻击者提供便利（如高楼上可以看到对方民族的分布和活动情况，可以将其作为制高点部署狙击手，在楼内密闭的空间内实施各种暴行不易被发现）。②城区街道是聚众成员聚集行进的主要场所，暴徒在行进过程中会通过"扩大声势"来吸引更多的人参加，因此街道两旁的建筑物、商铺、车辆、基础设施和人群较易遭暴徒的袭击。③不同建筑

---

[1] James D., "Fearon and David D. Laitin. Ethnicity, Insurgency, and Civil War," *The American Political Science Review*, Vol. 1, No. 97, 2003, p. 80.

[2] 〔俄〕瓦利里·季什科夫：《苏联及其解体后的族性、民族主义及冲突——炽热的头脑》，姜德顺译，中央民族大学出版社，2009，第260页。

物之间的巷道往往成为冲突厮杀最激烈的场所（对于逃跑者而言，由于进入死胡同没有逃离路线；对于进攻者而言，由于巷道相对私密，自己的暴行不易被发现；对于强力部门而言，装甲车等很难进入巷道内）。民族冲突的牺牲者往往会在巷道内被发现。④城区的广场（花园、停车场）等开阔地带往往会成为人群聚集、发布煽动性言论、谋划攻击策略、建立"大本营"的主要场所。

城市和乡村的布局也会影响到民族冲突。①城市边缘（或城市的某一个区域）往往居住大量来自农村或其他地区的"无业游民"，这些人群由于没有正式工作（有的甚至没有居住证），相对比较贫困，民族成分复杂，极易被动员参加民族冲突。②冲突源城市与另一城市（或农村）的空间距离也是一个重要变量，冲突源城市距离另一城市（或农村）较近的话，一方面会由于边缘城镇和农村的力量补给改变民族冲突的力量平衡，另一方面会将本城市的民族冲突扩散到邻近的城市或农村。③城市与城市（或农村）之间的交通通畅度也是改变民族冲突的重要变量，在交通通畅度比较高的情况下，会缩短民族冲突"临界点"和另一地区民族冲突爆发的时间，而交通通畅度比较低的话，就有可能会延缓冲突到来的时间或被强力部门阻断。

对于一个社区而言，社区的空间布局之所以重要，正是因为它能促成一个社区中居民之间的各类社会网络。在同一居住环境中，人们更容易与近邻交朋友，甚至连小到信箱和楼梯的设置、住房的房门朝向以及住房在整个公寓中的位置，都会对一个群体中个体的空间活动形式、信息和谣言的传播方式以及网络和组织的形成起到关键作用。① 在冲突中，社区环境至少能提供以下四种不同的便利：①在冲突开始前方便了不满情绪的传播；②在冲突发生后保证了谣言和小道消息的传播；③在冲突过程中保证了以社区为单位的人员补给（许多人是被动卷入冲突的）；④提供了人群集中的场所、地点等，为精英的感情宣泄和动员提供了平台。在这里要区分两种社区结构：一种是"纵向重叠"（overlapping，如图2-4社区1）；另一种

---

① 赵鼎新：《社会与政治运动讲义》，社会科学文献出版社，2012，第247~248页。

是"横向重叠"（如图2-4社区2）①。"纵向重叠"社区往往由于缺乏沟通和联系极易在民族冲突中极化，而"横向重叠"社区则相对比较稳定。"横向重叠"社区结构之所以能减缓民族冲突，主要有三方面原因：①成员之间存在的纽带（亲情、友情等）能够约束他们自己的行为；②群体内成员可以通过正式制度（单位规章、企业制度等）约束群体外（其他民族）成员；③横向联系的社区能够经常性调解本社区的实际问题。②但需要注意的是，当冲突急剧升级时，约束"纽带"往往会被瓦解，"关系"会被生生切断，会出现熟人（熟悉的陌生人）之间的相互攻击。

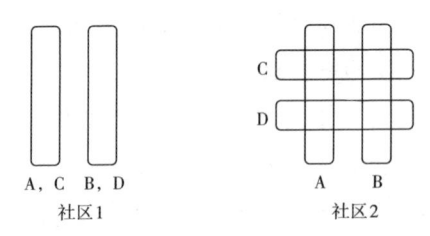

图2-4 "纵向社区"与"横向社区"结构

资料来源：〔美〕狄恩·普鲁特、〔美〕金盛熙《社会冲突：升级、僵局及解决》（第三版），王凡妹译，人民邮电出版社，2013，第170页。

在街区和攻击对象的选择上往往会有如下考虑：①该街区或社区的民族纯度（被攻击的民族）比较高，这样选择的目的是提高攻击的针对性并降低"误杀"的可能性；②有合适的进攻路线和撤退路线，以便于本民族成员的安全撤离；③某个街区或社区内居住着被攻击民族的首领（精英、知识分子）；④在先前的生活中曾受到对方民族某个家庭（或成员）的欺压或羞辱，此时要将其分辨出来并借助群体的力量为自己复仇。

---

① "纵向重叠"是指社区A和C之间在社会关系、族群类型和社会认同上高度重叠，但与B和D社区之间几乎没有重叠和联系，这种社区结构非常不稳定，发生冲突后极易极化，并使冲突严重升级；"横向重叠"是指社区A、B、C、D之间由于工作、生活、商业来往等存在多重制度、亲情、利益等的交往和约束，这种社区结构相对稳定，在发生冲突后会进行自我约束，缓解冲突。2014年5月，习近平在第二次中央新疆工作座谈会上强调"推动建立各民族相互嵌入式的社会结构和社区环境"，其中的"嵌入式的社会结构和社区环境"就类似"横向重叠"社区结构，有利于防范和减缓民族冲突。《习近平：扩大新疆少数民族到内地居住规模》，新华网，http://news.xinhuanet.com/politics/2014-05/29/c_1110926294.htm。

② 〔美〕狄恩·普鲁特、〔美〕金盛熙：《社会冲突：升级、僵局及解决》（第三版），王凡妹译，人民邮电出版社，2013，第169~171页。

随着网络技术的发展，实体空间对民族冲突的影响也蔓延到了虚拟空间（论坛、朋友圈、虚拟社区），由于虚拟空间的平等性、虚拟性和匿名性，虚拟空间对民族冲突影响主要体现在：①虚拟空间成为民族冲突酝酿、发酵的重要场所，不同民族成员在网络空间中对对方民族进行恶意辱骂、攻击和丑化，煽动民族情绪，造成不同民族在网络空间中的仇恨和憎恶，这种仇恨和憎恶继而延伸到现实生活中；②虚拟空间成为谣言传播的重要场所，虚拟空间的匿名性使得谣言发起者无须证实谣言的来源和真实性，网络空间的迅捷性又使得谣言传播异常迅速，有特殊目的的网民还会通过数据篡改、图片修饰、视频加工等方式增强谣言的真实性；③虚拟空间会成为民族冲突动员的主要渠道，在民族冲突发生前和发生过程中，不同民族会在网络上通过串联、鼓动、恐吓等方式动员更多的人参与到民族冲突中。

（七）社会组织

社会运动理论将"社会组织"界定为"有一定组织机构、组织规则、组织目标的社会网络"。图2-5显示了社会运动理论中"社会组织和网络"在社会动员中的作用，其中A是网络机制，主要在发达的西方社会，由"社会组织和网络"（如工会等）直接进行民众动员，B是空间—网络机制，社会组织和网络借助一定的空间环境进行民众动员，C是空间机制，既有民众的自发动员，又有社会组织和网络的动员。① 社会运动理论中发动民众动员的组织和网络多是合法的，动员的目的也多是向政府争取相应的权利，但民族冲突中的社会组织则多为非法组织或集团，如体育俱乐部、贩毒集团、黑社会组织、宗教组织、恐怖组织等。

在政府统治薄弱的地区，往往会存在这类社会组织。李本先、迟妍认为，"在大数据时代，许多新生的带有一定目的或动机的组织通过发布各种信息，自发形成团队"。② 这些社会组织在日常生活中通过自有的"潜规则"（收取保护费、划定地盘、惩治不法行为等）维持了不同民族的相对和平状

---

① 赵鼎新：《社会与政治运动讲义》，社会科学文献出版社，2012，第250页。
② 李本先、迟妍：《突发事件过程中暴动人群演化模型与仿真》，《重庆理工大学学报》（自然科学）2014年第6期。

态。但在民族冲突中，由于政府强力部门的介入，这些组织所发挥的作用会有所不同：第一，作为冲突的挑起者直接发动民族冲突，社会组织在遭受政府打压、对立组织排挤、本方成员受到伤害的情况下，会通过发动民族冲突的方式予以还击，以显示自身力量，达到与政府或对立组织谈判的目的；第二，作为一股力量直接参与到民族冲突中，改变民族冲突的力量平衡，搅乱民族冲突的混乱局面，在民族冲突中获取利益；第三，与政府强力部门对抗，妨碍强力部门对民族冲突局面的控制，某些社会组织（恐怖组织、黑社会组织）拥有自身的武器和武装力量，具备一定与政府强力部门对抗的能力；第四，动员普通民众参与冲突，教授其发动暴力的技巧（如何使用枪支等）。民族冲突的施暴者要有施暴的经历或至少有心理上的准备，在混乱状态下对异族施加躯体暴力需要有充足的勇气和施暴技巧（为保护自身安全），这就能解释为什么民族冲突的参加者多为有犯罪前科或与犯罪集团有联系的人。还有学者认为，释放愤怒的另一个经验就是接触攻击榜样，即发起攻击的人，观看电视中的攻击行为会带来类似的效果。①

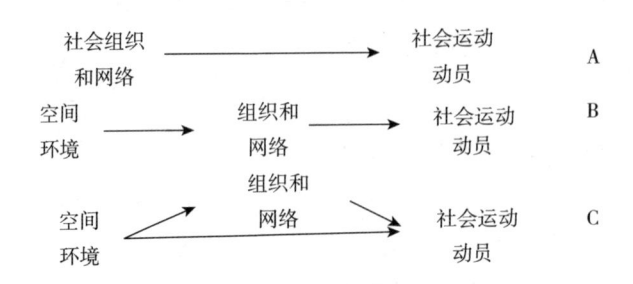

图 2 - 5 社会运动动员的不同机制

资料来源：赵鼎新《社会与政治运动讲义》，社会科学文献出版社，2012，第 250 页。

（八）口号

民族冲突的口号不仅包括人们口中喊出的各种具有歧视性和煽动性的语言，还包括各种宣传单、演讲、小册子等。宁骚教授曾指出，"所有的社

---

① 〔美〕狄恩·普鲁特、〔美〕金盛熙：《社会冲突：升级、僵局及解决》（第三版），王凡妹译，人民邮电出版社，2013，第 154 页。

会政治运动都具有三个构成要素，即组织、信念和行动。具体到民族运动来说，它的构成要素就是民族组织、民族主义和民族斗争。三要素中最重要的是民族主义的信念，它的表现形式也是多种多样的，既可以表现为著作、文章、演讲和小册子，也可以表现为口号、计划和纲领"。① 口号在民族冲突中的作用主要体现在：第一，可以通过口号宣泄对另一方的不满，在口号呼喊的过程中通过大声呼叫、辱骂对手、嘲弄讽刺等方式宣泄对对立方的"仇恨"；第二，通过口号来"造势"，在大声呼喊口号的过程中减少自身的恐惧，形成一种压倒对方的氛围，提高对对方民族成员暴力攻击的强度；第三，可以通过口号增强本方成员的凝聚力，在共同呼喊口号的过程中将自身置于民族的统一体中，通过口号的呼喊来实施共同行动；第四，口号成为身份辨识的标志，在民族冲突的极度混乱状态下，特有的口号可以辨识不同的民族身份，避免"自己人攻击自己人"。

（九）人口特性

人口特性主要指人口数量、人口年龄构成、人口性别构成、人口职业构成等，人口特性对民族冲突的影响主要表现在以下几个方面。①从人口数量上来讲，如果特定地域内两个民族的人口数量悬殊，发生民族冲突的概率就比较低，因为人口数量较少的民族慑于人口数量较多民族的压力，很少会主动挑衅或对对方的挑衅进行回应，即使发生民族冲突，冲突的暴力强度和持续时间也会很小或很短，而人口数量相当的民族之间爆发冲突的可能性就比较大。如雷纳尔·克罗尔（Reynal-Querol）认为，"民族众多，并不必然有利于群体暴力的发生。研究发现，两极化的民族结构比碎片化的结构更有利于冲突，也就是说，有两个主要民族的社会比有许多小民族的社会更可能孕育强烈的族群间仇恨"。② 费伦认为，有一个主体民族和一个大的少数民族的地方，最容易发生民族冲突。在有众多分散的人数较少的民族的地方，发生大规模群体动员的可能性比较小。③ 因为大规模的民族

---

① 宁骚：《民族与国家》，北京大学出版社，1995，第180页。
② Reynal-Querol, M., "Ethnicity, Political Systems and Civil War," *Journal of Conflict Resolution*, 2001.
③ James D. Fearon, David D. Laitin, "Ethnicity, Insurgency, and Civil War," *The American Political Science Review*, Vol. 1, No. 97, 2003, p. 78.

冲突需要动员大量的人员参加，而跨族动员的成本往往要比动员单一族群的成本高。②从年龄上来讲，年轻人往往是冲突的主力，而中老年人则往往充当事件的调停者。心理学家曾用磁共振成像的技术对有攻击性的青少年做了研究，结果证明至少对于某些有暴力倾向的人而言，看到使别人承受痛苦的影像会导致与奖赏和快乐相联系的那部分脑组织发生明显的变化，而且（与作为控制组的不具有攻击性的青少年不同）不会引起正常的压抑反应。① ③从性别上来讲，男性比女性更具有攻击性，在民族冲突中，男性往往是打砸抢烧和实施性暴力的主体，而女性则很少直接参与针对对方民族的暴力行为，但是她们会积极动员男子，并参与到抢劫财物的行动中。④从人口职业构成上来讲，教师、医生、公职人员等有稳定工作和稳定收入来源的人群参与民族冲突的概率就相对较小，在民族冲突中也往往会发挥抑制冲突升级的积极作用，而无业游民、小商贩等无稳定工作和稳定收入的人群参与民族冲突的概率就相对较大，在民族冲突中会有意促使事态扩大。而从个人因素来讲，一个人酗酒、吸毒，受教育程度等都会影响到民族冲突的爆发和升级。

以上是民族冲突爆发的基本变量，虽然列举了一些常有的基本变量，但这并不是导致民族冲突的全部变量，还有一些变量会影响到民族冲突的发展，如交通工具会影响到民族冲突：①交通工具（卡车、火车等）可以运载大量的民众作为"支援力量"参与到民族冲突中，改变民族冲突的力量平衡局面；②可以作为迅速移动的工具（摩托车、小轿车等），要么是以此逃离民族冲突的"风暴眼"，要么是快速寻找被攻击的人和建筑物，或者是挟持对方民族人员作为"人质"转移到另一个地点进行威胁。郑永年认为，财政来源是否稳定也是群体暴力能否发生的一个重要条件。他指出，"为种族怨恨而斗争是在提供一种公共物品，为全族群牟利，这就不可避免的会面临'搭便车'的难题。要解决这个问题，对于参与者有必要提供一定的物质激励，这就需要经济资助。此外，大规模的武力冲突需要经费来组织和购买武器。民间募款，其他国家政府的支助，以及本族海外侨民的捐款，都是可能的经费来源"。②

---

① 〔美〕Steven I. Wilkinson：《骚乱》，汪卫华译，《观察与交流》2009年第37期。
② 郑永年、单伟：《疆藏骚乱原因剖析暨新加坡经验的启示》，《东亚论文》2010年第77期。

以上这些变量共同构成了民族冲突的"场域"（如图 2-6 所示），促成了民族冲突的爆发和升级。从这些变量的性质来讲，有些变量是民族冲突的必要变量（图中实线），如导火索、口号、人口等，有些则并不必然在民族冲突中出现（图中虚线），如武器变量中的枪支、黑社会组织等。从"场域"中各个"子场域"（变量）的作用力来讲，有的"子场域"的作用力强（图中粗线），有的"子场域"的作用力弱（图中细线），作用力的强弱取决于各自"子场域"内部力量的强弱，如果"导火索"异常恶劣、异常伤害民族感情，那么"导火索"的作用力就强；如果民族精英的个人威望非常高，那么"精英系统"的作用力就强……从"场域"本身的特性来讲，场域作为一个力量交织的运作空间，不仅存在各种因素和子系统（如变量），还存在各种因素相互制约的力量、关系和规则，如"媒体"会为"导火索"制造"谣言"，"精英"会利用"谣言"进行宣传动员，不同的"空间"会促进或延缓"冲突"的发展……因此，"民族冲突场域"是一个不断运动的，充满各种力量、关系和规则的动态运作空间，各种"力量"和"变量"在这个动态的运作空间中此消彼长，共同作用于民族冲突的爆发和升级。同时，这个"场域"还是一个开放的"场域"，不断吸收新的变量。

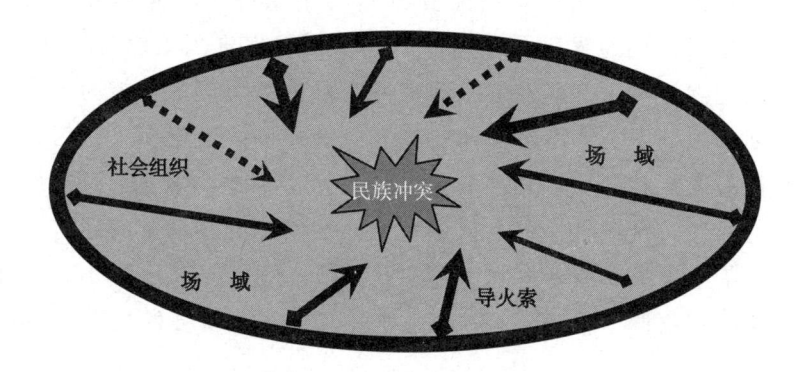

图 2-6 民族冲突基本变量场域

资料来源：笔者自制。

三 民族冲突如何动员

具备了民族冲突爆发的基本要素，还必须进行民族动员，动员民族成员参与到民族冲突中去。安东尼·史密斯认为，"民族动员是比其他社会团体动员更有力、更有效的手段。民族和种族认同都可以被当作社会动员的工具"。①

什么是民族动员？我国学者严庆认为，"族群动员是指为了追求族群集体目标，由族群精英和族群组织、政党围绕肤色、语言、习俗等民族认同特征将整个族群组织起来的行动和过程……族群动员是一个为了达到明确目标，而有意识采取的群体行动，动员以族性为基础，把族群成员对群体的情感、态度和忠诚转化为看得见的族群行动或族群运动"。② 在民族冲突中，族群动员就是以民族为主，呼吁本民族更多成员参与到与对方民族的斗争过程中。民族动员与相对剥夺感有直接关系。如罗杰斯·布鲁巴克（Rogers Brubaker）认为，"族群动员是由一个族群所遭受的被相对剥夺的程度和这个族群追求政治利益的迫切程度所决定的"。③ 族性反应论（Reactive Ethnicity）用经济学的观点，得出族群动员的基本原因在于族群联系和相对剥夺的巧合。④

（一）动员的条件

要想进行民族冲突动员，还必须具备一定的前提条件，关于民族冲突动员，达伦多夫曾明确指出需要具备三个条件。①群体成员的（内部）沟通能力。沟通强化了普遍的群体认同，促进了组织目标的发展，加强了同胞剥夺感。②存在一个能将冲突群体组织起来并能为群体制订行动计划的领导层。③不对群体实施有效的压制。达伦多夫认为民族冲突的动员需要拥有"民族精英领导层""社会控制力较弱""民族内部沟通能力强"三个条件。社会认同理论认为引发群体动员的还有另外两个条件。①几乎没有或者根本不存在社会流动性（social mobility，个体从低位群体向高位群体移动），一旦这种限制放开，就会发生群体间的冲

---

① Anthony Smith, *National Identity* (London: University of Nevada Press), pp. 15 – 17, 1991.
② 严庆：《族群动员：一个化族裔认同为工具的族际政治理论》，《广西民族研究》2010 年第 3 期。
③ Rogers Brubaker, "Nationalizing States in the Old 'New Europe' and the New," *Ethnic and Racial Studies*, No. 19, 1996, pp. 411 – 437, 转引自严庆《族群动员：一个化族裔认同为工具的族际政治理论》，《广西民族研究》2010 年第 3 期。
④ 王剑峰：《族群冲突与治理》，社会科学文献出版社，2014，第 26 页。

突。②地位较高的群体看上去软弱或者非法,因而很容易挑战。① 社会认同理论认为民族冲突的动员需要有社会僵化、上位群体软弱两个条件。本书认为,民族冲突的动员至少应该具备以下几个条件:①存在动员主体,即民族动员必须有人来发动,这个主体或者是某个社会组织或者是某些民族精英,动员主体的存在是民族动员的力量源泉;②民族内部的一致性,即民族成员受到了共同的不公正待遇、共同的歧视或压迫、共同的悲惨遭遇等,如果某些不公正待遇或悲惨遭遇是由民族内部成员个人原因(懒惰、好事等)造成的,则不足以进行民族动员;③民族内部结构弱化,民族内部的结构弱化即民族内部不存在严重的社会分层、不存在利益相悖的群体组织、不存在强烈的贫富悬殊等,如果内部结构很强的话,那么也不利于民族动员;④动员途径畅通,民族动员无论采取何种途径,动员的渠道必须畅通,不会被强力部门发现或被第三方切断。

(二) 动员的途径

人际传播的途径有以下几种,一种是面对面的通过语言或非语言的方式进行直接传播,另一种是借助媒介(信件、电话等)进行传播,还有一种是借助某种组织进行传播。民族动员的途径也可以分为三种。①关系性途径。关系性途径即通过直接的人际关系网络进行动员,这些关系网络包括亲情网、友情网、同学网等,社会运动理论将"社会网络"界定为由线连接起来的一系列点,这些线指的就是那些相对稳定的、在研究之前就较为确定的社会关系,而社会网络内的信息和物资的交流也可以被看作专属于此网络的成员才有资格享受的特权。② 这些关系性的网络可以增强彼此对某一事件的共同态度和采取某一行动的共同看法,提高动员的效果。如学者认为,"人际纽带会引起针对另一方的共情(empathy),主动将自己放在另一方的角度来考虑问题,并倾听那些能够产生共鸣且颇具人性化的另一方

---

① 〔美〕狄恩·普鲁特、〔美〕金盛熙:《社会冲突:升级、僵局及解决》(第三版),王凡妹译,人民邮电出版社,2013,第41~42页。
② 比如,半夜打雷同时惊醒了比邻而居的许多人,我们不能说这些人是通过社会关系网而得知打雷的。但是,一个人如果并没有被雷声惊醒,直到第二天有朋友告诉他后,他才知道半夜时曾打过雷,那么这个人就是通过社会关系网获取这一信息的。赵鼎新:《社会与政治运动讲义》,社会科学文献出版社,2012,第249页。

的信息"。① ②非关系性途径。非关系性途径即通过大众传媒、互联网、手机、传单等非人际渠道进行动员，这种途径的受众是不确定的，也是动员面最广的。如学者认为，"在现代社会，大众传媒通常是进行动员的重要手段。在某一场冲突当中，电视、广播以及新闻报刊构成了文化空间方面范围广泛的成分，用于调动所有的参与者"。② ③社会组织途径。对于社会组织而言，通常有比较明晰的传播渠道，组织的不同等级对信息的筛选和过滤会有相应的规定，社会组织动员补充了关系网中同一组织内部无任何交往的人群，也补充了非关系网中对媒介不热衷或不敏感的人群，社会组织动员具有高效性和私密性的特点。民族动员究竟会采取哪种途径，取决于三种途径的比较优势③，如果一个地区的数字媒体的发展程度比较高，那么非关系性途径将发挥重要作用，如果一个地区社会组织（合法或非法）比较发达，那么社会组织途径将发挥重要作用，但无论如何，关系性途径在民族动员中的作用都是非常重要的。通常而言，三种动员途径在民族动员中都会被综合运用。

（三）动员的结构

民族动员的结构可以分为内部动员和外部动员两种。赵鼎新认为，"内在动员结构"指的是在冲突没有开始前就已经在群体内部有了一个等级和功能分明的动员组织；"外在动员结构"指的是主要在积极分子之外的人中进行动员（拉拢不想参加者）。与内在动员结构相比，外在动员结构下的动员，其成员一般比较少，没有等级森严的结构和明确的功能分化，成员之间的关系也相对平等。④ 蒂利认为，"内部动员"是指具有特定利益倾向的斗争者建立自己的组织，动员所需要的资源，然后发起集体行动；"外部动员"指不同的政治结构对斗争者来说成本是不同的，面对不同形势的政治结构，拥有特定力量的斗争者从中寻找机会，避开威胁，然后发起集体行

---

① 〔美〕狄恩·普鲁特、〔美〕金盛熙：《社会冲突：升级、僵局及解决》（第三版），王凡妹译，人民邮电出版社，2013，第55页。
② 〔俄〕瓦利里·季什科夫：《苏联及其解体后的族性、民族主义及冲突——炽热的头脑》，姜德顺译，中央民族大学出版社，2009，第279页。
③ 比较优势的一个重要决定力量就是政府对该地区的控制程度，如果政府对该地区的控制力比较强的话，社会组织相对就会减少，关系性和非关系性的途径就会发挥重要作用。
④ 赵鼎新：《社会与政治运动讲义》，社会科学文献出版社，2012，第259页。

动（如图2-7所示）。蒂利认为只有内外两个方面的条件都具备时，集体行动才有可能。① 蒂利的"动员模型"显然将"建立组织"和"寻找机会"作为内外部动员的标志，但正如蒂利所述，对于民族冲突而言，内部动员和外部动员都是非常重要的。本书认为，民族动员也可以分为"内部动员"和"外部动员"两种结构：所谓内部动员就是在民族内部通过建立组织、阐明利害等方式动员本民族成员参与到民族共同行动中；所谓外部动员就是积极吸收同情本方、可以获得利益的第三方民族参与到集体行动中。

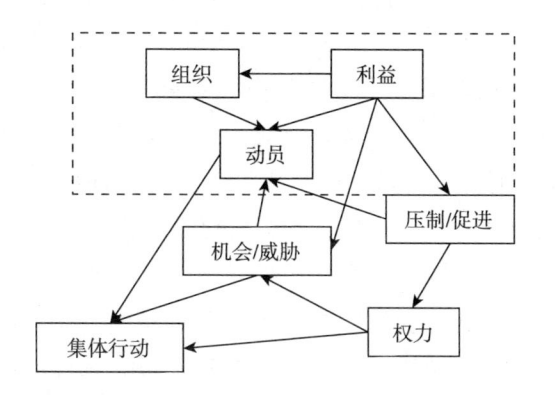

图 2-7 蒂利的"动员模型"

资料来源：冯仕政《西方社会运动理论研究》，中国人民大学出版社，2013，第157页。

民族动员究竟会采取何种动员结构，也受制于多重因素。①冲突双方的情况：如果冲突双方民族内部结构性一致（目标相同、遭遇相同）、内部组织程度高，那么将采取内部动员结构；如果冲突双方一方与第三方关系紧密，那么有可能采取外部动员结构。②第三方的情况：如果对立双方之外的第三方人口较少、与对立双方无利益纠葛的话，将不会参与到民族冲突中，仍旧会采取内部动员结构；如果第三方力量强大且有意帮助对立一方，那么将采取外部动员结构。③政府控制力：如果政府控制力强的话，第三方不会获得"机会"和"利益"，不会参与到民族冲突中，那么就只能选择内部动员结构。

---

① 冯仕政：《西方社会运动理论研究》，中国人民大学出版社，2013，第156~157页。

（四）动员的过程

唐纳德·霍洛维茨（Donald L. Horowitz）将族群动员分为三阶段：第一阶段，以族性为基础的民族认同被强化，和其他民族之间"你们—我们"的边界感尖锐化；第二阶段，具备政治行动的条件，比如财力来源、组织者、媒体保证等，通过分享共同的思想，参与活动个体的认知和行动一致性提高；第三个阶段，通过实际行动达到民族利益要求，参与者通过和平的（请愿、选举动员等）或暴力的（骚乱、武力冲突等）方式向政府提出要求。[①] 从民族冲突动员的过程来讲，民族冲突的动员也可以分为以下几个步骤。

第一阶段是认同动员。强调"我们"具有共同的历史、共同的文化，着力增强民族的凝聚力和内聚力，形成一个命运共同体，塑造"我们"与"他们"的不同，重新"发现"和"激活"民族共同体的文化价值和精神信念，在民族内部通过美化、显化、悲情化等方式"渲染"民族精神价值已经萎缩或者被压制，在民族内部产生共鸣。通过各种途径加强民族内部的情感交流，更加明确"我们"与"他们"的精神、行为边界，向民族成员申明民族内部的社会（部族、家族、宗教）结构，这是一个"最简群体"（minimal group）和"社会类化"（social cetegorization）的过程。

第二阶段是问题动员。"问题"的界定和建构是民族动员的必要环节，在这个过程中需要把某种社会现状"问题化"，即把某种社会现状"说"成一个需要特别关注的"问题"，这是一个互动性、对抗性、比较性和选择性的主观建构过程，需要对社会现状进行选择性的"放大"和"舍弃"，用"诊断"和"比较"的眼光将一些社会现状进行民族化归因。如"我们"比"他们"更"落后"、更"贫穷"、更"没有工作机会"，"我们"在政府机构中的"代言人"比"他们"的更少。拉塞尔·哈丁认为族性动员者的首要逻辑就是保持冷漠：他们要限制视野，以便把本族群的认识论意义上的家园舒适感降至最低，并且制造出狭隘的忠诚感。[②]

第三阶段是症结动员。在确定"问题"存在之后，就需要指认"加害

[①] Donald L. Horowitz, "Ethnic Groups in Conflict," *Journal of Democratic*, Vol. 2, No. 14, 2003, pp. 83–88.
[②] 〔美〕拉塞尔·哈丁：《群体冲突的逻辑》，刘春荣、汤艳文译，上海人民出版社，2013，第201页。

者",即这些问题是什么原因造成的,谁该为这些问题负责。导致"问题"的原因多种多样,无外乎针对问题本身的原因和普遍的社会大环境,但症结动员的关键就在于需要根据特定的目标滤掉该为"问题"负责但并无意针对的对象(第三方民族、自然地理原因、民族自身原因等)。如"我们"的落后是因为文化被"他们"侵蚀,"我们"的贫穷是因为资源被"他们"掠夺,"我们"没有合适的工作机会是因为"他们"抢占了"我们"的工作机会,"我们"在政府机构中的"代言人"比"他们"的更少是因为"他们"的挤压等。严庆、青觉指出,"民族存在的普遍性使得无论多么复杂的社会关系和利益冲突都能简单化地放置于民族关系的网络之中。政治家们往往会利用娴熟的政治策略和雄辩的动员能力鼓噪认同,制造民族差异与分歧,以期达到自己的政治目的"。[1]

第四阶段是预后动员。在确定"问题"并指认"加害者"之后,还需要针对既有的问题提出一个面向未来的构想。对该问题解决的前景、所要达到的目标、未来社会对本民族的现实关怀等进行预设,用预后满足为现实行动提供浓厚而直接的精神激情和动力。预后动员所设计的图景并不仅仅为了解决现有的"问题",还要设计一个囊括域比现有问题更大的解决框架。如"我们"会比"他们"得到更多的工作机会,"我们"的语言会成为主体语言,"我们"会有单独的投票权等。一个有着共同目标的群体或人群,总是相对容易加以动员的,这时候就会通过两种方式产生权力。第一,集体行动提供了能够以多种方式来强制或者影响他人行动的资源。第二,他们围绕领袖协作起来,赋予领袖以行动能力。[2]

第五阶段是行动动员。"我们"应该采取什么样的行动,如何采取行动。民族动员的最终目的是要让本民族成员参与到所要实施的针对对立民族的行动中,行动动员要使成员相信可以通过行动改变当前所遭受到的不公正待遇,为了说服成员采取实际行动,往往需要对"问题"进行进一步阐释:①问题的严重性(severity),如问题已经严重伤害到本民族的族体和完整性;②采取行动的紧迫性(urgency),如不立刻采取行动将丢失行动的

---

[1] 严庆、青觉:《从概念厘定到理论运用:西方民族冲突研究述评》,《民族研究》2009 年第 4 期。
[2] 〔美〕拉塞尔·哈丁:《群体冲突的逻辑》,刘春荣、汤艳文译,上海人民出版社,2013,第 38 页。

主动权；③采取行动的有效性（efficacy），如只要按照既定的方案采取行动就一定能够达到目的；④行动在道德上的适当性（propriety），即鼓吹所要采取的行动是每个人的道德义务。①

（五）动员的阶段

从时间上来讲，民族冲突的动员可以分为冲突前动员、冲突中动员和冲突后动员三个阶段（见表2-3）。

表2-3 民族冲突分阶段动员

动员时间		动员主体	动员方式	动员资源
冲突前动员		民族精英	亲情、友情等	仇恨、被剥夺感
冲突中动员	首次动员	民族精英、民族成员	谣言、手机短信、口耳相传、扩音喇叭等	导火索突发事件
	二次动员	民族精英、犯罪集团	互联网信息、传媒信息	残杀影像、照片等
	……动员	犯罪集团、分裂势力	胁迫、威胁	历史
冲突后动员		民族成员	关系性和非关系性的方式	冲突中"吃亏"

资料来源：笔者自制。

1. 冲突前动员

冲突前动员是为了激起民族内部对另一民族的仇恨，增强本民族的凝聚力，吸引更多的人参与到民族冲突中，狄恩·普鲁特认为，"群体动员必定发生在那些拥有共同利益的人们卷入冲突之前。群体动员包括，形成共同的群体认同，产生一个领导机构，在追逐共同利益时采纳群体目标。群体动员一旦发生就难以逆转"。② 此时动员的主体为民族精英，通过亲情、友情等关系性网络，煽动民族间的仇恨，夸大本民族的被剥夺感，以吸引更多的人参与到民族精英所主导的政治运动中。

2. 冲突中动员

冲突中动员是在民族冲突发生后，通常是在导火索爆发后，民族精英

---

① 冯仕政：《西方社会运动理论研究》，中国人民大学出版社，2013，第217~221页。
② 〔美〕狄恩·普鲁特、〔美〕金盛熙：《社会冲突：升级、僵局及解决》（第三版），王凡妹译，人民邮电出版社，2013，第43页。

和本民族成员迅速通过"谣言""扩音喇叭"等方式呼叫更多的人参加。在民族冲突转入低潮后,民族精英为了达到个人目的而使民族冲突继续延续就会进行二次动员,通过互联网和其他媒介发布对方民族对本民族残杀的照片、影像等,煽动更多的人参加,当民族冲突中混入了犯罪集团或民族分裂分子时,又会进行三次动员或四次动员,通过威胁等方式招募本民族成员参与到对对方民族的仇杀中。随着手机和互联网的兴起,冲突中动员可以是"即时性"的,即在一个地区发生的事情可以在另一个地区进行"直播",从一个地区发出的"信号"(命令、准备、行动)可以及时指挥(感染)另一个地区的行动。民族冲突的施暴者也可以借助现代化交通工具(汽车、火车、飞机、摩托车)等迅速赶到另一地参与民族冲突,从而迅速缩短动员时间。

3. 冲突后动员

民族冲突结束后,认为"吃亏"一方的民族还会在短期内进行冲突后动员,他们通过关系性和非关系性的方式传播本民族在冲突中受到的伤害,需要对对方民族进行"报复",需要注意的是,进行冲突后动员的"吃亏"民族必须具备对对方进行打击的实际能力,否则将在接下来的民族冲突中"继续吃亏"。民族冲突结束后,在政府和社会的控制和调解下,冲突后动员通常不会发生。

四 民族冲突如何升级

升级(escalation)一词有两种相互关联的含义。升级可以指冲突一方正在使用比先前更为严重的战术——给另一方施加更大的压力,还可以指冲突的强度在整体上有所增加。冲突一方的升级往往会导致另一方的升级,因而导致整个冲突的激化,因此,这两种含义具有关联性。① 狄恩·普鲁特将冲突升级比作橡皮筋,"冲突升级犹如橡皮筋,拽到某一点之前,手一松,橡皮筋仍旧能恢复到原来的长度和形态。然而,一旦橡皮筋拉过了这一点,就会发生两种情况:要么拉断橡皮筋,或者橡皮筋的弹性发生变

---

① 〔美〕狄恩·普鲁特、〔美〕金盛熙:《社会冲突:升级、僵局及解决》(第三版),王凡妹译,人民邮电出版社,2013,第108~109页。

化，从而阻断橡皮筋恢复到原来的长度"。① 民族冲突的升级是民族动员的必然结果，是民族关系由"纠纷"向"暴力攻击"过渡的必然阶段。

（一）升级的类型

拉塞尔·哈丁认为，"民族纠纷一旦触发斗争，冲突中的对立双方除了互相斩草除根，便无内在的（或者说是自助的）解决方案——基于对未来的恐惧和根除后患的考虑，种族灭绝成为这种冲突的最终形式"。一旦暴力升级到一定程度，维持秩序的机制便会崩塌，从而使暴力骤然失控，而暴力在逐渐升级的过程中，又会由于"系统性累积的结果"而得到自我强化。"暴力会激发报复性行为以及抢占先机的攻击行为。不用多久，建立在理性行为预期基础上的稳定秩序就崩溃了，这就使得抢占先机成了一种铁铮铮的利益，暴力进而得到升级。"② 民族冲突在升级过程中，通常至少会发生七种类型的转型（见表2-4）。

表2-4 民族冲突升级类型

升级类型	变化范围	具体表现
冲突程度	由"轻"到"重"	随着冲突的发展，冲突双方的情绪和心理会发生诸多变化，报复性和"不计后果"的行动不断增多，许多温和的冲突逐渐被激烈的冲突所取代，由最开始的争论、羞辱、谩骂逐渐升级到持械攻击、进行人身伤害和财物破坏等
冲突范围	由"小"到"大"	随着冲突资源的不断追加，冲突呈现向外扩散的趋势：由一个"点"（街道、社区、村落）上的冲突扩散到一个"面"（城市、地区），继而扩散到多个"面"（多个地区和城市），还有可能诱发次生或衍生冲突
冲突对象	由"人"到"物"	冲突的早期，冲突仅限于冲突双方的"个体"或"群体"，随着冲突的升级，为了给对方造成更大伤害，冲突会扩散到与"另一方"有关的"物"（要么是精神上的象征，如清真寺、名人雕像等，要么是另一方的财产，如建筑物、公司、企业等，要么是毫不相关的基础设施，如公用交通、水电气暖等，甚至会牵涉政府机构，如政府大楼等）

---

① 〔美〕狄恩·普鲁特、〔美〕金盛熙:《社会冲突：升级、僵局及解决》（第三版），王凡妹译，人民邮电出版社，2013，第184页。
② 〔美〕拉塞尔·哈丁:《群体冲突的逻辑》，刘春荣、汤艳文译，上海人民出版社，2013，第8、193页。

续表

升级类型	变化范围	具体表现
参与人数	由"很少"到"许多"	面对持续不断的冲突，那些源自少数参与者愤怒感的冲突开始升级，逐渐演变成集体冲突：由最开始的少数人冲突升级成多数人冲突；由最开始"利益攸关者"的冲突升级为"不同群体"的冲突；由一个单位（地区、民族）的冲突升级为多个单位的冲突等
使用工具	由"常规工具"到"杀伤性工具"	作案工具的凶残程度反映了一方对另一方的"怨恨程度"和以强力消灭或驱逐另一方的决心，有些工具的使用即使不能消灭对方，也要造成对方残疾或身体被严重伤害。随着冲突目标的不断升级，工具的选择和使用也不断升级，由最开始的石块、砖块、木棒等"常规工具"发展到使用燃烧瓶、刀具、钢棍等"伤害性工具"，进而会使用枪支、弹药、地雷、炸弹等"杀伤性武器"
冲突问题	由"具体"到"普遍"	在升级的冲突中具体问题往往会给普通问题让路，由最开始某个（层面）触发性的具体问题（经济纠纷等）逐渐扩散到不同层面的普遍问题（经济不平等、资源掠夺、政治权利受限、文化隔离等）
冲突目标	由"尽力做好"到"取得胜利"，再到"伤害另一方"	随着冲突不断升级，愤怒、敌意、憎恨的情感也不断升级，在冲突目标上由最开始给予对方教训的"尽力做好"到压制对手"取得胜利"，如果冲突继续升级的话，冲突目标就转变为"伤害另一方"，并且要对对方的伤害多过自己受到的伤害，"冲突一方流出的每一滴血，都会让另一方付出更多的血的代价"

资料来源：笔者根据〔美〕狄恩·普鲁特、〔美〕金盛熙《社会冲突：升级、僵局及解决》（第三版），王凡妹译，人民邮电出版社，2013，第108~111页整理得出。

（二）升级的模型

民族冲突升级的类型多种多样，但对于冲突双方而言，总存在"施动者"和"受动者"的角色分配。对于群体和个体而言，"施动者"和"受动者"的角色分配并不完全重合，如某一民族在某一刻处在"施动者"的地位，但并不能保证每个个体成员在与对方成员的冲突中都处于"施动者"的地位。正是"施动者"和"受动者"之间的这种"主动"进攻与"被动"防御的动机构成了民族冲突升级模型的不同"模块"。这种相互关系可以分为三类："施动者"（不确定是哪方）一直"主动"进攻，"受动者"（不确定是哪方）一直"被动"防御；"施动者""主动"进攻，"受动者"变"被动"防御为"主动"进攻；"施动者"和"受动者"都被动"防御"。其中第三种情况不会促成民族冲突的升级（如果都被动"防御"的话，意味着冲突的僵持或结束）。前两种情况所构成的升级模型又被学者称为：争斗者—防御者模型（contender-defender model）和冲突螺旋模型（conflict spiral model）。

(1) 争斗者—防御者模型。民族冲突中冲突双方都带有明显的改变现状的目标，随着冲突的进行，冲突目标也不断升级。在冲突开始时，由于"冲突目标"和"冲突问题"都比较具体，冲突中的"施动方"（不确定是哪个民族）限于规范和法律的约束，往往会采取比较温和的战术，因为这样做的风险比较小，受到的约束和惩罚也比较小，"受动方"为了避免损失，必须采用相关的方式或策略对抗"施动方"的进攻，这样做的目的是防御性的；随着事态发展，如果"施动方"觉得没有达到目标（目标也不断升级），就会升级自身的进攻方式和策略，采用更为严重的战术，"受动方"为了防御对方升级了的进攻，同样要升级自身的防御方式和策略，这样冲突就会不断升级……直到"另一方做出让步或者冲突不断升级的成本超出了所追求目标的价值"。在这样一个过程中，冲突的升级完全是由"施动方"目标和战术的升级所造成的，"受动方"往往表现得非常被动，或者可能会对"施动方"的升级行为做出同样的升级反应，但如果"受动方"升级的话，那么这样做的原因绝对是防御性的，与"施动方"不同。"在这种冲突模型中，'攻击者'让冲突变得更为激烈，而'防御者'则试图反击攻击者令人无法容忍的行为。这一模型采用的是一种单向因果序列，即冲突一方总是在升级中处于先导地位"。[①]

(2) 冲突螺旋模型。在民族冲突中，往往不存在完全意义上的"施动方"和"受动方"，冲突双方都不会"坐以待毙"而"被动防御"，如果冲突双方都寻求"主动进攻"的话，随着冲突目标和所用战术的升级，冲突就会进入一个不断升级的螺旋中。"施动方"采取一种引起争议的战术攻击"受动方"，为了防御性的需要或进行报复，"受动方"要采取比"施动方"更加严厉的战术来作为回应，这样就完成了一个循环，并且开始下一轮重复。冲突螺旋模型是一种双向反应模型，因为双方都是对另一

[①]〔美〕狄恩·普鲁特、〔美〕金盛熙：《社会冲突：升级、僵局及解决》（第三版），王凡妹译，人民邮电出版社，2013，第113~117页。

方先前的行为做出回应。在冲突螺旋模型中，双方的动机有一部分是出于报复（因对方给自己造成的伤害而惩罚对方），也有一部分是出于防御或威慑的目的（使自己免受另一方所做各项准备活动的影响，给另一方以教训，并且让另一方觉得痛苦，以停止其行为）。冲突一旦开始就很难停止，因为双方都认为，不报复对方就会招致对方变本加厉的攻击。双方都不愿意采取那些可能会打破这种循环的和解性措施。这是因为，"第一，冲突一方并不相信另一方会对自己的善意做出回报；另一方也并不认为，只要自己表达善意，冲突一方也会示好作为答谢。第二，冲突一方担心己方采取和解性举措将意味着奖励另一方，并因此促使更加激烈的攻击。第三，如果己方首先缴械的话会在对方持续激烈的攻击中受到更大的伤害"。①

冲突螺旋模型是民族冲突最常见的模型，冲突螺旋模型中冲突为什么会越来越严重？第一，冲突螺旋模型中所有报复性和防御性的回应都会随着冲突目标（开始是"教训对方"，接下来是"伤害对方"，最后会变成"驱逐对方群体"）的升级而不断加剧，随着冲突的继续，双方清单上对方所犯的过失会变得越来越多，从而引发越来越严重的回应。第二，双方在冲突中的损失，往往每一方都认为自己的损失要大于对方的损失。因此，双方对于对方的挑衅行为所做出的反应，己方觉得好像经过深思熟虑，但是对方觉得反应过度，故意升级冲突，遭到类似的回应的确罪有应得。第三，人们往往忽略他们处于冲突螺旋中这样一个事实，并且认为自身是在对来自另一方的持续不断的攻击进行回应，自己采取更为严厉的措施是为了给另一方施压，劝阻其断了念头。②

（三）升级的动力

民族冲突之所以能够不断升级，是因为其是在一系列作用力的推动下实现的，推动民族冲突升级的动力主要有以下几种。

---

① 〔美〕狄恩·普鲁特、〔美〕金盛熙：《社会冲突：升级、僵局及解决》（第三版），王凡妹译，人民邮电出版社，2013，第118～119页。
② 〔美〕狄恩·普鲁特、〔美〕金盛熙：《社会冲突：升级、僵局及解决》（第三版），王凡妹译，人民邮电出版社，2013，第119页。

1. 复仇的愿望

民族冲突的爆发或多或少都会掺杂"仇恨"的因素,这种仇恨要么来源于历史上的杀戮,要么来源于"近年来"的歧视或偏见。仇恨作为一种情感性因素的直接后果就是产生愤怒,民族冲突与愤怒相结合就会产生巨大的破坏能量,民族冲突就是要通过对对方的攻击来完成复仇的愿望。复仇的愿望是民族冲突升级的主要动力之一,即使很小的民族纠纷,只要对立的一方唤醒了复仇的愿望,也会迅猛地升级为大规模冲突。"复仇"有以下几个特点。①复仇往往会引发对方以牙还牙,冲突通常会被这一动机所驱使。冲突双方都试图为自己所遭受的痛苦报复,而这些复仇行动只不过进一步坚定了对方加紧反击复仇的决心,因此,冲突螺旋不会停止,继续加深着双方的仇恨。②复仇能够吸引所有人的关注,复仇所具有的强烈性意味着受复仇驱使的个体往往会诉诸那些异常凶残的极端手段。③复仇往往会过度,复仇带来的伤害往往会大于曾经遭受的痛苦,这是因为那些被激起复仇心的人们往往会感到自己是受害者,而这种感觉引发了强烈的不公平感,进而为自己找到合理的借口以残暴的行为惩罚那些伤害自己的人,人们往往会夸大自己所遭受的苦难,结果造成自己的复仇行动反应过度。④复仇涉及记忆长期持续的特征,这些记忆包括过去自己遭受的伤害以及由此产生的复仇动机,甚至在复仇行为已经得到压制的情形下,复仇行为之下的推动力也会继续下去且日益恶化。复仇愿望的持续还有另一种解释,即人们常常会处在一种焦躁不安的沉思(dysphoric rumination)或者忧思之中。他们会一而再再而三地在大脑中回顾自己或自己所在群体所遭受侮辱或者欺压的详情。忧思通常会强化人们这样一种感觉:自己遭受到了不公正待遇,因而惩罚对方理所当然,① 特别是在先前的冲突中"吃亏"的一方会经常通过"忧思"的方式提醒自己或者群体内成员维持和坚定决心,只要有机会就采取复仇行动。

2. 应有的回报(惩罚)

得到应有的回报(或不参与会被惩罚)可能会成为掩藏在民族仇恨背后延续民族冲突的又一驱动力。民族冲突的参与者(某些民族成员在日常

---

① 〔美〕狄恩·普鲁特、〔美〕金盛熙:《社会冲突:升级、僵局及解决》(第三版),王凡妹译,人民邮电出版社,2013,第 194~195 页。

生活中可能会与对立民族的某些成员成为朋友，或者得到对方的恩惠，或者并不同意民族冲突的目标）并不完全会为了集体的仇恨在民族冲突中发起非法行为，他们参加的目的还可能是抢劫可能的财产（这就是民族冲突中会发生劫掠财产现象的原因），或者害怕不参与会被本方成员惩罚。在集体行动中，人人都想得到回报（财物上的掠夺、精神上的复仇），因为个人的风险是由集体来承担的，但需要注意的是，群体越大，每个个体合作的愿望就越弱，因为在每个人所承担的风险大小相等的情况下，预期能收获到的回报相应就越小。当民族冲突的目标涉及独立（分离）或领土合并（领土改变）这些问题时，这种扭曲的现象就发挥作用，某一群体会把"领土改变"当作"集体福利"来感知。但并不是每个人都会为这种"集体福利"而采取理性行为，那么就需要"精英分子"——"集体行动的发起者，通常都是有指望获取最大利益的人：政治家们、族裔活跃分子、管理人员、某些知识分子"① 通过制定选择性的规则（许诺给予"积极分子"政治上和物质上的回报，对"后退者"和"旁观者"进行惩罚）来鼓动群体内成员为达到特定目的进行冒险性尝试。如果精英在民族冲突中由于自己的"无畏精神"或"领导才能"获得了相应的地位，那么他们就会阻止冲突的解决并制造新的冲突。拉塞尔·哈丁就认为，"动员一个群体明显的成本也许会变成领导人的潜在利益，因此，群体领导人有极大的动力去领导"。② 无论何时，冲突各方必然会考虑未来，只要冲突一方认为自身对另一方（个人或群体）具有依赖性——觉得另一方可能会在未来给予奖励或惩罚，其都会奋力参与到冲突中去，这就是阿克塞尔罗德（Axelrod）所称的"未来的影子"。群体的规范和目标（包括针对外族的复仇和攻击）倾向于自我延续，这些规范和目标即使是在已经实现之后也会继续存在，并形成一种强有力的社会压力。如果有人敢于向某项规范挑战，那么往往会遭到群体的惩罚，而那些怀疑该项规范有效性的人则会保持缄默，因为他们害怕被人称为离经叛道者，或者在群际冲突发生之时被人指责为叛徒。还会有其

---

① 〔俄〕瓦利里·季什科夫：《苏联及其解体后的族性、民族主义及冲突——炽热的头脑》，姜德顺译，中央民族大学出版社，2009，第 292 页。
② 〔美〕拉塞尔·哈丁：《群体冲突的逻辑》，刘春荣、汤艳文译，上海人民出版社，2013，第 215 页。

他群体成员遵循该项规范,因为他们并未意识到这项规范存在争议。①

3. 冲突自身的惯性

民族冲突的爆发源于特定的原因和事件,但冲突一旦爆发,冲突本身就会在原来的原因和触发事件的基础上不断膨胀,最终脱离原来的起因而不断升级。对于尚未了结的事件所做的非理性回应,似乎使事件自身的逻辑(logic)(以及后勤保障)适合于冲突,并使冲突呈螺旋形上升演化。冲突动机当中固有的惯性迅速摧毁了对起初原因的依赖。② 在冲突升级时,冲突一方更有可能认为自己是在对另一方的挑衅行为做出反应,而不是反过来认为另一方是在对自己的挑衅行为做出反应。这是因为,冲突一方总是站在自己的立场为自己的行为寻求合理的解释,而不会站在对方的立场看到对方行为的正当理由,也就是很难换位思考。因此,随着冲突升级,冲突变得越来越激烈,冲突一方会寻找越来越多的证据来表明,这一切绝非自己的过错。在这一过程中,会出现"越陷越深"的现象,即冲突一方在一段时间内追逐某一目标时,所耗费的时间、精力、金钱或者其他资源已经很多了,一旦放弃就等于前功尽弃,对立双方都相信"再坚持一段时间对方可能就会放弃","离成功不远了",因而双方坚持不妥协状态的时间越长,就越会紧迫地感受到,需要通过继续不妥协状态来证明这一立场的合理性。③ 出现这种情况后,冲突者本人的行为也会失控,该群体领导人也控制不了行动的继续进行,行为本身具有高度自发性。尽管某个环节或某些人的行为可能源于旁人挑唆或某个团体的策动,但绝大多数参与者并未收到明确指令,而是受外界影响自愿加入其中。④

4. 族性的力量

民族冲突的一个显著特征就是民族性,对立双方是以"民族"为界限进行对立和冲突的。当民族冲突的引爆点出现以后,对"民族"忠诚

---

① 〔美〕狄恩·普鲁特、〔美〕金盛熙:《社会冲突:升级、僵局及解决》(第三版),王凡妹译,人民邮电出版社,2013,第196页。
② 〔俄〕瓦利里·季什科夫:《苏联及其解体后的族性、民族主义及冲突——炽热的头脑》,姜德顺译,中央民族大学出版社,2009,第284页。
③ 〔美〕狄恩·普鲁特、〔美〕金盛熙:《社会冲突:升级、僵局及解决》(第三版),王凡妹译,人民邮电出版社,2013,第67、200页。
④ 王赐江:《当前中国群体性事件的学理分析》,《人民论坛》2010年第17期。

的边际效用就越发显著,因为民族群体不仅会为民族个体"报仇",还会为民族个体提供保护。对民族和族群的忠诚又可以形成巨大的强制力,把更多的人卷入冲突之中。"施暴者看起来是非理性的(人们在这样的行动中显得很愚蠢和疯狂),或者是超理性的(人们的行为是被道德或群体责任所驱动),然而正是这种可能是愚蠢的、疯狂的或者是出于道德、超理性的考虑的群体认同成为民族冲突的主要动力。"① 在民族冲突的混乱状态下,个体往往要建立一种归属感,这种归属感既表现为将自己视作某一群体的成员,又表现为与自己最亲近的家人、亲戚和朋友等保持情感上的联系,对"民族"的归属和忠诚是民族冲突的最佳选择。安娜·西蒙斯(Anna Simons)认为,"个人在面对任何情况时,对亲属效忠,或者在更广泛的意义上说对'族性'的效忠,成为'明智'的选择,或者在艰难、绝望的情况下成为唯一的选择"。② 推动冲突升级的族性力量不仅表现在将更多的成员动员到民族冲突的"洪流"中,还表现在对不参与集体行动的己方成员的惩罚,即如果某个个体不参与针对对方民族成员的攻击行动,该成员将由于民族风俗习惯或民族信仰的规定而面临本方成员的集体惩罚。廖小东、宋丹也认为,"许多少数民族群众迫于家族、民族信仰以及民族风俗习惯的压力,如果不参与,就担心自己会被孤立或者抛弃,或者受到惩罚,所以他们甚至在根本不知道事情真相的情况下,不顾后果地盲目参与、盲目服从"。③

五 民族冲突如何激变

与任何生命体一样,民族冲突也有一个孕育、发生、发展、高潮和回落的过程,即民族冲突生命周期(见图2-8),在图中纵轴表示民族冲突不同的时间点上对社会或个人带来的风险、损失或威胁,横轴表示民族冲突发生、发展、高潮和回落的不同时间点。在横轴的上方,有一条与其平行的虚线 A,

---

① 〔美〕拉塞尔·哈丁:《群体冲突的逻辑》,刘春荣、汤艳文译,上海人民出版社,2013,第223页。
② Anna Simons, "Democratisation and Ethnic Conflict: The Kin Connection," *Nations and Nationalism*, Vol. 2, No. 3, 1997, p. 278.
③ 廖小东、宋丹:《民族地区突发性群体事件的根源及对策研究》,《长沙大学学报》2009年第4期。

叫临界线,临界线是民族冲突导致社会系统正常运行中断或失序的紧急状态,民族冲突给社会或个人带来的风险、威胁或损失已经超出了其能够忍受的程度(导火索发生后,并不一定立刻导致社会系统的失序,还有一个扩散蔓延的过程)。① 虚线 B 表示次生灾害(由民族冲突引发的次生地的民族冲突)或衍生灾害(由民族冲突引发的恐怖事件等)的发生,实线 C 表示民族冲突在第一次成功防控后有可能出现第二次高潮,第二次高潮出现之后,又可能出现转折点 2 或连续的次生灾害、衍生灾害。

从民族冲突的发展时间表上可以看出其中有四个关键"点",分别是诱发因子、触发点、临界点和转折点。"诱发因子"是指潜在的危机诱发因素,也就是致灾因子;"触发点"是指某个对正常秩序具有破坏性的或者具有冲击性的行动或事件(前文所提到的导火索);"临界点"是指危机触发后,程度达到社会系统正常运行中断或失序的一种紧急状态;"转折点"是指危机转化的关键点,如果处理得当则会向"优化"的方向转化,如果处理不当则会继续恶化。② 根据民族冲突生命周期,可以将民族冲突的演进激变分为三个阶段:民族冲突前、民族冲突中和民族冲突后。

(一) 民族冲突前

根据民族冲突生命周期,"民族冲突前"是指"触发点"(导火索)出现之前的民族关系状态,而根据前文对民族关系变化的描述,"民族冲突前"是指民族关系由"民族不和"到"民族纠纷"再到"民族矛盾"的阶段。民族冲突前是民族关系不断恶化、民族冲突不断酝酿和发酵(进行相互比较、产生相对剥夺、稀缺性零和竞争、相互猜疑、安全困境等)的过程,尽管这个过程是潜在的、隐蔽的、不易被觉察的,但从学理上来讲,民族冲突前还是会出现一些预兆性的信号或标志。

1. 出现不稳定状态

不稳定是指在冲突一方认识到某种利益分歧或者面对另一方容易引起争议的行为时,推动己方采取严厉行动的那些情况。如果微小的利益分歧或挑衅就能促使冲突一方或双方采取严重升级的行动,那么我们就可以说

---

① 朱瑞博:《突发事件处置与危机领导力提升研究》,中国法制出版社,2013,第53~54页。
② 朱瑞博:《突发事件处置与危机领导力提升研究》,中国法制出版社,2013,第56~57页。

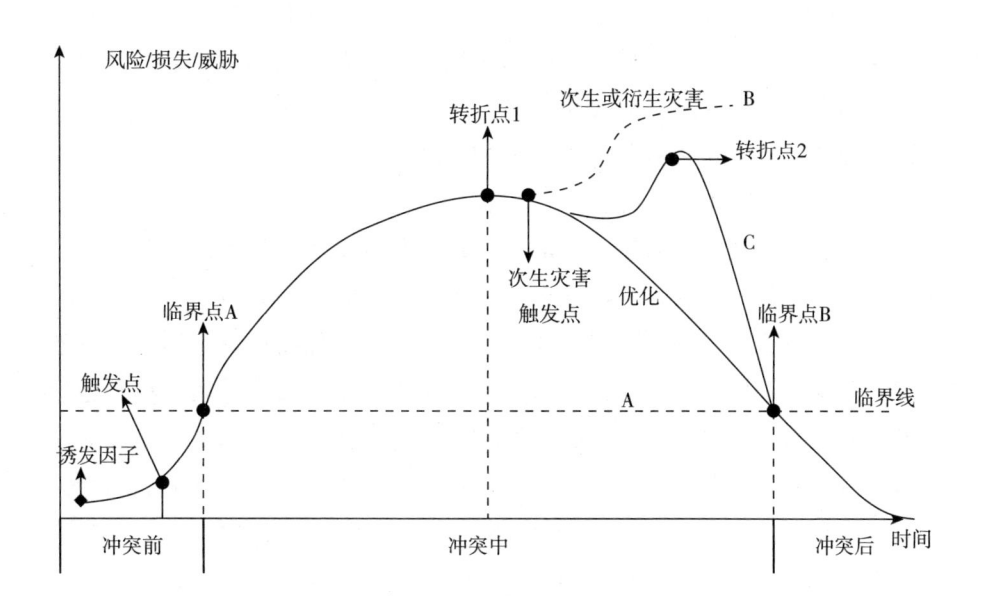

图 2-8　民族冲突生命周期与危机管理关键点一般模式

资料来源：笔者根据朱瑞博《突发事件处置与危机领导力提升研究》，中国法制出版社，2013，第 53~61 页整理得出。

局势是高度不稳定的。① 狄恩·普鲁特同时指出了不稳定状态的三种基本类型。①对烦扰或威胁产生过度反应倾向。这时人们的心理状态脆弱而紧张，在轻微的挑衅面前往往都会变得异常愤怒。②对攻击行为抑制的减少。在稳定状态下，人们会抑制自己的行为符合制度规范并在攻击面前保持理性和克制，但在不稳定状态下，人们对攻击行为的抑制会大大减少。③冲突管理能力的降低。第三方（通常是政府）对冲突双方的协调管理能力降低，不能实施有效的预防和控制。② 不稳定状态是政府管理能力降低、民族心理受挫、民族间关系紧张的集中体现，在不稳定状态下，如果民族冲突的一些变量相互结合，就很有可能出现民族关系的异常变动。如斯蒂芬·M. 塞

---

① 稳定性是相对而言的，如果冲突或是挑衅达到一定程度，即便是最稳定的局势也可能会发生冲突升级，而在极端不稳定的局势下，哪怕出现些微的冲突迹象，也有可能促使冲突升级。〔美〕狄恩·普鲁特、〔美〕金盛熙：《社会冲突：升级、僵局及解决》（第三版），王凡妹译，人民邮电出版社，2013，第 151 页。

② 〔美〕狄恩·普鲁特、〔美〕金盛熙：《社会冲突：升级、僵局及解决》（第三版），王凡妹译，人民邮电出版社，2013，第 151~152 页。

德曼（Stephen M. Saideman）认为，"族群不安与族群政治之间的互动决定着族群政治的结果。如果族群之间的不安总是维持在较高程度，并且政治家选择族裔导向的政策，那么族群之间的暴力冲突就会发生"。① 不稳定状态继续发展的话，就会出现一些警兆性信号。

2. 出现警兆性信号

警兆就是出现警情的先兆，是民族关系由"和谐"到"冲突"演变过程中发生质变的一些表象，如争吵、斗殴、挑衅等。阎耀军认为，"自然界发生警情之前会出现一些自然征兆，凭借这些自然征兆可以预测一些自然现象的发生。同样，社会警情在发生之前也会有征兆可寻。我们称社会警情在孕育与滋生过程中先行暴露出来的现象为'警兆'"。② 民族冲突作为一种社会现象，在发酵演变的过程中也会出现一些辨别的特征。①谣言肆虐。民族冲突爆发前往往会出现对方民族对本方民族进行攻击的谣言，在"安全困境"和"优先进攻"的作用下，这些谣言会被不断强化。②人口异常。民族冲突前的不稳定状态，会使许多人出于安全考虑而选择离开，也使许多人由于寻求保护而进入该地区，这样的结果是民族"纯度"的不断提升，由于民族冲突的人口特性，一些年轻男子或无业游民的数量会增加。③武器异常。在"优先进攻"的作用下，冲突双方开始为攻击对方准备武器，如刀具、石块、砖块、木棒、燃烧瓶等，市场上用于攻击的"武器"会出现供需失衡。④历史唤醒。历史资源是民族动员的一种有力资源，在民族冲突前，人们会在口耳相传中、网络言论中、传媒中听到或看到双方历史上的冲突事件。⑤网络异常。同一民族的成员会以网络为媒介进行动员和宣传，会出现流量异常、朋友圈异常、恶性言论和图片等。⑥煽动性言论。民族精英或犯罪集团会发表一些煽动性言论，以动员本民族，使其团结一心。如瓦利里·季什科夫认为，"在民族冲突前，大规模谈论及宣传负面的族裔态度，常常会成为动荡局面开始的信号。在真正的大屠杀或暴乱出现之前几个月，新闻机构、政治家们以及地方上的活跃分子们就散布'他者'的负面形象了，谴责他们犯罪率高、生活水平高得很不公正、为人办事不

---

① Stephen M. Saideman, "The Dual Dynamics of Disintegration: Ethnic Politics and Security Dilemmas in Eastern Europe," *Nationalism and Ethnic Politics*, Spring, 1996, p. 25.
② 阎耀军：《论社会预警的概念及概念体系》，《理论与现代化》2002年第5期。

诚实、生活方式不文明等等"①。⑦游行和集结。民族成员不同规模的游行和非法集结会出现，游行和集结的过程中会讨论民族关系，瓦利里·季什科夫认为，"向暴力转变的阶段，其标志是心理和情感上承载了过多政治辞藻，求助于政治语言，而且拒绝听取其他任何论点。这种口水战限制了政治接触，并把政治活动家们和活动分子们推向极端行动"②。⑧民族间的争吵。民族冲突前会出现民族成员间由于很小的纠纷发生的相互争吵和谩骂。⑨零星的冲突事件。相互争吵之后，争吵就会演变为双方的小规模斗殴事件。瓦利里·季什科夫还认为，冲突前"会出现零星冲突事件，城市里的街头暴力或近郊及乡间社区的青年群体袭击，往往是导致危险性升级的事件。当局和公众对零星冲突的软弱反应，会被人当成为进一步发展成大规模冲突开绿灯"③。

（二）民族冲突中

按照民族冲突生命周期，"民族冲突中"是民族冲突给社会或个人带来的风险、威胁或损失超出其能够忍受程度（从临界点 A 到临界点 B）的阶段，这一阶段是民族冲突爆发的高潮阶段，这一阶段会发生相应的打砸抢烧等暴力行为、身份识别、羞辱行为等，也是对社会和个人造成损失和伤害最严重的阶段。

民族冲突的爆发是"导火索"的直接作用，但"导火索"的作用还必须在特定的环境中才能催化出民族冲突。朱瑞博认为，任何一个危机的形成都离不开诱发因子、孕灾环境和承灾体三个因素（见图 2-9），只有三者之间交叉影响才会形成危机。④ 具体到民族冲突中，如果"导火索"发生的时间恰好处在两个民族关系比较亲密的时间，就不会发生民族冲突，如果

---

① 〔俄〕瓦利里·季什科夫：《苏联及其解体后的族性、民族主义及冲突——炽热的头脑》，姜德顺译，中央民族大学出版社，2009，第 534 页。
② 〔俄〕瓦利里·季什科夫：《苏联及其解体后的族性、民族主义及冲突——炽热的头脑》，姜德顺译，中央民族大学出版社，2009，第 536~537 页。
③ 〔俄〕瓦利里·季什科夫：《苏联及其解体后的族性、民族主义及冲突——炽热的头脑》，姜德顺译，中央民族大学出版社，2009，第 537 页。
④ 在危机发生的不同阶段，诱发因子、孕灾环境和承灾体三者之间的相对位置也不同，在危机前和危机后，三者之间不会形成重叠部分；在危机中，三者之间相互重叠、交叉，形成比较严重的危机。朱瑞博：《突发事件处置与危机领导力提升研究》，中国法制出版社，2013，第 62 页。

双方民族的心理承受能力足够强的话（某个民族的心理忍耐力强），也不会发生民族冲突。因此，民族冲突的爆发是"导火索"催化已有矛盾和纠纷的既定结果。

图 2-9 危机"三要素"构成

资料来源：朱瑞博《突发事件处置与危机领导力提升研究》，中国法制出版社，2013，第 62 页。

1. 民族冲突的引爆过程

民族冲突的引爆过程一般表现为现场各方面人员迅速集结、数量激增、很快形成一定规模且彼此呼应。同时群体情绪受到交叉感染，就会促成过激群体行为，过激行为又促成狂热状态，造成群体情感发泄，难于控制。[①] 具体而言，民族冲突的引爆过程表现如下。首先，人群规模的不断扩大，吸引着越来越多怀有各种心理动机成员的聚集围观和积极参与。其次，群体行为手段的升级，由常规化、制度边缘化的行为方式发展为更为极端的打、砸、抢、烧等非制度化暴力手段。再次，群体行为目标的转移，由最初的导火索转变为更加普遍、抽象的多元议题和"非现实性冲突"，甚至是纯粹的情绪发泄。最后，事件影响范围的扩散，不仅在事发地，而且借助便利的现代网络与通信技术、交通网络以及人群的跨地域流动在更大范围的社会公众中引发关注热议，极大地提高事件的影响力。[②]

2. 民族冲突的空间特性

民族冲突爆发后，不同的暴力活动会相互影响，一个地区的民族冲突

[①] 孙元明：《当前国内群体性事件及其发展趋势研究》，《江南社会学院学报》2008 年第 3 期。
[②] 向良云：《重大群体性事件演化的动力机制——基于群体动力学理论的研究》，《长白学刊》2013 年第 6 期。

会延伸或蔓延到另一个地区,暴力行为的形式也会逐渐增多并发生变异。关于暴力活动相互影响的模式,威提尔等人将其概括为两种效应:一是繁殖效应(generative effects),即一个运动可以催生新的运动、改变一个社会中抗争的总体水平、塑造该社会中社会运动的后续趋势;二是外溢效应(spillover effects),即一个运动可以改变其他既有运动的形态,包括解释框架、集体认同、组织结构及其与权威之间的关系。① 如图 2-10 所示,民族冲突由地点 A 蔓延到地点 B 和地点 C,地点 B 的冲突蔓延到地点 C,事件由民族冲突"外溢"为事件 A 或事件 B(发生爆炸、生物化学制剂恐怖袭击、攻击国外机构等)。

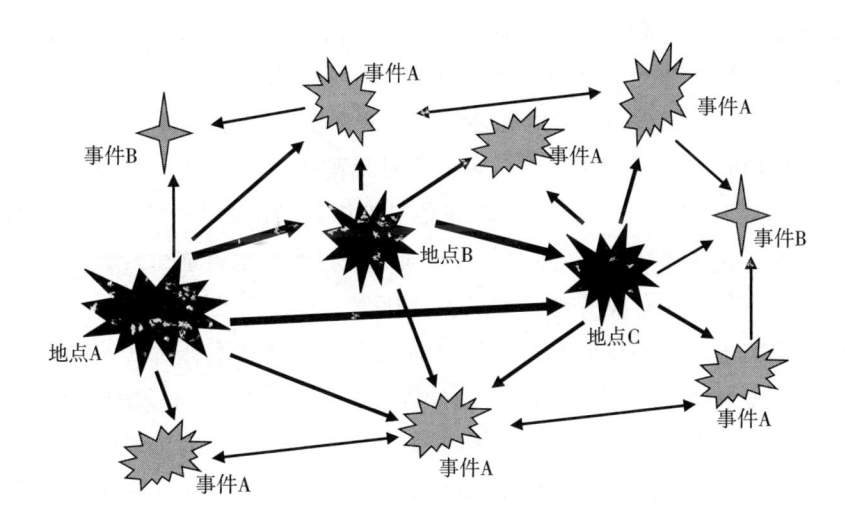

图 2-10 民族冲突蔓延扩散

资料来源:笔者自制。

3. 民族冲突的时间特性

民族冲突持续的时间主要受制于两方面的因素:一方面,民族冲突本身的特征,即民族冲突的目的、暴行的类型等;另一方面受制于社会的控制和公共秩序的力量,主要受制于国家权力机构的力量。具体来说,这主要体现在两个方面。①从民族冲突本身的特征来讲,在目的上,民族冲突中暴力行

---

① 冯仕政:《西方社会运动理论研究》,中国人民大学出版社,2013,第 202 页。

为的目的并不是直接与实现长期目标和战略有关①，而是遵循一个简单的公式，那就是"惩罚""复仇"，这种目的可以在短期内就能完成。从所实施暴行的类型来讲，如打砸住户、焚烧房屋、抢夺财物以及人身伤害（包括杀人），通常所用的时间较短（而且越短越好），因为"施加暴行的那些人感到他们处于社会性'精神错乱'状态，极有进攻性。此后，他们就会处于为犯罪而感到焦虑的状态，以及担心可能遭到报复"。②即使涉及从一个地方到另一个地方的支援、转移和撤退等，受制于强力部门的控制，持续的时间也不会长。②从社会和国家强力的控制来讲，社会控制（合法的社会网络和社会组织）在民族冲突中的作用往往很弱（如前文所言，有时会起到冲突动员的反作用），国家强力部门的控制（应急处置、强制隔离等）就非常重要。通常而言，只要有国家强力部门的参与，民族冲突就会迅速结束，因为冲突双方各自的武装力量很难与国家强力部门对抗，除非冲突双方的力量异常强大，演变成有组织的军事行动（如游击战等）。个人或群体在盘算何时参与骚乱时，要对政府应对骚乱的可能做法（强烈反对、消极应对，甚至是支持）有所顾忌。正如霍洛维茨指出的，"官方对暴力的支持实际上是族群骚乱的常见推手"。若国家既有意愿也有能力对骚乱施加强硬干预，那么不管有没有地方性的推动因素，骚乱都会少很多。大多数闹事者并非英雄好汉，如果要面对致命的武力，他们是不会对其他群体或警察进行大规模攻击的。③瓦利里·季什科夫也认为，"采取有效的实际措施，把冲突各方分离开，在大多数时候，这就决定了族际冲突持续的时间。参与者们常常把拖延的反应看成是有意鼓励暴行，是正面认可针对另一族裔背景的公民同伴采取犯罪行为"。④因此，大规模民族冲突持续的时间一般不会太长。瓦利里·季什科夫指出，"在任何既定地方，大规模骚乱和暴行（如果不演变成军事行动）的持续时间，都局限于两天或三天，这是一个规

---

① 民族冲突的目的可能与长期目标和战略有关，但民族冲突中的暴力行为必然是为了"惩罚""复仇"等。
② 〔俄〕瓦利里·季什科夫：《苏联及其解体后的族性、民族主义及冲突——炽热的头脑》，姜德顺译，中央民族大学出版社，2009，第265页。
③ 〔美〕Steven I. Wilkinson：《骚乱》，汪卫华译，《观察与交流》2009年第37期。
④ 〔俄〕瓦利里·季什科夫：《苏联及其解体后的族性、民族主义及冲突——炽热的头脑》，姜德顺译，中央民族大学出版社，2009，第266页。

律,极少会延续一周或更长时间"。①

民族冲突本身的特征是无法改变的,因此,政府强力介入的意愿、强力控制的能力、强力控制的方式等就成为决定民族冲突持续时间的关键变量。从民族冲突生命周期来讲,以48~72小时(2~3天)为一周期的话,民族冲突对社会或个人带来的风险、损失或威胁的顶点(转折点)一般会出现在前24~48小时(前1~2天)内,冲突的蔓延上升期也会出现在前48小时。48小时之后,民族冲突的规模和范围就会慢慢缩小(如果政府控制能力弱的话时间会顺延)。在民族冲突发生后,"转折点"是控制民族冲突蔓延的关键,应急领导小组必须在第一时间快速反应以缩短"转折点"到来时间。因此,强力部门介入和干预的"黄金时间"也是在民族冲突爆发后的前48小时,如果在这段时间内政府不出现或力量很弱的话,会增加民族冲突对社会和个人所带来的伤害。

4. 民族冲突中的破坏和暴力行为

学者认为,"民族冲突中一个共同特点是:冲突各方往往是杀死男人、强奸女人、抢夺财物、焚烧房屋",② 其中就涉及破坏(disruption)和暴力(violence)行为。破坏和暴力行为是民族冲突中的必然行为,也是民族冲突的重要特性。民族冲突中的破坏(破损、毁坏)行为不涉及人身伤害,而只是采取某些非常规手段打乱、中断或改变社会结构的某些环节,给权力机构运作造成某种不确定性。民族冲突中的暴力行为是对对立面实施直接的人身伤害或精神伤害,包括辱骂、殴打、杀害等。暴力对既有权力机构的挑战最大,造成的不确定性最高,因此破坏力也最大。③ 暴力又可区分为工具性暴力(instrumental violence)和情感性暴力(emotional violence)两种:前者是将暴力作为一种工具,旨在解决冲突一方与另一方发生冲突的理由(导火索),如消灭对方以获取相应的资源、土地和就业机会等;后者是将暴力作为情感宣泄的一种手段,这种暴力所涉及的情感——诸如愤怒、敌意或复仇的愿望——都直指另一方,这些情感可能映射出另一方给冲

---

① 〔俄〕瓦利里·季什科夫:《苏联及其解体后的族性、民族主义及冲突——炽热的头脑》,姜德顺译,中央民族大学出版社,2009,第264~266页。
② 〔俄〕瓦利里·季什科夫:《苏联及其解体后的族性、民族主义及冲突——炽热的头脑》,姜德顺译,中央民族大学出版社,2009,第273页。
③ 冯仕政:《西方社会运动理论研究》,中国人民大学出版社,2013,第193~194页。

一方或其所在的群体带来的侮辱、痛苦或是相对剥夺。① 暴力行为可以用暴力强度②来衡量。民族冲突中的破坏和暴力行为主要包括以下几种。

(1) 人身伤害

人身伤害是民族冲突中发生的一个民族的成员对另一个民族的成员基于"身体"所造成的伤害，根据人身伤害的严重程度，可以将人身伤害分为"死亡"、"永久性伤害"（不能恢复——致残）和"短暂性伤害"（可以恢复——重伤、轻伤）等。民族冲突中人身伤害的一个目的就是要通过最大限度地对对方身体造成伤害（直至死亡）来"复仇"和"发泄"心中的"怨恨"，人身伤害的另一个目的就是削弱对方对本方采取攻击的能力，如瓦利里·季什科夫认为，"（杀死男人的）策略在于削弱对手并抑制有可能对本方采取的行动"，③ 因为民族冲突中男性的攻击性最强。

(2) 破坏行为

民族冲突中的破坏行为往往涉及财产破坏、社会秩序破坏等，其中尤以财产破坏最为激烈、破坏程度最大。财产破坏的方式常见的有打、砸、抢、烧、掳等，财产破坏的对象往往包括两个方面：一个是对立民族的房屋、物资、金钱等私人财富；另一个是政府机构、医疗机构、教育机构、公共资源（水、电、暖、气）供应等公共财富。对对立民族私人财富的破坏是为了让对方在经济上蒙受损失，以满足内心"复仇"和"泄愤"的欲望，如瓦利里·季什科夫认为，"恶意破坏房屋和财产的实质就是向另一方传达出清晰的信号：永远也别再回到原来的住所，经济上的富有是会得到报复的。即使在实施'紧急状态'和'宵禁'的情况下，对房屋和财产的破坏也并不会停止"。对公共财富的破坏是为了表达对政权、社会和秩序的不满。

(3) 羞辱行为

羞辱行为是通过嘲讽、谩骂、处罚等方式使对方在人格、道德、伦理上蒙受耻辱的行为，羞辱行为产生的直接原因是对立双方的"歧视与偏

---

① 〔美〕狄恩·普鲁特、〔美〕金盛熙：《社会冲突：升级、僵局及解决》（第三版），王凡妹译，人民邮电出版社，2013，第98~99页。
② 暴力强度是一种通过对施暴者心理仇视的深度，施暴的行为方式、手段、工具、结果（特别是被害者受伤害的程度）等因素进行综合评价而得出来的结果。
③ 〔俄〕瓦利里·季什科夫：《苏联及其解体后的族性、民族主义及冲突——炽热的头脑》，姜德顺译，中央民族大学出版社，2009，第273页。

见"。民族冲突中羞辱行为的最主要方式是"强奸"。强奸作为一种普遍的社会—文化现象，不仅会发生在民族冲突中，而且在社会秩序混乱和人口比例严重失衡的地区也会发生。在民族冲突中，强奸行为发生的概率非常高。瓦利里·季什科夫认为，"这种行为（强奸）也是一种几乎'必须的'且稳固的民族冲突成分，无论地区如何，文化怎样。在这个问题上，似乎有两个主要因素在起作用。首先，大规模暴行和骚乱期间，会发生对紧急或社会规范的逾越。其次，这是一种报复并羞辱对方群体的示威方式"。①

民族冲突中的破坏和暴力行为表面上是由一个民族针对另一个民族的整体性行为，但是从微观上来讲，这些整体性行为可以被分解为一个个单独的暴力情节，因为民族冲突的群体暴行都是由具体的个人所执行的。那么究竟是什么导致某一群体在心智和行为上出现施暴的冲动？在哪种形势下，民族认同足以使身体暴力形式的犯罪行为具有正当性？勒庞认为，作为个体的人个个不同，一般都是理性的、有教养的、有文化和负责任的。但一旦聚到一起，随着聚众的规模逐渐增大，他们之间就会相互影响、启发和感染，最后导致原本互不相同的个体在思维和行为方式上渐趋一致，其行为也越来越变得非理性（Irrational），他们行为冲动，易于被煽动。② 从社会学的理论来说，不管每个人的性格如何，导致他们进行攻击的不是情感失常，而是攻击性行为的"合法性"，即模仿和赞许。③

5. 民族冲突中的身份辨别

在民族冲突发生极度混乱的局面下，冲突双方都需要对身份进行辨别，身份辨别的作用在于，一方面，摧毁行动具有精确性和选择性，要精确摧毁对方民族的建筑物、财产，而对本民族和别的民族进行选择性保留；另一方面，在辨别的过程中最大限度地动员本民族参与到对对方民族的攻击活动中。秦启文认为，"在突发事件的突然性和不确定性等情境变量的作用下，社会透明度降低，人与人之间的信任感下降。人际传播的首要功能就是帮助个体实现自我认知和对他人的认知"。④ 那么，怎样

---

① 〔俄〕瓦利里·季什科夫：《苏联及其解体后的族性、民族主义及冲突——炽热的头脑》，姜德顺译，中央民族大学出版社，2009，第277页。
② 赵鼎新：《社会与政治运动讲义》，社会科学文献出版社，2012，第62页。
③ 秦启文：《突发事件的预防与应对》，新华出版社，2008，第254页。
④ 秦启文：《突发事件的预防与应对》，新华出版社，2008，第191页。

才能分清楚"我们"和"他们"？瓦利里·季什科夫指出，"这个识别问题，就种族之间冲突（interracial clash）而言，或者在族裔成分有着清楚的显性特征尤其是肤色不同的情况下，不成其为问题。语言也可以充当清晰标志，尤其是在各群体之间存在着深层语言差异，以及双语制或语言同化尚未出现的情况下"。① 通过研究表明，民族冲突中的身份识别主要可以通过以下方法：①种族识别，不同民族会由于人类学意义上的肤色、相貌、头发、胡须等而互不相同，通过辨别人种特征可以直接进行身份辨别；②语言识别，不同民族在语言、方言、发音等方面也会不同，通过其也可以进行民族识别，这里最有名的就是流传在费尔干纳盆地"麦子"的故事②；③标志识别，可以通过在建筑物上标识不同民族的名字、在本方民族成员的服装上佩戴标记、设置暗语（暗号）等方式来进行识别，标志识别可以分为主动标识和被动标识，主动标识是指主动标识（建筑物或服装）自己的民族身份，被动标识是本方为对方做的标识；④问询识别，通过直接询问对方民族身份的方式来进行身份识别；⑤证件识别，通过查询对方的护照、居住证等身份证件来进行民族识别。

6. "去人性化"和"去个体化"

"去人性化"和"去个体化"（Deindividuated）也是民族冲突中的重要行为。"去人性化"和"去个体化"的目的都是减少个人在暴力攻击中的道德和法律上的正义感，提高对对方攻击的程度。

（1）"去人性化"

民族冲突中"去人性化"即认为对方异常凶残、狭隘和自私，无论在日常生活中还是在冲突中都缺乏人性。直观而言，即认为对方不属于情感意义上的"人类"，既然如此，本方也不需要再用人性化的方式来对待对方，在实施暴力的过程中也觉得是理所当然的，没有道义上的负罪感。

---

① 〔俄〕瓦利里·季什科夫：《苏联及其解体后的族性、民族主义及冲突——炽热的头脑》，姜德顺译，中央民族大学出版社，2009，第274页。

② 一二百年前在平原定居的萨尔特人与居住在山上的吉尔吉斯牧民以及山前地带的半农半牧的克普恰克人之间一直在残酷地厮杀。两个不相识的人相遇，就说一句"麦子"。萨尔特人麦子的发音为"布格达依"，吉尔吉斯人、克普恰克人的发音是"布依达依"。如果两人说的一样，那么就是友好的同族，相安无事；如果说得不一样，那就拔出宝剑，厮杀个你死我活。库尔班外力·哈力德：《东方全史》，喀山，1908，第91~92页，转引自潘志平主编《中亚的民族关系历史、现状与前景》，新疆人民出版社，2003，第12页。

"这是因为去人性化减少了冲突一方对另一方的共情,并将另一方放置在道德约束之外,不再受到遏制侵犯行为的社会规范的保护。"去人性化的典型方式就是给对方起绰号,冲突一方给另一方起绰号加强了这样一种印象,即另一方存在道德缺陷,并且与己方存在差别,对另一方的攻击是合理的。

(2)"去个体化"

民族冲突中的"去个体化"是将冲突中的个体不视为个体,而视为某一方或某一民族的群体成员,某个个体的攻击性行为不被视为某个个体的攻击性行为,而被视为某一方或某一民族的群体性行为的过程。"去个体化"与"去人性化"类似,也可以减少民族冲突中的负罪感和对对方的同情。民族冲突中的"去个体化"有两种方式。①"将对方去个体化",即认为只要是对方民族的成员,无论其年龄大小、是男是女、健康与否、是否参战,都是统一的"对方",都曾给本方造成过伤害,都要不加选择地予以攻击,"将对方去个体化"以便能将自己发起的那些惹人非议的举措合理化。这让冲突一方更容易采取严厉的手段来对付另一方,促使冲突进一步升级。②"将自己去个体化",即将自己个体的特征去掉,增加"群体"的效果,让人意识不到自己与众不同的特征,如穿着统一的服装,在衣着上佩戴共同的标志等,"将自己去个体化"可以助长自己的攻击行为(因为"去个体化"后攻击行为的后果是由群体负责的,个人可以任意增加攻击的力度以"泄愤"),还可以得到来自群体的安全防卫和行动指南。① 何显明认为,"群体攻击性行为的剧烈程度是以时间为自变量单调增加的。在群体情绪感染、燃烧的群体情境中,个体不能自己,行为完全失去理性控制,而且此时往往还伴有'去个性化'现象"。②

7. 民族冲突中的精神异常

在民族冲突中,当个人安全和生命财产面临极大威胁的时候,个人就会在异常混乱、嘈杂、血腥的场景中产生紧张、焦虑、恐惧、抑郁等不愉快的复杂精神状态。具体表现为以下几种状态。①精神性紧张,由于对所处

---

① 〔美〕狄恩·普鲁特、〔美〕金盛熙:《社会冲突:升级、僵局及解决》(第三版),王凡妹译,人民邮电出版社,2013,第137页。
② 何显明:《群体性事件的发生机理及其应急处置》,学林出版社,2010,第81页。

环境不安全的强度感知带来的恐惧会造成冲突中个体的精神紧张，这种精神紧张会造成冲突个体情绪暴躁、易被激怒、对情绪和行为失去控制，继而会出现生理性的异常反应，如心率加快、头晕恶心、肌肉紧张、睡眠困难、神经功能紊乱等。②情景性焦虑。民族冲突中的焦虑属于状态焦虑（或情景性焦虑）（state anxiety），这种反应既有生理方面的含义，又有心理方面的含义。冲突中的个体无现实依据地预感到灾难、威胁等大祸临头，会有一种莫名的警觉性和痛苦体验，还会伴有相应的生理反应，如秦启文认为，"当人们察觉到危险或威胁时，体内的生化物质就被释放到血流中，产生戏剧性的影响：心脏比平时跳得更快、更有力"。① ③精神恐惧。精神恐惧是对特定刺激事件采取逃避或自御的心理反应，精神恐惧通常包含三个方面因素：危险、受攻击和无能。危险是指能够造成或产生伤害的环境（处境）；受攻击意味着可能受到危险伤害；无能是指无法克服危险或不能迎接挑战。精神恐惧寓于个体，但弥漫于人群或社区，具有一种心理感染性，易形成"恐惧气氛"。② ④精神抑郁，民族冲突强烈的暴力性和不确定性会造成冲突个体的精神抑郁，如失落感、负罪感、孤独感、危机感等，这些不良的感受往往又会使冲突中的个体自我责备和贬低，出现精力涣散，产生畏惧和退缩等反应。除此之外，民族冲突中的精神异常还有烦恼、不安、忧虑等，这些异常的精神反应是对民族冲突"情景"的"正常"感知，个体会由于心理素质的不同而有不同的反应。

（三）民族冲突后

按照民族冲突生命周期，"民族冲突后"是民族冲突给社会或个人带来的风险、威胁或损失恢复到其所能够忍受程度（临界点 B 以后）的阶段。"民族冲突后"并不意味着民族冲突的彻底消亡，而是其危害性和破坏性逐渐降低，"民族冲突后"意味着民族冲突逐渐转入低潮。

民族冲突转入低潮后，在民族冲突中创设的议题、积聚的仇恨、形成的暴力方式、培养的积极分子，都会随着民族冲突的结束而进入一种"沉

---

① 秦启文：《突发事件的预防与应对》，新华出版社，2008，第252页。
② 秦启文：《突发事件的预防与应对》，新华出版社，2008，第256页。

潜结构"（abeyance structure），这种沉潜结构是下一次民族冲突能量积累的开始，一旦民族冲突爆发的主客观条件具备，就会重新进入民族冲突的另一个周期。民族冲突的低潮保持了民族冲突的联系性。如科恩豪泽（William Kornhauser）认为，"任何运动都有高潮和低潮，在整个运动陷入低潮时，社会运动组织本身的维持不但有利于保持运动的火种，而且有利于捕捉时机，推动整个运动东山再起"。[①]

民族冲突后，各种行为体和资源会以"民族冲突"为中心展开相关的行为或活动。对于政府而言，需要对民族冲突中的暴力行为等进行惩罚；对于社会志愿者组织而言，要对民族冲突中的受害（肉体、精神）者进行治疗或抚慰；对于冲突双方而言，要对各自在冲突中的"得失"进行总结，以"历史记忆"和"口耳相传"的方式将民族冲突"记录"下来，在代际相传中延续既有的仇恨。

任何冲突都是集体和个人层次上的一种创伤（对胜利者也是创伤），对于那些失去亲人和朋友的人，以及遭受身体伤害的人来说，都是一种灾难。关于民族冲突的"得失"，是要总结本民族在民族冲突中是否获取了"胜利"，从学理上来讲，衡量民族冲突的"胜利"与否（从一个民族主体的角度出发），应该至少有两个维度：一个是"受罚"，即民族冲突对对立民族造成了多大"教训"和"伤害"；另一个是"得利"，即本民族在民族冲突后在各个方面（政治、经济等）得到了（或是否得到）多少实质性的好处。这两个维度交叉组合的话，会得到四种结局：①"受罚"有"得利"，即既对对方民族造成了严重教训，又获得了实质性的好处（如图2-11中1所示）；②"受罚"无"得利"，即虽然对对方民族造成了严重教训，但没有获得实质性好处（其中的重要原因为国家干涉，如图2-11中2所示）；③无"受罚"有"得利"，即没有对对方民族造成严重教训，但得到了非常多的实质性好处（如图2-11中3所示）；④无"受罚"无"得利"，即既没有对对方民族造成严重教训，又没有获得实质性的好处（如图2-11中4所示）。在这四种结局中，前三种都可以算是"胜利"。

---

① William Kornhauser, *The Politics of Mass Society* (Glencoe: The Free Press, 1959), p. 120.

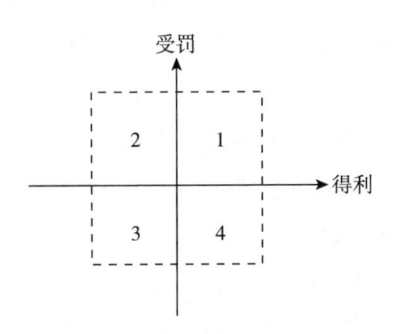

图 2-11 民族冲突后果

资料来源：笔者自制。

六　民族冲突如何化解

民族冲突如何化解是一个世界性的难题，关于民族冲突如何化解，国内外学者也进行了不同的探讨。鉴于民族冲突化解的困难性和复杂性，本书介绍几种化解民族冲突的方法和案例，在民族冲突化解方面，本书着重关注民族冲突爆发后，政府应该如何应对。

（一）马克思主义的探讨

关于民族之间的敌对关系如何消失？马克思、恩格斯指出，"随着资产阶级的发展，随着贸易自由的实现和世界市场的建立，随着工业生产以及与之相适应的生活条件的趋于一致，各国人民之间的民族分隔和对立日益消失"。① "无产阶级对资产阶级的胜利也就是对民族冲突和工业冲突的胜利，这些冲突在目前使各国互相敌视。因此，无产阶级对资产阶级的胜利同时就是一切被压迫民族获得解放的信号。"② 基于这一认识，马克思、恩格斯预言："人对人的剥削一消灭，民族对民族的剥削就会随之消灭。" "民族内部的阶级对立一消失，民族之间的敌对关系就会随之消失。"③ 由此可见，马克思、恩格斯认为民族之间的敌对关系主要是民族内部的阶级

---

① 《马克思恩格斯选集》（第一卷），人民出版社，1995，第291页。
② 《马克思恩格斯选集》（第一卷），人民出版社，1995，第309页。
③ 《马克思恩格斯选集》（第一卷），人民出版社，1995，第291页。

对立，只要阶级消灭了，民族之间对立冲突的根源就消灭了，民族冲突也就随即消亡。

列宁1922年10月在《答〈观察家报〉和〈曼彻斯特卫报〉记者M.法尔布曼问》中说，"对待民族利益的唯一正确的态度就是予以最大限度的满足，创造条件来排除由此引起冲突的一切可能。我们的经验使我们坚信，只有对各个民族的利益极其关心，才能消除冲突的根源，才能消除互不信任，才能消除对某种阴谋的担心，才能建立语言不同的人们，特别是工人农民的互相信任，没有这种信任，无论各族人民之间的和平关系，或者现代文明中一切珍贵事物的比较顺利的发展，都是绝对不可能的"。[①] 可见，列宁认为化解民族冲突的最主要方式就是通过消除冲突产生的根源，建立民族之间的相互信任，只有这样才能带来民族之间的和平关系。而想消除引起冲突的根源，就要创造条件最大限度地满足不同民族的各种权利和需要，关心不同民族的生存和发展。

斯大林在《马克思主义和民族问题》中论述"俄国的民族问题"时指出，"最后，我们还必须提出一个积极解决民族问题的办法"。"总之，国家完全民主化是解决民族问题的基础和条件。""总之，自决权是解决民族问题的一个必要条件。""总之，区域自治是解决民族问题的一个必要条件。""总之，在一切方面（语言、学校等等）实行民族平等是解决民族问题的一个必要条件。""总之，工人的民族间团结的原则是解决民族问题的一个必要条件。"[②] 在此，斯大林列出了解决民族冲突的5种途径：①国家完全民主化，即实现国家政治的民主化，斯大林认为这是解决民族问题的基础和条件；②自决权，即不同民族具有民族自决权；③区域自治，即一定范围内的以民族为单位的区域自治；④民族平等，即民族在语言、受教育权等方面的完全平等；⑤民族团结，斯大林认为的不同民族的工人之间的相互团结。苏联和当时其他的一些社会主义国家按照斯大林的思路制定了相应的民族制度和民族政策，但历史证明，斯大林解决民族问题的方法和途径还存在需要改进的地方。

为了解决民族问题，毛泽东指出，"凡有少数民族存在的地方，都要派

[①] 《列宁全集》（第四十三卷），人民出版社，1987，第239~240页。
[②] 《斯大林选集》（上卷），人民出版社，1979，第112~117页。

出懂民族政策、对于仍然被歧视受痛苦的少数民族同胞怀抱着满腔同情心的同志，率领访问团，前往访问，认真调查研究，帮助当地党政组织发现问题和解决问题，而不是走马看花的访问"。① 毛泽东认为民族问题的解决离不开对民族成员的关心和帮助。邓小平也认为，"解决民族问题，中国采取的不是民族共和国联邦的制度，而是民族区域自治的制度。我们认为这个制度比较好，适合中国的情况"。② 中国采取民族区域自治的方式解决民族问题已成为世界上解决民族问题的一种范例。

（二）中西方学者的探讨

美国学者罗德·桑德斯（Harold Saunders）认为，民族冲突并不只是政府之间的冲突，它在根本上是通过人与人之间的冲突表现的，民族之间的怀疑、歧视、恐惧、憎恨造成了冲突，解决冲突就要消除这些因素，这是政府谈判所解决不了的。③ 布鲁姆菲尔德（David Bloomfield）认为化解冲突主要有两种途径：一是对权力进行再分配，通过和平谈判、讨价还价和相互妥协达成协议；二是通过非和谈途径，经由双方的合作来解决。④ 他将这两种途径归结为结构化解方案和文化化解方案，前者注重政治和制度层面，通常由政府和政治家来实行，后者则注重两个社群的民众交往关系。在化解冲突的方式上，布鲁姆菲尔德倾向于"文化化解方案"。查尔斯·林德布洛姆（Charles E. Lindblom）认为，在一个冲突的社会中，形成社会共识、化解冲突的方法主要有两种。一种是由强大的公共权威通过压制性的方法制定制度与规则，并将它们强加给社会，在这里，国家庞大的官僚系统和法院、警察、军队等暴力机器都是强制服从的工具与保证。另一种是通过发生冲突的社会主体之间的相互影响、相互作用的互动过程来弥合冲突，寻求合作与共识，这是现代民主社会解决冲突的基本方法。⑤ 雅各布·贝尔

---

① 《毛泽东文集》（第六卷），人民出版社，1999，第 269 页。
② 《邓小平文选》（第三卷），人民出版社，1993，第 257 页。
③ Harold Saunders, *Peace—A State of Interpersonal Relationship: Comments on a Public Peace Process: Sustained Dialogue to Transform Racial and Ethnic Conflicts* (New York: St. Martins Press, 1999), pp. 13 - 79.
④ David Bloomfield, *Peacemaking Strategies in Northern Ireland: Building Complementarity in Conflict Management Theory* (London: Macmikkam Press, 1997), p. 1.
⑤ 龙太江：《论政治妥协——以价值为中心的分析》，华中科技大学出版社，2004，第 33 页。

科维奇（Jacob Bercovitch）认为，冲突可以通过三种方式得以解决。①争议各方诉诸武力解决。武装冲突的一个不可避免的后果就是其中一方赢得冲突的胜利，随着一方的胜利和另一方的失败，冲突告一段落。②争议各方通过和平谈判和协商的方式解决冲突。这种方法可以通过冲突双方的接触、秘密谈判、目标协商的方式终结冲突。③第三方的介入。通过第三方的介入对冲突进行调解、斡旋、仲裁等。① 狄恩·普鲁特认为，采用一种感知到的可行性（perceived feasibility）的策略，即一项策略似乎能使冲突一方以某种可以接受的成本和风险为代价，来达到自己的目标，那么这种策略就是优选策略，就具有可行性。②

  国内民族学者严庆、青觉认为，在民族冲突发生后，需要运用某些形式的控制来消除安全困境、限制统治其他民族的野心、阻止潜在的沙文主义精英。具体的控制行动可以分为四类：①警力调控，通过对使用暴力行为的惩罚为民族提供安全；②选择性调控，比政策调控更为主动地对民族阵线的领导和组织进行镇压；③强力调控，通过广泛和系统地使用武力镇压民族行动，不管是暴力的还是非暴力的；④分而治之，与前三类调控不同，分而治之通过推行内部分化，阻止民族运动而不是惩罚。③ 郭巍、任清丽认为，解决民族冲突要通过以下几种方法：①国家经济的发展、民族的进步是避免民族冲突的基础；②用法律规范民族关系，依法避免民族冲突；③进行广泛的民族团结宣传教育是避免民族冲突的重要手段。④ 高歌认为，吸引更多的民族成员以政党的方式参与到国家政治生活中是化解民族冲突的有效方式，他指出，"随着多党制和比例代表制的实行，认同国家统一和民主转轨的少数民族政党得以在多党议会民主制框架内参与各自国家的政治生活，在一定程度上有助于民族冲突的化解和政治稳定的实现"。⑤ 李学保认

---

① Jacob Bercovitch, "Third Parties in Conflict Management: The Structure and Conditions of Effective Mediation in International Relations," *International Journal*, Vol. 4, No. 40, 1985, pp. 737–738.
② 〔美〕狄恩·普鲁特、〔美〕金盛熙：《社会冲突：升级、僵局及解决》（第三版），王凡妹译，人民邮电出版社，2013，第57页。
③ 严庆、青觉：《从概念厘定到理论运用：西方民族冲突研究述评》，《民族研究》2009年第4期。
④ 郭巍、任清丽：《试论民族冲突》，《兵团职工大学学报》1999年第1期。
⑤ 高歌：《中东欧国家的民族冲突、民主转轨与政治稳定》，《世界民族》2011年第4期。

为，后冷战时代族群认同引发的暴力冲突给多民族国家提供了很多有益的启示：①重新解释、塑造和建构具有包容性的民族国家认同，淡化族群与语言的分野，以一种更大范围的公民民族主义和国家认同来稀释和缓解族裔民族主义的极端情绪；②实现经济社会发展的地域和民族/族群间的平等，铲除"相对剥夺"的心理认同基础，辅之以政治上的平等权和自治权，构建和谐的民族关系；③积极稳妥地处理跨国民族认同和跨国民族问题，最大限度地控制强化族群认同和族裔民族主义的外部因素。① 何曜认为，在当事国政府无力控制民族冲突的混乱局面的情况下，可以请求第三方进行干预，他认为国际干预可以归纳为六种：事实调查、斡旋或调停、和解、司法解决、联合国维持和平行动、其他多边性行动。但第三方介入需要确保中立，并将事务范围严格限制在控制民族冲突内，并防止冲突双方（或一方）将矛头的重点转向第三方（介入者）。②

总之，中西方学者从制度、文化、法律、教育等不同方面对如何化解民族冲突进行了学理上的探讨，但必须指明的一点是，民族冲突的化解是一个非常复杂和非常具体的过程，必须针对具体的民族冲突采取具体的措施进行化解。

（三）国际上的典型模式

民族问题的化解是多民族国家面临的共同问题，在当今国际上，民族问题的化解主要有以下几种模式。

1. 加拿大的多元文化政策（Multicultural）

加拿大有 100 多个民族，这 100 多个民族除土著人（印第安人和因纽特人）之外，多与移民有关，如英裔加拿大人、法裔加拿大人、华裔加拿大人等。加拿大初期的民族矛盾主要表现为"第一民族之争"、"建国民族之争"和"主流文化之争"。为了解决民族矛盾，加拿大先后实行了"民族同化政策"（1867～1939 年）、"民族'熔炉'政策"（1940～1970 年）和"多元文化主义政策"（1971～1991 年），与"民族同化政策"和"民族'熔炉'政策"不同，"多元文化主义政策"的主要内容是：承认并尊重不同民族的差

---

① 李学保：《当代世界冲突的民族主义根源》，世界图书出版公司，2012，第 46 页。
② 何曜：《作为冲突解决的国际干预》，《世界经济研究》2002 年第 6 期。

异、承认并尊重不同民族选择不同文化的权利、不同民族的文化受到平等的保护和扶持、保障不同民族参与加拿大的发展等。为了保障多元文化政策的实行，加拿大还在机构设置、经费投入、多元文化教育等方面做了大量的努力。加拿大的多元文化政策强化了不同民族之间的凝聚力和向心力，促进了各民族之间关系的和谐，也促进了加拿大经济社会的发展。①

2. 墨西哥的民族一体化政策

墨西哥民族状况复杂，60%的人口为西班牙人、印第安人和黑人混血而成的梅斯蒂索人（mestizo），30%是印第安人，9%为欧洲人后裔，墨西哥境内的印第安人依据语言标准划分为56个族群，其中居前五位的是阿兹特克人、玛雅人、萨波特克人、米斯特克人和奥托米人。从20世纪40年代起，墨西哥历届政府对印第安民族采取了一体化政策，所谓的民族一体化政策"是在墨西哥人类学家埃尔·加米奥民族整合理论的基础上形成的，它以文化相对论为支撑，提出在各民族文化整合的基础上，实现各民族的合一"，②即提倡一个国家、一个民族、一种语言。墨西哥的民族一体化政策在一定程度上促进了印第安人聚居区经济的发展、社会的进步和文化水平的提高，初步改变了印第安社会的封闭状态，增强了印第安人的民族意识和争取平等与发展的民族自信心，但在发展过程中也逐渐出现一系列问题。③

3. 瑞士、西班牙的"民族"自治政策

瑞士是一个多"民族"国家，境内"民族"的划分是以语言为标准的，存在"德语瑞士人"、"法语瑞士人"、"意大利语瑞士人"和"罗曼什语

---

① 关于加拿大"多元文化政策"的内容详见施兴和《加拿大民族政策的嬗变》，《世界民族》2002年第1期；高鉴国《加拿大多元文化政策评析》，《世界民族》1999年第4期；常士闇《超越多元文化主义——对加拿大多元文化主义政治思想的反思》，《世界民族》2008年第4期；胡敬萍《加拿大民族政策的演进及其启示》，《广西民族研究》2003年第1期；关凯《多元文化主义与民族区域自治——民族政策国际经验分析（下）》，《西北民族研究》2004年第2期；缪文辉《浅析加拿大民族状况和民族政策》，《黑龙江民族丛刊》2006年第2期。
② 这种政策在墨西哥实施后为许多拉美国家所效仿，成为这些国家解决国内民族问题的既定方针。哈正利：《各国处理民族问题的政策模式与中国民族政策的比较》，中国民族宗教网，http://www.mzb.com.cn/html/report/147015-1.htm。
③ 关于墨西哥"民族一体化政策"的内容详见徐世澄《墨西哥印第安人问题与政府的政策》，《世界民族》2001年第6期；李丹《夹缝中生存的墨西哥印第安民族及其语言——墨西哥语言政策研究》，《北华大学学报》（社会科学版）2014年第2期；朱伦《恩里克·巴伦西亚谈墨西哥的民族理论与民族政策》，《民族译丛》1988年第1期。

（Romanche）瑞士人"四个"民族"，但瑞士从不使用"民族"这一概念，瑞士是世界上唯一将所有民族语言都提升为"国语"的国家。瑞士的民主政治、地区均衡发展和多元文化政策为其各个"民族"的团结发展提供了根本保障，瑞士实行的是联邦制，各个州的权力相对较大，这种"地方自治"的制度设计在很大程度上保证了各个"民族"平等参与政治活动的机会，"从而产生一种团结的凝聚力"①。西班牙也是一个多民族国家。主体民族是卡斯蒂利亚人，即西班牙人，主要少数民族有加泰罗尼亚人、加里西亚人和巴斯克人等。为了解决国内民族问题，西班牙政府在 1978 年 12 月通过的新宪法中将民族自治制度以根本大法的形式固定下来，西班牙实行的民族自治制度是"区域自治"，但与瑞士的联邦制不同，民族自治"区域"的权力没有瑞士的"州"大，西班牙的民族"区域自治"取得了一定的成就。②

---

① 关于瑞士民族政策的内容详见曹枫《试析瑞士民族凝聚力的形成因素》，《欧洲》1994 年第 3 期；关凯《多元文化主义与民族区域自治——民族政策国际经验分析（下）》，《西北民族研究》2004 年第 2 期；唐学敏《瑞士民族的形成》，《南昌教育学院学报》2012 年第 7 期；于福坚《瑞士人是如何破除国家整合障碍的》，《中国民族报》2010 年第 8 期。
② 巨英、嵇雷：《民族自治与政治整合——西班牙民族政策评析》，《湖北经济学院学报》2012 年第 4 期。

第三章 吉尔吉斯斯坦南部民族冲突

2010年6月，当人们正在关注吉尔吉斯斯坦局势（"4月事件"）走向的时候，该国南部的奥什州、贾拉拉巴德州和巴特肯州爆发了吉尔吉斯族和乌兹别克族之间严重的民族冲突，冲突于6月10日晚在奥什市爆发，6月11日在奥什州达到高潮，6月12日迅速扩散到贾拉拉巴德州和巴特肯州，6月13日在吉尔吉斯斯坦南部继续发展，6月14日以后逐渐恢复平静。吉尔吉斯斯坦南部民族冲突造成了数百人死亡、上千人受伤，数万人沦为难民，给吉尔吉斯斯坦的经济发展和社会秩序造成了灾难性伤害。吉尔吉斯斯坦南部民族冲突的爆发是一系列因素综合作用的结果，冲突从酝酿、爆发、升级再到衰落的过程，堪称"民族冲突"的经典。

本书研究的目的在于将吉尔吉斯斯坦南部民族冲突作为案例，分析民族冲突爆发升级的过程、政府在事件处置中的作用，并提出防控民族冲突的对策和建议。以下是对该起民族冲突的详细分析。

一 吉尔吉斯斯坦民族关系概况

吉尔吉斯斯坦南部民族冲突是吉尔吉斯斯坦国家状况、地理环境、民族状况综合作用的产物，近二十年来，该国已发生民族冲突（规模有大有小）多起，影响最大的是1990年6月的民族冲突，想全面了解2010年6月该国南部的民族冲突全貌，首先要了解该国的国家概况和民族关系概况。

（一）吉尔吉斯斯坦概况

吉尔吉斯共和国（Kyrgyz Republic），简称"吉尔吉斯斯坦"（kyrgyzstan），吉尔吉斯意为"草原上的游牧民"。该国位于中亚东北部，属内陆国家，地理位置在东经69~80度与北纬39~43度。北部和东北部与哈萨克斯坦毗邻，西南部与塔吉克斯坦相连，西部与乌兹别克斯坦交界，东部和东南部与中国新疆维吾尔自治区接壤。该国国土面积共 19.99 万平方公里，东西长 925 公里，南北宽 453.9 公里，边界线全长 4170 千米，其中与中国的共同边界长 1096 千米。截至 2017 年 12 月 1 日，该国总共有 613 万人口。①

吉尔吉斯斯坦历史悠久，公元前 3 世纪已有文字记载。15 世纪后半叶，吉尔吉斯斯坦民族基本形成。16 世纪，自叶尼塞河上游迁居至现居住地。19 世纪前半叶，其西部属浩罕汗国，1876 年并入沙俄。1917 年，吉尔吉斯斯坦建立了苏维埃政权，1924 年成为一个自治州，1936 年成立吉尔吉斯苏维埃社会主义共和国，同时加入苏联。1990 年，最高苏维埃发表主权国家宣言，确定正式国名为吉尔吉斯共和国（与"吉尔吉斯斯坦"共用）。1991 年 8 月 31 日宣布独立。

吉尔吉斯斯坦是一个内陆山地国家，平均海拔在 2000 米以上，1/3 地区的海拔为 3000～4000 米，境内山地面积占国土面积的 3/4。吉尔吉斯斯坦地势北、东、南部高，西部低。该国有七个州，包括楚河州、塔拉斯州、奥什州、贾拉拉巴德州、纳伦州、伊塞克湖州、巴特肯州。

吉尔吉斯斯坦 80% 的居民信奉伊斯兰教（其中多数属伊斯兰教的逊尼派），信仰东正教或天主教的次之。该国的国语为吉尔吉斯语，2001 年 12 月，吉尔吉斯斯坦总统签署修宪法令，确定俄语为该国的官方语言。②

（二）吉尔吉斯斯坦民族概况

吉尔吉斯斯坦是一个多民族国家，该国共有 80 多个民族，除了吉尔吉斯族外，该国还有乌兹别克族、俄罗斯族、哈萨克族、鞑靼族、塔吉克族、乌克兰族、维吾尔族、东干族等。

从人口构成上来讲，该国的常住人口中，吉尔吉斯族占 72.8%，乌兹别克族占 14.5%，俄罗斯族占 6.2%，东干族占 1.1%，维吾尔族占 0.9%，塔吉克族占 0.9%，土耳其族占 0.7%，哈萨克族占 0.6%，其他为鞑靼族、

---

① 中华人民共和国外交部：《吉尔吉斯斯坦国家概况》，http：//www.fmprc.gov.cn/web/gjhdq_676201/gj_676203/yz_676205/1206_676548/1206x0_676550/
② 《矿产资源勘查投资指南 2011 吉尔吉斯斯坦》，国土资源部信息中心、中国地质调查局发展研究中心，http：//www.geoglobal.mlr.gov.cn/gb/yz/201210/P020130320623443537683.pdf。

阿塞拜疆族、朝鲜族、乌克兰族等民族。③ 2010 年，乌兹别克族取代俄罗斯族成为该国的第二大民族，共有 785977 名（见表 3-1），在这些人中，有近 55% 居住在奥什州，近 33% 居住在贾拉拉巴德州，巴特肯州也有乌兹别克族的混居区。从人口分布上讲，在独联体境内，吉尔吉斯族人主要居住在吉尔吉斯斯坦、乌兹别克斯坦、塔吉克斯坦和哈萨克斯坦等国，乌兹别克族人主要居住在乌兹别克斯坦和吉尔吉斯斯坦的奥什州、贾拉拉巴德州和比什凯克市。④

表 3-1　吉尔吉斯斯坦 2010 年民族人口统计

单位：名

指标	吉尔吉斯族	乌兹别克族	俄罗斯族
全国	3928796	785977	394680
巴特肯州	338324	64883	3115
贾拉拉巴德州	746284	257989	8176
伊塞克湖州	387031	2911	32693
纳伦州	260144	575	136
奥什州	774228	318393	1400
塔拉斯州	214360	1751	3929
楚河州	496901	15051	156854
比什凯克市	586864	12129	182847
奥什市	124660	112295	5530

资料来源：吉尔吉斯共和国国家统计委员会《吉尔吉斯共和国人口统计年鉴》（2006-2010 年），比什凯克，2011，转引自艾莱提·托洪巴依《吉尔吉斯斯坦政局发展现状及其对中吉关系的影响》，《新疆社会科学》2012 年第 2 期。

吉尔吉斯斯坦南部的人口构成情况是，奥什州和贾拉拉巴德州的总人

---

③　中华人民共和国外交部：《吉尔吉斯斯坦国家概况》，http://www.fmprc.gov.cn/web/gjhdq_676201/gj_676203/yz_676205/1206_676548/1206x0_676550/
④　张新平：《地缘政治视野下的中亚民族关系》，民族出版社，2006，第 66 页。

口大约为 210 万人，占该国总人口的 44%。在奥什州，吉尔吉斯族人占 68.6%，乌兹别克族人占 28%；在奥什市，吉尔吉斯族人占 47.9%，乌兹别克族人占 44.2%；在贾拉拉巴德州，吉尔吉斯族人占 71.8%，乌兹别克族人占 24.8%。① 尽管通常意义而言，吉尔吉斯斯坦南部的乌兹别克族人要比吉尔吉斯族人多，但从这些数据可以看出，在吉尔吉斯斯坦南部，吉尔吉斯族还是人口意义上的绝对主体民族。但相比于其他民族，乌兹别克族已经具备了与吉尔吉斯族一较高下的能力，也正是这种人口构成促使了乌兹别克族与吉尔吉斯族之间基于各种问题上的相互竞争。

（三）吉尔吉斯斯坦南部民族关系概况

苏联解体前，由于苏共中央民族政策的失误和对中亚地区民族问题的忽视，中亚地区的民族关系已经开始恶化，在中亚的一些加盟共和国中不断发生小规模的民族冲突，如 1989 年 5~6 月，乌兹别克斯坦接连发生两起乌兹别克族人与土耳其族人之间的严重冲突事件；1989 年 6 月，哈萨克斯坦发生哈萨克族人和高加索人之间的冲突；1990 年 2 月，塔吉克斯坦的杜尚别发生驱赶外来难民的事件；② 接着在 1990 年 6 月，在吉尔吉斯苏维埃社会主义共和国南部的奥什州发生了吉尔吉斯族人与乌兹别克族人之间的冲突，这起民族冲突对吉尔吉斯斯坦南部的民族关系造成了严重的影响。

1989 年 11 月，奥什市的乌兹别克族人建立了名为"正义"（Адолат，Adolat）的组织，1990 年 3 月，贾拉拉巴德州的乌兹别克族人通过"正义"向苏联最高苏维埃提出申请，要求在吉尔吉斯苏维埃社会主义共和国内建立具有独立地位的奥什自治州（Ошская автономия）③。这引起了吉尔

---

① Кыргызстан, Опубликовано заключение Национальной комиссии по расследованию июньских событий, http：//www.fergananews.com/article.php？id＝6871&print＝1.

② 陈联璧、刘庚岑、吴宏伟：《中亚民族与宗教问题》，中央民族大学出版社，2002，第 153 ~ 154 页。

③ 提出的要求有：建立具有独立地位的奥什自治州（Ошская автономия）；赋予乌兹别克语作为国语之一的地位；建立乌兹别克文化中心；开办隶属于奥什师范大学的乌兹别克语系；撤换只维护吉尔吉斯族居民利益的奥什州党委第一书记等。Кыргызстан, Опубликовано заключение Национальной комиссии по расследованию июньских событий, http：//www.fergananews.com/article.php？id＝6871&print＝1.

吉斯族人的警觉和不满，作为回应，1990年5月，吉尔吉斯族人也建立了非政府组织"奥什艾梅格人"（Ош аймагы），该组织重点关注吉尔吉斯族人的土地短缺和经济贫困问题。1990年6月，"奥什艾梅格人"组织将原本属于乌兹别克族人的耕地转交给吉尔吉斯族人的尝试得到了政府的默许，这就成为1990年6月4~8日吉尔吉斯斯坦南部乌兹别克族和吉尔吉斯族大规模冲突的导火索。①

乌兹别克族和吉尔吉斯族的冲突迅速蔓延到乌兹根市、奥什市和贾拉拉巴德市周围的30多个村庄，有3万~4万人卷入冲突（除本地冲突外，当时有2万多名乌兹别克斯坦的乌兹别克族人赶往奥什增援，被强行阻止），在苏联军队的强力介入下，冲突持续了4天就平息了。②

在这次冲突中有大约1200人受害，其中300多人死亡，462人受重伤，大量财物被毁，乌兹根市及其周边地区遭受了更严重的损失，发生了更残酷的犯罪行为，该地区的乌兹别克族人抵抗最为强烈。冲突发生后，时任苏联内务部部长巴卡京称，"地方冲突可能升级为两个加盟共和国间的冲突，"③为维持秩序，苏联向奥什地区派去了2000多名伞兵，苏联伞兵得到命令：当实施的其他方案无效时，可以开火。这次冲突之后，超过1000名苏联士兵开始在该地区驻扎，以维持和平并实地进行调查。随之而来的是相应的追诉和法庭审判。④6个月后，莫斯科认为该地区局势实现了正常化并撤回了部队。⑤

1990年9月26日，根据议员团的调查结论，苏联最高苏维埃民族委员会在颁布的《关于吉尔吉斯苏维埃社会主义共和国奥什州事件的条例》中指出："吉尔吉斯苏维埃社会主义共和国奥什州事件是由民族政策和干部任用政策中的失误、忽视对居民进行教育、漠视严峻的经济和社会问题、破

---

① Отчет международной независимой комиссии по исследованию событий на югеКыргызстана в июне 2010 года.
② 爱德华·奥沃斯：《俄罗斯统治中亚130年：历史回顾》，杜克大学，1994，第590页。
③ 帕尔哈提：《中亚各国独立后面临的民族问题》，载潘志平《中亚的民族关系历史、现状与前景》，新疆人民出版社，2003，第51页。
④ Отчет международной независимой комиссии по исследованию событий на югеКыргызстана в июне 2010 года.
⑤ Киргизия, насилие в возвращенной форме, http://www.mk.ru/politics/interview/2010/06/17/510606-kirgiziyanasilie-v-vozvraschennoy-forme.html.

坏社会公正等诸多因素引起的。"① 1990 年，吉尔吉斯斯坦南部民族冲突尽管发生在苏联解体前，民族政策和干部任用的主要责任在苏共中央，但这次冲突从一个侧面反映了吉尔吉斯斯坦南部吉尔吉斯族与乌兹别克族之间的矛盾。

1990 年吉尔吉斯斯坦南部民族冲突后，不少吉尔吉斯族人和乌兹别克族人迁往本族人口比较集中的街区、村镇，这次冲突成为两个民族关系史上的重要灾难，该冲突后两个民族心理上留下的阴影一直未能得以消除，这种阴影成为埋在两个民族间的"定时炸弹"。

从 1990 年到 2010 年的二十年，吉尔吉斯斯坦完成了国家的独立和经济的持续发展，但该国的政局并不稳定。2002 年 3 月，该国发生"阿克瑟区流血事件"；2005 年 3 月，该国发生"颜色革命"，吉尔吉斯斯坦首位总统阿卡耶夫被反对派推翻，巴基耶夫上台；2010 年 4 月，该国再次发生"革命"，巴基耶夫被反对派推翻，以奥通巴耶娃为代表的临时政府上台。政局的变动虽不是民族关系恶化的直接后果，但政局变动对民族关系产生了一定的影响。

二 吉尔吉斯斯坦南部民族冲突前

（一）2010 年"4 月事件"

2010 年 4 月 6 日上午，吉尔吉斯斯坦最大的反对党"祖国党"副主席谢尔尼亚佐夫在塔拉斯市被捕，反对派随即在塔拉斯市、比什凯克市、纳伦市等地集结力量，攻占当地的政府大楼。4 月 7 日，警察和内务部队向游行者开枪，在比什凯克和其他城市都有伤亡。同时，政府逮捕多位反对派领导人，抢劫、纵火肆虐，巴基耶夫住处被反对派焚烧，巴基耶夫逃离首都。4 月 8 日，反对派建立了以奥通巴耶娃为首的临时政府，并宣布完全掌握政权。4 月 15 日晚，巴基耶夫从贾拉拉巴德市飞抵哈萨克斯坦南部城市

---

① Кыргызстан, Опубликовано заключение Национальной комиссии по расследованию июньских событий, http://www.fergananews.com/article.php?id=6871&print=1.

塔拉斯。4月16日，巴基耶夫被迫宣布辞职。① 这就是吉尔吉斯斯坦2010年的"4·7事件"（也有"人民革命""骚乱"等说法）。在"4·7事件"中，仅比什凯克市就有86人伤亡，而这次事件也拉开了吉尔吉斯斯坦南部民族冲突的序幕。

  关于"4·7事件"爆发的原因，国内外学者有诸多研究。如蒙慧等人认为，"经济贫困、社会异质程度高、美俄力量的角逐等因素"是"4·7事件"的主要原因，② 国际独立调查委员会报告也指出，"公共服务费用的上涨成为引发4月游行的直接导火索"。③ 吉尔吉斯斯坦国家调查委员会的《吉尔吉斯斯坦：国家调查委员会公布关于"6月事件"的调查结果》列举得更为详细："国家公共设施的非法私有化，低价出售国家财产，电力价格和税率的不合理上涨，市政服务，对自由思想进行一系列跟踪调查，对政治对手、维权人士、记者进行骚扰和恐吓，暗杀和清除不需要的政治家，关闭反对派开办的媒体，建立各种违背宪法的国家机构……所有这些导致了4月事件的爆发。"④ 尽管造成"4·7事件"的原因多种多样，但仍无法回避以下几个问题。①没有处理好与反对派的关系。2005年"颜色革命"上台的巴基耶夫没有处理好与反对派的关系，多年来只进行打压而没有安抚，使矛盾和冲突激化。②经济状况不佳，人民生活没有得到改善。2009年12月，水、电、暖、通信等价格突然大幅度提升，激起民众进一步不满。③巴基耶夫家族的腐败。巴基耶夫上台以后，让三个兄弟分别担任吉尔吉斯斯坦国家保卫局局长、吉尔吉斯斯坦驻德国大使和吉尔吉斯斯坦驻外贸易专员，让其大儿子出任吉尔吉斯斯坦国家安全局顾问，小儿子则担任吉尔

---

① 巴基耶夫宣布辞职时发布了如下声明，"尊敬的同胞们：2010年4月7日，在吉尔吉斯共和国发生了国家政变。由于夺取国家政权使用了武力，无辜平民留了许多血，给国家形象带来巨大损害。所有这一切都应由临时政府的成员们承担责任，他们为了夺取政权使用了这些手段。我明白我对已发生的事件的责任，并向所有死去的亲人和好友表示深切的慰问。在吉尔吉斯共和国人民受难的日子，我清楚地认识到自己对吉尔吉斯共和国人民的未来、对保持国家和国家观念的完整所具有的责任，根据《吉尔吉斯共和国宪法》第50条，我现在辞职"。
② 蒙慧、蒋海蛟：《从吉尔吉斯斯坦政变看政府合法性的构建》，《新疆大学学报》（哲学·人文社会科学版）2011年第3期。
③ Отчет международной независимой комиссии по исследованию событий на югеКыргызстана в июне 2010 года.
④ Кыргызстан, Опубликовано заключение Национальной комиссии по расследованию июньских событий, http://www.fergananews.com/article.php? id=6871&print=1.

吉斯斯坦国家发展、投资和革新部部长，这形成了事实上的家族统治。另外，2006~2011年，透明国际（Transparency International）每年都会发布廉政指数（见表3-2）。吉尔吉斯斯坦的得分都比较低（表明比较腐败）。④南北关系与部族关系处理不好。南北关系与部族关系在很大程度上是重叠的，在权力和利益的再分配过程中，南北关系体现的是不公平的原因，又体现不公平的结果。⑤外部因素，未处理好与俄罗斯的关系。巴基耶夫在马纳斯空军基地问题上刺激了俄罗斯，失去了俄罗斯的支持。⑥民主化造成国家政治生活的半无政府状态。吉尔吉斯斯坦独立后热心于西方民主，在民主化的过程中也取得了不少成就，被西方称为"民主橱窗""亚洲民主之岛"①"瑞士王国"等，诚然，民主对一个国家而言确实有不少好处，但对于吉尔吉斯斯坦来说，民主缺少相应的政治文化传统和社会基础，成为精英、势力集团乃至公民个人争取自己利益和表达自己愿望的方式，而没有成为国家治理的有效手段。

表3-2　2006~2011年透明国际全球"廉政指数"排行榜

国别	2011年	2010年	2009年	2008年	2007年	2006年
哈萨克斯坦	120/182*(2.7)	105/178(2.9)	120/180(2.7)	145/180(2.2)	150/179(2.1)	111/163(2.6)
塔吉克斯坦	152/182(2.3)	154/178(2.1)	158/180(2.0)	151/180(2.0)	150/179(2.1)	142/163(2.2)
吉尔吉斯斯坦	164/182(2.1)	164/178(2.0)	162/180(1.9)	166/180(1.8)	150/179(2.1)	142/163(2.2)
土库曼斯坦	177/182(1.6)	172/178(1.6)	168/180(1.8)	166/180(1.8)	162/179(2.0)	142/163(2.2)
乌兹别克斯坦	177/182(1.6)	172/178(1.6)	174/180(1.7)	166/180(1.8)	175/179(1.7)	151/163(2.1)

注：120/182*表示在当年"透明国际"所做的182个国家和地区的排行中，该国排第120位，排名越靠前越清廉，反之越腐败；括号中数字表示当年"透明国际"对该国或地区的清廉程度所做评价后给出的"清廉指数得分"，"清廉指数得分"按10分排列，得分越高越清廉，反之越腐败。

资料来源：根据"透明国际"网站所发布的年度清廉报告整理，http://www.transparency.org/。

被迫下台之后，巴基耶夫及其支持者并不甘心，随着巴基耶夫家族回

---

① 李毅忠：《战乱中的吉尔吉斯斯坦仍是投资者的天堂》，亚心网，http://euroasia.cass.cn/news/394159.htm。

到吉尔吉斯斯坦南部贾拉拉巴德州老家,吉尔吉斯斯坦的权力斗争也转移到了吉尔吉斯斯坦南部。巴基耶夫及其支持者在吉尔吉斯斯坦南部寻找各种机会恢复政权。

4月7日,逃离比什凯克后,巴基耶夫及其家族回到距贾拉拉巴德市8公里的家乡提伊特村(село Тейит)避难,开始组织非法武装团体伺机夺取政权。

4月15日,巴基耶夫及其安保人员出现在奥什市的一个广场中,并发表鼓动性演说,在企图展示自身实力时,一群"着运动服装的年轻人"① 与巴基耶夫及其警卫发生了冲突,同时袭击了总统车队,巴基耶夫匆忙逃离了现场。② 这是巴基耶夫最后一次拉拢民众的尝试,其后先是逃往了哈萨克斯坦,而后又前往了白俄罗斯。③ 巴基耶夫虽然离开了吉尔吉斯斯坦,但其家族的势力并没有离开吉尔吉斯斯坦南部。

4月19日,巴基耶夫的兄弟和拉赫马诺维及500名支持者达成协议,占领了贾拉拉巴德州州政府大楼并任命拉赫马诺维为州长。此后,他们企图占领存有武器和弹药的内务部大楼,④ 但并没有成功。

5月13日,巴基耶夫家族向临时政府发起了最为猛烈的进攻。巴基耶夫的忠实支持者开始占领吉尔吉斯斯坦南部边疆城市巴特肯,随后又朝奥什市和贾拉拉巴德市发起进攻。在贾拉拉巴德市,巴基耶夫的支持者再次占领了州政府大楼并擅自任命马西洛夫为新州长。为了控制所占领的州政府大楼,他们在2010年5月14日制造大规模骚乱。⑤ 据官方数据,这次事件共造成2人死亡、49人受伤。⑥

---

① 运动服装的提法在后苏联政治中带有一个特定的内涵,指向城市中的政治、犯罪与商业之间的关系。它是一个由商人、政客或其他权威人物雇用的一个非正式的安全团队,他们从体育俱乐部成员、武术专家等类似的人中招聘而来。
② "В Оше столкнулись противники и сторонники Курманбека Бакиева," Kloop. kg, 2010年4月15日。
③ Ria-Novosti 新闻服务,莫斯科,2010年4月16日,http://www.rian.ru/politics/20100416/223076124.html。
④ Кыргызстан, Опубликовано заключение Национальной комиссии по расследованию июньских событий, http://www.fergananews.com/article.php?id=6871&print=1.
⑤ Кыргызстан, Опубликовано заключение Национальной комиссии по расследованию июньских событий, http://www.fergananews.com/article.php?id=6871&print=1.
⑥ A. 别克纳扎夫:《3个月总检察长办公室活动总结》,Kabar 新闻服务,2010年7月7日,http://kabar.kg/index.php?option=com_content&task=view&id=2984&Itemid=3607/07/2010 14:49。

作为对巴基耶夫及其支持者的回应，临时政府的支持者卡德尔然·巴迪洛夫（Кадыржан Батыров，乌兹别克族）对巴基耶夫及其支持者进行了坚决回击，临时政府的拥护者们不仅重新夺回了贾拉拉巴德州政府大楼，还于5月14日在（贾拉拉巴德市附近的）提伊特村焚烧了巴基耶夫家族的三处祖宅。① 巴基耶夫虽然下台了，但巴基耶夫作为南方权力的象征，在南部的吉尔吉斯族人中还有很多支持者，巴迪洛夫及其支持者（乌兹别克族）对巴基耶夫的回击虽然迎合了临时政府，但造成了吉尔吉斯斯坦南部吉尔吉斯族人与乌兹别克族人之间的正面对抗。

　　也正是在这种背景下，吉尔吉斯斯坦南部陷入一种"不稳定"状态，巴基耶夫的支持者、犯罪集团和毒品贸易相互勾结，并逐步向社会领域渗透，而临时政府却无法有效控制吉尔吉斯斯坦南部局势。在权力失衡和寻求合法性的动态平衡中，临时政府向乌兹别克族人寻求帮助，也赋予了乌兹别克族人相应的权力，而这一切又打破了吉尔吉斯斯坦南部的权力平衡。这种"不稳定"状态中，出现这样一些行为。①敲诈勒索（рекетирство），南部的商人主要是乌兹别克族人，犯罪团伙（一些乌兹别克族无业游民）向这些经营者（咖啡馆和汽车配件商店等经营者）征收的保护费增加，并进行各种威胁，在相互不满中会发生各种纠纷。② ②相互争吵，《暴力冲突大事记：2010年吉尔吉斯斯坦南部（奥什地区）事件》显示，经常会出现这样的情况，"一次不经意的争吵而致使许多平民乘坐深色玻璃的无牌照进口汽车涌进乌兹别克族居民聚居区"。③

　　由此可见，吉尔吉斯斯坦南部民族冲突前的"不稳定状态"是由"4·7事件"直接引起的，两个民族在民族冲突前并没有经过明显的"相互比较""产生相对剥夺感""稀缺性的零和博弈"等，但在吉尔吉斯斯坦南部两个民族的多年相处中，这些过程已经潜在进行了。乌兹别克族与吉尔吉斯族之间存在相互的不信任和"安全困境"，伴随着"不稳定状态"的出

---

① http://fergana.akipress.org/news:81061/.
② Отчет международной независимой комиссии по исследованию событий на югеКыргызстана в июне 2010 года.
③ Хроника насилия, События июня 2010 г. на юге Кыргызстана (Ошский регион), Norwegian Helsinki Committee, Правозащитный Центр《Мемориал》, Freedom House, 2012 (2).

现，吉尔吉斯斯坦南部开始出现零星的冲突事件。

（二）零星的冲突事件

"4·7事件"之后，奥什地区的安全环境异常混乱。"乌兹别克族的出租车司机因为他们的民族身份而被拉出车外殴打和虐待。""吉尔吉斯族的年轻人不愿意到乌兹别克族的地方去。乌兹别克族男人觉得自己不能安全地从吉尔吉斯青年族的人群中经过。"① 与此同时，吉尔吉斯斯坦的紧张状态并未缓解，开始逐步出现零星的以民族为特征的冲突事件，这些冲突事件可以依照强度的不断增加分为下列几个阶段。

1. 第一波浪潮：4月至5月中旬

4月9日，吉尔吉斯斯坦北部托克马克市的"暴徒"洗劫了东干人和维吾尔人的商店，至少造成11人死亡。② 几天后，"水利建设者"大街（Gidrostroitel）附近东干人经营的一家咖啡店被焚毁，暴徒还向正在救火的消防人员投掷石块。这次大火造成了两人死亡。③ 这些"暴徒"的身份虽没查明，但对东干人和维吾尔人的攻击带有明显"仇富"的民族性。

4月19日，几百名吉尔吉斯族人抢占了比什凯克附近一个村庄（马耶夫卡村）的俄罗斯族人和麦斯赫特土耳其族人的土地和房屋，造成5人死亡，25~40人受伤。④ 临时政府派遣了上千名军警和装甲车到马耶夫卡村平定骚乱，逮捕了100多人才最终平息事件。⑤ 在小规模的民族冲突后，开始

---

① Отчет международной независимой комиссии по исследованию событий на югеКыргызстана в июне 2010 года.
② 《吉尔吉斯斯坦北部城市东干人和维吾尔族人受袭击》，2010年4月9日，自由欧洲电台，http：//www.rferl.org/content/Dungans_Uyghurs_Attacked_In_Northern_Kyrgyz_Town_/2007251.html（2010年7月23日访问）。
③ 《在"夏威夷"咖啡店的大火中两妇女身亡》，2010年4月12日，Akipress，http：//svodka.akipress.org/news：44011（2010年7月23日访问）。
④ 这些吉尔吉斯族人要求重新分配土地，声称吉尔吉斯斯坦的土地应该属于吉尔吉斯族人。据报道，这些暴徒用木棍和铁棍袭击了当地居民，还焚毁了好几处民宅。《在比什凯克的骚乱中至少两人死亡，巴基耶夫的行踪仍不知》，2010年4月19日，自由欧洲电台，http：//www.rferl.org/content/Clashes_In_Bishkek_As_Bakiev_Supporters_Rally_In_South_Kyrgyzstan/2017658.html（2010年7月27日访问）。
⑤ 《刑事案件公开反对六名参与者在马耶夫卡村聚众扰乱秩序，其余者被释放》，2010年4月22日，Beliy Parus，http：//www.paruskg.info/2010/04/22/23520（2010年7月27日访问）。

发生吉尔吉斯族人和乌兹别克族人之间的相互挑衅。

4月29日13点30分左右，一个吉尔吉斯人犯罪团伙的两名男子来到位于"奥什二号"火车站（железнодорожная станция《Ош-2》）的乌兹别克族商人那里，要求他们为进货付款……乌兹别克族商人拒绝付款，然后便开始了群殴……两个小时后，有300~350名乌兹别克族青年男子聚集。①

4月30日，一名吉尔吉斯族高官被免职，其支持者从奥什市东南部组织了数千名吉尔吉斯族学生进行街头游行。②

5月1日11点30分左右，约300名乌兹别克族人聚集在奥什市马吉里姆塔尔街（ул. Маджиримтал）的"苏扎克"茶馆（чайхана《Сузак》）附近，讨论之前发生的两个民族之间的纠纷事件。③

5月1日晚上，福尔卡特村（село Фуркат，奥什市东部城郊）两名乌兹别克族人在路边咖啡馆（"萨姆萨哈纳"咖啡馆，кафе《Самсахана》）附近被4名吉尔吉斯族青年男子殴打。事发地点聚集了150~200名乌兹别克族青年。④晚上9点左右，福尔卡特的"梅尔扎利姆"茶馆附近聚集了700~800名当地的乌兹别克族人，他们表示对犯罪团伙的行为非常气愤。"持久的宣传劝说"后，聚集人群方才散去。⑤ 5月初，吉尔吉斯斯坦南部的安全环境已经恶化，普通居民已经感受到恐惧。《暴力冲突大事记：2010年吉尔吉斯斯坦南部（奥什地区）事件》的描述：

> 在整个双休日（5月1~2日），奥什市居民都被惶惶不安的情绪笼罩着。他们互相打电话，互相通知说，数支由手持棍棒和枪支的乌兹

---

① Хроника насилия, События июня 2010 г. на юге Кыргызстана（Ошский регион）, Norwegian Helsinki Committee, Правозащитный Центр《Мемориал》, Freedom House, 2012（2）.

② Ошская инициатива доклад по результатам независимого общественного расследования июньских（2010）событий в Кыргызстане, http://news.fergananews.com/archive/2011/oshini.doc.

③ Хроника насилия, События июня 2010 г. на юге Кыргызстана（Ошский регион）Norwegian Helsinki Committee, Правозащитный Центр《Мемориал》, Freedom House, 2012（2）.

④ 奥什市内务局信息：在拉玛特·阿卜杜拉耶娃的回忆当中，也使用这些目击者们对事件的类似描述（参见 http://www.fergananews.com/article.php？id=6957）。

⑤ 奥什市内务局信息：一份非官方来源的资料将聚集人数估计为2000人［интервью с жителем Ошской области（имя не разглашается）, Ош, 4 сентября 2010 г.］。

别克族年轻人组成的人群在大街上游荡,他们打算攻击吉尔吉斯族人,或者相反,吉尔吉斯族人要攻击乌兹别克族人。有人还说会发生枪战。乌兹别克族居民聚居区里的人开始出来组织年轻人保护自己的土地,他们高喊道:"吉尔吉斯族人走开!"其他人则组建秩序维护工作队。①

5月5日在奥什州卡拉-苏地区克孜勒-克什塔克乡(сельский округ Кызыл-Кыштак)的萨比罗夫中学(школа им. М. Сабирова)附近举行了一次约有500人参与的集会。参加集会的人数由原本受邀的50人变成了两三千人,这次集会演变成了一次政治游行。②

"4月事件"后,临时政府也在努力稳定局势。5月2日设立了指挥部,制订了关于奥什市、奥什州执法机构和安全机构参与行动的跨部门计划,甚至提出了检查站动用陆军装甲车的问题。同一天,奥什市内务局举行了警局、国家安全局领导人和地方自治机关代表、体育俱乐部代表、青年及妇女组织代表的见面会,奥什市负责人向与会者保证,"产生族际冲突的现实基础并不存在"。③ 5月3日,会议通过了"为稳定动荡局势在自己选区设立市委执勤议员组织"的决议④。在城市街区和村镇地区开始成立自卫队,晚上由10~20名年轻人组成的小队在自己小区内执勤。⑤ 但这些措施的实施并没有阻止局势的进一步恶化,5月11~21日,又发生了第二波"零星冲突"的浪潮。

2. 第二波浪潮:5月11~21日

5月14日,前文提到的巴迪洛夫及其近500名手持枪支和棍棒的支持者烧毁了巴基耶夫家族的三处祖宅,据目击者称,他们还烧毁了不能不引起吉尔吉斯族人愤怒的吉尔吉斯斯坦国旗,提伊特村焚烧事件进一步加剧

---

① Хроника насилия, События июня 2010 г. на юге Кыргызстана (Ошский регион), Norwegian Helsinki Committee, Правозащитный Центр《Мемориал》, Freedom House, 2012 (2).
② Хроника насилия, События июня 2010 г. на юге Кыргызстана (Ошский регион), Norwegian Helsinki Committee, Правозащитный Центр《Мемориал》, Freedom House, 2012 (2).
③ Хроника насилия, События июня 2010 г. на юге Кыргызстана (Ошский регион), Norwegian Helsinki Committee, Правозащитный Центр《Мемориал》, Freedom House, 2012 (2).
④ http://fergana.akipress.org/news:78641/.
⑤ Интервью с жителем Ошской области (имя не разглашается), Ош, 4 сентября 2010 г.

了紧张局势。① 这被吉尔吉斯斯坦南方的吉尔吉斯族人看作"乌兹别克族人攻击吉尔吉斯族人"的行为，这也成为两个民族关系的"分界线"和"触发性事件"。吉尔吉斯族人当时的反应是："你们乌兹别克族人怎敢在我们吉尔吉斯族人的领土上焚毁房屋"？② 焚烧事件发生后，贾拉拉巴德市的民众举行了盛大游行，要求当地政府首脑辞职并逮捕巴迪洛夫。国家安全局资料显示，当地居民中又开始散播传单和影像，号召人们发起种族斗争。③

5月15日，巴迪洛夫在贾拉拉巴德市组织了由数千人参加的集会，奥什市的"奥什电视台"（ОшТВ）和"梅宗"电视台（Мезон ТВ）转播了该集会的视频和巴迪洛夫的讲话。这次讲话也成为"煽动"民族冲突最具争议性的讲话。奥什市的吉尔吉斯族记者回忆：

讲话中提到了民主、临时政府、腐败、比什凯克人等话题。讲话自始至终都没有公开提起乌兹别克自治或某些非法的号召。④

5月16日早晨，奥什市内务局领导人前往费特钦克中学（школа им. Федченко）安抚在那里的100多名聚集者。

5月16日16点30分，奥什市拉扎科夫大街（проспект Раззакова）乌兹别克族人和吉尔吉斯族人因"汽车换轮胎"事件发生口角，然后彼此号召熟人前来帮忙，事件发展到70~80人参与，后来警察平息了事件。⑤

5月19日，几千名吉尔吉斯族人聚集在贾拉拉巴德市附近的一个赛马场，要求逮捕巴迪洛夫，他们先是冲击贾拉拉巴德州政府办公室，随后又到人民友谊大学（巴迪洛夫创立，Peoples' Friendship University n. a.

---

① 大卫·特里林：《吉尔吉斯斯坦的民族骚乱给临时政府带来新考验》，2010年5月19日，欧亚网，http://www.eurasianet.org/node/61098（访问时间2010年7月27日）。临时政府针对巴迪洛夫提出了刑事诉讼，但是他回避了对他的指控，逃离了吉尔吉斯斯坦。据说他有可能躲藏在迪拜。详见大卫·特里林《受迫害的感知可能会增加乌兹别克族人的复仇情绪》，2010年6月30日，欧亚网，http://www.eurasianet.org/node/61440（2010年7月27日访问）。

② The Pogroms in Kyrgyzstan, Crisis Group Asia Report N°193, August 2010.

③ http://fergana.akipress.org/news：81061/.

④ Интервью с журналистом из города Ош（имя не разглашается），Бишкек, 11 сентября 2010 г.

⑤ Интервью с журналистом из города Ош（имя не разглашается），Бишкек, 11 сентября 2010 г.

As. Batyrov），并与保卫该校的乌兹别克族人发生了冲突。①

5月21日，警局在核查"运输武器"的过程中发现了两杆有证件的气枪，并扣留了两辆汽车②。此后发生两个民族成员的冲突，起初冲突双方人数为100～150人，后来乌兹别克族一方的人数增加到500人，而吉尔吉斯族一方的人数为200～300人。在青年运动组织"比利姆基克"（молодежное движение《Биримдик》）积极分子对冲突双方的积极调解下，才避免了冲突的爆发。③

5月19日，政府宣布贾拉拉巴德市和苏扎克区自5月19日至6月1日进入紧急状态并实施宵禁。④ 据官方记载，2010年5月18～21日，奥什市共发生了9起以种族为诱因的杀戮和斗殴事件，受伤人员中有1名警务人员。上述所有案件中，冲突双方在进行了带有民族歧视性质的辱骂后都转而采用了暴力手段。⑤ 由此可见，该段时间内的零星冲突事件已经不仅是双方的争吵和斗殴，而且开始出现杀害等恶性事件。5月中旬，吉尔吉斯斯坦南部的安全环境继续恶化，民族关系已经非常脆弱。一位当地居民回忆道：

> 气氛变得非常紧张。警察好多次朝我们的院子里喊叫。冲突是在空旷的地方发生的。例如，一名乌兹别克族妇女在路边与另外几名乌兹别克族妇女聊天，一名吉尔吉斯族妇女骂了她几句，乌兹别克族妇女回了几句，然后这些"蠢女人们"便开始互骂，事件就这样转化成了民族问题。最后，两座五层楼上的居民都参与到这次事件中，火并持续了好几个小时。⑥

---

① "Where Is the Justice?" Interethnic Violence in Southern Kyrgyzstan and Its Aftermath，Human Rights Watch，August 2010.
② 其中一辆汽车上坐着"祖国党"领导人之一、前议会议员伊诺姆·阿卜杜拉苏洛夫。
③ Интервью с жителями города Ош（имена не разглашаются），Москва，22 декабря 2010 г.，6 апреля 2011 г.
④ Отчет международной независимой комиссии по исследованию событий на югеКыргызстана в июне 2010 года.
⑤ Хроника насилия，События июня 2010 г. на юге Кыргызстана（Ошский регион）. Norwegian Helsinki Committee，Правозащитный Центр《Мемориал》，Freedom House. 2012（2）.
⑥ Интервью с журналистом из города Ош（имя не разглашается），Бишкек，11 сентября 2010 г.

5月26日，还发生了一件导致双方民族关系恶化的事。在乌兹别克斯坦位于吉尔吉斯斯坦境内的索赫飞地发生冲突，原因是吉尔吉斯斯坦当局停止向乌兹别克斯坦租借草场，这一草场是索赫飞地的乌兹别克斯坦牧民租借用于夏季放牧的，位于邻接索赫飞地的吉尔吉斯斯坦境内。双方居民遂发生冲突，相互切断道路、供水，用石头袭击过往的大客车，虽然经双方当局谈判，事态未进一步恶化，但双方的民怨不断增加。

3. 第三波浪潮：6月9~10日

随着时间推移，发生零星冲突的频率逐渐增高，聚集的人数和参与冲突的人数也不断增多。

6月9日半夜，奥什市西部地区的一个茶馆（"法尔哈德"）发生民族冲突。这一冲突事件导致几千名乌兹别克族人集结在一起。①

6月10日，奥什市气氛非常紧张。14点，一位奥什市交通安全厅的吉尔吉斯族官员给一位从事汽车贸易的乌兹别克族企业家打电话，请求企业家为他运来一批汽车存货，因为"吉尔吉斯族人很快就会前往奥什市屠杀乌兹别克族人"②。18：00左右，一座清真寺旁发生争执，吉尔吉斯族和乌兹别克族各有500人集结在一起。21：00左右，几条大街的商店遭到洗劫，并发生了30名乌兹别克族人和20名吉尔吉斯族人参与的斗殴事件。③ 6月10日，奥什市其他地区及周边地带也发生了青年团体的种族冲突和沿街游行活动。

至此，吉尔吉斯斯坦南部的民族冲突已经一触即发，而奥什市的紧张环境又使其最可能成为冲突爆发的"风暴眼"。综合看来，2010年4~6月，吉尔吉斯斯坦南部民族关系不断恶化呈现以下的规律："具体表现为一系列迅速开始但是很快被驱散的民族冲突……冲突的起因不是因出租车收费或看病收费引起的争执就是一些类似的借口……这些微不足道的争吵成为各个民族表达对其他民族怀疑和攻击情绪的工具，并导致双方支持人数

---

① Отчет международной независимой комиссии по исследованию событий на юге Кыргызстана в июне 2010 года.

② Заявление жителя г. Ош（имя не разглашается）в международные и правозащитные организации, 9 августа 2010 г.

③ Отчет международной независимой комиссии по исследованию событий на юге Кыргызстана в июне 2010 года.

不断增多。"①

在民族关系不断恶化的过程中,有两件具体的事件彻底"激怒"了吉尔吉斯族人:一件是提伊特村焚烧事件,正如前文所述,该事件被说成是侵犯吉尔吉斯国家性的标志性行动;另一件是乌兹别克语电视频道转播了巴迪洛夫的讲话,尽管其讲话中并未提及"独立""报仇"等字眼,但也被吉尔吉斯族人看作对本民族的挑衅。

(三) 民族冲突的先兆

在一系列冲突的不断酝酿、发酵中,吉尔吉斯斯坦南部已经呈现民族冲突爆发的先兆,具体表现在以下几个方面。

1. 煽动性言论

煽动性言论是民族冲突爆发前的重要信号。"6月事件"爆发前,在吉尔吉斯语传媒中,反乌兹别克人的以及充满民族主义情绪的言辞尤为激烈。如吉尔吉斯斯坦环境与林业保护局前局长妥普丘别克·图尔古纳利耶夫就在国家电视频道宣称:"让乌兹别克族人滚回乌兹别克斯坦。"5月25日,在政府机关报《艾尔京图》(Эркин Тоо)第1、7版刊发了吉尔吉斯斯坦文化部部长雷斯科尔迪·莫穆别科夫的《不该耻于身为一名纳粹分子》(Улутчул болгондон уялбаш керек)及其他一些类似文章。② 这些煽动性言论不仅造成了吉尔吉斯族人对乌兹别克族人的敌视,还从反面造成了乌兹别克族人不断内聚。

2. 人口的异常流动

早在吉尔吉斯斯坦南部6月民族冲突之前,乌兹别克斯坦安集延州库尔甘特平地区卡拉苏市附近的村落,苏尔托纳巴德市村、奇明村以及哈纳巴德市,就出现了当地吉尔吉斯族人大量前往吉尔吉斯斯坦的情况。许多人匆忙卖掉自己的家产,有的将房产非常低廉地脱手,有的则一声不吭地就走了。该州政府已发现了众多以前属于当地吉尔吉斯族人所有、现在却人

---

① Отчет международной независимой комиссии по исследованию событий на юге Кыргызстана в июне 2010 года.

② Ошская инициатива доклад по результатам независимого общественного расследования июньских (2010) событий в Кыргызстане. 2011 г.

去楼空的房屋的现象。① 这就应该引起当地政府的警觉。

3. 历史的唤醒

在吉尔吉斯斯坦南部民族冲突前，一些媒体也有意地进行了历史的唤醒，值得注意的有以下事实：2010 年 4 月 15 日至 6 月 8 日在"费尔干纳"网站（www.fergana.ru）上有一篇《奥什大屠杀（1990）－吉尔吉斯斯坦的吉尔吉斯族人和乌兹别克族人之间的民族冲突》的文章，这一篇文章多次被引用，目的是激化乌兹别克族青年的民族感情。而乌兹别克族青年对此的反应非常迅速，开始通信、聚会并讨论 1990 年奥什事件。②

4. 谣言传播

4~6 月，吉尔吉斯斯坦南部谣言四起，"在 2010 年 5 月末 6 月初发生大屠杀的谣言在奥什已经出现了不只一次。谣言来自奥什市周边的一个吉尔吉斯族人村庄。亲戚们给我们打电话，真诚地劝我们离开奥什"。③ 在贾拉拉巴德市及其周边农村地区的吉尔吉斯族人中间则有传言说，正是乌兹别克族人根据巴迪洛夫的命令放火烧毁了巴基耶夫的住房。④ 在提伊特村焚烧事件后，吉尔吉斯族人中普遍流传"乌兹别克族人自 1990 年起便计划复仇，他们将武器藏匿于清真寺中，只待出击之时"的谣言。⑤ 据一名奥什市某个国际组织的当地官员证实，奥什市的警务人员曾传播 6 月 4~7 日将发生屠杀的谣言。⑥ 在 5 月 1 日晚可能会再次发生袭击的谣言作用下，奥什市的数个街区的乌兹别克族居民于当晚 22 点 30 分左右再次聚集到大街上，参与这次集会的总人数在 800 人左右。在火车站斗殴事件之后，关于 5 月 3 日将发生大屠杀的谣言开始广泛流传。⑦ "从 5 月 5 日起就开始广泛流传 5

---

① Ошская инициатива доклад по результатам независимого общественного расследования июньских（2010）событий в Кыргызстане. 2011 г.
② Кыргызстан, Опубликовано заключение Национальной комиссии по расследованию июньских событий, http：//www.ferganаnews.com/article.php？id＝6871&print＝1.
③ Интервью с журналистом из города Ош（имя не разглашается），Бишкек, 11 сентября 2010 г.
④ Отчет международной независимой комиссии по исследованию событий на югеКыргызстана в июне 2010 года.
⑤ The Pogroms in Kyrgyzstan, Crisis Group Asia Report N°193, August 2010.
⑥ Интервью с жителем Ошской области（имя не разглашается），Бишкек, 4 июля 2010 г.
⑦ Интервью с журналистом из города Ош（имя не разглашается），Бишкек, 11 сентября 2010 г.

月12日将会发生骚乱的谣言。然后骚乱的日子又变成了5月29日、6月4日和6月22日。"① 谣言具有与煽动性言论共同的煽动和迷惑作用，使人们丧失安全感，并不断提高心理的防备水平。

5. 政府控制力减弱

斯梅尔塞的加值理论中指出，政府社会控制能力的下降是集体行动的必要条件之一，也是该理论"自上而下"的最后一个阶段，在这之后就极有可能发生集体行动。临时政府执政后，难以控制吉尔吉斯斯坦南部的局势。5月，俄罗斯官员与西方国家探讨吉尔吉斯斯坦问题时，都力求找到一个恰当的词来描述当前局势，他们想出了同一个词："混乱不堪"。当时奥什市的悲剧还没有发生。② 国际独立调查委员会的报告指出，"临时政府无法评估吉尔吉斯斯坦南部的局势，甚至没有有效地控制该地区。面对巴基耶夫拥护者试图在5月夺取政权，临时政府向乌兹别克族领导者寻求帮助。他们的社会资源证明了他们的不足之处"。③ "临时政府首先把乌兹别克族人看作他们夺取政权的补充力量，并且作为烧毁巴基耶夫总统府的替罪羊。"这显然激怒了乌兹别克族人，不仅不能平息当地的吉尔吉斯族人，而且失去了中央政府的信任。巴基耶夫下台之后，在犯罪团伙之间建立了新的关系，特别是在毒品贸易之间。新的竞争开始影响社会的大部分。④

6. 不同规模的集会

吉尔吉斯斯坦民族冲突爆发前，出现了不同规模的集会。在一些零星冲突事件发生后，会出现受害者朋友和熟人组织报复的谣言，这引起了居民的自发集会。如4月30日晚上22点左右，约100~150名乌兹别克族人在阿卜杜拉耶夫中学（школа им. Х. Абдуллаева）附近聚集；⑤ 5月18日晚发生因出租车车费纠纷引起的斗殴事件后，在"图兰"小区发生了约300

---

① Интервью с журналистом из города Ош（имя не разглашается）, Бишкек, 11 сентября 2010 г.
② The Pogroms in Kyrgyzstan, Crisis Group Asia Report N°193, August 2010.
③ Отчет международной независимой комиссии по исследованию событий на югеКыргызстана в июне 2010 года.
④ Отчет международной независимой комиссии по исследованию событий на югеКыргызстана в июне 2010 года.
⑤ Хроника насилия, События июня 2010 г. на юге Кыргызстана（Ошский регион）, Norwegian Helsinki Committee, Правозащитный Центр 《Мемориал》, Freedom House. 2012（2）.

名乌兹别克族人的聚集活动。据执法机关的数据，从 2010 年 4 月末到 6 月 10 日，在奥什市及郊区举行了至少 25 次聚会，与会者人数从 100 人到 500~600 人不等，讨论的大都是民族关系问题。①

7. 事前动员

巴迪洛夫与其他的社团领导人及伊斯兰神职人员一起动员贾拉拉巴德州和奥什州的乌兹别克族人，他们成功动员了乌兹别克族团体，特别是乌兹别克族年轻人，动员他们积极地参与吉尔吉斯斯坦的政治。前文指出，民族动员的第一阶段就是进行认同动员，巴迪洛夫的动员就属于这种认同动员。国际独立调查委员会认为，"巴迪洛夫无意中在'我们'和'他们'之间造成了团体的分化，如果巴迪洛夫的'我们'指的是临时政府的支持者们，而'他们'则指的是他们的政治反对派，是巴基耶夫家族及其周边人士的话，那么，用这两个术语来说，南部的吉尔吉斯族人社会听到的就是'吉尔吉斯族人'和'乌兹别克族人'"。② 2010 年 5 月初，尽管冲突没有进入公开冲突阶段，但事态发展已经促进了吉尔吉斯族和乌兹别克族两大民族动员机制的形成。

三 吉尔吉斯斯坦南部民族冲突中

（一）民族冲突的爆发

1. 导火索

6 月 10 日 22 点至 23 点③，奥什市中心"阿莱"宾馆（在奥什国立大学对面）附近的"二十四小时"游戏厅（зал игральных автоматов《24 часа》）发生吉尔吉斯族和乌兹别克族青年的冲突。冲突中一名吉尔吉斯族保安人员受伤（当地记者在他的衣服上看到了事发当晚留下的血迹），冲突当晚游戏机大厅中的游戏设备被砸毁。④

此次冲突导致吉尔吉斯族与乌兹别克族的紧张情绪白热化。此次冲突

---

① Кыргызстан, Опубликовано заключение Национальной комиссии по расследованию июньских событий, http://www.fergananews.com/article.php?id=6871&print=1.
② Отчет международной независимой комиссии по исследованию событий на юге Кыргызстана в июне 2010 года.
③ 国家调查委员会的时间是 23 时 20 分左右，自由之家报告的时间是 22 时。
④ Интервью с журналистом из города Ош（имя не разглашается）, Ош, 12 сентября 2010 г.

事件区别于上述零星冲突事件的是，警察未能控制局势并将冲突人员驱散，最终导致了两个民族间冲突的爆发。关于赌博输赢钱的争执，在约半小时之内迅速升级，约1500名乌兹别克族人参与了该事件。"闹事者"用棍棒、石子和铁条等武装起来。随着乌兹别克族聚集人数的增多，原本人数较少的吉尔吉斯族人的数量也迅速增加。截至23点，乌兹别克族聚集人数达到3000人，另外有20~30名来自双方的警员抵达现场。①

在"阿莱"宾馆附近聚集的乌兹别克族人（在不同的报道中，人数从500到2000人不等）开始向"阿莱"宾馆纵火，向奥什国立大学的宿舍及附近的居民楼的窗户、商场和其他店铺投掷石头，袭击过往的汽车，殴打吉尔吉斯族的乘客。②

聚集人员迅速增多，半夜时分已经有1500人至3000多人③。和平人士、附近小区的居民（包括妇女、儿童和老人）、各种青年团体和体育组织的成员（在发生了"法尔哈德"茶馆事件后，这些人都处于高度动员的状态）等都开始步行或乘车前往"阿莱"宾馆旁边的十字路口。有的人赶到事发地点只是为了了解事情的具体状况，有的人要求惩罚那些乌兹别克族罪犯④，还有的人则担心吉尔吉斯族人发动武装袭击，他们想保护自己的街区⑤。

奥什市第一副市长吉姆尔·卡姆别科夫（Тимур Камчыбеков，后来被撤职）回忆称：

> 我开始劝说他们不要受到蛊惑，这个时候我听到了一阵叫喊声和喧哗声，就像山洪暴发一样。来自"奥恩"山坡方向的年轻男子手持木棍和石头全部朝我们拥过来……我们跑散了。⑥

---

① Отчет международной независимой комиссии по исследованию событий на юге Кыргызстана в июне 2010 года.
② Кыргызстан，Опубликовано заключение Национальной комиссии по расследованию июньских событий, http：//www.fergananews.com/article.php?id=6871&print=1.
③ Интервью с жителями города Ош（имена не разглашаются），Москва, 17 октября 2010 г., и Ош, 5, 6 сентября, 22 декабря 2010 г., 23 декабря 2011 г. 在市长的资料中估计人数也为2000人（см. Мырзакматов М. Мен издеген чындык. Бишкек, 2011, с. 323）。
④ Интервью с жителем города Ош（имя не разглашается），Ош, 22 декабря 2010 г.
⑤ Интервью с жителем города Ош（имя не разглашается），Москва, 13 октября 2010 г.
⑥ Интервью с бывшем первым вице-мэром города Ош Тимуром Камчыбековым, Ош, 13 сентября 2010 г.

2. 谣言的流传

关于乌兹别克人在奥什国立大学宿舍楼内进行"大屠杀"和集体强奸吉尔吉斯族女大学生的传闻最为著名。这个传闻不仅在奥什市及其附近村镇，而且在动员边远山区的吉尔吉斯族青年的过程中也发挥了非常重要的作用。① 这一谣言的流传造成了非常恶劣的影响。以下是谣言的一个版本：

> 一群人闯进奥什国立大学女生宿舍并强奸女大学生，其他人殴打吉尔吉斯族大学生，还砸碎室内家具的玻璃。找到了8具受到奸污的女大学生的尸体，他们身上还有被烫伤的痕迹。一些女学生的下体被刺伤还被往里面塞垃圾，她们的乳房被切，眼睛被挖……被强奸的女学生当中，有一人活了下来，她现在仍处于昏迷状态，任何人不准接近她。一名参与此次事件的乌兹别克族青年被拘捕了，他只为这次屠杀行为支付了5000索姆（约合100美元）。②

一些媒体恶意"挖掘"和传播了关于女大学生被强奸的谣言，"采访"了施暴者（乌兹别克族青年），施暴者"承认"参与了"奥什国立大学强奸女大学生的事件，交了5000索姆，用刀刺向女学生的肚子并将她从窗户里扔出来"，③ 俄罗斯一家电视台还展示了施暴者"承认事实的具体场面"④。一些政府官员也确信，"乌兹别克族人强奸了语言学系和数学 - 物理系的吉尔吉斯族女大学生"。⑤ 谣言传播的过程中，被强奸的女大学生从3名到37名，甚至有300名女大学生被强奸和杀害……传言还被编造为"乌兹别克族人还在奥什东南部奥什科技大学的宿舍内强奸和杀害大学生"。⑥

---

① Хроника насилия, События июня 2010 г. на юге Кыргызстана（Ошский регион）, Norwegian Helsinki Committee, Правозащитный Центр《Мемориал》, Freedom House. 2012（2）.
② Интервью с жителем города Ош（имя не разглашается）, Ош, 18 июня 2010 г.
③ http://www.24kg.org/osh/77042-osh-kak-yeto-bylo-prodolzhenie.html.
④ http://www.1tv.ru/news/world/156428.
⑤ Интервью с руководителем неправительственной организации（имя не разглашается）, Ошская область, 19 июня 2010 г.
⑥ 可以参看 http://politforums.livejournal.com/2413522.html。

后来，包括检察院代表①和宿舍楼保安人员等提供的官方及非官方资料都可以证实，集会人群当时并未进入奥什国立大学的宿舍楼，"强奸"和"屠杀"的事件纯属子虚乌有。② 国际独立调查委员会也确信，6月10日晚至11日清晨并没有发生过宿舍强奸事件（或称吉尔吉斯族女大学生被杀事件）。③

这一谣言通过手机、互联网、广播等迅速传播，形成了强大的信息流，许多人并不关注谣言的来源，只关注谣言的凶残程度。国际危机组织调查显示，"这个谣言通过手机在奥什市和周围村庄迅速传播，被证明是这次大屠杀中最残暴的说法，这个谣言在一些煽动民族主义情绪的网站上也很有市场"。④ 在信息互联网络日渐发达的时代，这一"吸引眼球""异常凶残""保证真实""与个人密切相关"的信息经过加工和散播后，在煽动民族仇恨、进行冲突动员等方面的影响是非常巨大的。

这一谣言引起了吉尔吉斯族人对乌兹别克族人的强烈愤慨。6月11日在各频道播出的关于奥什市民族冲突开始的新闻，先通过移动电话到达山前地区和山区的吉尔吉斯族居民那里，随即吉尔吉斯族青年赶往奥什市。被激怒的民众还抢占了国防部、边防局的军事单位以及内务部相关机构的武器。此类事件在奥什州的阿赖、琼阿拉、阿拉万、卡拉－库里金和卡拉－苏区，贾拉拉巴德州的托克托古尔、恰特卡利、阿拉布京、诺肯和巴扎尔－科尔贡区发生，奥什市、贾拉拉巴德市和麦鲁苏市也有发生。⑤

3. 双方的事中动员

（1）乌兹别克族的动员

"二十四小时"游戏厅事件之后，乌兹别克族人开始打电话号召自己的朋友和熟人参加。很快，奥什市的乌兹别克族居民开始广泛传播"阿莱"

---

① Интервью с первым заместителем Генерального прокурора Кыргызстана Рыскулом Бактыбаевым, Ош, 10 июля 2010 г.
② Ошская инициатива доклад по результатам независимого общественного расследования июньских (2010) событий в Кыргызстане, 2011г.
③ Отчет международной независимой комиссии по исследованию событий на югеКыргызстана в июне 2010 года.
④ The Pogroms in Kyrgyzstan, Crisis Group Asia Report N°193, August 2010.
⑤ Кыргызстан, Опубликовано заключение Национальной комиссии по расследованию июньских событий, http://www.fergananews.com/article.php?id=6871&print=1.

宾馆附近将有吉尔吉斯族人和乌兹别克族人的斗争，号召大家都来帮忙的消息。消息不仅限于通过电话传播。① 冲突开始后，双方都打电话让朋友过来"帮忙"。很多人并不知道发生了什么，但都往事发地拥，民族动员的规模巨大，其中也包括对拥有武器的犯罪团伙的动员。与此同时，乌兹别克族人开始在市区的许多地方聚集。

6月10日夜间至11日，在乌兹别克族聚居区，为了通知居民有关冲突的消息，当地居民使用了扩音设备，并通过扩音设备在非常规时间做一些唱礼（号召人们做祈祷）的宣传，有时还做出一些城市警戒呼吁和事态通报。当天晚上，奥什市一些地区上空不断出现烟花和信号弹②。吉尔吉斯斯坦国家调查委员会调查显示，"6月11日凌晨00:30发射火箭（ракеты），在四座清真寺的尖塔上用扩音器广播祷告词。在对市内各地以及附近的农村进行号召之后，大规模的骚乱开始发生"。③ 国际独立调查委员会的调查报告显示，"乌兹别克族男子坐在汽车上进行游行，他们高喊'开战吧'。同时这个口号也以无数的手机音频文件的形式广泛传播。'阿莱'宾馆冲突一经出现，乌兹别克族人、吉尔吉斯族人和政府就立即预料到吉尔吉斯族人会袭击马哈利亚（乌兹别克族居民区）"。④ 6月10日夜间至11日早上，在奥什市其他地区和卡拉-苏区的一些村镇也出现了大量聚集在一起的乌兹别克族人。

(2) 吉尔吉斯族的动员

与此同时，在奥什及附近地区也发生了吉尔吉斯族青年的大规模动员活动。23点30分至24点，奥什市一个小区内传来敲击楼层铁栏杆的击打声和喊叫声："吉尔吉斯族人，都出来吧，让我们杀死那些萨尔特族人（сарты，指乌兹别克族人）吧！"⑤ 卡拉-苏区一位居民讲述道：

---

① Интервью с жителем города Оша（имя не разглашается），25 сентября 2010 г.
② Интервью с жителями города Ош（имена не разглашаются），Ош，11 сентября 2010 г.，и Москва，17 октября 2010 г.
③ Кыргызстан，Опубликовано заключение Национальной комиссии по расследованию июньских событий，http：//www.fergananews.com/article.php？id=6871&print=1
④ Отчет международной независимой комиссии по исследованию событий на юге Кыргызстана в июне 2010 года.
⑤ http：//news.fernews.com/archive/2011/oshini.html.

凌晨1点左右，有两辆警车来到附近的奥尔克村（село Орке）和特艾克镇（село Тээке，位于奥什市西南几公里处）。正在这两个地方的警察开始号召吉尔吉斯族居民从家里出来，因为市里面"正在进行战争""乌兹别克族人起义了"①。

另一位吉尔吉斯族居民回忆道：当晚有许多私人汽车在村子里来回行驶，用鸣笛声号召大家来到街上。② 主要是一些青年人（15~20岁）在响应对抗乌兹别克族人的号召。一名吉尔吉斯族青年回忆道：

当晚凌晨2点左右有熟人给我打电话对我说，乌兹别克族人袭击了奥什国立大学的宿舍楼，杀害了几名大学生且强奸了吉尔吉斯族女子。有的吉尔吉斯族人身处距离奥什市一百里以外的地方，他们也收到了类似的呼吁。③

部分民众说，在最初的几个小时，似乎都是城市中的青年男女，包括学生。随后，来自城市北部农村地区，例如库尔沙布（Kurshab）④，尤其是来自距奥什市80公里，约90分钟车程的阿赖（Alay）区的增援力量加入了其中，这和1990年的情况非常相似。一位库尔沙布的居民回忆说，他所在的村庄在6月11日早上得到动乱的消息。"这里的居民人手一部电话，在奥什市也有亲戚。"他们被告知奥什市的兄弟姐妹遭到了乌兹别克族人的袭击，年轻的吉尔吉斯族妇女遭到了强奸。他们还被告知吉尔吉斯族人寡不敌众。⑤

城外村庄里的吉尔吉斯族人也积极动员，其中一些村庄距离奥什市几百公里。距离奥什市80公里的阿赖区古尔恰镇的一位21岁的青年"U. 乌兰"（化名）告诉人权观察组织，几千名阿赖区的人一听到发生了骚乱就立

---

① Интервью с жителем города Ош（имя не разглашается），Москва，6 августа 2010 г.
② Интервью с жителем села Джапалак（имя не разглашается），Ош，12 сентября 2010 г.
③ Хроника насилия，События июня 2010 г. на юге Кыргызстана（Ошский регион），Norwegian Helsinki Committee，Правозащитный Центр《Мемориал》，Freedom House，2012（2）.
④ 库尔沙布（Kurshab）是一个以吉尔吉斯族人为主、距奥什市约45分钟车程的村庄。
⑤ The Pogroms in Kyrgyzstan，Crisis Group Asia Report N°193，August 2010.

刻赶往奥什市。①

在奥什市之外的吉尔吉斯族人中间，还广泛流传着牺牲者（这些人在10日晚到11日凌晨死亡——笔者注）的照片，这些照片成为接下来民族动员的重要工具②。

大量的吉尔吉斯族人开始集结。他们在奥什市主要集中在两个区域：在西部地区，主要聚集在一些街区的十字路口，6月11日中午，人数达到5000人；在东部地区，主要聚集在奥什市的入口处（福尔卡特）。与此同时，来自巴特肯州（列依列克斯、卡达姆扎伊、克孜耳—基亚等地区）、奥什州其他地区（努卡特、阿拉万）及周边地区（玛达、古里奇、琼阿拉、卡拉 - 库里金等地区）的吉尔吉斯族农民也不断涌入奥什市，到6月11日中午时分，奥什市内吉尔吉斯族聚集人数为几万人。③

有关乌兹别克族人暴行的传闻刺激和激怒了吉尔吉斯族人。在奥什市、贾拉拉巴德市、巴扎尔 - 库尔干（Bazar-Kurgan）和南部其他城市，来自附近和偏远农村的大批吉尔吉斯族人也汇入参与骚乱的吉尔吉斯族人的行列，开始攻击他们的乌兹别克族邻居。④ 6月11日早上，吉尔吉斯族青年团伙开始对以乌兹别克族居民居多的私人住宅区进行破坏性的攻击。大量吉尔吉斯族青年人从近郊村庄和巴特肯州涌入奥什市。

奥什州权力机关意识到在农村进行动员的危险性。奥什州州长命令所有地区的领导建立封闭信息系统，以防吉尔吉斯族人进行鼓动。考虑到进入奥什市吉尔吉斯族人的数量和他们集结的速度，这些封闭信息系统并不是非常有效。⑤

（二）民族冲突的升级

1. 急剧升级

6月10日夜里到6月11日，民族冲突急剧升级，大量从周边赶来支援

---

① "Where Is the Justice?" Interethnic Violence in Southern Kyrgyzstan and Its Aftermath, Human Rights Watch, August 2010.
② Интервью с жителем города Ош (имя не разглашается), Бишкек, 30 июня 2010 г.
③ Отчет международной независимой комиссии по исследованию событий на югеКыргызстана в июне 2010 года.
④ "Where Is the Justice?" Interethnic Violence in Southern Kyrgyzstan and its Aftermath, Human Rights Watch, August 2010.
⑤ Отчет международной независимой комиссии по исследованию событий на югеКыргызстана в июне 2010 года. 笔者在采访来自奥什州的两名政府官员的时候，对方也提到封闭信息系统。

的民众涌入奥什市，在奥什市内的多个街区及周边地区发生了严重的打砸抢烧等恶性事件，暴力事件以惊人的速度迅速升级。国际独立调查委员会指出，"暴力事件中的很多目击者并不只希望此次事件停留在暴力冲突阶段，甚至期待着发生战争"。①

多方估计，凌晨时分至凌晨 1 点，奥什市中心的骚乱参与者为 2000~5000 人（有的资料甚至宣称有 10000~15000 人，这一数据有些夸大）②。大概从半夜时分开始，吉尔吉斯族男子抢占并焚烧奥什市区内乌兹别克族人的个人财产。1 点 30 分左右，吉尔吉斯族青年沿"列宁"大街朝"阿莱"宾馆方向行进，沿途毁坏了咖啡馆和餐厅③。2 点 45 分至 3 点左右，乌兹别克族人企图占领"АТФ"银行大楼和"比莱因"公司（компания《Билайн》）办公室，在"阿列巴克"商店（магазин《Ареопаг》）附近也发生了约 200 人参与的吉尔吉斯族人与乌兹别克族人的冲突。凌晨 3 点，乌兹别克族居民做出反应，他们用石头、树木和货箱等修建了街垒，这些物品平时是用来在街道两旁摆摊做生意的。居住在纳里曼的农村居民堵塞了奥什市通往机场和通往比什凯克的主要道路。3 点 34 分出现了 1000 多名乌兹别克族人涌向福尔卡特村吉尔吉斯族人聚居地的事件。3 点 42 分，300 多名吉尔吉斯族人在"阿克-吉列克"小区（奥什西南边区）号召袭击军队并夺取他们的武器。④ 6 月 10 晚至 11 日，在包括来自市区和周边贾帕拉克村的扎帕德纽市场等在内的多个地方的好几百名吉尔吉斯族人聚集在奥什市中心的州行政办公楼附近。

6 月 11 日早上大约 6 点，通向城市的道路被 1000~2000 名乌兹别克族人封堵⑤。那里汇集了 40~50 辆小客车，这些车是来自比什凯克或者阿拉

---

① Отчет международной независимой комиссии по исследованию событий на югеКыргызстана в июне 2010 года.
② 在奥什市内务局和总检察院的资料中，参与该事件的人数被估计最多有 1 万人，非官方估计的人数达到了 15000 人。
③ 奥什市内务局信息。
④ Хроника насилия, События июня 2010 г. на юге Кыргызстана（Ошский регион），Norwegian Helsinki Committee, Правозащитный Центр《Мемориал》, Freedom House, 2012（2）.
⑤ Интервью с жителями Ошской области（имена не разглашаются），больница села Кыргыз-Чек, 19 июня 2010 г., исело Фуркат, 10 июля 2010 r, http：//www. presskg. com/uch/10/0701_ 10. htm.

万区准备驶往奥什冲突区接走自己亲人的。①

6月11日早上，私人住宅和商业建筑开始遭到洗劫和焚烧，②这种行为已经演变成了群体性的行为，也可以被视为冲突转入下一个阶段的标志，因为在此之前奥什市的住宅建筑物等并未受到袭击。同时，位于奥什市东部周边地区的福尔卡特村成了三个最危险的区域之一，出现了乌兹别克族青年人和吉尔吉斯族青年人的大规模冲突。早上9~10点，在离奥什州内务局道路运输安全管理局大楼不远的地方，数百名乌兹别克族人和吉尔吉斯族人发生了冲突。③

民族冲突中场面极度混乱，有目击者指出，"聚集人群没有领导人，人们就像在市场上那样企图同时发言"④，于是"谁也不听谁的"⑤。这些当地居民指出，聚集人群不仅没有可以掌控局势并进行谈判的领导人物，而且只有一小部分参与者手里拿有木棒和石头。⑥ 一位居民回忆道：

> 小区里没有士兵，没有警察，基本上全是青年人，他们拿着钢筋、棍子，有人拿着锤子，他们的眼神都很凶恶。上了年纪的吉尔吉斯族人并不插手所发生的事情。路上跑的车辆是没有牌照的，可能是偷来的，车里坐着孩子，他们显得很激动，大声呼喊着……直接在我面前用锤子打开车门，然后走了。几千人在小区里走来走去。有一种所有人都是从别的地方来的感觉。居民们基本上都待在家里，他们害怕出门。⑦

6月11日，奥什市惊慌失措的居民大批量地购买食品。⑧ 多层住宅楼里

---

① Интервью с жителем Кара-Суйского района（имя не разглашается），Ошская область，10 июля 2010 г.
② Хроника насилия，События июня 2010 г. на юге Кыргызстана（Ошский регион），Norwegian Helsinki Committee，Правозащитный Центр《Мемориал》，Freedom House，2012（2）.
③ Интервью с жителем города Ош（имя не разглашается），Ош，4 сентября 2010 г.
④ Интервью с жителем города Ош（имя не разглашается），Москва，13 октября 2010 г.
⑤ Интервью с жителем города Ош（имя не разглашается），Ош，22 декабря 2010 г.
⑥ Интервью с жителем города Ош（имя не разглашается），Ош，6 сентября 2010 г.
⑦ Интервью с жителем города Ош（имя не разглашается），Ош，23 июня 2010 г.
⑧ Хроника насилия，События июня 2010 г. на юге Кыргызстана（Ошский регион），Norwegian Helsinki Committee，Правозащитный Центр《Мемориал》，Freedom House，2012（2）.

的居民开始外出购买食物和水（"乌兹别克族人水中毒"的流言出现之后，立即出现了对瓶装水的需求）。① 家庭主妇们回忆道：

> 在任何情况下，食品都会被抢光。一方面，哪怕是保留下一家完整的商店，那也是很重要的。另一方面，来自共同敌人的威胁使他们连为一体。在一些房屋里，妇女们一同收集食品、做饭，给那些忙于进行防御的年轻人提供食物。一些人来匆忙地吃点东西就走了。②

6月11日，伴随着乌兹别克族人群袭击警察局大楼、检察院大楼和国家安全部大楼，奥什州其他地区的冲突也迅速爆发，在阿拉万区（Араванский район，奥什市以西26公里）中心发生了大规模骚乱。在捷佩—科尔贡乡（сельский округ Тепе-Коргон）和切克—阿巴德乡（сельский округ Чек-Абад）也发生了针对警察的暴力行为和对警察局大楼的袭击行为。③

在实施紧急状态之前，奥什州的局势已经完全超出了当局的控制范围。6月12日开始实行宵禁，奥什州的紧张局势终于有所缓和，但贾拉拉巴德州的局势在一天之内迅速升级，临时政府发布命令允许使用武力控制局势。④

2. 迅速蔓延

由于特殊的地理位置和民族构成，奥什州的民族冲突迅速蔓延到巴特肯州和贾拉拉巴德州。

6月11日，贾拉拉巴德州的政府机构就已经开始讨论如何稳定局势。与此同时，乌兹别克族居民开始在马哈利亚修建街垒，而吉尔吉斯族人则开始在赛马场（贾拉拉巴德市地名）集会。一些村庄的起义行为导致了打砸抢烧事件。当赛马场的吉尔吉斯族人迅速增多时，从农村来的大量吉尔吉斯族人也涌入贾拉拉巴德市。而有的人急于离开贾拉拉巴德市，这样交

---

① Интервью с жительницей г. Ош（имя не разглашается），Ош，21 декабря 2010 г.
② Интервью с жителем города Ош（имя не разглашается），Ош，5 сентября 2010 г.
③ Приговор Араванского районного суда по делу Рахманова М. и др.，10 ноября 2010 г.
④ Отчет международной независимой комиссии по исследованию событий на юге Кыргызстана в июне 2010 года.

通运输量就骤然加大。① 6月12日，奥什州的暴力冲突扩展到贾拉拉巴德州，特别是贾拉拉巴德市和巴扎尔－库尔干区（Bazar-Kurgon）。在巴扎尔－库尔干，一群乌兹别克族人封锁了比什凯克到奥什的公路，暴力冲突在6月13日早上爆发。② 快到11点的时候，贾拉拉巴德市的吉尔吉斯族人主要聚集在两个地点：几千人聚集在赛马场，另外几百人在市中心。16点，临时政府宣布贾拉拉巴德州进入紧急状态。16点至6点实施宵禁。尽管开始宵禁，但塔什—布拉克镇和巴扎尔－科尔贡区仍然枪声不断。傍晚19点，1500名吉尔吉斯族人和武装装甲车聚集在贾拉拉巴德市的"阿尔丁—奥尔多"咖啡馆旁边，他们抢劫和烧毁乌兹别克族人的房屋和店铺。人民友谊大学（巴迪洛夫创立）也再次被袭击，该大学外面的马哈利亚被烧毁。尽管骚乱活动颇具残酷性和破坏性，但死亡人数相对较少。国际独立调查委员会认为，贾拉拉巴德州的暴力事件是对奥什事件的呼应。如果说奥什事件在一定程度上是有计划、有组织的，那么贾拉拉巴德事件完全是临时自发的蓄意破坏行为。③

在巴特肯州，6月11日18点45分，州政府新闻办公厅报道称，约有200人在巴特肯市聚集，他们要求当局提供运输工具把他们送到奥什市。在奥什市求学的诸多大学生家长要求组织"热线"，以了解孩子们的安全状况。警察逮捕了那些呼吁袭击内务局、夺取武器的人。④ 晚上，约有250人乘车朝奥什市方向驶去，尽管当局曾努力阻止，但并未成功。⑤ 临时政府当局从6月12日早上起开始从巴特肯州的巴特肯区、卡拉姆扎伊区和利亚伊利亚克区（Ляйлякский районов）派出汽车从奥什市接回大学生。⑥ 当天深夜，从奥什市运出了约600名家在巴特肯州的大学生。⑦

---

① Отчет международной независимой комиссии по исследованию событий на югеКыргызстана в июне 2010 года.

② 2010年6月13日媒体报道，比什凯克的人正组织起来准备加入奥什的暴力冲突，《6月13日关于比什凯克的最新情况》，Akipress 通讯社，2010年6月13日，http://www.akipress.com/_en_news.php? id=37679（2010年7月30日访问）。

③ Отчет международной независимой комиссии по исследованию событий на югеКыргызстана в июне 2010 года.

④ http://www.centrasia.ru/newsA.php? st=1276418160.

⑤ http://www.azattyk.org/archive/ky-russiannews/20100612/829/832.html? id=2068720.

⑥ http://www.24kg.org/community/75941-tashtemir-yeshaliev-sotrudniki-batkenskoj.html.

⑦ http://tazar.kg/index.php? dn=news&to=art&id=549.

3. 转入低潮

6月13~14日发生在奥什市及其郊区的冲突虽然没有结束，但是冲突的紧张程度、暴力事件规模、频率明显降低。随着吉尔吉斯族人逐渐散去，他们开始在周边区域流动。局势稳定过程中吉尔吉斯斯坦内务部向参加过阿富汗战争的老兵寻求帮助。他们被用来维护封闭信息系统和加强宵禁。国际独立调查委员会显示，6月13日开始，来自吉尔吉斯族、乌兹别克族两族社区的一些德高望重的老年人走在一起并号召大家相互团结。直升机在整个城市散发呼吁和平、统一的宣传册子。冲突地区的居民逐渐开始离开，其中有吉尔吉斯族人也有乌兹别克族人。①

6月14日，奥什州和贾拉拉巴德州重归平静，一些人在奥什市内游行，倡导大家和平。最后一批被动员的来自周边地区的吉尔吉斯族人也离开了奥什市。尽管如此，安定的局面还是稍显脆弱。②

6月15日，出现了个别的焚烧事件和地区性事故。③ 贾拉拉巴德州的稳定局势来的相对晚一些。几千名吉尔吉斯族人再次集结在赛马场，冲突持续到第二天下午。直到夜间，库尔曼别克区和塔斯图克仍然有抢劫事件持续发生。④

国际独立调查委员会指出，6月10日至11日夜间和凌晨发生的暴力事件以及后来发生的连环暴力事件都具有双重特征。第一，毫无疑问，其中的部分暴力事件属于偶然性犯罪，一些抢劫、焚烧、攻击致伤、暴力行为乃至造成死亡的事件完全是偶然性的。第二，另外一些暴力事件则明显是有规模的（即有预谋的），尤其是6月11日早晨发生的装甲兵和有武装的吉尔吉斯族人攻击马哈利亚街垒的暴力行为和烧毁乌兹别克族人个人财产的行为。⑤

---

① Отчет международной независимой комиссии по исследованию событий на югеКыргызстана в июне 2010 года.
② Отчет международной независимой комиссии по исследованию событий на югеКыргызстана в июне 2010 года.
③ Хроника насилия, События июня 2010 г. на юге Кыргызстана (Ошский регион), Norwegian Helsinki Committee, Правозащитный Центр《Мемориал》, Freedom House, 2012 (2).
④ Отчет международной независимой комиссии по исследованию событий на югеКыргызстана в июне 2010 года.
⑤ Отчет международной независимой комиссии по исследованию событий на югеКыргызстана в июне 2010 года.

(三) 国内外各方的反应

1. 临时政府的应对

冲突开始后，临时政府也采取了相应的措施。

6月10日23点20分，奥什市内务局得知人群集会的消息，奥什市内务局局长向奥什市市长汇报了"阿莱"宾馆附近的情势，奥什市市长命令其副手舒拉特·萨比洛夫（Шухрат Сабиров，乌兹别克族）前往事发地点。①

23点20分左右，在事发地点开始出现警察的巡逻车。②

23点30分，奥什州内务局得知冲突的消息，执法机关开始向"阿莱"宾馆派遣兵力（20名当地警察和巡警）。③

23点40分，一个匿名电话打入国家安全局奥什市分局和奥什州分局说有200多名乌兹别克族人"正在酝酿武装侵略"。

6月11日凌晨时分，临时政府发布命令，使马哈利亚保持封闭状态，这是防止敌对者侵入的有效途径之一。

0点30分至1点，奥什州内务局副局长沙基尔·祖里莫夫（Шакир Зулимов，乌兹别克族）上校赶到冲突地区并努力尝试与"阿莱"宾馆附近的聚集人群进行谈判。④

在得到奥什事件的消息之后，临时政府首脑奥通巴耶娃在比什凯克召开紧急会议，并于6月11日2点宣布奥什市、乌兹根市和奥什州的卡拉-苏和阿拉万区进入紧急状态，会上还讨论了内务部以及国防部分部、航空部门向吉尔吉斯斯坦南部派遣军队和运送物资的问题。⑤

6月10日晚到11日当夜，奥什市内部停止供应燃气，奥什市市政府报

---

① Мырзакматов М. Мен издеген чындык. Бишкек, 2011, с. 18.
② Интервью с журналистом из города Ош（имя не разглашается）, Бишкек, 11 сентября 2010 г.
③ Интервью с жителем города Ош（имя не разглашается）, Ош, 21 декабря 2010 г.
④ 参与谈判的还有：奥什市副市长舒拉特·萨比洛夫、奥什市第三地区委员会代表达夫朗·阿卜杜马日托夫（Давран Абдумажитов）和奥什市市委议员阿卜杜穆塔里布·卡德罗夫（Абдумуталиб Кадыров）。
⑤ http：//news. fergananews. com/photos/2011/06/otchetIsakov. doc.

告解释说这是为了应对骚乱制定的安全策略。①

6月11日凌晨4点，奥什市市长公开呼吁保持稳定；6点30分，宣布晚上8点至第二天6点的时段实施宵禁。②

6月11日凌晨，奥通巴耶娃在国家第一频道以现场直播的形式呼吁冲突双方保持冷静。吉尔吉斯斯坦内务部第一副部长阿雷姆巴耶夫将军被任命为奥什州的指挥官。国防部部长伊萨科夫、临时政府副总理别克纳扎罗夫和杰别巴耶夫飞往吉尔吉斯斯坦南部。③

临时政府代表团于6月11日7点抵达奥什。随行的还有50～70名社会秩序援助警察。代表团成员包括以下几位：别克纳扎罗夫（临时政府副总理，负责安全和执法机构），杰别巴耶夫（临时政府副主席），法塔霍夫（乌兹别克族领袖），阿里谢尔·萨比罗夫（乌兹别克族领袖），库尔桑·阿萨诺夫（奥什市警局局长，之后被任命为奥什市指挥官），阿雷姆巴耶夫（内务部副部长，奥什市及奥什州指挥官）。代表团前往奥什市市长办公室。④

临时政府代表团抵达后，奥什市市长和州长举行了临时会晤。该州州长宣称，不仅来自农村地区的几千名男子聚集在福尔卡特，而且还有更多的男子向市区边缘靠近。6月11日11点，别克纳扎罗夫对刚刚抵达奥什的临时政府专门代表伊萨科夫将军发布了命令。

骚乱事件爆发后不久，时任吉尔吉斯斯坦临时政府总统奥通巴耶娃在一次公开场合表示说：

> 临时政府已经授权奥什和乌兹根市、卡拉-苏区和阿拉万区负责人，以及整个吉尔吉斯斯坦执法机构，制止任何旨在危害局势稳定的行为，对那些鼓吹暴力煽动民众之间仇恨的人采取法律行动。所有的

---

① Мырзакматов М. Мен издеген чындык. Бишкек, 2011, с. 325.
② Отчет международной независимой комиссии по исследованию событий на югеКыргызстана в июне 2010 года.
③ Кыргызстан, Опубликовано заключение Национальной комиссии по расследованию июньских событий, http://www.fergananews.com/article.php?id=6871&print=1.
④ Отчет международной независимой комиссии по исследованию событий на югеКыргызстана в июне 2010 года.

犯罪分子都将被逮捕并受到法律严惩。①

6月11日下午,临时政府代表团部署工作并开始设计乌兹别克人撤退路线。几天之内又有补充兵力被派往奥什市。部署的军队力量最终达到2000人。17点,宵禁时间又被延长,具体时段为晚上6点至第二天6点。②

6月12日,临时政府通过了另一项《关于宣布吉尔吉斯斯坦贾拉拉巴德州进入紧急状态》的决议,在18点至次日6点实行宵禁。吉尔吉斯斯坦国家安全局第一副局长拜博洛夫被任命为贾拉拉巴德州的指挥官。③ 临时政府开始在贾拉拉巴德州的贾拉拉巴德市和苏扎克市实施紧急状态。

6月13日,临时政府在整个贾拉拉巴德州实施紧急状态。拜博洛夫指挥官被授权行使贾拉拉巴德州全境的紧急权力,紧急状态原计划持续到6月22日,但6月21日又宣布延长至25日。

2. 武装部队的应对

赌场附近的冲突发生后,警方抵达现场,但是无法驱散聚集的群众。最后,快速反应部队(俄文的首字母缩略词,SOBR)和内务部的武装力量出动装甲运兵车(APC),并通过鸣枪示警和发射烟幕弹才将人群逐渐驱散。④ 快速反应部队和内务部队继续在呈胶着状态的十字路口沿着几条街道驱散人群。⑤ 同时,第二十六独立作战特种快速反应部队进入战备状态,并加强对军事基地和导弹存储基地的保护。⑥

6月10日23点58分,52870部队的38名武装人员乘3辆80型装甲运输车从驻地"西部"小区出发,前往保护奥什州州政府大楼。6月11日0

---

① 奥通巴耶娃:《吉尔吉斯斯坦共和国关于执法人员和国防部军事人员不服从合法命令或者实行紧急状态地区的地区指挥官命令的责任法令》,2010年6月13日,http://www.kyrgyzel.kg/index.php?option=com_content&task=view&id=409&Itemid=45(2010年8月3日访问)。
② Отчет международной независимой комиссии по исследованию событий на юге Кыргызстана в июне 2010 года.
③ Кыргызстан, Опубликовано заключение Национальной комиссии по расследованию июньских событий, http://www.fergananews.com/article.php?id=6871&print=1.
④ 俄语中是特别快速反应分队。
⑤ "Where Is the Justice?" Interethnic Violence in Southern Kyrgyzstan and Its Aftermath, Human Rights Watch, August 2010.
⑥ Хроника насилия, События июня 2010 г. на юге Кыргызстана (Ошский регион), Norwegian Helsinki Committee, Правозащитный Центр《Мемориал》, Freedom House, 2012(2).

点 15 分，同一部队的 60 名武装人员搭乘两辆卡马兹牌汽车前往奥什州州政府。①

6 月 11 日 1 点 27 分，吉尔吉斯斯坦武装部队总参谋部行动执勤人员发布口头命令，要求南方集团军进入完全战备状态。陆军部队的人员构成（主要指修整人员）全部进入军事状态并加强军事设施保护，其中包括驻扎在奥什的 30630 部队、30295 部队和 92843 部队等。最初成立了行动组，随后又部署了辅助管理点。驻扎在"西部"小区的 36806 部队和 50967 部队已经开始准备装甲车和机动车。总共调出了荷枪实弹的 16 辆 2 型步兵战车和 10 辆多载轻型装甲车。② 半夜时分，在奥什州的各内务机关的分支机构和内部作战部队提高了警戒程度。③ 边境部队及其管理机关也提高了警戒程度。

6 月 11 日 6 点 25 分，92843 部队的 35 名士兵搭乘两辆卡车抵达奥什市市外。7 点 45 分，3 辆 80 型装甲运输车载着 28 名 30295 部队的士兵们从贾拉拉巴德州马里－苏市出发，前往奥什市（6 月 11 日白天，两辆运输装甲车在福尔卡特村入口处被吉尔吉斯族聚集人群夺走）。④

6 月 11 日上午，其他陆军部队也从其他地方被调往奥什州。此外，由北方各州的内务部警察学院、内卫军、内务局的工作人员组成的联合部队也被派往发生冲突的地方，他们乘 4 架飞机抵达奥什市以平息民族冲突。由 300 人组成的联合特种部队乘飞机从比什凯克抵达奥什。通过吉尔吉斯斯坦内务部的呼吁，内务机关、国家安全机构、国防部和参加过阿富汗战争的许多老兵前往属于紧急状态的地区，帮助恢复这些地区的局势。由执法机关的老兵、民兵和青年组成的第一支志愿军被送往南方。⑤

---

① Хроника насилия，События июня 2010 г. на юге Кыргызстана（Ошский регион），Norwegian Helsinki Committee，Правозащитный Центр《Мемориал》，Freedom House，2012（2）. равозащитный Центр《Мемориал》，Freedom House，2012（2）.

② Информация командующего Южной группировкой войск Министерства обороны.

③ http：//www.24.kg/community/75737-v-kyrgyzstane-v-gorode-oshe-v-rezultate-massovyx.html.

④ Хроника насилия，События июня 2010 г. на юге Кыргызстана（Ошский регион），Norwegian Helsinki Committee，Правозащитный Центр《Мемориал》，Freedom House，2012（2）. равозащитный Центр《Мемориал》，Freedom House，2012（2）.

⑤ Кыргызстан，Опубликовано заключение Национальной комиссии по расследованию июньских событий，http：//www.fergananews.com/article.php?id=6871&print=1.

6月11日，内务部颁布了312号命令，允许警察和内卫军无限制地使用武力，以防止攻击公民、受保护的对象、内务部和武装部队的人员。

6月12日，临时政府允许所有执法机构和军队在紧急状态期间（68号命令）在处于紧急状态的地区开枪。同日，临时政府宣布在吉尔吉斯斯坦进行局部动员（69号命令），几支武装部队进入备战状态。为了促进国家稳定，建立了一支"民众自愿纠察队"（66号命令）。奥什市和贾拉拉巴德市的指挥官以及吉尔吉斯斯坦南部特派专员均收到了临时政府的指示，要求他们"用尽一切力量和方法"，实施"严格而又详尽的措施，稳定南部的社会政治局势"（70号命令）。奥通巴耶娃还通过自己的命令恢复了安全委员会。由于必须采取紧急措施，临时政府又通过了一系列决议：《关于吉尔吉斯斯坦共和国局部动员的说明》《关于允许在对抗中使用军事装备》《关于追究国家执法机关工作人员、国防部服役军人未服从处于紧急状态的地区的指挥官的命令和要求的责任》。[①]

6月13日出台的71号命令规定，不服从指挥官命令的军官会被解雇。

3. 国际社会的反应

6月11日，时任联合国秘书长潘基文强调，"必须尊重法律规则，并通过对话寻求和平解决问题"[②]。

6月11日，欧洲联盟外交事务和安全政策高级代表阿什顿发表声明称"呼吁在所有冲突中涉及的暴力必须马上停止"。[③]

6月12日美国国务院呼吁，"在奥什任何民族暴力正在上演的地区和平和公共秩序必须马上被恢复"，并表明美国支持联合国和欧安组织共同合作以应对危机。[④]

6月12日，欧安组织少数民族问题高级专员克努特沃莱贝克提出了一

---

① Кыргызстан, Опубликовано заключение Национальной комиссии по расследованию июньских событий, http：//www.fergananews.com/article.php？id=6871&print=1.
② 《在吉尔吉斯斯坦暴力再现夺取了很多生命后，潘基文呼吁冷静》，2010年6月11日，http：//www.un.org/apps/news/story.asp？NewsID=34992&Cr=（2010年7月27日访问）。
③ 《高级代表阿什顿就吉尔吉斯新冲突发表的声明》，2010年6月11日，http：//www.consilium.eu/uedocs/cms_ Data/docs/pressdata/EN/foraff/115125.pdf（2010年7月27日访问）。
④ 《就吉尔吉斯共和国局势所发表的声明，美国呼吁和平和公共秩序的迅速恢复》，2010年6月12日，美国国务院，http：//www.americ.gov/st/texttrans-english/2010/June/20100614155948SBlebahC7.630122e-02.html&distid=ucs（2010年7月27日访问）。

个所谓的早期预警，① 两天后，欧安组织常设理事会会议召开，要求欧安组织抱着必须立即采取措施、重建公共秩序和法律规则的目的，发起联合国安全会议。② 具体见表3-3。

俄罗斯在整个过程中扮演的角色是非常值得关注的。6月12日，奥通巴耶娃向时任俄罗斯总统梅德韦杰夫发出军事援助的请求。梅德韦杰夫答复说吉尔吉斯斯坦骚乱事件是国家内部事件，俄罗斯和集体安全条约组织都不能干预。他说，只有当成员国的边界遭到外部袭击或者有外部夺取政权的企图时，集体安全条约组织才可以行动。③ 俄罗斯派遣了200名空降兵加强其"坎特"军事基地的保卫。集体安全条约组织成员国秘书在莫斯科举行了紧急会议：决定不向吉尔吉斯斯坦派遣维和部队，但可以向其提供人道主义援助以及军事装备。④

乌兹别克斯坦总统卡里莫夫表现得特别稳重和谨慎，冲突刚一发生，他就要求不要干涉吉尔吉斯斯坦的内政，并为难民开放边界。在整个民族冲突中，乌兹别克斯坦都没有采取任何军事行动，只是加强了乌兹别克斯坦与吉尔吉斯斯坦边界的防卫。为了保卫乌兹别克斯坦境内的吉尔吉斯族人不受攻击，乌兹别克斯坦还专门加强了对该国吉尔吉斯族人的保卫，乌兹别克斯坦还阻止了想越境帮助自己同胞的乌兹别克族人。⑤ 9月21日，在联合国大会的全体会议上，卡里莫夫称："我们有充分的理由说明吉尔吉斯族人和居住在吉尔吉斯斯坦南方的乌兹别克族人已经成为第三方势力实施的经过深思熟虑且组织良好的行动的人质。"⑥

---

① 早期预警机制是欧安组织出于科索沃大批阿尔巴尼亚难民进入南斯拉夫共和国的马其顿后处理民族间关系被提出的，"2010年吉尔吉斯斯坦南部民族冲突"是之后预警机制唯一一次被重新启动。更详细的内容请参见http：//www.osce.org/hcnm/13091.html。
② 欧安组织少数民族问题高级专员：《对于常设理事会的早期预警》，2010年6月14日，http：//www.osce.org/documents/hcnm/2010/06/44564_en.pdf（2010年7月27日访问）。
③ 《梅德韦杰夫说不会有多国部队支援动荡不安的吉尔吉斯斯坦》，2010年6月11日，http：//en.rian.ru/news/20100611/159390386.html（2010年7月27日访问）。
④ Ошская инициатива доклад по результатам независимого общественного расследования июньских（2010）событий в Кыргызстане, http：//news.fergananews.com/archive/2011/oshini.doc.
⑤ The Pogroms in Kyrgyzstan, Crisis Group Asia Report N°193, August 2010.
⑥ Кыргызстан, Опубликовано заключение Национальной комиссии по расследованию июньских событий, http：//www.fergananews.com/article.php？id=6871&print=1.

表 3-3 欧洲安全与合作组织处理吉尔吉斯斯坦南部民族冲突事件一览

日期	事件
2010 年 4 月 12 日	欧安组织轮值主席特使、欧安组织议会大会特使、联合国秘书长特使与欧盟特使召开联席会议,扎内别克·卡里布扎诺夫（Zhanybek Karibzhanov）指出,尤其要注意吉尔吉斯斯坦南部局势,吉尔吉斯斯坦临时政府不能完全控制南部局势
2010 年 5 月 19 日	贾拉拉巴德市再次爆发冲突,欧安组织轮值主席、哈萨克斯坦外长坎纳特·绍达巴耶夫（Kanat Saudabayev）对此事表示深度关切
2010 年 6 月 12 日	坎纳特·绍达巴耶夫与奥通巴耶娃通电话,对吉尔吉斯斯坦南部民族冲突表示慰问。任命扎内别克·卡里布扎诺夫为欧安组织轮值主席特使、欧安组织冲突预防中心高级官员前往吉尔吉斯斯坦
2010 年 6 月 14 日	在轮值主席的倡议下,欧安组织常设理事会召开特别会议商讨吉局势,同日,坎纳特·绍达巴耶夫与美国国务卿希拉里共同商讨吉局势
2010 年 6 月 15 日	扎内别克·卡里布扎诺夫在比什凯克主持召开协调委员会,共同商讨吉尔吉斯斯坦南部局势
2010 年 6 月 20 日	坎纳特·绍达巴耶夫与奥通巴耶娃通电话,商讨欧安组织对吉尔吉斯斯坦紧急援助的方式和数量
2010 年 6 月 22 日	成员国代表就吉尔吉斯斯坦南部问题形成共识：1. 增强欧安组织比什凯克中心的能力；2. 决定向吉尔吉斯斯坦派驻警察工作组
2010 年 6 月 28 日	"三驾马车"（即前任、现任和候任主席国）在常设委员会主席的带领下访问吉尔吉斯斯坦,代表团重申了对吉尔吉斯斯坦南部局势和选举的关切
2010 年 6 月 29 日	坎纳特·绍达巴耶夫与美国国务卿希拉里通电话商讨吉尔吉斯斯坦南部局势
2010 年 7 月 4 日	哈萨克斯坦成立以第一副总理为领导的高级工作组,帮助吉尔吉斯斯坦南部恢复经济
2010 年 7 月 14 日	欧安组织冲突预防中心主任 H. 尚博（H. Salber）与吉尔吉斯斯坦当局会谈,商讨欧安组织警察顾问团的问题

资料来源：Kazakhstan's Practical Approach to Alleviating Humanitarian Crisis in Kyrgyzstan, http://www.kazembassy.gr/index.php?option=com_content&view=article&id=63&Itemid=42&lang=en。

在进行维和行动和人道主义帮助中,欧洲安全与合作组织及其哈萨克斯坦轮值主席、欧盟和联合国向吉尔吉斯斯坦提供了实质性的援助,与俄罗斯协调行动的美国也采取了同样的处理态度。尽管吉尔吉斯斯坦政府向国际社会发出了援助请求,但是没有国际机构向吉尔吉斯斯坦派驻维和部队。

(四) 冲突中的非法行动

吉尔吉斯斯坦南部民族冲突中发生了前文提到的打、砸、抢、烧及人身伤害等非法行动,这些非法行动给吉尔吉斯斯坦民众带来了严重的生命和财产伤害。

1. 打砸行为

在民族冲突中,发生了有目的的打砸行为,沿街的店铺和公共基础设施成为打砸的主要对象。在"阿莱"宾馆冲突后不久,一群年轻人就开始"掀翻路边摊点,焚烧小商店,拦截汽车,还乱扔石块"①。在冲突的早期,大批乌兹别克族人在奥什市市中心砸商店橱窗和车辆,袭击吉尔吉斯族人。"几乎整晚都能听到玻璃被敲碎的声音。临近早晨的时候来了一辆装甲运输车,砸玻璃的声音这才安静下来,一切又恢复了平静。"② 在冲突的过程中,发生了成群结队的打砸行为,一名美国"和平队"(《Корпус мира》)志愿者回忆道:

这群人由100多名男子组成,他们叫喊着并向空中开枪。一些人用枪和刀斧武装起来。他们放火焚烧并砸毁商店玻璃,有一个石块甚至飞到了居民楼的窗户里。很快人群扩大到300人,骚乱持续了大约2个小时。凌晨5点钟左右,这群男子开始用木棒砸居民楼对面的商店,但是被乌兹别克族人赶走了。③

2. 抢劫财物

在民族冲突中也发生了严重的抢劫财物行为,前文指出,"民族冲突中恶意破坏财产的实质就是向另一方传达出清晰的信号,经济上的富有是会得到报复的"。《暴力冲突大事记: 2010 年吉尔吉斯斯坦南部(奥什地区)事件》

---

① Интервью с жителем Ошской области (имя не разглашается), Бишкек, 4 июля 2010 г.
② Интервью с жителем города Ош (имя не разглашается), Ош, 5 сентября 2010 г.
③ http://caramellla.livejournal.com/193222.html.

指出，在民族冲突的混乱局面下，对商业点所进行的打劫行为已经不取决于业主的民族属性。① 福尔卡特村卡德罗夫大街上的居民回忆道，6月11日晚上抢劫者挨家挨户行走，"甚至连毁坏的汽车里的蓄电池也被运走了"。② 一位目击者描述了把一切能掠夺的东西全部掠夺走的肆无忌惮的抢劫行为：

> 他们劫走汽车，甚至牲畜。从我的窗户下被拖走的有旧电视机、固定电话、地毯、吊灯……我从房间两侧的（窗户里）看到的情景都是这样。我意识到，抢劫已蔓延到贸易中心，（他们）也开始抢劫服装市场。一些年轻的女孩们搬走了一台洗衣机……后来"穆哈拉姆"超市（супермаркет Мухаррам）开始遭到洗劫。我的邻居们也并不羞于这么做。宵禁被完全忽视，抢劫行为在整个夜晚都没有停止。③

3. 抢夺武器

武器在民族冲突中会迅速改变一方的力量平衡，奥什民族冲突造成严重人员伤亡的重要原因就是一部分暴徒抢夺了武装部队的武器，抢夺武器在民族冲突中多次发生。

根据检察机关的资料，6月10日，福尔卡特村约1500名吉尔吉斯族人抢夺了2辆БТР-80装甲运输车，2架РПК-74机枪，24支АК-74和АКС-74自动枪，1支СВД狙击步枪，1000发14.5毫米口径的子弹（用于大口径的机枪）和8950发5.45毫米和7.62毫米口径的子弹。所有这些武器（除了装甲运输车）到2010年7月底都没有归还。④

6月11日17时左右，2000名吉尔吉斯族人袭击了位于阿拉万区古尔恰村（село Гулча）的92843部队，抢走了10支АК-47式突击步枪、1966发

---

① Хроника насилия, События июня 2010 г. на юге Кыргызстана（Ошский регион），Norwegian Helsinki Committee, Правозащитный Центр《Мемориал》，Freedom House, 2012（2）. равозащитный Центр《Мемориал》，Freedom House, 2012（2）.
② Интервью с жителем села Фуркат（имя не разглашается），Ошская область, 22 июня 2010 г.
③ http://afisha.zakon.kz/175781-r.otunbaeva-chislo-pogibshikh.html.
④ Хроника насилия, События июня 2010 г. на юге Кыргызстана（Ошский регион），Norwegian Helsinki Committee, Правозащитный Центр《Мемориал》，Freedom House. 2012（2）.

子弹和 14 枚 Ф-1 手榴弹架。①

6月11日20时30分,约有2000名琼阿拉的居民袭击了边境哨卡"萨利塔什"(Сары-Таш,位于阿莱区),抢走了25支AK-74式突击步枪、1支СВД狙击步枪、1750发作战子弹、2枚ВОГ-25破片榴弹和225枚杀伤手榴弹、2支信号手枪、136发配弹、1把刺刀、5把小型工兵锹。② 以下描述了抢夺武器的过程:

> 人们开始把士兵从步兵战车上拖出来,夺走他们的武器,爬上步兵战车,然后向中心方向驶去。步兵战车后面跟着一群用棍子、钢筋、刀子武装起来的、嘴里喊叫不停的人。③

据吉尔吉斯斯坦国家调查委员会消息,6月11~13日,针对部署在奥什州的阿拉万区,卡拉-苏区、卡拉-库里金和琼阿拉各区的军区和分队,吉尔吉斯族人抢走了25支AK-47自动步枪、1支德拉哥诺夫狙击步枪、1支马卡洛夫手枪、14枚Ф-1手榴弹和9999颗子弹。④ 根据国际独立调查委员会的调查,在奥什州和贾拉拉巴德州被抢走的武器总数为168把自动步枪,其中包括5把狙击手枪和2把发射口径为7.62毫米的德拉古诺夫狙击步枪,附带33494枚子弹。仅在奥什州就至少有134支步枪、2支狙击步枪、2支自动步枪、1门迫击炮和3把手枪被抢,所有这些枪支均配有子弹。⑤ 民族冲突结束以后,奥什州各地区的吉尔吉斯族人并未归还多数被他们抢走的枪支和超过90%的弹药。⑥

---

① 军事检察院信息,在《伊斯玛伊尔·伊萨科夫报告》中,袭击者的人数被估计为1500人。
② Хроника насилия, События июня 2010 г. на юге Кыргызстана (Ошский регион), Norwegian Helsinki Committee, Правозащитный Центр 《Мемориал》, Freedom House, 2012 (2). равозащитный Центр 《Мемориал》, Freedom House, 2012 (2).
③ Интервью с жителем города Ош (имя не разглашается), Ош, 5 сентября 2010 г.
④ Хроника насилия, События июня 2010 г. на юге Кыргызстана (Ошский регион), Norwegian Helsinki Committee, Правозащитный Центр 《Мемориал》, Freedom House, 2012 (2). равозащитный Центр 《Мемориал》, Freedom House, 2012 (2).
⑤ Отчет международной независимой комиссии по исследованию событий на югеКыргызстана в июне 2010 года.
⑥ Хроника насилия, События июня 2010 г. на юге Кыргызстана (Ошский регион), Norwegian Helsinki Committee, Правозащитный Центр 《Мемориал》, Freedom House, 2012 (2). равозащитный Центр 《Мемориал》, Freedom House, 2012 (2).

4. 焚烧事件

民族冲突中的焚烧行为与抢劫财产类似，也要传递出驱赶对方，"使对方永远别再回到原来住所"的信号。吉尔吉斯斯坦南部民族冲突中的焚烧行为不仅针对私人住宅，还发生了大量针对政府机构的焚烧事件，焚烧政府机构的行为可以看作发泄对政府的不满。截至 6 月 11 日 0 时 20 分，他们共烧毁了国家安全局奥什分局和奥什市内务局的 4 辆汽车以及其他数辆私人汽车。① 根据国家安全局的报告，临近 6 点的时候，在奥什市市中心附近，吉尔吉斯族人焚烧了纳沃伊大街上的印刷厂、库尔曼江 - 达特卡大街上的加油站和好几家商店，而乌兹别克族人则烧毁了奥什州音乐厅。位于列宁大街的"巴布尔"乌兹别克传统音乐与戏剧院的观影大厅也遭到了焚烧。② 6 月 12 日，中央市场和服装市场以及位于各主要街道上的贸易设施和咖啡馆都遭到了多次抢劫和纵火焚烧。③ "穆哈拉姆一号"大型超市（супермаркет《Мухаррам - 1》）、"水星"餐厅和"木星"餐厅（ресторан《Юпитер》）、"阿里 - 法伊斯"咖啡馆（кафе《Аль - Фаиз》）等遭到焚烧，"人民"商店（магазин《Народный》）遭到抢劫。④

一位吉尔吉斯族目击者观察到了乌兹别克族人是如何靠近福尔卡特村的东部的。"他们点燃了加油站，烧了房子和 4 个属于吉尔吉斯族人的很大的商店，我邻居的'加里夫 - 2'汽车也被烧了。"⑤ 为了焚烧房屋，侵入者不仅使用了汽油，还使用了专门的燃烧榴弹。⑥ 许多房屋是在被抢劫完财物后放火焚烧的。一名亲历者回忆称：

---

① 国家安全局信息：根据奥什市内务局的资料，当夜"苏莱曼—图警局刑事调查科科长的公务车和内务局一名工作人员的私家车被砸毁、焚烧"。截至 2010 年 6 月 11 日早上，消防局发布的信息称总共有 2 辆警车和 4 辆私家车被纵火烧毁。Хроника насилия, события июня 2010 г. на юге Кыргызстана（Ошский регион），Norwegian Helsinki Committee, Правозащитный Центр《Мемориал》, Freedom House, 2012（2）.

② http: //kabar. kg/index. php? option = com_ content&task = view&id = 1385 & Itemid = 54.

③ Хроника насилия, События июня 2010 г. на юге Кыргызстана（Ошский регион），Norwegian Helsinki Committee, Правозащитный Центр《Мемориал》, Freedom House, 2012（2）. равозащитный Центр《Мемориал》, Freedom House, 2012（2）.

④ http: //www. fernews. com/news. php? id = 14975&mode = snews.

⑤ Интервью с жителем Кара-Суйского района（имя не разглашается），Ошская область, 10 июля 2010 г.

⑥ Интервью с жителями села Шарк（имена не разглашаются），Ошская область, 25 июня 2010 г. ; 22 июня и 24 декабря2011 г.

在装甲车之后来了 20~25 个人，年龄在 15~25 岁。他们中 3 人或者 4 个人一伙走进一些屋子，拿走了他们想要的一切。之后，戴着面具的孩子们拿着喷雾器和装有汽油的油罐，背在背上，把房子洒上汽油，然后点着。①

5. 人身伤害

前文指出，民族冲突中的暴力可以分为工具性暴力和情感性暴力，其中情感性暴力主要表现为对对方的人身伤害。吉尔吉斯斯坦民族冲突中的人身伤害异常惨烈，在沙穆沙特地段（участок Шамшат），一名男子被乌兹别克族人群拦住，被用斧头砍死。② 6 月 11 日后，随着暴力冲突规模的不断扩大，人身伤害的严重程度和残忍程度也不断提高：

> 6 月 11 日早上大概 9 点，马德村的 62 岁的萨贝尔别克·阿纳尔巴耶夫（Сабырбек Анарбаев）在公路上被洒上了汽油，当着众人的面被活活烧死，因为"他试图调解冲突的双方"③。
>
> 60 岁的埃尔贾什·玛玛达利耶夫（Эргаш Мамадалиев）因头前骨折死亡，他的尸体被抛入了正在燃烧的房子里。这位被打死的 60 岁老人的儿子——37 岁的埃尔金波（Эркинбой）——则被一把枪的枪托打倒在地上。然后，一位袭击者用刀子刺伤他的腹部和头部。他也中了枪伤，在袭击者纵火期间，他还被烧伤。埃尔金波因伤势过重失去了知觉。邻居们把他送到乌兹别克斯坦，从而挽救了他的生命。④

很多乌兹别克族人要么在自己家中要么在救火或想要逃跑的时候被打伤或者打死：

> ……他们抢劫乌兹别克族人的财产（包括汽车、金饰、钱、贵重

---

① Интервью с жителем города Ош（имя не разглашается），Ош，6 сентября 2010 г.
② http://89.108.120.121/osh/88992-v-gorode-oshe-kyrgyzstan-sud-vynes-reshenie-po.html.
③ Ж. Жолдошева, Конфликт на юге можно было бы пресечь, если бы ГСНБ отреагировало на тревожные сообщения еще в мае, http://www.for.kg/ru/news/125889/.
④ Интервью с жителем г. Ош（имя не разглашается），Ош，4 сентября 2010 г.

物品等），还多次用特别残忍、粗暴、变态的方式集体强奸躲在家中的妇女、未成年孩童甚至男人。这些人割下妇女的乳房、男人的生殖器、鼻子、耳朵等其他器官，泼上汽油，将乌兹别克族人活活烧死，搬出死者的物品，然后再点燃他们的房屋……①

前文指出，民族冲突中人身伤害的图片或影像通过互联网、传媒、亲眼所见的方式能够成为民族冲突二次动员或三次动员的工具，在吉尔吉斯斯坦南部民族冲突中就发生了类似的事件：

在福尔卡特地区乌兹别克族人设置的路障后面，还遗留着两名吉尔吉斯族人被烧黑的尸体，这激怒了群众，尤其是吉尔吉斯族青年变得"失控"，他们一进入城中就开始焚烧乌兹别克族人的房屋。②

6. 强奸行为

正如前文所述，强奸"是一种几乎'必需的'且稳固的民族冲突成分"，因为作为一种社会-文化现象，强奸是一种"报复并侮辱对方群体的示威方式"。吉尔吉斯斯坦南部民族冲突中，也多次发生强奸行为。《奥什动议——吉尔吉斯斯坦（2010年）"6月事件"社会独立调查结果报告》中指出：

年轻的妇女常常成为强暴行为的受害者，那帮人在实施强暴行为时还经常使用各种东西（如瓶子、木棍等物）。暴徒们在强暴后常常把受害人杀死，并浇上汽油焚烧，有时则将受害人吊起来示众。这种强暴行为一般都带有团伙性质，一个受害人通常会受到多个人的强暴。强暴行为还经常当着受害人亲属的面实施，这往往使受害人及其亲属

---

① Ошская инициатива доклад по результатам независимого общественного расследования июньских（2010）событий в Кыргызстане, http：//news.ferqananews.com/archive/2011/oshini.doc.
② "Where Is the Justice?" Interethnic Violence in Southern Kyrgyzstan and Its Aftermath, Human Rights Watch, August 2010.

难受万分。①

国际独立调查委员会最终确定了 20 起左右的强奸事件，可以肯定的是，这些性暴力事件的数目比 20 起肯定要多得多。《国际独立调查委员会关于吉尔吉斯斯坦南部 2010 年 "6 月事件" 的报告》中提出：

有的妇女先被强奸，然后被杀害或者烧死。在整个 "6 月事件" 中，女性受害者占所有受害者的 10%。一些乌兹别克族妇女被强行扒光衣服然后沿街行走。还有一例案件中，乌兹别克族妇女被迫脱光衣服在吉尔吉斯族男子面前跳舞。还有的女性性工作者先被绑架然后被轮奸。②

7. 羞辱行为

羞辱行为虽然很少对对方造成人身伤害，但能够最大限度地"泄愤"，在吉尔吉斯斯坦南部民族冲突中发生了多起羞辱行为，如下跪、强迫乌兹别克族人唱吉尔吉斯斯坦国歌等。③ 一名受害者回忆道：

他们让我们跪着，命令我们低头看着地面，任何细微的动作都会遭到殴打。每进来一个人都会过来殴打我们。他们甚至在我们身上踩来踩去，他们用刀子威胁我们，向一些人提出赎金要求。妇女们被三三两两地拖出大厅，一个小男孩也被带走，外面传来叫喊声，但我不知道他对她们做了什么。他们还逼着我们唱吉尔吉斯斯坦国歌。我们不知道歌词，但一个 9 岁的小男孩（人质）知道，所以我们就跟着他唱。他们要求我们齐声说 "乌兹别克族人是蠢货！"，当我们被迫这

---

① Ошская инициатива доклад по результатам независимого общественного расследования июньских（2010）событий в Кыргызстане, http：//news. fergananews. com/archive/2011/oshini. doc.

② Отчет международной независимой комиссии по исследованию событий на югеКыргызстана в июне 2010 года.

③ Ошская инициатива доклад по результатам независимого общественного расследования июньских（2010）Событий в Кыргызстане. 2011.

么做时，他们还把声音录制在手机上。①

羞辱的方式多种多样，还有一名受害者回忆称：

> 所有人的手机全被收走。我们的双手都被绑着，他们命令道："看着地面。"他们用球棒、棍子殴打我们，用脚踢我们。我旁边的两个人的头都被打破。他们嘴里骂着淫秽脏话，高声喊道："乌兹别克族人去死吧！告诉你们的卡里莫夫，这是吉尔吉斯族人的城市。"他们用各种方法嘲弄我们。他们小便，把尿液装在瓶子里并强迫一位临近妇女的孩子喝掉。他们在这里还强奸了一个女孩。②

一名女性回忆道：

> 我和我的一位女邻居被迫交出耳环。他们就像毒瘾症者一样麻木不仁。一个人把我的那副耳环放进嘴里咽了下去。他们开始敲打着某种节拍，嘲弄着我们。他们抓住我的头发，沿着楼梯拖拉我。③

8. 劫持人质

吉尔吉斯斯坦南部民族冲突中还发生了劫持人质的事件，劫持人质一般有两种目的：一种是交换人质，另一种是换取钱财。多个调查报告中都提到了奥什市内"纳斯塔里日"咖啡馆成为人质扣押和交换的主要场所。6月13日，该咖啡馆内的人质劫持事件达到高潮，被劫持的人质还遭到了毒打和强奸。6名被劫持的乌兹别克族女性回忆称：

> 我被打了好几次，晚上我们被带到"西部小区"的清真寺，从那

---

① Хроника насилия, События июня 2010 г. на юге Кыргызстана (Ошский регион). Norwegian Helsinki Committee, Правозащитный Центр《Мемориал》, Freedom House. 2012 (2).
② Интервью с бывшей заложницей (имя не разглашается), Ош, 12 сентября 2010 г.
③ Интервью с бывшей заложницей (имя не разглашается), Ош, 12 сентября 2010 г.

里又到了伊玛目（имам）那里，他们在那里给我们安排过夜的地方。第二天早上，我们被用来交换吉尔吉斯族人。①

除了"纳斯塔里日"咖啡馆人质事件外，很多人质被用来交换钱财，而不是用人来互换。如《国际独立调查委员会关于吉尔吉斯斯坦南部2010年"6月事件"报告》中指出：

> 6月13日，一些吉尔吉斯族男子在切列穆什基抓捕乌兹别克族人作为人质，之后迅速将他们换成钱……这样投机取巧的抓捕人质行为在6月13日冲突事件后仍然持续了很久。②

（五）冲突中的规律性

吉尔吉斯斯坦南部民族冲突中发生了严重的打砸抢烧、人身伤害和羞辱强奸行为，局面非常混乱，但在这些异常混乱的局面中，仍然可以发现其在时间、空间、人口等特征上呈现的规律性。

1. 时间特性

前文指出，民族冲突的持续时间主要受制于"民族冲突本身特征"和"国家权力机构的控制"两个方面，"民族冲突的持续时间一般不会太长"，民族冲突的上升蔓延期一般会出现在冲突开始后的48小时，48小时后，民族冲突的规模和范围会慢慢缩小。

吉尔吉斯斯坦南部民族冲突也表现出了"极具进攻性却又迅速结束"的特点，如《暴力冲突大事记：2010年吉尔吉斯斯坦南部（奥什地区）事件》指出，"尽管双方都是采用暴力的极端民族主义团体，但部分火拼事件具有短期性。其中许多都是有人被对方抓住且遭到殴打，但很快又被放回

---

① Интервью с жителем города Ош（имя не разглашается），Ош，23 июня 2011 г.
② Отчет международной независимой комиссии по исследованию событий на юге Кыргызстана в июне 2010 года.

来"。①

从持续时间上来看,吉尔吉斯斯坦南部民族冲突从"触发点"6月10日晚10点"阿莱"冲突事件到6月14日中午共延续了约90个小时,冲突的上升期(奥什州)出现在6月11日至12日夜里,6月12日以后,事件的暴力强度逐渐下降;在贾拉拉巴德州和巴特肯州,冲突的上升期和蔓延期都相对较短,从6月12日开始到6月13日逐渐转入低潮。可见,吉尔吉斯斯坦南部民族冲突的持续时间符合民族冲突持续时间的一般规律,冲突的高潮期和"转折点"主要出现在前48小时(贾拉拉巴德州和巴特肯州出现在前36小时),之后逐渐转入低潮。国际独立调查委员会也指出,"武装暴力在达到顶点之时,也是激烈的。但是此次暴力的激烈程度是不平衡的,在奥什,暴力冲突的顶点是前48小时,即从6月11日暴力爆发到6月12日夜里,暴力冲突进行到最后几天强度明显减弱……而在贾拉拉巴德,不仅平均暴力强度低于奥什,而且其顶点的持续时间更短——从6月12日中午到13日结束,持续约36小时"。②《暴力冲突大事记:2010年吉尔吉斯斯坦南部(奥什地区)事件》也指出,尽管"6月10日到11日的晚上开始进入紧急状态,但2010年6月11日至12日奥什市的暴力行为还是达到了高峰"。③ 在人员伤亡方面,死亡人数(包括6月10日晚到11日凌晨政府的强力控制)最多的也出现在前48小时,如《国际独立调查委员会关于吉尔吉斯斯坦南部2010年"6月事件"的报告》指出,"此次事件中约有470人死亡,而其中一半以上是在事件的前48小时发生的……超过50%的死亡案例发生在6月11日至12日的奥什"。④

2. 空间特性

从空间特性上来讲,民族冲突之所以能够从奥什州扩散到贾拉拉巴德

---

① Хроника насилия, События июня 2010 г. на юге Кыргызстана (Ошский регион), Norwegian Helsinki Committee, Правозащитный Центр《Мемориал》, Freedom House, 2012(2). равозащитный Центр《Мемориал》, Freedom House, 2012(2).

② Отчет международной независимой комиссии по исследованию событий на югеКыргызстана в июне 2010 года.

③ Хроника насилия, События июня 2010 г. на юге Кыргызстана (Ошский регион), Norwegian Helsinki Committee, Правозащитный Центр《Мемориал》, Freedom House, 2012(2). равозащитный Центр《Мемориал》, Freedom House, 2012(2).

④ Отчет международной независимой комиссии по исследованию событий на югеКыргызстана в июне 2010 года.

州和巴特肯州，正是因为三地之间的距离相对较近。而该冲突在每一地的爆发都是先在周边地区蔓延，即冲突在奥什市爆发后，先在奥什市周边的农村地区蔓延，然后扩散到贾拉拉巴德州和巴特肯州及其农村，最后蔓延到整个吉尔吉斯斯坦南部地区。每一个州的动员中，都会出现人群从农村地区涌入城市，或几个地区相互串联的现象。

在城市内（奥什市、贾拉拉巴德市）的民族冲突中，由于空间相对封闭，伤亡人数所占的比重最大，而在每个城市中，沿街的商店和基础设施又是遭受损失最严重的，城市内的居民楼也成为民众躲避的重要掩体（封闭的居民楼也成了强奸等暴行发生的场所）。而民众一旦进入巷道内，就成为攻击的对象，如"乌兹别克族人积极利用猎枪和其他火枪武器进行防御，打击进入对面小巷的敌人"。①

在这里要提到乌兹别克族人的传统社区马哈利亚（Махалля）②，因为这种社区的民族成分相对单一，在空间结构上相对封闭，所以在民族冲突中既是吉尔吉斯族人攻击的重点，又成为乌兹别克族人相互动员和共同防护的重要场所，乌兹别克族人在马哈利亚入口的地方设置街垒就可以阻击吉尔吉斯族人的进攻。

还必须提到的是民族冲突中的"狙击手"。许多目击者都说，6月11～12日看到了来自苏莱曼山（位于奥什市内西部地区）狙击手的枪械射击，甚至一些是来自楼房的房顶上的。未武装的平民是"狙击手"的牺牲品，他们受伤或者死亡，其中大多都死在自己的家中。③ 根据吉尔吉斯斯坦边疆军区的指挥报告，6月11日11时15分在苏莱曼—图山上边防总队部署了2个狙击手：④

---

① Хроника насилия，События июня 2010 г. на юге Кыргызстана（Ошский регион），Norwegian Helsinki Committee，Правозащитный Центр《Мемориал》，Freedom House，2012（2）. равозащитный Центр《Мемориал》，Freedom House，2012（2）.

② 拥有几千年历史的"马哈利亚"在乌兹别克斯坦是一种被法律认可的公众自我管理组织。马哈利亚成员往往具备亲缘关系或相同职业，组织内部提倡成员互助、尊重老年人、关心儿童和病人。而马哈利亚社区则被认为提升生活水平、有效保护传统工艺和建筑的理想生活地。参见《来自中亚国家的一部"百科全书"》，新华网，http：//news.xinhuanet.com/world/2010－08/25/c_12483119.htm。

③ Хроника насилия，События июня 2010 г. на юге Кыргызстана（Ошскийрегион），Norwegian Helsinki Committee，Правозащитный Центр《Мемориал》，Freedom House，2012（2）.

④ Информация Главного штаба Пограничных войск ГСНБ.

我们在苏莱曼—图山藏了4个小时。山上来了20~30个士兵,其中还有4个狙击手。我们看到了他们射击。当士兵知道我们是乌兹别克族人时,就把我们交给了护卫队,并把我们送到边防总队。在晚上8点的时候,兄弟来接了我们。① 狙击手从宿舍的房顶朝他开枪。至少还有两个人被狙击手打中了,其中一个是我们小区的理发师马赫姆占。②

狙击手的出现是为了侦视对方的动向、压制对方的攻击、对对方进行精确打击,而狙击手的位置必须出现在空间格局比较突兀、相对隐蔽、距离攻击目标比较近的位置。在吉尔吉斯斯坦南部民族冲突中苏莱曼—图山和高楼就成了首要选择,如国际独立调查委员会指出,"此次事件还出现了狙击手,他们分布在一座高层建筑物的顶端,该建筑物距离马哈利亚入口处只有不到500米的距离"。③

3. 身份的辨识

在极度混乱的民族冲突中,还必须进行民族身份的辨识,民族身份辨识的目的一方面是为了防止发生"误杀",另一方面是最大限度地动员本民族成员参与到对对方民族的攻击活动中。在吉尔吉斯斯坦南部民族冲突中,这样的现象非常明显,由于乌兹别克族人和吉尔吉斯族人在人种上不易区分,所以在民族冲突中会出现一些主动询问或自我标识的现象。《暴力冲突大事记:2010年吉尔吉斯斯坦南部(奥什地区)事件》中描述称,"2010年6月13~14日,许多房子上写有乌兹别克、乌兹别克人、吉尔吉斯、吉尔吉斯人、俄罗斯人(UZ, УЗБЕКИ, KG, КЫРГЫЗЫ, РУССКИЕ)的标记,用来表示居民的民族属性"。"不只是抢劫者写这样的标记,居民自己也写,试图保证自己房子的安全。"除此之外,"建筑物的墙上可以看到'乌兹别克族人去死','没有乌兹别克族人的地方','请注意'等标记"。④

---

① Интервью с жителем села Кызыл - Кыштак (имя не разглашается), Ошская область, 23 июня 2011 г.
② Интервью с жителем города Ош (имя не разглашается), Ош, 20 июня 2010 г.
③ Отчет международной независимой комиссии по исследованию событий на юге Кыргызстана в июне 2010 года.
④ Хроника насилия, События июня 2010 г. на юге Кыргызстана (Ошский регион), Norwegian Helsinki Committee, Правозащитный Центр 《Мемориал》, Freedom House, 2012 (2). равозащитный Центр 《Мемориал》, Freedom House, 2012 (2).

国际危机组织的《吉尔吉斯斯坦大屠杀》指出，"'乌兹别克、吉尔吉斯'这样的字眼被标记在居民家的墙上。偶尔有房子被标记为俄罗斯人或鞑靼人的字眼……多数非乌兹别克族人的房子未遭袭击，即使在大规模遭到破坏的地区，在一段受到严重毁坏的街道，塔吉克族人的房子安然无恙"。①

民族冲突中的"身份辨识"表明了民族冲突强烈的"民族性"，吉尔吉斯斯坦南部民族冲突中"身份辨识"的现象非常普遍，人员伤亡最严重的也主要是参与冲突的乌兹别克族和吉尔吉斯族，俄罗斯族、鞑靼族等"第三民族"的伤亡就非常小。如一个俄罗斯族居民走到街上，被抢掠者无视，他说，"好像我并不在这儿一样"。② 一个俄罗斯族人经过路障时问"可以过去吗"，有人回答说，"你安静地离开吧！因为你是俄罗斯族，不是吉尔吉斯族"。③ 一名亲历者回忆道：

> 我们不敢出门。我们的女婿是俄罗斯族人。第二天，女婿出去了，但他们告诉女婿，他们不会动俄罗斯族人和朝鲜族人，但是如果是乌兹别克族人，他们就会向他扬扬刀，割断他的喉咙。④

身份辨识的方式除了"标明"民族身份外，还有"如果没有标记，就进去询问"⑤，有一辆插着旗帜的装甲运输车在一条主要街道上行驶，这辆装甲运输车"经常停下来检查商店主和咖啡馆主的民族属性"。⑥ 6月12日大约20点，数名年轻人坐着一辆宝马车来到山下大街（ул. Подгорная），他们询问了部分居民的民族属性。当天晚上，这里的一辆面包车就被偷偷点燃了。⑦ 一位居民回忆道：

> 我们房子里的所有乌兹别克族人都跑了，我本人是吉尔吉斯族人，

---

① The Pogroms in Kyrgyzstan, Crisis Group Asia Report N°193, August 2010.
② The Pogroms in Kyrgyzstan, Crisis Group Asia Report N°193, August 2010.
③ http：//diesel.elcat.kg/index.php? showtopic=4188758&st=280.
④ Интервью с жителем города Ош（имя не разглашается），Ош，3 сентября 2010 г.
⑤ Интервью с жителем села Фуркат（имя не разглашается），Ошская область，22 июня 2010 г.
⑥ http：//www.crisisgroup.org/~/media/Files/asia/central-asia/kyrgyzstan/193%20The%20Pogroms%20in%20Kyrgyzstan.pdf.
⑦ http：//www.24kg.org/osh/76116-zhiteli-okrainy-goroda-osha-kyrgyzstan-ne-mogut.html.

但在乌兹别克斯坦出生。6月12日星期六，我的家里来了几个拿着棍子和刀子的年轻人，他们的攻击性很强。他们认为我是乌兹别克族人。敲门并且说到"把门打开，否则就撬门了"。我解释说我是吉尔吉斯族人。幸好护照上的签字救了我，如果没有护照，恐怕我就被杀死了。①

然而，并不是每个人都参与了暴力冲突。在民族冲突中，许多吉尔吉斯族、乌兹别克族和俄罗斯族人常常冒着巨大的危险，救助了与他们不同民族的邻居。例如，人权观察组织采访了很多乌兹别克族人，这些人说，吉尔吉斯族的邻居保护过他们的生命和房子，他们或者将其藏匿在自己家中或者告诉袭击者这些实际上属于乌兹别克族人的房子是吉尔吉斯族人的。②

4. 去人性化和去个体化

民族冲突中的去人性化和去个体化是为了减少对对方的共情和提高冲突中的攻击性，去个体化的另外目的是将个人的责任转嫁给集体，以免受法律和道德上的惩罚。去人性化的典型方式是给对方起绰号，而去个体化的典型方式就是穿着同样的服装或佩戴共同的标志。

在吉尔吉斯斯坦南部民族冲突中，吉尔吉斯族人将乌兹别克族人称为"萨尔特人"③并进行攻击的行为多次发生，如吉尔吉斯族人高喊"萨尔特人去死吧！""萨尔特们，出来吧，我们要杀了你们！"6月12日，一群身份不明的人来到医院寻找"萨尔特人"，他们手持武器，脸上戴着面具。④ 在建筑物的外墙上，也会看到"萨尔特人"的标示。

去个体化的方式在吉尔吉斯斯坦南部民族冲突中表现为带着国旗或在自己胳膊上绑上不同颜色的布条。如不同报告中提到的以下现象：

  当时一辆履带式装甲车驶来，车上乘坐着6、7名身穿军服、手拿武器的人。装甲车后面跟着50~60名吉尔吉斯族人，他们身穿平民服

---

① Интервью с жителем города Ош（имя не разглашается），Ош，23 июня 2010 г.
② "Where Is the Justice?" Interethnic Violence in Southern Kyrgyzstan and Its Aftermath, Human Rights Watch, August 2010.
③ "萨尔特人"这个词语起源古老，但已经成为吉尔吉斯族人对乌兹别克族人的贬称。
④ Хроника насилия, События июня 2010 г. на юге Кыргызстана（Ошский регион），Norwegian Helsinki Committee，Правозащитный Центр《Мемориал》，Freedom House. 2012（2）.

装，手拿自动步枪，胳膊上绑着红色和蓝色的布条，他们带着吉尔吉斯斯坦国旗。在这群武装人员后面，有两群青年人跟着移动，每群人数都为 200～300 人。①

在街区里发生了洗劫，他看到了周围开动的"日古丽"汽车，上面坐着情绪激昂的吉尔吉斯族年轻人，他们挥舞着吉尔吉斯斯坦国旗。②

5. 呼喊的口号

前文所述，口号在民族冲突中的作用主要体现在宣泄对对方的不满并增强本方成员的凝聚力和战斗力。在吉尔吉斯斯坦南部的民族冲突中，冲突双方都多次通过呼喊口号进行动员和泄愤。如吉尔吉斯族人高喊的"乌兹别克族人请离开吉尔吉斯斯坦，你们什么也不要做"。③ "萨尔特人去死吧！"④ "乌兹别克族人去死吧！告诉你们的卡里莫夫，这是吉尔吉斯族人的城市"。⑤ "乌兹别克族人！报仇！"。⑥ 亲历者回忆称：

> 黑暗中，沿艾基耶夫大街，有 200～400 名吉尔吉斯族人从我们旁边穿了过去。他们手里拿着木棒和铁棒，一些人还大声叫喊着："乌兹别克族人，去死吧！"⑦

乌兹别克族人高喊的口号有"吉尔吉斯族人去死吧！奥什是我们的！"⑧

---

① Хроника насилия, Событияиюня 2010 г. наюгеКыргызстана（Ошскийрегион）, Norwegian Helsinki Committee, ПравозащитныйЦентр《Мемориал》, Freedom House, 2012（2）.
② Интервью с жителем города Ош（имя не разглашается）, Ош, 23 июня 2011 г.
③ Хроника насилия, События июня 2010 г. на юге Кыргызстана（Ошский регион）, Norwegian Helsinki Committee, Правозащитный Центр《Мемориал》, Freedom House, 2012（2）. равозащитный Центр《Мемориал》, Freedom House, 2012（2）.
④ Хроника насилия, События июня 2010 г. на юге Кыргызстана（Ошский регион）, Norwegian Helsinki Committee, Правозащитный Центр《Мемориал》, Freedom House, 2012（2）. равозащитный Центр《Мемориал》, Freedom House, 2012（2）.
⑤ Интервью с бывшей заложницей（имя не разглашается）, Ош, 12 сентября 2010 г.
⑥ Хроника насилия, События июня 2010 г. на юге Кыргызстана（Ошский регион）, Norwegian Helsinki Committee, Правозащитный Центр《Мемориал》, Freedom House, 2012（2）. равозащитный Центр《Мемориал》, Freedom House, 2012（2）.
⑦ Интервью с жителем города Ош（имя не разглашается）, Москва, 6 апреля 2010 г.
⑧ Интервью с жителем города Ош（имя не разглашается）, Ош, 21 декабря 2010 г.

"我们要解放奥什市!""让吉尔吉斯族人离开奥什!""阿拉·阿克巴尔!"等①。

6. 使用的武器

在民族冲突中,武器一方面用于对对方的攻击,另一方面用于对本方成员的防御,武器的凶残程度反映了对对方的仇恨程度和伤害对方的决心。在吉尔吉斯斯坦南部民族冲突中,除了合法拥有的猎枪和前文提到抢劫的枪支外,冲突双方还使用了石块、木棒和各自制造的"莫洛托夫鸡尾酒"(指装有燃油的玻璃瓶)等不同武器。

冲突双方主要使用了木棍、石头、铁棒以及一些冷兵器等。国际危机组织指出,"愤怒的乌兹别克族人在多个地方用石头、钝器、燃烧瓶和猎枪进行了抵抗。在民族冲突中,乌兹别克族人曾尝试着从进攻者手中夺回武器,即使付出生命的代价"。②《暴力冲突大事件:2010年吉尔吉斯斯坦南部(奥什地区)事件》中这样描述,"大多数用棍棒、钢筋和少量猎枪作为武器的乌兹别克族人退回到马哈利亚里","为了振奋精神,在塑料水壶里准备了"火炮"——由碳化物、石灰、水和其他物质混合而成。当暴徒靠近的时候,他们将其摇匀后抛出去。水壶爆炸,传出剧烈响声"。③此外,许多人手持末端钉有钉子的木棍,还有一些人拿着被固定在铁铲把柄等工具上的斧子。④

7. 人群特性

前文指出,从年龄上来讲,年轻人是冲突的主力,而从性别上来讲,男性往往在民族冲突中发挥更重要的作用,女性往往负责"后勤的供给"或"抢劫财物"。在吉尔吉斯斯坦南部民族冲突中,青年男性是冲突的主力,"主要是一些20多岁的青年,但是也有比他们大5~10岁的男子,指挥着一小伙人群",⑤ 如一名女教师回忆道:

> 100多名年龄在18~21岁的吉尔吉斯族青年人参与了焚烧和抢劫

---

① Мырзакматов М. Мен издеген чындык. Бишкек, 2011, с. 20.
② The Pogroms in Kyrgyzstan, Crisis Group Asia Report N°193, August 2010.
③ Хроника насилия, События июня 2010 г. на юге Кыргызстана (Ошский регион), Norwegian Helsinki Committee, Правозащитный Центр《Мемориал》, Freedom House, 2012 (2). равозащитный Центр《Мемориал》, Freedom House, 2012 (2).
④ Интервью с Алишером Сабировым, Бишкек, 30 июня 2010 г.
⑤ Интервью с жителем города Ош (имя не разглашается), Ош, 6 июля 2010 г.

事件，其中许多人穿着同样的红色 T 恤。①

比"青年男子"稍大一些的"年龄比较大"的人则教授年轻人如何使用枪支进行攻击：

> 年轻人甚至不知道如何射击或如何握枪，他们只是挥舞着它们。但是后来，一些老手来了，向他们演示了如何使用。装甲车上的人们不断地扔给他们子弹匣。②

2010 年 6 月 11 日，在"吉尔吉斯斯坦"电影院附近，一些坐在轻型汽车里的人向吉尔吉斯族青年分发自动枪和半自动枪，而装甲运输车的士兵们发给他们装有子弹的袋子。一些年龄比较大的人向他们演示如何携带和使用武器，这些武器很快被用于袭击。③

民族冲突中的老年人大多尝试进行调解：

> 早上，人们在街区的入口处设置了一个小型的路障。马吉里姆塔尔街一开始并没有被完全封锁。几个前来买烤饼的吉尔吉斯族人被一群乌兹别克族青年人赶了出去。然而，在几位德高望重的老人的干预协调下，那几个吉尔吉斯族买家被说服回街区买面包。街区里没有发生冲突和屠杀，位于老汽车站处的市场也没有遭到洗劫。④

8. 谣言的传播

谣言贯穿于吉尔吉斯斯坦南部民族冲突的始终，在民族冲突前，关于吉尔吉斯族女大学生被强奸的谣言起到了动员吉尔吉斯族人的作用，而在民族冲突中，关于乌兹别克斯坦和俄罗斯军事介入的谣言则在某种程度上

---

① Интервью с жителем города Ош（имя не разглашается），Ош，12 сентября 2010 г.
② "Where Is the Justice?" Interethnic Violence in Southern Kyrgyzstan and Its Aftermath, Human Rights Watch, August 2010.
③ Хроника насилия, Событ ияиюня 2010 г. на юге Кыргызстана（Ошский регион），Norwegian Helsinki Committee, Правозащитный Центр《Мемориал》, Freedom House, 2012 (2).
④ Хроника насилия, События июня 2010г. на юге Кыргызстана（Ошский регион），Norwegian Helsinki Committee, Правозащитный Центр《Мемориал》, Freedom House, 2012 (2).

抑制了冲突的升级。

6月12日，吉尔吉斯族人得到了有关乌兹别克斯坦和俄罗斯军队入侵的传闻，该传闻不断循环，6月12日23点到6月13日0点30分，吉尔吉斯斯坦情报部门"获取"了乌兹别克斯坦"有关准备好晚上入侵为了保护吉尔吉斯斯坦南部乌兹别克族居民的消息"，该传闻被临时政府官员正式通报。0点30分传来消息，"乌兹别克斯坦那边的大型犯罪团伙为了支持乌兹别克族居民正在潜入吉尔吉斯斯坦……他们打算进攻奥什市内务局和奥什州内务局，为了抢夺枪械"。从0点30分开始，这样的传闻不间断地通过电话在民众中传开。3点20分，南方集团军指挥部收到了一条从奥什市指挥部发来的虚假信息，消息称"发现了数量在1000人左右的武装分子"。6点左右，边防总团团长命令将15支AK-47机枪和850发子弹发给"那些想帮助指挥部反对入侵军队的平民"，"但是，这些人在拿到武器之后，就把武器藏了起来"。早上的时候，吉尔吉斯斯坦领导人才明白到情报机关的消息是不可靠的，没有发生入侵。有关乌兹别克斯坦和俄罗斯军队入侵的谣言在事实上起到了延缓冲突的作用：对于乌兹别克族人而言，起到了一定的心理安慰，暂时平复了心中的恐慌；对于吉尔吉斯族人而言，乌兹别克斯坦的入侵使得吉尔吉斯族人的攻击行为有所顾忌，在事实上起到了制止大洗劫和稳定的效果，但这个谣言也在"国家机构和吉尔吉斯族居民中间引起了恐慌，这种恐慌不是在白天传播，而是从6月12日至13日的晚间开始传播的"。①

9. 冲突的特点

吉尔吉斯斯坦南部民族冲突有一个共同的暴力特点，即暴徒以装甲车为掩护，装甲车在前面"开道"，后面是行凶的人群。《奥什动议——吉尔吉斯斯坦（2010）"6月事件"社会独立调查结果报告》中这么描述，对那些天所发生的事件，所有聚居区居民的描述实际上都是同样的：装甲车在前行驶，用机枪扫射四周房屋，打通道路。在其后则是拿着石块、木棒及燃烧瓶的一群人（吉尔吉斯族人），这些人抢劫、点燃路上遇到的一切，而且受害的只是那些宽阔马路两旁的房屋，（因为）装甲车不能驶进狭窄的小巷，而那些"步

---

① Хроника насилия, События июня 2010г. на юге Кыргызстана（Ошский регион）, Norwegian Helsinki Committee, Правозащитный Центр《Мемориал》, Freedom House, 2012（2）.

兵"也害怕深入聚居区里面。① 国际独立调查委员会也指出，冲突事件具有一定的模式：第一，街垒被装甲运输车撤走，这一阶段经常会出现"狙击手"从附近高楼射击的情况；第二，经过武装的男子和装甲运输车进入马哈利亚；第三，抢劫和焚烧房屋。这个阶段时常出现妇女结群进行抢劫的行为。抢劫的财产被搬运到指定的车上。"② 一名经历者回忆称：③

> 他们大概有100人。在前面走着装甲车，清理着道路，在它的后面有10个穿着制服拿着机枪的人，然后是人群。他们在抢劫房屋的同时，在某个地方杀害那些不能逃跑的妇女和残疾人。

四 吉尔吉斯斯坦南部民族冲突后

（一）事件的调查

民族冲突发生后，吉尔吉斯斯坦临时政府展开了对事件的调查，2010年6月21日，吉尔吉斯斯坦临时政府开始在民族冲突严重的奥什州、贾拉拉巴德州、巴特肯州及其周边地区进行调查和"清理活动"，以调查民族冲突过程中的刑事案件、犯罪集团、双方的责任等。

7月12日，奥通巴耶娃发布命令，组建了国家调查委员会，委员会成员包括社会学家、政治家、法律和安全方面的专家以及吉尔吉斯斯坦境内的人权机构、媒体和社会文化组织的代表。为了调查民族冲突中的刑事案件，吉尔吉斯斯坦临时政府还组建了两个由检察机关、内务部、国家安全局和国家财政警察署（ГСФП）组成的跨部门调查行动小组。④ 吉尔吉斯斯坦临时政府的不同部门也展开了对民族冲突的调查。此外，为了增强调查

---

① Ошская Инициатива Доклад по Результатам Независимого Общественного Расследования Июньских (2010) Событий в Кыргызстане, 2011.
② Отчет международной независимой комиссии по исследованию событий на юге Кыргызстана в июне 2010 года.
③ Интервью с жителем села Кызыл – Кыштак (имя не разглашается), Ошская область, 20 июня 2010 г.
④ Кыргызстан, Опубликовано заключение Национальной комиссии по расследованию июньских событий, http: //www.fergananews.com/article.php?id=6871&print=1.

的中立性和客观性，吉尔吉斯斯坦还请求欧安组织、联合国、欧盟、独联体等组成"国际独立调查委员会"，独立调查民族冲突的起因、过程和后果。① 2011 年 5 月，国际独立调查委员会公布了自己的报告。

根据吉尔吉斯斯坦国家调查委员会的调查，截至 2010 年 12 月 10 日，共提交了 5162 个刑事案件，在这些刑事案件中有 306 人被拘捕，271 人被拘留，其中吉尔吉斯族人有 39 名，乌兹别克族人有 230 名，其他民族人有 2 名。经过调查，在该民族冲突期间，军队和警察局共有 356 支枪、86 件冷兵器和 63780 件弹药和 4 部军用车被非法攫取。在调查过程中，250 支枪、52 件冷兵器和 18294 件弹药被缴回，所有的军用车被返还给部队，另外还缴获 51.11 千克的毒品。

吉尔吉斯斯坦国家调查委员会最后得出结论：对"6 月事件"进行调查的新的数据以及对一些涉案人员进行逮捕的行动证明，此次事件是有计划的大规模挑衅，旨在分裂吉尔吉斯斯坦和破坏民族团结。此次大规模的破坏行动会破坏整个中亚的局势，"6 月事件"是提前组织好的。②

（二）责任的追究

吉尔吉斯斯坦国家调查委员会认为，临时政府及其领导、权利集团的领导人别克纳扎罗夫、伊萨科夫、谢尔尼亚佐夫、杜舍巴耶夫，南方发生

---

① 在国际独立调查委员会的委任书中这样写道："国际独立调查委员会对以下行动拥有全权：调查 2010 年 6 月发生在吉尔吉斯共和国奥什州及其周边地区的事件，包括事件的起因、过程及后来所采取的行动；在国际法框架内评定破坏和犯罪程度；明确责任，并尽可能确定负责人；制定建议，尤其是要给出承担责任的建议，以确保破坏行为不再重复发生，促进和平、稳定、和解。"为了方便国际独立调查委员会的调查，吉尔吉斯斯坦政府授权国际独立调查委员会"可在吉尔吉斯斯坦全境自由活动；可自由进入所有与国际独立调查委员会工作相关的地点和机构；可自由获取所有的信息资料，包括文件资料和实物证据。为实现该任务，原则上国际独立调查委员会可与国家机关代表、社团领导人、非政府组织和其他机关代表及任何人进行必要的交谈；采取相应措施以保障国际独立调查委员会工作人员、文件、器材的安全；保护所有国际独立调查委员会会见的和为国际独立调查委员会调查工作提供信息的人员；任何与会见或者提供信息有关的人员都不应该遭受迫害、威胁、恐吓、惩罚或者其他的偏见等"。Отчет международной независимой комиссии по исследованию событий на юге Кыргызстана в июне 2010 года.

② Кыргызстан, Опубликовано заключение Национальной комиссии по расследованию июньских событий, http://www.fergananews.com/article.php?id=6871&print=1.

民族冲突的奥什和贾拉拉巴德州的州长、市长和地方长官在发生的悲剧中难辞其咎。尽管他们事先获知了相关信息，但是不能阻止事件的发生和升级。在工作中缺乏明确性、连贯性和对工作认真负责的态度，还有行动散漫和士气低落的表现——中央和地方政权机关、安全和执法机构的行动都有这些缺点。①

吉尔吉斯斯坦国家调查委员会"建议"吉尔吉斯斯坦总统、国会和政府应追究在"6月事件"期间负责监督权力机构的临时政府成员别克纳扎罗夫、伊萨科夫、谢尔尼亚佐夫、杜舍巴耶夫和未能及时预防南部发生的民族冲突的原总检察长伊布拉耶夫，奥什和贾拉拉巴德州的州长，奥什、贾拉拉巴德和麦鲁苏市的市长和巴扎尔-科尔贡、苏扎克、阿拉布京、卡拉-苏和阿拉万区的长官的政治责任。②

国际独立调查委员会则从"法律"、"安全部队"、"个人"和"制度"四个层面阐述了导致民族冲突的责任：①法律层面，《吉尔吉斯共和国宪法》（2007）序言中都提到了"民族性"而非"国民性"，吉尔吉斯斯坦的《武装力量作战条例》《内政部内卫军作战条例》《紧急状态法》等都没有严格规定强力部门在民族冲突混乱状态下应该采取的措施和"行为规范"；②安全部队，安全部队没有"采取一切可能的措施"防止民族冲突的升级，在民族冲突中，安全部队没有保护好武器，还直接参与了相关的犯罪活动③，安全部队在事件的调查过程中还存在施行"酷刑"的现象；③个人层面，民族冲突中很多个人违反了《吉尔吉斯共和国刑法典》（2010年2月10日修订）的罪行，如危害生命和人身安全罪、侵犯财产罪、危害国家和公共秩序罪等；④制度层面，国际独立调查委员会将制度责任界定为"能对事件产生重大影响的权力机构的作为或不作为"，指出了"临时政府和过

---

① Кыргызстан, Опубликовано заключение Национальной комиссии по расследованию июньских событий, http：//www.ferganaews.com/article.php? id＝6871&print＝1.
② Кыргызстан, Опубликовано заключение Национальной комиссии по расследованию июньских событий, http：//www.ferganaews.com/article.php? id＝6871&print＝1.
③ 国际独立调查委员会认为，一些军队在奥什州参与进攻了乌兹别克族的马哈利亚。国际独立调查委员会指出了以下攻击：6月11日6点在阿克布拉，12点在福尔卡特；6月11日接近中午时分在阿尔-哈基姆医院附近地区，13：30在切列穆什基；6月12日7点在阿克布拉的迈林塔尔街；6月12日5点和8点在富尔卡特的帕米尔-莫努耶夫街；6月12日8点至13点在纳沃伊街，10点左右在纳里曼。

渡时期总统""临时政府驻吉尔吉斯斯坦南部特派员""奥什市和奥什州的指挥官""贾拉拉巴德的指挥官""奥什市长""奥什州州长""总检察长"等的责任。①

(三) 双方的和解

民族冲突发生后,国家和一些地方当局努力促成吉尔吉斯族和乌兹别克族的和解。时任吉尔吉斯斯坦总统奥通巴耶娃多次访问奥什和其他南部城市,会见了这两个民族的代表,呼吁他们要宽容与理解。奥什市的副市长库尔桑·阿萨诺夫(Kursan Asanov)投入了大量的时间和精力与乌兹别克族和吉尔吉斯族的社区居民进行交流,敦促这两个民族不要轻信谣言,对挑衅保持警惕,将重点放在恢复各民族和平共处上。②

吉尔吉斯斯坦南部民族冲突后,欧安组织③积极协助吉尔吉斯斯坦政府消除民族紧张情绪,重建社会秩序。2010年11月18日,欧安组织常设理事会通过决议,批准在吉尔吉斯斯坦实施"社区安全倡议"(Community Security Initiative,CSI),为警方保护所有民族和社区的安全提供专业指导。2012年7月,"社区安全倡议"扩展到13个点。为了鼓励以对话的方式建立更好的关系,每个"社区安全倡议"工作组每个月都会举办"社区 - 警察"对话论坛,警察、当局、地方公民代表就共同关心的问题进行交流以预防冲突。在当地的警察站,"社区安全倡议"不仅交流日常的警务技能,还就更宽泛的问题与当地警方交流。另外,"社区安全倡议"还通过对每个边远农村地区"流动警务站"的调度来确保警力的存在,"流动警务站"也成为当地居民反映问题、解决问题的平台。④ 在该民族冲突爆发后,欧安组

---

① Отчет международной независимой комиссии по исследованию событий на юге Кыргызстана в июне 2010 года.
② 2010年7月13日,人权观察组织见证了阿萨诺夫先生的一次前往吉尔吉斯族主要地区 Kara-Kuljia 的行程。"Where Is the Justice?" Interethnic Violence in Southern Kyrgyzstan and Its Aftermath, Human Rights Watch, August 2010.
③ 杨恕、蒋海蛟:《欧安组织在中亚的活动及评价》,《新疆师范大学学报》(哲学社会科学版)2015年第2期。
④ Organization for Security and Cooperation in Europe, Annual Report of the Secretary General on Police-Related Activities in 2012, 2013, p. 134, http://www.osce.org/spmu/115962?download=true.

织还拓展了原来的"调解团队"(mediator teams)①,将"调解团队"扩展到了 25 个,其中奥什市有 8 个,奥什州其他区 7 个,贾拉拉巴德州 10 个。这些"调解团队"主要有两个方面的工作:一是在"调解团队"所在地通过对话和调解等方式识别社区冲突的潜在根源,并以建设性的方式表达给利益相关方;二是在突发情况发生时与执法部门一道参与相关调解活动。这些"调解团队"最终都并入了当地的政府机构。②

---

① 早在 2007 年,欧安组织比什凯克中心奥什办事处就在奥什州的多处居民点实施了试点项目,该团队旨在通过调停的方式为乌兹别克族人社区和吉尔吉斯族人社区的潜在冲突提供早期预警和冲突预防。在 2010 年民族冲突后,该"调解团伙"积极参与降低两族紧张关系的活动,并在后期援助和防止个人参加各种形式的暴力活动方面发挥了重要作用。
② OSCE Guide on Non-military Confidence-Building Measures, Organization for Security and Co-operation in Europe, April 2013, pp. 68 - 70, http: //www. osce. org/cpc/91082? download = true.

第四章　吉尔吉斯斯坦南部民族冲突的影响、原因及教训

吉尔吉斯斯坦南部民族冲突不仅对吉尔吉斯斯坦国民的生命财产和国内的社会秩序造成灾难性影响，还对中亚地区的国家间关系和安全环境造成了严重后果。民族冲突的爆发有事实上的不平等、精英之间的相互竞争、历史上的仇恨与怨愤、民族主义的鼓动、第三方势力的参与等方面的原因。民族冲突的主要教训有吉尔吉斯斯坦忽视国家安全的维护、对民族问题掉以轻心、未吸取已有冲突的教训、缺乏民族关系评估预警和民族冲突应急能力低下等。

一　吉尔吉斯斯坦南部民族冲突的影响

（一）对吉尔吉斯斯坦本身的影响

1. 人员伤亡

2010 年 6 月 18 日，吉尔吉斯斯坦官方统计的民族冲突的死亡人数上升为 191 人，临时政府总统奥通巴耶娃说，真正的死亡人数是官方统计的 10 倍。[①] 她说，许多遇难者被按照传统风俗立即掩埋了，这些人不在官方的统计范围之内。因此就出现了数字统计上的差异。

2010 年 7 月 12 日，临时政府副总理阿济木别克·别克纳扎罗夫（Азимбек Бекназаров）在接受《生意人报》采访时声称，不包括大量未经登记就被掩埋的人数在内，在 2010 年 6 月发生的民族冲突当中，正式登记的死亡人数为 893 人。[②] 而截至 2010 年 8 月 19 日，吉尔吉斯斯坦官方统计

[①] 弗拉基米尔·索洛维约夫，"Роза Отунбаева：Даст Бог, получим положительный ответ от Росси，"（俄）商业日报，2010 年 6 月 18 日，http：//www.kommersant.ru/doc.aspx?fromsearch = a2bb7dfe-3fb2-4f1f-b95d-54539e989d0b&docsid = 1387772。

[②] "Ну, конечно, бардак будет" Вице - премьер Киргизии рассказал "Ъ" о будущем своей страны, http：//www.kommersant.ru/Doc/1412452。

的死亡人数为 393 人。①

截至 2010 年 12 月 10 日，吉尔吉斯斯坦国家调查委员会调查显示，在奥什市、奥什州及贾拉拉巴德州共发现 426 具尸体，已确认身份的有 381 人，其中乌兹别克族人 276 人，吉尔吉斯族人 105 人，其他民族的有 2 人，身份未得到确认的有 45 人。执法机关收到了 120 份关于寻找骚乱中失踪人员的申请。截至 2010 年 12 月 10 日，通过相关措施有 85 名公民被找到，还有 35 人下落不明。②

军队中也有人员伤亡：其中内务部 10 人死亡，172 人受伤（127 名军官，43 名警官和 2 名内务部的退休人员）；国家安全局边防军 1 名军官死亡，2 名军人受伤。③

国际独立调查委员会提供的数据显示，总共死亡了 470 人，其中 74% 为乌兹别克族人，25% 为吉尔吉斯族人，其余 1% 为其他民族，90% 为男性，67% 的死者有明显枪伤（80% 的乌兹别克族人和 19% 的吉尔吉斯族人），大多数乌兹别克族人死于枪伤（72%），与此相比，吉尔吉斯族人死于枪伤的比例为 51%，死于其他原因的比例为 49%。④

根据吉尔吉斯斯坦卫生部的信息，截至 2010 年 12 月 1 日，死亡人数为 418 人（见表 4-1 按照地区、民族、性别和受伤性质进行的划分）。

表 4-1　吉尔吉斯斯坦南部民族冲突人员伤亡一览

单位：人

指标	奥什市和奥什州	贾拉拉巴德州	共计
共计	348	70	418
已识别者	306	69	375
未识别者	42	1	43

---

① "据官方统计，奥什州和贾拉拉巴德的死亡人数已上升至 393 人，" 24. kgnewssite, 2010 年 8 月 19 日，http://eng.24.kg/community/2010/08/19/13188.html.
② Кыргызстан, Опубликовано заключение Национальной комиссии по расследованию июньских событий, http://www.fergananews.com/article.php?id=6871&print=1.
③ Кыргызстан, Опубликовано заключение Национальной комиссии по расследованию июньских событий, http://www.fergananews.com/article.php?id=6871&print=1.
④ Отчет международной независимой комиссии по исследованию событий на юге Кыргызстана в июне 2010 года.

续表

指标	奥什市和奥什州	贾拉拉巴德州	共计
乌兹别克人	225	41	266
吉尔吉斯人	77	27	104
其他民族	4	1	5
民族身份不明者	42	1	43
男性	318	63	381
女性	26	6	32
性别不明者	4	1	5
枪伤	212	52	264
刀伤	40	5	45
烧伤	29	3	32
溺水	1	1	2
创伤性脑损伤	47	9	56
被斩首	4	0	4
窒息而死	4	0	4
其他伤亡	4	0	4
肢体未确定这（遗骸）	7	0	7

资料来源：Хроника насилия, события июня 2010 г. на юге Кыргызстана（Ошский регион）, Norwegian Helsinki Committee, Правозащитный Центр《Мемориал》, Freedom House, 2012 (2)。

吉尔吉斯斯坦卫生部的数据中，奥什州有 7 名年龄在 14 岁以下的未成年人死亡。受害者当中，包括 3 名学龄前儿童、9 名中学生、8 名高等和中等职业教育机构的学生、22 名退休人员。

随着调查的深入和时间的推进，吉尔吉斯斯坦官方公布的死者名单也不断进行了更新。

根据吉尔吉斯斯坦总检察院的信息，截至 2011 年 6 月 7 日，死亡人数已经上升到 433 人（识别 409 人）[①]，截至 2011 年 10 月 19 日上升到 444 人（识别 423 人），其中奥什市 185 人（识别 176 人），奥什州 175 人（识别 165 人），贾拉拉巴德州 74 人（识别 72 人）。2010 年民族冲突的死亡人员

---

① http：//static.akipress.org/127/.storage/news/files/900c74de3567d018c83bd269b4770c9a.doc，这些数字中不包括 2010 年 5 月在贾拉拉巴德州死亡的 5 名男子（3 名吉尔吉斯族人和 2 名乌兹别克族人），2011 年总检察院将这 5 名死者列入了大规模骚乱死者总名单当中。

当中，有 9 名内务部的工作人员、1 名边防部队军官和 1 名国防部士兵。

在民族冲突中还有数千人受伤。吉尔吉斯斯坦国家调查委员会报告显示，有 1930 名公民受伤，其中有 925 人烧伤。① 根据吉尔吉斯斯坦卫生部的资料，约 1900 人在医院得到了医疗救助。其中 57.7% 是吉尔吉斯族人，40.2% 是乌兹别克族人，其中约有 60% 是因为中枪受伤。受伤人数的实际比例可能还要更高。②《暴力冲突大事记：2010 年吉尔吉斯斯坦南部（奥什地区）事件》也进行了确认，2010 年 6 月 10 日至 30 日，总共有 1900 名受害者寻求医疗救助（男性 1826 人，女性 74 人），其中包括 5 名年龄在 5~14 岁的儿童，有 1106 人住院治疗，794 人则接受门诊治疗。③ 吉尔吉斯斯坦国家调查委员会在 2011 年 1 月公布的报告中称，有 170 名警务人员受伤（127 名军官，43 名士官），还有内务部的 2 名退休人员受伤④。2 名边防军的受伤士兵和 12 名国防部的受伤士兵⑤也接受了医疗救助。

表 4-2 按照受伤者寻求医疗救助的日期、受伤者的民族构成、受伤性质和分布状况编制而成⑥。

表 4-2 吉尔吉斯斯坦南部民族冲突受伤情况一览

单位：名

指标	奥什州	奥什市	贾拉拉巴德州	共计
共计	1119	254	527	1900
枪伤	700	114	351	1165

---

① Кыргызстан, Опубликовано заключение Национальной комиссии по расследованию июньских событий, http://www.fergananews.com/article.php?id=6871&print=1.

② Отчет международной независимой комиссии по исследованию событий на юге Кыргызстана в июне 2010 года.

③ Хроника насилия, События июня 2010 г. на юге Кыргызстана (Ошский регион), Norwegian Helsinki Committee, Правозащитный Центр《Мемориал》, Freedom House, 2012 (2).

④ http://www.fergananews.com/article.php?id=6871，不排除一种可能，即 170 人这一数字指的并不是受伤者总数，而是指寻求过医疗救助的内务部工作人员的总数。根据 2010 年 7 月底的数据，总共注册登记了 149 名在冲突地区受伤或身体遭到损伤的警察以及 17 名带伤住院的人（参见 http://svodka.akipress.org/news：54941）。

⑤ http://news.fergananews.com/photos/2011/06/otchetIsakov.doc.

⑥ 吉尔吉斯斯坦卫生部在 2010 年 9 月和 12 月编制的资料文件中也引用了同样的数字。

续表

指标	奥什州	奥什市	贾拉拉巴德州	共计
打伤	154	26	89	269
创伤性脑损伤	128	66	60	254
烧伤	18	1	4	23
刀伤	32	27	10	69
骨折及其他	49	17	11	77
其他损伤	38	3	2	43
2010年6月10日	0	2	0	2
2010年6月11日	365	108	4	477
2010年6月12日	239	56	91	386
2010年6月13日	143	24	275	442
2010年6月14日	66	19	60	145
2010年6月15日	31	5	24	60
2010年6月16日	37	6	15	58
2010年6月17日	26	6	10	42
2010年6月18日	9	5	6	20
2010年6月19日	14	4	2	20
2010年6月20日	5	5	1	11
2010年6月21日	43	1	0	44
2010年6月30日	141	13	39	193
吉尔吉斯族人	620	162	315	1097
乌兹别克族人	480	78	205	763
俄罗斯族人	4	2	4	10
维吾尔族人	3	0	1	4
塔吉克族人	1	0	0	1
德意志人	0	0	1	1
乌克兰人	1	0	0	1
巴基斯坦人	1	0	0	1
日本人	1	0	0	1
民族身份不详者	8	12	1	21

资料来源：Хроника насилия, события июня 2010 г. на юге Кыргызстана（Ошский регион），Norwegian Helsinki Committee, Правозащитный Центр《Мемориал》，Freedom House, 2012（2）。

2. 经济损失

吉尔吉斯斯坦国家调查委员会调查显示，民族冲突期间，共有3671家单位的财产遭到破坏和抢劫，其中国家单位为257家，私人单位为3414家。1961间住房遭到破坏。犯罪活动造成的经济损失的总额达3757661429索姆。① 根据吉尔吉斯斯坦国家统计委员会公布的数据，2010年，吉尔吉斯斯坦国内生产总值为2121.77亿索姆，按1美元兑换45.96索姆计算，约合46.17亿美元，较2009年下降1.4%，好于"4·7事件"和6月民族冲突后吉尔吉斯斯坦官方对外称全年GDP将下降5.4%的预测。②

纵火成为吉尔吉斯斯坦南部奥什州和贾拉拉巴德州建筑物毁坏的主要原因。据联合国卫星应用服务项目统计，奥什市、贾拉拉巴德市、巴扎尔-库尔干等市共有2843座建筑物被烧毁③。乌兹别克族人的马哈利亚遭到大规模损毁。损毁的大多数建筑物为市区的平房。据联合国难民署统计，共有1943处民宅被毁坏。其中90%遭到严重毁坏，需要重建方可重新使用，而曾经住在这里的居民高达14000人。数以千计的商业机构也蒙受了损失，如商店、咖啡馆、餐厅和市场等。经济调节部收到1350份来自众多商业机构的补偿申请。其中2677座建筑物完全损毁，166座建筑物严重损毁。损毁的建筑物主要为企业厂房、国家机关大楼、派出所、医疗和教育机构设施等。④

3. 难民情况

吉尔吉斯斯坦国家调查委员会调查显示，在民族冲突发生期间及之后，来自奥什市、奥什州和贾拉拉巴德州的75000多名难民逃往乌兹别克斯坦，几千名吉尔吉斯族人逃往山区或者北方。还有38213人迁往国外，主要是迁往俄罗斯，这些人中大部分为乌兹别克族人。由于民族冲突，吉尔吉斯斯

---

① Кыргызстан, Опубликовано заключение Национальной комиссии по расследованию июньских событий, http://www.fergananews.com/article.php?id=6871&print=1.
② 参见 http://kg.mofcom.gov.cn/aarticle/ztdy/201105/20110507566805.html。
③ 根据联合国卫星应用服务项目，对吉尔吉斯斯坦的奥什州、贾拉拉巴德州和巴扎尔-库尔干地区遭受损害的综合分析。对损失进行分析的依据是危机结束后于2010年6月18~21日、2010年7月9日拍摄的卫星图像。
④ Отчет международной независимой комиссии по исследованию событий на юге Кыргызстана в июне 2010 года.

坦南部损失了 84289 个工作岗位。①

乌兹别克斯坦当局宣布，他们接收了 11.1 万名难民，其中大部分为妇女和儿童。乌兹别克斯坦于 6 月 11 日开放了边界，在 6 月 27 日吉尔吉斯斯坦举行宪法全民公决的前夕，有 78000 名难民穿过边境回到了吉尔吉斯斯坦②。据联合国难民署估计，民族冲突中吉尔吉斯斯坦国内约有 30 万人迁移。大部分于 6 月中旬返回。一项调查显示，约有一半难民居住在临时搭建的帐篷中，这些临时庇护所大多位于自己家附近。③ 2011 年 1 月，联合国难民署宣布这次冲突中共有 16.95 万人沦为难民，很多人永久性地离开了吉尔吉斯斯坦，迁往周边国家。④

韦纳（Weiner）和迈伦（Myron）认为，"（民族冲突后）因为害怕遭到迫害而逃离自己的国家，或者因为其所在国企图形成一个族群单一的民族国家而被迫离开的难民，会形成一个巨大的难民流，给难民接收国带来两个不同类别的问题：它给接收国造成巨大的经济和政治负担；有时也会导致难民输出国和难民接收国之间的战争"。⑤ 在吉尔吉斯斯坦南部民族冲突中，吉尔吉斯斯坦的难民主要流向周边的乌兹别克斯坦和俄罗斯，由于这些国家的妥善处置，并没有引起"难民输出国"和"难民接收国"之间的巨大矛盾。

4. 社会影响

民族冲突发生后，吉尔吉斯斯坦南部的一部分教师和医务人员迁到了别的城市，有的甚至直接迁到了国外，这导致吉尔吉斯斯坦南部教师和医务工作者数量减少，吉尔吉斯斯坦国家调查委员会调查显示，"在新学期开始时，中学共缺 350 名教师，医院也面临同样的困境……直接影响了中学的

---

① Кыргызстан, Опубликовано заключение Национальной комиссии по расследованию июньских событий, http://www.fergananews.com/article.php?id=6871&print=1.

② Агентство новостей 24kg, 《78 675 беженцев вернулись в Кыргызстан после трагических июньскихсобытий》, доступно на: http://www.24.kg/osh/77632 - v-kyrgyzstan-posle-iyunskix-tragicheskix-sobytij.html, 27 июня 2010 г.

③ ACTED, УВКБ, Срочная совместная оценка по убежищам 03 июля 2010 г./23 июля 2010г., 2 августа 2010 г.

④ УВКБ, Ситуация в Кыргызстане: Дополнительные бюджетные требования 2011 (январь 2011), стр. 3, наhttp://www.unhcr.org/4d4aae999.html.

⑤ Weiner, Myron, "Peoples and States in a New Ethnic Order?" Third World Quarterly, 13, 2, 1992, p. 321.

教学质量和提供医疗服务的质量"。但是,"6月事件"带来的最严重的后果是自古以来居住在一起的两个民族之间友谊的破坏,由此两个民族重新开始恶语相向。① 民族冲突还在人们心理上造成了极大的创伤。妇女被杀害、强奸或者残害,她们需要移民或者被送到国外。民族冲突后的很长时期内许多受害妇女仍然备受折磨。一些曾经遭遇强奸的女性甚至完全拒绝自己的丈夫。一些曾经遭遇强奸的未婚女子要么被驱逐,要么就仓促结婚。一些曾经遭遇强奸的妇女,尤其是乌兹别克族妇女得到生理和心理治疗的途径非常有限。曾经遭遇强奸的耻辱经历使很多妇女把自己封闭起来并且不再相信自己的朋友和亲人。②

5. 南北差异

在吉尔吉斯斯坦,天山山脉将南北方分开,北部和南部在地理、文化、经济等各个方面都存在很大差异。文化上,南方曾受以乌兹别克族人和塔吉克族人为主体的浩罕汗国的影响很大,而北方基本上没有受浩罕汗国的影响;苏联统治时期,北方高度俄罗斯化,而南方较多地保留了中亚的本土特征。经济上,北方较为发达,而南方较为落后,吉尔吉斯斯坦的工业区大都集中在北方,而南方主要以农业和畜牧业为主。长期以来,南北方之间的矛盾在政治领导人在更迭中不断较量:如在吉尔吉斯斯坦独立以来的三位民选总统中,阿卡耶夫代表北方的利益,阿卡耶夫下台后,作为南方利益代表的巴基耶夫上台;而巴基耶夫下台后,新上台的阿坦巴耶夫明显代表北方的利益。吉尔吉斯斯坦南部民族冲突虽然没有直接蔓延到该国的北方,但民族冲突造成了南方的经济损失、人员伤亡和大量南方人的向外移民,南方本来就与北方存在一定的差距,民族冲突后,南北方之间的差距进一步扩大,南北方差距的进一步扩大又会增加南北方之间的矛盾。此外,吉尔吉斯斯坦国内(特别是南方)的稳定局面一直比较脆弱,民族冲突不仅增加了南北方之间的矛盾,还在某种程度上破坏了该国的稳定。

---

① Кыргызстан, Опубликовано заключение Национальной комиссии по расследованию июньских событий, http://www.fergananews.com/article.php? id = 6871&print = 1.
② Отчет международной независимой комиссии по исследованию событий на югеКыргызстана в июне 2010 года.

（二）对地缘政治的影响

陈衍德、彭慧认为，"民族问题的国际化，首先是国内民族冲突的'溢出效应'造成的，从而在一国的周边产生反响，进而这种反响又出现在该国所在的区域内，甚至超越区域的范围"。① 吉尔吉斯斯坦南部民族冲突不仅对吉尔吉斯斯坦国内的生命财产和社会稳定造成了严重的影响，还对中亚地区的国家关系、安全形势造成了一定的影响。

1. 对国家关系的影响

吉尔吉斯斯坦南部民族冲突对吉尔吉斯斯坦和乌兹别克斯坦两国的关系是一次严峻的考验，正如前文所述，乌兹别克斯坦在整个事件中的态度都非常谨慎，没有派出军队去"营救"冲突中的"乌兹别克族同胞"，也没有引起吉尔吉斯斯坦和乌兹别克斯坦之间的冲突，但民族冲突对吉尔吉斯斯坦、乌兹别克斯坦关系影响是显而易见的。近年来，吉尔吉斯斯坦和乌兹别克斯坦的关系多次处于"亚冲突"状态，吉尔吉斯斯坦南部民族冲突更是恶化了原已不睦的关系，这在短期内很难恢复。塔吉克斯坦和土库曼斯坦对吉尔吉斯斯坦南部民族冲突保持警惕，但由于没有直接参与到民族冲突中，塔吉克斯坦和土库曼斯坦只是加强了各自的边界防卫，民族冲突对吉尔吉斯斯坦与塔吉克斯坦和土库曼斯坦关系的影响非常有限。对吉尔吉斯斯坦和哈萨克斯坦的关系而言，吉尔吉斯斯坦南部民族冲突对哈萨克斯坦的政局没有产生影响，但由于民族冲突期间，哈萨克斯坦恰好是欧安组织轮值主席国，时任哈萨克斯坦外交部部长坎纳特·绍达巴耶夫（Kanat Saudabayev）是当时欧安组织的轮值主席，因此，吉尔吉斯斯坦南部民族冲突发生后，哈萨克斯坦"动用了欧安组织的所有资源最大限度地帮助吉尔吉斯斯坦"，哈萨克斯坦江布尔州为吉尔吉斯斯坦南部提供了30吨面粉，② 从这个意义上来讲，吉尔吉斯斯坦南部民族冲突提升了哈萨克斯坦的形象。对吉尔吉斯斯坦和俄罗斯的关系而言，俄罗斯没有直接干预吉尔吉斯斯坦南部民族冲突，这引起了吉尔吉斯斯坦临时政府和普通民众的普遍失望，

---

① 陈衍德、彭慧：《全球化进程中的东南亚民族问题研究》，厦门大学出版社，2008，第54页。
② Kazakhstan's Practical Approach to Alleviating Humanitarian Crisis in Kyrgyzstan, http://www. kazembassy. gr/index. php? option = com_ content&view = article&id = 63&Itemid = 42&lang = en.

也降低了吉尔吉斯斯坦与俄罗斯关系的亲密程度,从长远来讲,这种影响不会很大。而吉尔吉斯斯坦南部民族冲突却深刻影响到了俄罗斯吉尔吉斯族和乌兹别克族的关系,俄罗斯已发生多起乌兹别克族、吉尔吉斯族两大民族的移民冲突事件,甚至在莫斯科也多次发生冲突。①

2. 对中国的直接影响

吉尔吉斯斯坦是我国的邻国,独立以来中国和吉尔吉斯斯坦的关系发展良好。吉尔吉斯斯坦南部民族冲突发生后,中吉关系并没有受到干扰,但中国在吉尔吉斯斯坦人员的生命财产面临严重威胁,中国政府组织了大规模的撤侨行动,从 2010 年 6 月 12 日开始,中国政府共派出了 9 架次包机,从吉尔吉斯斯坦撤回华人华商和留学生 1300 人。② 吉尔吉斯斯坦南部民族冲突对中国的直接影响就是在吉尔吉斯斯坦华商的经济损失,如艾莱提·托洪巴依认为,"中国商人在奥什事件中损失严重,因为奥什和贾拉拉巴德都是中国商人云集的区域"。③ 石岚、马媛认为,"6 月吉尔吉斯斯坦南部的民族冲突对当地华人华商而言,冲击巨大。许多华人华商不得不面对该国极不稳定的社会现实,做出了撤资或停止商业活动的痛苦选择"。④ 吉尔吉斯斯坦南部民族冲突对中国的另一个直接影响就是对中国(新疆)南疆对外开放的影响,第一次中央新疆工作座谈会确定了新疆跨越式发展和长治久安的新战略,其中把喀什建设成国家级经济开发区是一项重要内容,喀什经济开发区的主要功能之一是向西开放,而奥什是喀什走出国门后的第一站,第二次中央新疆工作座谈会继续提出了"更加重视改革开放""以通道建设为依托扩大对内外开放",吉尔吉斯斯坦南部的不稳定使南疆的外部环境明显恶化,这对南疆的对外发展很不利。

3. 对地区安全的影响

吉尔吉斯斯坦南部民族冲突中出现了大量的难民,这些难民虽然没有

---

① Вера Ильина,《Московский Ош》. Киргизы и узбеки продолжают тиранить друг друга и заграницей23rd Май 2012 talant《Московский Ош》отменяется,http://blog.publicpolicy.kg/?p=479.
② 《中国政府从吉南部骚乱地区已安全撤离 1300 名公民》,新华网,http://news.xinhuanet.com/politics/2010-06/17/c_12226873.htm。
③ 艾莱提·托洪巴依:《吉尔吉斯斯坦奥什骚乱评析》,《新疆社会科学》2011 年第 2 期。
④ 石岚、马媛:《中亚国家政局突变对新疆的影响及对策研究》,《决策咨询通讯》2010 年第 6 期。

对"输出国"和"接收国"之间造成巨大矛盾，但大量难民的出现导致了该地区恐怖主义的抬头。吉尔吉斯斯坦南部奥什州和贾拉拉巴德州是伊斯兰解放党（Hizbut-Tahrir al-Islami）活动比较集中的地区。2010年吉尔吉斯斯坦南部民族冲突后，大量难民涌入吉尔吉斯斯坦北部城市，比什凯克"伊斯兰解放党协调中心"2010年数据显示，在民族冲突后不到半年时间内，伊斯兰解放党就招募到了5万名新成员。如今，伊斯兰解放党在吉尔吉斯斯坦北部重新活跃起来，大量从南部奥什州和贾拉拉巴德州流离失所的人成为伊斯兰解放党的新成员，他们对政府没能成功阻止该国南部民族冲突感到极其失望。① 吉尔吉斯斯坦南部民族冲突中还有大量武器被抢，这些被抢的武器有很大一部分在民族冲突后并未归还，这些未归还的武器下落不明，即使有很小一部分落入"三股势力"之手，对地区安全也是一个非常严重的威胁。

（三）对国际组织的影响

在吉尔吉斯斯坦南部民族冲突中，与事件密切相关的国际组织主要有欧安组织、集体安全条约组织、上海合作组织、欧盟、联合国等，如前文所述，欧安组织、欧盟、联合国和集体安全条约组织在吉尔吉斯斯坦民族冲突中都发挥了非常重要的作用，特别是欧安组织，欧安组织有一个少数民族问题高级专员的职位，长期观察和分析中亚地区的民族关系状况，对吉尔吉斯斯坦南部民族冲突"自始至终"进行了深度介入。但对上合组织而言，由于受机构功能和组织原则的限制，上合组织在吉尔吉斯斯坦南部民族冲突中并没有发挥实质性的作用。在吉尔吉斯斯坦民族冲突爆发时就在塔什干进行会晤的上合组织的国家领导人通过了关于不对冲突进行干预的决议，其内容如下："鉴于吉尔吉斯共和国发生的事件，成员国重申相互支持国家主权、独立和领土完整的原则立场，反对干涉主权国家内政，反对任何有可能引发本地区局势紧张的行动，主张任何分歧均应通过政治外交途径以对话协商方式加以解决。成员国强调吉尔吉斯斯坦政局尽快稳定

---

① Jacob Zenn, Hizb ut-Tahrir, "Takes Advantage of Ethnic Fault Lines in Tatarstan," *Eurasia Daily Monitor*, Vol.9, Issue 218, http://www.jamestown.org/single/? no_ cache = 1&tx_ ttnews%5Btt_ news%5D = 40174.

对整个地区具有重要意义，表示愿为此向吉尔吉斯共和国提供必要的支持和帮助。"①

上合组织在中亚地区有四个成员国，吉尔吉斯斯坦南部民族冲突事件降低了上合组织中亚成员国之间的关系水平，也降低了中亚成员国在安全问题上对上合组织的倚重，使中亚国家在安全事件发生后，更倾向于求助集体安全条约组织、欧安组织等，如在2011年哈萨克斯坦安全形势急剧恶化的情况下，2011年8月12日，应纳扎尔巴耶夫总统的要求，集体安全条约组织在阿斯塔纳召开了为期一天的非正式峰会，讨论哈萨克斯坦安全形势及对策。② 这一点对上合组织和中国的影响是比较深远的。

二 吉尔吉斯斯坦南部民族冲突的原因

吉尔吉斯斯坦南部民族冲突爆发的原因有很多，但综合起来，主要有事实上的不平等、精英的竞争鼓动、历史仇恨与怨恨、民族歧视与偏见等。

（一）事实上的不平等

前文指出，民族平等不仅应该包括不同民族群体之间的平等，还应该包括不同民族个体之间的平等，在具体的表现形式上，民族平等应该包括政治（权利、义务）平等，经济（收入、分配）平等，文化（受教育机会）平等多个方面，但在吉尔吉斯斯坦的社会生活中，确实存在诸多方面的不平等。

1. 政治上的不平等

政治上的不平等主要表现在进入政府系统的难易程度，在政府中工作人员的数量，政治话语权的不平等。《奥什动议——吉尔吉斯斯坦（2010年）"6月事件"社会独立调查结果报告》中指出，在过去的20年间，乌兹别克族干部被有计划地从国家管理机关中排挤出去，在吉尔吉斯斯坦的执法机构中，如法院、检察院、警局、国家安全委员会、边防部门、军队、税务及财政局、审计局等，99%的领导及工作人员是吉尔吉斯族人。国家、

---

① 《上海合作组织成员国元首理事会第十次会议宣言》，2010年6月11日，新华网，http://news.xinhuanet.com/world/2010 - 06/11/c_ 12211722_ 2. htm。
② 杨恕、蒋海蛟：《"圣战派萨拉菲"在中亚的活动及其影响》，《现代国际关系》2014年第5期。

州、区、市及乡镇各个层面上的领导职务，90%以上的领导及工作人员为吉尔吉斯族。由于这些机构都由单一民族组成，因此，乌兹别克族人的权利与自由遭到各种形式的破坏，乌兹别克族人也一直不信任这些执法机构。①《国际独立调查委员会关于吉尔吉斯斯坦南部2010年"6月事件"的报告》指出，乌兹别克族人在警察局、军队和国家安全机关的数量是有限的，在司法和检查部门，乌兹别克族人甚至更少，在吉尔吉斯斯坦南部的28个法院的110位法官中，只有1位是乌兹别克族人，2010年12月，只有1位乌兹别克族调查员在国家安全部门任职，没有一个乌兹别克族人在教育部的重要职位上任职。根据2007年颁布的《选举法》，吉尔吉斯斯坦增加了少数民族的配额，允许乌兹别克族人作为代表参与国民议会和南部的地方立法机构，然而，乌兹别克族人不能进入决策性的部门，扎发拉·哈基莫夫是最后一个乌兹别克族的内阁级人物，他在1996年阿卡耶夫时期被免职。唯一的一个乌兹别克族人——奥什州的安瓦拉·阿拉基科夫在2005年3月"颜色革命"后上台，在几个月后就被巴基耶夫免职。在"6月民族冲突"前，没有一个乌兹别克族人成为高级别的领导人，吉尔吉斯族人很难想象乌兹别克族人能成为总理或者部长。②《奥什动议——吉尔吉斯斯坦（2010年）"6月事件"社会独立调查结果报告》指出为了挑拨、激化民族矛盾，2010年6月8日，奥什天然气工业管理局局长M.阿马托夫借口没通过2010年4月5~7日的考核，一下子解除了27名乌兹别克族人的职务，这样的"考核"只有奥什天然气工业管理局搞过，吉尔吉斯下属的其他地方天然气管理局都没举办过。事实上，奥什天然气工业管理局岗位空缺情况早在举行这次所谓的"考核"之前就已公布了，③这就严重激化了民族矛盾。在国际危机组织的调查中，一位政府高官说，"我确信这一点"，"警察是吉尔吉斯族人，法官是吉尔吉斯族人，检察官也是吉尔吉斯族人。事实是每位官

---

① Ошская инициатива доклад по результатам независимого общественного расследования июньских （2010） событий в Кыргызстане, http://news.fergananews.com/archive/2011/oshini.doc.

② Отчет международной независимой комиссии по исследованию событий на югеКыргызстана в июне 2010 года.

③ Ошская инициатива доклад по результатам независимого общественного расследования июньских （2010） событий в Кыргызстане, http://news.fergananews.com/archive/2011/oshini.doc.

员都站在吉尔吉斯族一边"，因此，"乌兹别克族人寻求武器来保护他们就显得很自然了"。①

2. 经济上的不平等

经济上的不平等主要表现在两族人民在工作机会、工作性质、收入水平、贫困人口等方面的不平等。吉尔吉斯斯坦的经济在全球经济危机之前运行相对良好，国内生产总值增长，贫困居民数量减少，然而，全球经济危机对吉尔吉斯斯坦的经济造成了影响，能源和粮食价格上涨导致居民购买力停滞，金融危机使经济增长速度缓慢，从俄罗斯和国外其他地区务工的吉尔吉斯斯坦劳工的汇款数量不断下降。② 尽管吉尔吉斯族人认为乌兹别克族人比较富裕，但事实上大部分乌兹别克族人生活在贫困线以下。2007年的一项调查表明，47%以下的吉尔吉斯族家庭生活在贫困线以下，相比之下，则有55.5%的乌兹别克族属于贫困。③ 根据2009年的人口普查结果，吉尔吉斯族人的经济活动水平（экономическая активность）和就业水平分别为64.6%和58.3%，而乌兹别克族人的相关数据为62.7%和57.1%。在吉尔吉斯斯坦南部各州，这两个指标在吉尔吉斯族人和乌兹别克族人那里都更高一些。虽然这个差别并不大，但乌兹别克族人中有多位"巨富者"，他们在社会上知名度很高，这就造成了吉尔吉斯族人认为乌兹别克族人很富的看法。与此同时，居住在农村附近的乌兹别克族人在下列经济领域中占的比重最大：建筑、贸易、酒店、餐饮业、运输业和通信业。④ 如一个抢劫者供述，说是来帮助正遭袭击的"吉尔吉斯族同胞们"。他们趁乱打劫是因为乌兹别克族人"过得太富有"。⑤ 还有一个值得注意的事实是，2010年4月巴基耶夫总统下台后，哈萨克斯坦和乌兹别克斯坦关闭了与吉尔吉斯斯坦的边界，致使数千名没有固定收入的劳务移民、商人和"倒爷"（以短程

---

① The Pogroms in Kyrgyzstan. Crisis Group Asia Report N°193, August 2010.
② Отчет международной независимой комиссии по исследованию событий на югеКыргызстана в июне 2010 года.
③ 世界银行：《吉尔吉斯斯坦：贫困情况评估报告（第一卷）》，2007，第15页，http://www-wds.worldbank.org/external/default/WDSContentServer/WDSP/IB/2007/10/31/000020439_20071031085518/Rendered/PDF/408641KG0v1.pdf。
④ Кыргызстан, Опубликовано заключение Национальной комиссии по расследованию июньских событий, http://www.fergananews.com/article.php?id=6871&print=1。
⑤ The Pogroms in Kyrgyzstan, Crisis Group Asia Report N°193, August 2010.

往复方式运送货物进行买卖的人）没有收入来源，严重地打击了吉尔吉斯斯坦的经济，并进一步加剧了民族紧张局势。①

3. 文化上的不平等

吉尔吉斯族与乌兹别克族文化上的不平等主要体现在语言文字使用、传媒数量、文化传承等方面的不平等。吉尔吉斯斯坦 2004 年 4 月颁布了《国家语言法》，该法规定"吉尔吉斯语为吉尔吉斯斯坦的国语"②，这使乌兹别克语被排挤出公共出版甚至乌兹别克语学校。《国家语言法》使吉尔吉斯语与政府部门的任职挂钩。2007 年教育部颁布的一项决定减少了"乌兹别克语言和文学"在乌兹别克学校的课时数，而增加了吉尔吉斯语的课时数，这造成了乌兹别克语教师和乌兹别克群体的不满。③ 在吉尔吉斯斯坦独立后的社会文化和历史记录中，乌兹别克族人很少出现，奥什市的博物馆中没有提及乌兹别克族人及其文化，除了人口统计的数字，地方的历史博物馆仅两次提到了乌兹别克族人④，即 20 世纪 30 年代的示威和 1990 年冲突的参与者，吉尔吉斯斯坦的历史课本也没有提到乌兹别克族人。⑤《奥什动议——吉尔吉斯斯坦（2010 年）"6 月事件"社会独立调查结果报告》就提出，为什么不允许播出乌兹别克语电台"Мезон ТВ"，不允许发行乌兹别克语报纸《Дийдор》《Мезон》《Ахборот》《Демос Таймс》《Итоги недели》等？⑥ 国

---

① 《吉尔吉斯斯坦临时政府处于动荡转型中：革命是比较简单的一部分》，2010 年 5 月 13 日，经济学家网站，http://www.economist.com/node/16116949?story_id=16116949（2010 年 7 月 23 日访问）。

② 在吉尔吉斯斯坦，乌兹别克族使用的语言为乌兹别克语，属于突厥语族西匈语支葛逻禄语组；吉尔吉斯族使用的语言为吉尔吉斯语，属于突厥语族东匈语支吉尔吉斯—克鲁恰克语组。陈联璧、刘庚岑、吴宏伟：《中亚民族与宗教问题》，中央民族大学出版社，2002，第 216 页。

③ Отчет международной независимой комиссии по исследованию событий на юге Кыргызстана в июне 2010 года.

④ 苏联时期，为了纪念第二次世界大战的胜利而在卡拉-苏的国家农场古曼让-达特卡（原名伏龙芝）设立了一块纪念碑，该纪念碑由两个士兵组成，他们一个是吉尔吉斯族人，另一个是俄罗斯人，但当时牺牲的大部分人是乌兹别克族人，因此，伏龙芝国家农场是乌兹别克族人的地区。

⑤ Отчет международной независимой комиссии по исследованию событий на юге Кыргызстана в июне 2010 года.

⑥ Ошская инициатива доклад по результатам независимого общественного расследования июньских（2010）событий в Кыргызстане，http://news.fergananews.com/archive/2011/oshini.doc.

际危机组织指出,因为受到 2010 年 4 月推翻巴基耶夫政权后临时政府所颁布的民主宣言的启示,临时政府的大部分领导人来自传统上比较同情乌兹别克族的北部地区,临时政府为了对抗巴基耶夫及其支持者的"复辟",暂时求助于乌兹别克族人,所以乌兹别克族人再次在语言和政治关系上展现出压倒性的优势,但他们低估了吉尔吉斯族社会对此的强烈反应。在吉尔吉斯族人看来,任何在语言和文化上对乌兹别克族的让步都是对其地位的威胁。乌兹别克族人也低估了吉尔吉斯族官员们为反对乌兹别克族人而做的政治准备。①

(二) 精英的竞争鼓动

民族精英是民族动员和民族冲突的组织者和领导者,在吉尔吉斯斯坦南部民族冲突中能够明显感觉到乌兹别克族和吉尔吉斯族精英之间相互竞争鼓动的影子。《吉尔吉斯斯坦:国家调查委员会公布关于"6 月事件"的调查结果》的"结论"中也认为,"国家南部吉尔吉斯族人和乌兹别克族人之间发生了大规模的民族冲突,这些冲突是由乌兹别克族和巴基耶夫部族的一些领导人挑起的"。②

1. 乌兹别克族精英

在吉尔吉斯斯坦南部民族冲突中,巴迪洛夫③无疑是乌兹别克族中最具影响力的领导人,他是一名前国会议员,也是一位富有的乌兹别克族商人。吉尔吉斯斯坦国家调查委员会认为,在 2010 年"4 月事件"后,巴迪洛夫打着民族主义的旗号为自己罩上一层维护乌兹别克族人利益的光环,为此他访问了吉尔吉斯斯坦南部的所有地区,还定期召集这些地区的代表在人

---

① The Pogroms in Kyrgyzstan, Crisis Group Asia Report N°193, August 2010.
② Кыргызстан, Опубликовано заключение Национальной комиссии по расследованию июньских событий, http://www.fergananews.com/article.php?id=6871&print=1.
③ 祖国党的领导人巴迪洛夫在苏联解体后的资本主义大潮中赚得了巨额财富。巴迪洛夫在苏联时期曾是商店的老板,后苏联时代是吉尔吉斯斯坦首个木材业的巨头,是俄罗斯后社会主义时代首批股票代理人,是分布在俄罗斯及其他地区连锁工厂的拥有者,同时也是巴特尔·阿维亚(Batyr. Avia)航空公司老板。20 世纪 90 年代末,他在贾拉拉巴德州创建了一所大学和其他一系列的教育机构以服务于乌兹别克族人,因此赢得了大批乌兹别克族人的支持。和临时政府中重要人物所持的观点不同,巴迪洛夫赞成使用议会制,尽管一些受过教育的乌兹别克族人对巴迪洛夫有质疑,但在 2010 年,他无疑是吉尔吉斯斯坦乌兹别克族中最具影响力的领导人。

民友谊大学（巴迪洛夫创立）进行集会。①

在"4月事件"之后的几天里，乌兹别克族人召开了多场库里尔台大会②（大会的赞助者是巴迪洛夫和乌兹别克民族文化中心的其他领导者）。库里尔台大会讨论的问题有：把国家的名字改为吉尔吉斯斯坦共和国（Республику Кыргызстан），在乌兹别克族人聚居地区承认乌兹别克语的区域语言地位，提高乌兹别克族人在警察局、执法机构、税务机关等权力和司法机关的代表性，取消对乌兹别克语使用的限制。③

2010年5月5日，在萨比罗夫中学的集会上，参加人员除了巴迪洛夫外，还有吉尔吉斯斯坦乌兹别克民族文化中心代表扎拉京·萨哈胡迪诺夫（Жалалдин Салахутдинов）、伊诺姆·阿卜杜拉苏洛夫（Ином Абдурасулов），奥什市妇女代表大会主席卡拉玛特·阿卜杜拉耶娃（Карамат Абдуллаева），奥什市乡长卡贝尔让·阿里莫夫（Кабылжан Алимов）等人，他们在集会上发表了讲话。④

5月14日，巴迪洛夫帮助清除了贾拉拉巴德市广场上巴基耶夫的支持者之后，在一次采访中说道：

> 从现在开始，生活在吉尔吉斯斯坦的乌兹别克族人的角色将不仅是旁观者……我们要积极地参与到国家管理中，在吉尔吉斯斯坦的政治生活中……乌兹别克族人会坚定地站在自己的立场，忠实地与前政权进行战斗。⑤

---

① Кыргызстан，Опубликовано заключение Национальной комиссии по расследованию июньских событий，http：//www.fergananews.com/article.php？id=6871&print=1.

② курултаи，库力台大会或库里台大会、库尔尔台、库利尔台、忽里勒台，用来指现代的论坛、峰会等。

③ 在贾拉拉巴德、喀什加尔－克什塔尔、奥恩—阿德尔和阿拉万召开了库里尔台大会。巴迪洛夫与奥什市妇女代表大会主席兼贸易领导人卡拉玛特·阿卜杜拉耶娃一道成为最有魅力的领导者，后者还是一位奥什的乌兹别克族空想家。

④ Хроника насилия，События июня 2010 г. на юге Кыргызстана（Ошский регион），Norwegian Helsinki Committee，Правозащитный Центр《Мемориал》，Freedom House，2012（2）.

⑤ 巴迪洛夫：《我们希望吉尔吉斯斯坦政府会考虑我们的利益》，2010年5月19日，中亚新闻，http：//atamekenkg.com/index.php？option=com_content&view=article&id=2732：2010-05-19-10-59-15&catid=99：politic&Itemid=29（2010年7月27日访问）。

与此同时,"梅宗电视台"(Mezon TV)和"奥什电视台"转播了有关巴迪洛夫5月15日在人民友谊大学(巴迪洛夫创立)校内所做的乌兹别克语的发言,这次发言使得许多吉尔吉斯族人感到非常震惊。在这次演讲中,巴迪洛夫说:

> 乌兹别克族人只坐在家里而不参与政治的时代已经结束了。我们乌兹别克族人要积极支持临时政府,积极参与所有的公民活动……如果不是乌兹别克族人,那么临时政府的吉尔吉斯族人和官员就无法成功抵抗巴基耶夫在贾拉拉巴德州反临时政府的积极活动。①

国际独立调查委员会指出,巴迪洛夫成功地鼓舞了乌兹别克族团体,特别是乌兹别克族的年轻人,鼓舞他们应该积极地参与到吉尔吉斯斯坦的政治生活中。巴迪洛夫在"我们"和"他们"之间无意中造成了团体的分化,如果巴迪洛夫的"我们"指的是临时政府的支持者们,而"他们"则指的是临时政府的反对派,是巴基耶夫家族及其支持者的话,那么,用这两个术语来说,南部的吉尔吉斯族人社会听到的就是"吉尔吉斯族人"和"乌兹别克族人"。②

吉尔吉斯斯坦国家调查委员会指出,在民族动员方面,巴迪洛夫得到了前议会议员阿卜杜拉苏洛夫、萨哈胡迪诺夫和奥什市妇女代表大会主席阿布杜拉耶娃等的积极援助。③ 佐证之一就是5月5日参加萨比罗夫中学的集会。

以巴迪洛夫为代表的乌兹别克族精英成功地动员了乌兹别克族人参与到与吉尔吉斯族人的斗争中,这种动员对"6月民族冲突"影响巨大。

2. 吉尔吉斯族精英

与此同时,吉尔吉斯族也开始了动员,以前总统巴基耶夫家族为代表

---

① Mirajidin Arynov:《导致吉尔吉斯斯坦南部种族冲突的一些因素》,2010年6月18日,http://www.neweurasia.net/politics-and-society/some-factors-caused-inter-ethnic-conflict-in-southern-kyrgyzstan/ (2010年7月27日访问)。

② Отчет международной независимой комиссии по исследованию событий на югеКыргызстана в июне 2010 года.

③ Кыргызстан, Опубликовано заключение Национальной комиссии по расследованию июньских событий, http://www.fergananews.com/article.php?id=6871&print=1.

的吉尔吉斯族精英也成功地动员了吉尔吉斯斯坦南部的吉尔吉斯族民众。

2010年5月,巴基耶夫的支持者开始在吉尔吉斯斯坦南部发动反临时政府行动,他们认为南部有大批公民不满临时政府的行为且追求民族主义目标,奥什州和贾拉拉巴德州的局势有利于他们积极开展破坏行动并向整个地区推行。因此,他们拟定了主要的行动方式:①破坏国家的政治、社会、经济基础;②煽动种族和宗教冲突;③恐吓社会。安全部门截获的马克西姆·巴基耶夫和让内什·巴基耶夫之间的手机通话语音于5月19日被公开。通话人谈论了要组织500名武装人员在比什凯克发动政变。①

逃往南方的前总统当时公开宣称:要不惜任何代价恢复政权,为了达到此目的他并不反对国家分裂为南北两部分,不在乎是否会波及民众。②但他并未取得成功,最终也不得不放弃行动,而他的支持者和亲戚在他逃走之后却采取了积极行动。5月19日,为了煽起民族敌对情绪,巴基耶夫的支持者对贾拉拉巴德市的人民友谊大学(巴迪洛夫创立)进行了武装进攻,吉尔吉斯族人向人群及校舍投掷石块并企图纵火,给校舍造成了极大的破坏。③在大规模的骚乱、冲突和爆炸中有2人死亡,70人被烧伤。因此,政治对峙逐渐转变成民族之间的冲突。④

巴基耶夫家族的一些成员还直接参与了6月的武装冲突(C.巴基耶夫、努利耶夫等),并称(吉尔吉斯族人)通过烧毁乌兹别克族人的家庭财产而进行报复是他们参与的主要原因。⑤ 调查显示,有几个"国家文化中心"领导为了达到他们想要的一个附加的国家支配性语言的地位和其他方面的让步,对暴乱进行了一定程度的煽动和支持。其中1人还提供了100000美元的经费,支持奥什市的动乱。"国家文化中心"和他们的要求对巴基耶夫和

---

① Отчет международной независимой комиссии по исследованию событий на югеКыргызстана в июне 2010 года.
② Кыргызстан, Опубликовано заключение Национальной комиссии по расследованию июньских событий, http://www.fergananews.com/article.php?id=6871&print=1.
③ Ошская инициатива доклад по результатам независимого общественного расследования июньских (2010) событий в Кыргызстане, http://news.fergananews.com/archive/2011/oshini.doc.
④ Кыргызстан, Опубликовано заключение Национальной комиссии по расследованию июньских событий, http://www.fergananews.com/article.php?id=6871&print=1.
⑤ Кыргызстан, Опубликовано заключение Национальной комиссии по расследованию июньских событий, http://www.fergananews.com/article.php?id=6871&print=1.

他的支持者来说是一个明确的参考，但后来一些人遭到了逮捕。①

在国家机关处于瘫痪的状态下，吉尔吉斯族和乌兹别克族都在积极准备应对即将到来的危机，在双方精英的鼓动下，吉尔吉斯族与乌兹别克族各自形成了一股强大的力量。而在 5 月 13~14 日贾拉拉巴德州事件后乌兹别克族转化为南部一股政治力量的事实逐渐威胁到了原有的家族势力和犯罪团伙的利益，因为这些势力和团伙也有意支持临时政府，而乌兹别克族势力的出现就有可能成为他们的"竞争者"，为了将其赶下"政治舞台"，这些团伙和势力企图通过民族暴力的方式煽动吉尔吉斯族与乌兹别克族的冲突，以消灭乌兹别克族，并从形式上保持自己对临时政府的支持。因此，从某种意义上讲，正是双方精英的鼓动打破了吉尔吉斯斯坦南部的平衡，并最终酿成民族冲突。

（三）历史仇恨与怨愤

在费尔干纳盆地的吉尔吉斯斯坦南部，乌兹别克族人比吉尔吉斯族人定居得要早，乌兹别克族人传统上主要从事农业和商业，而吉尔吉斯族人则主要从事游牧业。从历史上看，这两个民族的主客关系和社会地位具有明显不同。在沙俄征服中亚之前，现在中亚南部的三个汗国——浩罕汗国、希瓦汗国和布哈拉汗国都是以乌兹别克族人为主体建立的王朝，吉尔吉斯族人在政治、经济、文化上的地位要比乌兹别克族人低得多，但是两个民族并没有发生过严重的冲突。

"十月革命"以后，苏联在中亚地区进行了民族识别和民族国家的建立，先后建立了五个民族和五个民族共和国——哈萨克苏维埃自治共和国、乌兹别克苏维埃共和国、吉尔吉斯民族自治州（1926 年升格为共和国）、土库曼苏维埃共和国和塔吉克苏维埃共和国。苏联在中亚划分民族国家的方式非常草率，突出的一个问题是把当时乌兹别克族人占多数的奥什市、贾拉拉巴德州等划进了吉尔吉斯斯坦，这在当时引起了乌兹别克族人的强烈反对，也造成了乌兹别克族人和吉尔吉斯族人之间的矛盾。潘志

---

① "Установлена причастность исламских экстремистов к событиям на юге Кыргызстана," Kabar 新闻报道，2010 年 6 月 24 日，http：//kabar. kg/index. php? option = com_ content&task = view&id = 2091&Itemid = 77。

平认为,"其方式(划分边界——笔者注)是在办公室里通过行政手段做出的。这种轻率的在从来没有民族国家而民族成分复杂的地方人工组建民族国家的做法,为若干年后分裂、解体埋下了祸根。此外民族识别的随意性和共和国划界完全不顾自然地理和经济联系,都为以后民族冲突留下隐患"。① 但在苏联的强大控制下,这种矛盾很快就被化解,直到现在,乌兹别克斯坦与吉尔吉斯斯坦还存在飞地②问题:吉尔吉斯斯坦境内有乌兹别克斯坦的三块飞地——索赫(Sokh)、卡拉恰(Qalacha)和莎希马尔丹(Shakhimardan),乌兹别克斯坦境内有吉尔吉斯斯坦的一块飞地巴拉克(Barak)。

乌兹别克族与吉尔吉斯族的矛盾不仅限于此,两个民族矛盾的第一次集中爆发就是前文提到的 1990 年因为土地争夺而发生的冲突,吉尔吉斯斯坦独立后,这种仇恨和怨愤还在不断增加和延续,《奥什动议——吉尔吉斯斯坦(2010 年)"6 月事件"社会独立调查结果报告》中描述道,"多年来,1990 年的悲剧一直是各民族私下对立的种子。双方由于失去亲人还没有愈合的伤口使对立变得更为血腥、更难以调和"。③ 吉尔吉斯斯坦国家调查委员会也认为,"此次冲突具有苏联时期遗留下来的历史和政治根源,当时在民族关系领域的任何矛盾和冲突都会被只字不提或者不被重视"。④ 国际危机组织认为,"民族精英更是很好地利用了这一点,一个流传甚广的说法是巴迪洛夫曾呼吁'对 1990 年的流血事件进行报复'",⑤ 其证据就是巴迪洛夫在一次演讲中说,"这一刻乌兹别克族人已经等了 20 年了",吉尔吉斯族人认为"这一刻"指的是 1990 年事件。《暴力冲突大事记:2010 年吉尔吉斯斯坦南部(奥什地区)事件》记述了民族冲突中一名参与调解的吉尔吉斯族人的言论:

---

① 潘志平:《中亚的民族关系:历史、现状与前景》,新疆人民出版社,2003,第 32 页。
② 飞地是一国位于其他国家境内,或被其他国家领土所隔开而不与该国主体相毗邻的一部分领土。
③ Ошская инициатива доклад по результатам независимого общественного расследования июньских (2010) событий в Кыргызстане, http://news.fergananews.com/archive/2011/oshini.doc.
④ Кыргызстан, Опубликовано заключение Национальной комиссии по расследованию июньских событий, http://www.fergananews.com/article.php?id=6871&print=1.
⑤ The Pogroms in Kyrgyzstan, Crisis Group Asia Report N°193, August 2010.

我不能说服自己人。有很大的仇恨。你们（乌兹别克族人）残忍地杀害吉尔吉斯族人。现在我们年轻人不能停下来。你们自己和他们去说吧！①

由此可见，2010年6月吉尔吉斯斯坦南部民族冲突，是吉尔吉斯族与乌兹别克族历史上仇恨和怨愤的一次大爆发，这次冲突受到1990年双方民族冲突的直接影响。

（四）民族歧视与偏见

前文指出，民族歧视与偏见即一个民族对另一个民族的歧视或偏见，是一个主观感受和心理感知的过程，无论主观或客观上的歧视与偏见都会引起民族间的不信任、隔阂，甚至纠纷。在吉尔吉斯斯坦南部，乌兹别克族与吉尔吉斯族在生活方式、历史地位、文化传统、精神信仰等方面的不同，导致了双方对对方的歧视与偏见。我国"中央统战部研究室四处"研究认为，"吉尔吉斯斯坦、乌兹别克斯坦两族对立情绪十分严重，都互相看不起对方，在乌族人眼里，吉族人懒惰、好斗，总想不劳而获；而在吉族人眼里，乌族人狡猾、奸诈，唯利是图"。② 在吉尔吉斯斯坦南部，吉尔吉斯族和乌兹别克族都认为自己应该是社会生活中的主导者，对方是"外人"。一种观点是，乌兹别克族人认为他们的群体是奥什市的真正居住者和文化载体，吉尔吉斯族人被看作外人，他们是更加进取的群体，在贸易、社会能源、服务领域、建筑、小型制造业方面处于强势地位，这被看作乌兹别克族人应该被赋予参与社会管理方面的权利，因此，乌兹别克族人认为他们在吉尔吉斯斯坦社会生活中被"边缘化"和"低估"了。与之相反的观点认为，吉尔吉斯族人把乌兹别克族人看作外人，他们不能对因为在吉尔吉斯斯坦境内达到的繁荣，在文化和其他方面得到的优惠而感到满足并表达感谢。考虑到国家在他们的福利、学校、大学、议会、文化机构和

---

① Хроника насилия, События июня 2010 г. на юге Кыргызстана (Ошский регион), Norwegian Helsinki Committee, Правозащитный Центр 《Мемориал》, Freedom House, 2012 (2).
② 中央统战部研究室四处：《吉尔吉斯斯坦因民族问题引发骚乱对我国做好民族工作的启示》，《重庆社会主义学院学报》2010年第6期。

语言上的投入，他们不明白为什么乌兹别克族人认为自己委屈。在极端情况下，乌兹别克族人和他们的文化传统被视为对吉尔吉斯斯坦的一种威胁。吉尔吉斯斯坦政治家（即使是那些倾向于很好处理少数民族问题的政治家）也没有准备把乌兹别克族人作为真正平等的公民，在对待乌兹别克族人问题上，许多吉尔吉斯族政治家不断地谈论"我们""他们"。无论是吉尔吉斯族的政治家，还是乌兹别克族的政治家，他们都经常谈论"人民"，经常以此名义来推动政府允许或者不允许某一行动，他们所谓的"人民"指的是本民族的成员：当吉尔吉斯族政治家说"人民"的时候指的当然不是乌兹别克族人，乌兹别克族人在他们看来是外人，反之亦然。吉尔吉斯斯坦政治阶层使用的术语也值得注意。例如，乌兹别克族人常常被称为"乌兹别克侨民"，这意味着他们是外人。术语"吉尔吉斯共和国"（Кыргызская Республика）的使用比"吉尔吉斯斯坦共和国"（Республика Кыргызстан）更早。① 事件调查的过程中，还能看到双方的成见与偏见，人权观察组织指出，很多官员的表现有偏见，公开发表关于对乌兹别克族的歧视，主要涉及乌兹别克族的财富、武器和毒品，以及所谓的政治野心。② 偏见和歧视源于双方的相互隔离和互不沟通，这在吉尔吉斯斯坦南部的吉尔吉斯族和乌兹别克族社区中也非常普遍，如陈联璧等人认为，"至今奥什市吉尔吉斯族人和乌兹别克族人仍处于对立和分离状态：一方是吉尔吉斯族人居住的现代化街区，而另一方则是乌兹别克族人居住处，那里有整洁的清真寺和学校"。③ "中央统战部研究室四处"研究认为，"在费尔干纳谷地吉族与乌族共同混居。然而在'大杂居'中，吉族与乌族往往保持着'小聚居'特点，居区之间往往有清晰界线，泾渭分明，双方有时只是隔着一条小街，但老死都不相往来"。④

---

① Отчет международной независимой комиссии по исследованию событий на югеКыргызстана в июне 2010 года.
② "Where Is Justice?" Interethnic Violence in Southern Kyrgyzstm and Its Aftermath, Human Rights Watch, August 2010.
③ 陈联璧、刘庚岑、吴宏伟:《中亚民族与宗教问题》，中央民族大学出版社，2002，第188页。
④ 中央统战部研究室四处:《吉尔吉斯斯坦因民族问题引发骚乱对我国做好民族工作的启示》，《重庆社会主义学院学报》2010年第6期。

(五) 民族国家构建中的普遍现象

民族国家构建是一个非常艰难的过程，吉尔吉斯斯坦 1991 年独立至今的 20 多年历史中，已经发生了多次权力非正常转移。前文指出，民族国家构建通常以强制手段提升某一民族语言为国家语言并贬抑其他民族语言的地位；提升某一民族文化为国民文化并以这一民族文化去取代和同化其他民族文化；强调单一族体对国家权力的垄断而将其他族体排挤到权力体系的边缘地位。在吉尔吉斯斯坦民族国家构建的过程中，这种有意提升吉尔吉斯族为主体民族的现象非常普遍，如曹伟认为，"吉尔吉斯斯坦独立以后，在构建民族国家的过程中，通过政治、经济、文化等方面的政策不断强化吉尔吉斯族人的主体地位和主导权，使乌兹别克族、俄罗斯族等其他非主体民族的利益受到不同程度的损害，引起了他们的强烈不满"。[1] 中亚五国独立后，新的领导集团为了提高国家的凝聚力，普遍推行"主体民族化"政策，不断突出主体民族的政治和社会地位，其在国家和社会生活中也采取了有意突出主体民族地位的做法：在政治上不断突出和强化主体民族的"主体"地位；文化上则提出振兴主体民族精神、复兴主体民族历史和文化传统。一系列突出主体民族地位的政策措施，以及这些主体民族在实际行动中处处展现出的主体民族的特殊性和优越性，无疑给其他少数民族造成了一种心理上的不安全感，民族矛盾和民族冲突由此滋生。[2] 欧安组织指出，特别是在国家部门，对官方语言知识的掌握日益被设定为成为国家部门雇员的先决条件……除了在商业部门，少数民族成员几乎没有发挥他们潜能的机会。少数群体陷入了备受谴责的境地：少数民族（被看作）以牺牲吉尔吉斯族人的利益为代价而成了富翁。[3] 2010 年 7 月，吉尔吉斯斯坦新的《宪法》生效，但与原先的《宪法》相似，新《宪法》的序言中仍然提到了"吉尔吉斯族的（民族）国家性"。

独立以后，为了缓和民族关系，吉尔吉斯斯坦制定了关于"吉尔吉斯

---

[1] 曹伟：《吉尔吉斯斯坦南部民族冲突评析》，《中亚研究》2014 年第 1 期。
[2] 张丽娟：《中亚地区民族问题与中国新疆民族关系》，社会科学文献出版社，2014，第 185 页。
[3] 欧安组织少数民族问题高级专员署：《吉尔吉斯斯坦声明》，2010 年 5 月 6 日，http://www.osce.org/documents/hcnm/2010/05/45132_ en. pdf（2010 年 8 月 8 日访问），第 2 页。

斯坦——我们共同的家园"的民族政策,这种民族政策制定的目的就是要在吉尔吉斯斯坦建立一个囊括吉尔吉斯族、乌兹别克族、俄罗斯族、东干族等的国家层面上的"吉尔吉斯民族"(前文指出的 nation),这对民族国家构建而言,是有利于民族团结和国家稳定的。阿卡耶夫在《建设共同的家园》一文中也说,"在伟大的史诗《玛纳斯》中就说过,许多游牧民族的部落都团结在传说中的英雄玛纳斯周围,正是这样逐渐形成了吉尔吉斯民族"。① 但所有这些都只是一个美好的愿望,这种政策制定后,并没有一个具体的实施机制和实施机构。吉尔吉斯斯坦国家调查委员会指出,20世纪90年代初在阿卡耶夫当权期间建立的民族关系部门后来被废除,并且未建立制定民族政策的另一国家部门。民族部门是一个国家制定民族政策、实施民族政策和评估民族政策实施情况的重要部门,没有民族部门的推动,"吉尔吉斯斯坦——我们共同的家园"的民族政策也就没能推行下去。吉尔吉斯斯坦民族国家构建过程中缓和民族关系的尝试的失败就造成了民族关系的紧张和吉尔吉斯族与乌兹别克族之间的相互矛盾。

(六) 第三方势力的介入

在吉尔吉斯斯坦南部民族冲突中,除了直接参与的吉尔吉斯族和乌兹别克族之外,还能看到犯罪集团、贩毒集团、大国势力、恐怖组织等第三方势力的介入,使民族冲突更加复杂。

1. 犯罪集团

吉尔吉斯斯坦南部民族冲突中,能看到犯罪团伙的身影。《暴力冲突大事记:2010年吉尔吉斯斯坦南部(奥什地区)事件》指出,早在2010年4月,奥什市的乌兹别克族居民代表就宣称,他们正受到吉尔吉斯族人犯罪团伙的打压,因为在比什凯克完成政权更迭之后,这些犯罪团伙企图进一步巩固自己的地位。② 吉尔吉斯斯坦国家调查委员会指出,"4月事件"之后,他们中的一些人开始重新划分势力范围(передел сфер влияния),这

---

① 阿拉木图国际周刊《亚洲报》1994年第4期。转引自潘志平《中亚的民族关系历史、现状与前景》,新疆人民出版社,2003,第95页。

② Хроника насилия, События июня 2010 г. на юге Кыргызстана (Ошский регион), Norwegian Helsinki Committee, Правозащитный Центр《Мемориал》, Freedom House, 2012 (2).

种划分带有跨民族特点。6月10～11日夜，在奥什市的"阿莱"宾馆积聚的人群中有犯罪团伙的头目……乌兹别克族青年制造骚乱……煽动了吉尔吉斯族犯罪团伙，北方犯罪团伙的代表也在那段时间出现。① "思乡曲"咖啡馆6月12日成立了一个"吉尔吉斯族人总部"的犯罪团伙……那些人与以阿尔曼别特·阿纳比亚耶夫（Алманбет Анапияев）为首的犯罪团伙有关②。在吉尔吉斯斯坦国家调查委员会报告和议会委员会报告中同时指出，"阿莱"宾馆附近的聚众人群中有乌兹别克族犯罪团伙的领导人和成员出现。在吉尔吉斯斯坦国家调查委员会专家塔贝蒂·阿克洛夫（Табылда Акеров）的著作中提到了"结巴鲁斯兰"（《Руслан прогиб》）和"拳击手热尼"（《Жони боксер》）。该报告中还可以确认，乌兹别克族青年在公开鼓动骚乱的同时，还"邀请了南方一位吉尔吉斯族'犯罪团伙的'权威人士以调查事件"③。国际独立调查委员会认为，犯罪团伙势力的加强使南部更加不稳定，在某种程度上，直到2010年"6月事件"的爆发。④

吉尔吉斯斯坦南部民族冲突中，往往出现一些"非奥什市乌兹别克族人"⑤，调查显示，"冲突过程中发挥积极作用的不是在打斗中受伤的小区居民，而是一群陌生的年轻男子"⑥。前奥什市内务局副局长沙基尔·祖里莫夫回忆道：

> 身穿黑色球衣的陌生男子不仅打破了聚众人群与执法机关谈判的可能，而且还挑唆人们进一步开展积极行动。⑦

《暴力冲突大事记：2010年吉尔吉斯斯坦南部（奥什地区）事件》中

---

① Кыргызстан，Опубликовано заключение Национальной комиссии по расследованию июньских событий，http：//www. fergananews. com/article. php？id＝6871&print＝1.
② Интервью с бывшим заложником（имя не разглашается），Ош，12 сентября 2010 г.
③ http：//www. centrasia. ru/newsA. php？st＝1295390280.
④ Отчет международной независимой комиссии по исследованию событий на югеКыргызстана в июне 2010 года.
⑤ 笔者在采访来自奥什州的两名政府官员的时候，他们也提到了"非奥什市的外来人"。
⑥ Интервью с жителем города Ош（имя не разглашается），Ош，6 сентября 2010 г.
⑦ Хроника насилия，События июня 2010 г. на юге Кыргызстана（Ошский регион），Norwegian Helsinki Committee，Правозащитный Центр《Мемориал》，Freedom House，2012（2）.

还有多次描述：

> 我可以坦言，在乌兹别克族人当中，有一些10～15岁的未成年人，他们把所有人召集起来制造混乱……游戏场里的人并未遭到袭击，而其他人被打了。我之前从未见过这些人。这些玩游戏的、留着大胡子的小伙子不是当地人，也不是市区人，他们大概有30人，操着一口浓重的乌兹别克语。我们这些运动员试图制止人们，但回答我们的是一种斥责："不要管我们，机关和黑帮（犯罪团伙）都已失控，他们恐吓、殴打所有人"。①

吉尔吉斯斯坦南部还存在一些具有潜在军事化性质的集团，这些集团多由吉尔吉斯族人组成，如"纠察队""阿富汗人"等。② 这些有组织犯罪集团在民族冲突中发挥了非常恶劣（挑起冲突、拒绝调解、多次动员民众继续冲突等）的作用。

2. 贩毒集团

在毒品运输线中，吉尔吉斯斯坦是所谓"北线"的一个关键的中转点，毒品从阿富汗运出，经由塔吉克斯坦后到达吉尔吉斯斯坦，然后再被运往俄罗斯。联合国将奥什称为"毒品交易的区域中心"。③ 吉尔吉斯斯坦是排在哈萨克斯坦之后涉毒犯罪第二高的中亚国家，每10万人中就有46人涉及毒品相关的犯罪，吉尔吉斯斯坦涉毒犯罪最为普遍的地区是奥什州、楚河州、比什凯克市等。④ 而奥什市又被国际禁毒署称为"中亚毒品之都"

---

① Хроника насилия, События июня 2010 г. на юге Кыргызстана（Ошский регион），Norwegian Helsinki Committee, Правозащитный Центр《Мемориал》, Freedom House, 2012（2）.

② "纠察队"多由"体育俱乐部"的一些年轻的吉尔吉斯族人组成，主要是监控社会。这类俱乐部的一些成员与犯罪团伙联系密切。"阿富汗人"是一伙参加过阿富汗战争的退伍军人。在"6月事件"期间，被召到奥什市的只有吉尔吉斯族退伍军人，临时政府发放给他们武器，让他们维持宵禁。Отчет международной независимой комиссии по исследованию событий на юге Кыргызстана в июне 2010 года.

③ 《世界毒品报告2010》，联合国毒品和犯罪问题办事处（UNODC），http://www.unodc.org/documents/wdr/WDR_2010/World_Drug_Report_2010_lo-res.pdf。

④ Illict Drug Trends in Central Asia, UNODC Regional Office for Central Asia, April 2008, p. 43.

(Central Asia's Drug Capital),① 中亚的毒品走私者可以分为个体毒品走私者、中小型贩毒集团和大型跨国毒品走私集团,多数毒品走私的直接目的是获得经济利益,但在获得经济利益之后往往又来支持其政治目的。这些贩毒集团多与各级政府关系密切,受到官员庇护,并拥有大量的财富和精良的武器,很难被肃清,每年有超过 1/4 的阿富汗毒品通过吉尔吉斯斯坦进行过境运输。大部分毒品的运输要经过奥什,吉尔吉斯斯坦情报机构和执法机关截获的只是一小部分。② 一位吉尔吉斯斯坦高级安全官员表示,除毒品贸易外,巴基耶夫家族每个月的商业交易额都在 3000 万~4000 万美元。很多吉尔吉斯斯坦官员和外交官都相信毒品交易在其中占了很大份额。吉尔吉斯斯坦国家麻醉品管制委员会主席认为,"令人震惊的毒品贸易的增长是国内政治不稳定的最为重要的因素"。③

毒品贸易在吉尔吉斯斯坦南部得到了巴基耶夫家族的直接庇护,巴基耶夫家族的两位重要成员——他的兄弟让内什和他的长孙马拉特都曾是国家安全部门的高级官员。这些安全部门就为毒品运输提供了很好的保护,一位官员说,"大家都说,这些东西是不能碰的,各地官员会保护护送毒品的人员,让其顺利通过"。④ 官方称,巴基耶夫家族每个月收取过境毒品贸易的 1/3 到一半的利润。⑤

贩毒集团的滋生需要特定的政治环境:政府控制力弱、与政府相勾结、混乱的政治环境等。在巴基耶夫下台后,相应的腐败网也遭到破坏。因此,毒品贩卖者为维护自己的利益而在组织骚乱方面发挥了重要作用,他们也

---

① Asker Sultanov, Kyrgyzstan, "Introduce Anti-Drug Frafficking Measures," Registan. net, http://registan.net/2013/07/09/the-three-evils-of-narco-policy-in-central-asia/.
② Кыргызстан, Опубликовано заключение Национальной комиссии по расследованию июньских событий, http://www.fergananews.com/article.php?id=6871&print=1.
③ 维塔利·盖利莫维奇·阿拉扎利耶夫,国家毒品管制委员会主席,Отчет международной независимой комиссии по исследованию событий на юге Кыргызстана в июне 2010 года.
④ 前总统巴基耶夫的小儿子马克西姆·巴基耶夫曾回忆道,在他爸爸于 2005 年取得政权后,一些毒品集团的人开始接近总统家族,他们向总统出价 5000 万美元以确保毒品交易继续顺利进行。马克西姆说这个提议遭到了拒绝。(国际危机监测机构,比什凯克,2008 年 2 月)。
⑤ 在 2009 年年中的总统选举之后,巴基耶夫关闭了毒品监控机构,这使此前支持他的西方国家感到极为失望。一名西方军官说,那时禁毒机构已经展开了卓有成效的工作并很有可能取得重大进展。

参与了"5月事件"(5月13~14日)和"6月事件"(6月10~13日)。①吉尔吉斯斯坦观察家认为,此次民族冲突的大赢家之一就是有组织的犯罪集团,尤其是从事毒品贸易的那帮人,因为"毒品贸易喜欢混乱的局势"。一些官员说,4~6月,毒品贸易量显著增长了,因此持有枪支者就会在民族冲突中得到有组织犯罪集团和毒贩的大量资助,与此同时,走私者也在利用时局的混乱大幅加大毒品的交易量。②

3. 大国势力

作为一个区域性国家,吉尔吉斯斯坦政局时刻受到大国势力的干预,特别是在涉及军事基地、国家体制、反恐等问题。吉尔吉斯斯坦国家调查委员会认为,巴基耶夫下台后临时政府进行了宪法改革,打算将总统制共和国变为议会制共和国,临时政府的这种行为激怒了俄罗斯及其他中亚国家的领导。在吉尔吉斯斯坦南部民族冲突期间,国家安全局的领导杜舍巴耶夫和拜博洛夫、贾拉拉巴德州州长阿萨诺夫和一些媒体称,以塔吉克斯坦狙击手、美国和俄罗斯的情报机构为代表的第三方势力参与了这些事件。与此同时,被吉尔吉斯斯坦国家情报机构和执法机关拘留的人员中有几名是俄罗斯和乌兹别克斯坦的公民,他们参与了骚乱或者在未获得许可的情况下出现于吉尔吉斯斯坦,也就是说,是非法入境。③ 因为军事基地的去留问题,巴基耶夫同时得罪了俄罗斯和美国,在"4月事件"中,大国势力直接促成了巴基耶夫的下台,从4月巴基耶夫下台到6月民族冲突发生的两个月,大国势力并没有远离吉尔吉斯斯坦,在民族冲突的混乱局面下,大国势力为了各自的目的也会或多或少地参与到民族冲突中去。

4. 吉尔吉斯斯坦和乌兹别克斯坦的关系

吉尔吉斯斯坦和乌兹别克斯坦独立以后,两国关系一直比较紧张,这种紧张关系就影响到了双方境内的吉尔吉斯族和乌兹别克族的关系。吉尔吉斯斯坦和乌兹别克斯坦两国关系紧张的一个原因就是前文提到的历史遗留问题,另一个原因就是对水资源的争夺。吉尔吉斯斯坦是乌兹

---

① Кыргызстан, Опубликовано заключение Национальной комиссии по расследованию июньских событий, http://www.fergananews.com/article.php?id=6871&print=1.
② The Pogroms in Kyrgyzstan, Crisis Group Asia Report N°193, August 2010.
③ Кыргызстан, Опубликовано заключение Национальной комиссии по расследованию июньских событий, http://www.fergananews.com/article.php?id=6871&print=1.

别克斯坦主要河流锡尔河的上游国家，它对水资源的主要利用是发电，用水发电的峰值在冬季，而乌兹别克斯坦对水资源的主要利用是灌溉，用水灌溉的峰值是春夏季，两国之间由于用水峰值的严重错位经常发生矛盾。最严重的一次是在 2000 年春季，当时中亚地区发生旱灾，乌兹别克斯坦尤为严重，但吉尔吉斯斯坦拒绝增加放水量，提出的理由是当年融雪量和降雨量大幅度减少，要保存贮水量以保证冬季的发电。在此情况下，乌兹别克斯坦在边界附近组织了"夺取水坝"的军事演习，并动用了武装直升机。吉尔吉斯斯坦也做出回应，只要对方敢于"夺取水坝"，它就将水坝炸掉使乌兹别克斯坦陷入洪水之灾。尽管双方没有真正付诸行动，但这种强硬的姿态还是反映出了双方的紧张关系。两国关系直接影响了两个国家内的两个民族之间的关系，吉尔吉斯斯坦和乌兹别克斯坦两国的矛盾使吉尔吉斯斯坦境内的乌兹别克族人和吉尔吉斯族人之间的矛盾不断加深。

5. 恐怖势力

吉尔吉斯斯坦南部民族冲突中也有恐怖势力的参与。吉尔吉斯斯坦国家调查委员会调查认为，巴基耶夫家族与伊斯兰恐怖势力会晤过两次。第一次是 2010 年 4 月，巴基耶夫的儿子马克西姆·巴基耶夫和乌兹别克斯坦伊斯兰运动（简称"乌伊运"）的特使在迪拜进行了会面；第二次是 2010 年 5 月初，塔利班、"乌伊运"和塔吉克联合反对派的特使和战地指挥官在巴达赫尚（阿富汗）的巴霍拉克（Бахорак）召开会议。毛拉阿卜杜拉和巴基耶夫家族的两个代表参加了会议，会议上达成了关于帮助"乌伊运"破坏吉尔吉斯斯坦稳定的协议。[1] 在民族冲突中，当地"伊扎布特"头目多次声称，要用血的启示代表吉尔吉斯斯坦南部地区乌兹别克族人民进入国家最高权力机关。[2] 据临时政府方面公布的消息，吉尔吉斯斯坦政府抓捕了 11 个"乌伊运"分子，这些"乌伊运"分子在民族冲突中既进攻吉尔吉斯族人，又进攻乌兹别克族人，他们向两边袭击，挑起冲突。[3] 吉尔吉斯斯坦南

---

[1] Кыргызстан, Опубликовано заключение Национальной комиссии по расследованию июньских событий, http://www.fergananews.com/article.php?id=6871&print=1.
[2] 中央统战部研究室四处：《吉尔吉斯斯坦因民族问题引发骚乱对我国做好民族工作的启示》，《重庆社会主义学院学报》2010 年第 6 期。
[3] 曹伟：《吉尔吉斯斯坦南部民族冲突评析》，《中亚研究》2014 年第 1 期。

部民族冲突发生后不久,"乌伊运"的新领导人乌斯蒙·奥迪尔就将奥什的流血事件称为"异端政府组织针对穆斯林的卑鄙阴谋"。① 他请求真主保佑"穆斯林能找到正确的答案并选择圣战、荣耀和尊贵之路",他补充道,"'乌伊运'应改变自己的策略,俄罗斯和乌兹别克斯坦必须改变袖手旁观者的姿态,美国也必须考虑在这一地区的长远规划"。②

一些非政府组织也在一定程度上起着破坏稳定的作用,比如散布片面的消息,使形势变得更加严峻。③ 总之,为了各自的目的,犯罪集团、贩毒集团、大国势力、恐怖势力、非政府组织等都直接参与了吉尔吉斯斯坦南部民族冲突,在民族冲突的动员、激化、升级等方面发挥了非常恶劣的作用。

三 吉尔吉斯斯坦南部民族冲突的教训

吉尔吉斯斯坦南部民族冲突造成了严重的人员伤亡和财产损失,给多民族国家正确处理民族问题带来许多启示,反观吉尔吉斯斯坦南部民族冲突造成如此大损失的原因,主要有"忽视国家安全的维护""对民族问题掉以轻心"等教训。

(一) 忽视国家安全的维护

国家安全涉及国家最高利益,任何政党或执政者都应该将维护国家安全放在重中之重的位置,都要在机构设施和国家政策上向国家安全倾斜,但巴基耶夫在执政期间,并没有重视国家安全的维护。

吉尔吉斯斯坦国家调查委员会调查显示,巴基耶夫执政时期,在改革的幌子下,吉尔吉斯斯坦国防部的部队、国家安全机关和内务机构遭到大规模缩减和领导变动。被撤销的有吉尔吉斯斯坦国防部第一摩托化步兵旅、内务部队的一个旅(1400~1500人)。负责在南方维护社会治安和打击犯罪的一个巡逻团(500人)被解散。内务部队及所属支队在奥什州和贾拉拉巴

---

① "Исламское движение Узбекистана: В связи с гибелью Тахира Юлдашева назначен новый 《эмир》",Ferghana. ru. website,2010 年 8 月 17 日。
② The Pogroms in Kyrgyzstan, Crisis Group Asia Report N°193, August 2010.
③ Кыргызстан, Опубликовано заключение Национальной комиссии по расследованию июньских событий, http://www.fergananews.com/article.php?id=6871&print=1.

德州的驻防军人数被缩减至最小规模。吉尔吉斯斯坦国家调查委员会指出，几年来，国家领导人并未解决增加吉尔吉斯斯坦国家安全委员会边防部队的编制问题，尽管南方的局势迫切需要解决这一问题，和邻国（乌兹别克斯坦、哈萨克斯坦和塔吉克斯坦）相比，这里的指标明显很低。与此同时，由巴基耶夫领导的负责确保总统个人及其家人人身安全的国家保卫局却通过各种方法得以巩固：工作人员的人数及其薪水急剧增加，此外，还向工作人员提供住房，他们还定期收到新的设备和武器。巴基耶夫对国家安全事务的冷漠和不负责任的态度明显体现在 2009 年，当时他擅自取消了依宪法设立的机构——安全委员会和禁毒署。① 国家安全是一个国家最基本的价值追求，国家安全不仅涉及国家的对外安全、领导人安全、政治安全等，还涉及国家的对内安全、领土安全、国民安全、社会安全等，维护国家安全的重要表现就是要在机构设置、物资投入、人员编制等方面满足"国家安全"的重大需要。巴基耶夫政权对国家安全的忽视直接导致了吉尔吉斯斯坦南部民族冲突应急处置过程中应急物资的匮乏和应急队伍、应急培训的缺乏。

1. 应急物资的匮乏

这主要表现在民族冲突应急处置过程中的物资技术条件不能满足当时的实际需要。吉尔吉斯斯坦国家调查委员会认为，"内务部在当时并不拥有专门的防护设备，国防部也面临类似的供应问题，90% 的已有的技术装备已经过时，需要更换"。② 奥什市内务局一位官员回忆说，"'阿莱'宾馆附近的清场行动中由于必要物资短缺，为了使装甲运输车返回，必须派警察跟随其后"③。1 名执法机构的成员告诉人权观察组织，"只有极少数的装甲车能全天候使用，它们还经常坏"。两个来自固尔查（Gulcha）镇的吉尔吉斯族人对人权观察组织讲述了他们曾看见军车要启动的时候突然坏了，其中一人说："有三辆军车开到了福尔卡特村，但是我们站在那里观看，一个拖

---

① Кыргызстан，Опубликовано заключение Национальной комиссии по расследованию июньских событий，http：//www.fergananews.com/article.php？id=6871&print=1.
② Кыргызстан，Опубликовано заключение Национальной комиссии по расследованию июньских событий，http：//www.fergananews.com/article.php？id=6871&print=1.
③ Интервью с бывшим сотрудником УВД г. Ош（имя не разглашается），Ош，21 декабря 2010 г.

着另一个，第三个也没有真正开动。"① 根据应急处置的需要，政府应该拥有对公共秩序进行危机监控和干预的必要装备，但在吉尔吉斯斯坦南部的民族冲突中，"警方没有对人群进行监控的设备（这类设备的缺失是由巴基耶夫政府大幅减少了财政拨款造成的）"，即使是在减少财政拨款的情况下，吉尔吉斯斯坦临时政府已经有了处理 5 月 19 日至 6 月 1 日在贾拉拉巴德出现的紧急状态的教训，也应该为该国南部相关部门装配相应的武器和设备，但实际情况并非如此。国际独立调查委员会认为，6 月在奥什和贾拉拉巴德行动的军队和内卫部队没有适当的武器，所有人都没有设备来应付动乱、避免死亡。一名亲历者称：

> 我记得其中一个人，子弹穿透他的下颚，脑袋后面则是一个很大的弹孔。每一个人都在哭喊着，可以使用的药几乎没有，只能使用人们带来的药。②

2. 应急队伍的缺乏

应急队伍是民族冲突应急处置过程中的主要依靠力量，巴基耶夫时期大规模裁撤国家安全部队的人数导致民族冲突应急处置过程中应急队伍的缺乏。2010 年 6 月 10~17 日，为了确保奥什市的社会治安和防控大规模民族冲突，临时政府只能将吉尔吉斯斯坦内务部的 703 人派驻事发地。奥什市和奥什州的指挥官（阿雷姆巴耶夫）告诉国际独立调查委员会：

> 6 月 11 日清晨，我随临时政府代表团一道来到奥什。我发现，在从比什凯克到来的处理大规模骚乱的队伍中，能发号施令的人只有 50~70 名工作人员。为了防止匪徒进入奥什市，这些人被部署在城市边缘，我们因而无法控制市内的局势。③

---

① "Where Is the Justice?" Interethnic Violence in Southern Kyrgyzstan and Its Aftermath, Human Rights Watch, August 2010.
② Интервью с жителем города Ош (имя не разглашается), Москва, 6 августа 2010 г.
③ Отчет международной независимой комиссии по исследованию событий на юге Кыргызстана в июне 2010 года.

3. 应急培训的缺乏

社会突发安全事件对国家安全的威胁非常巨大，为了应对社会突发安全事件，不仅应该拥有足够的应急队伍，还要对应急队伍和普通民众进行必要的应急培训，但是巴基耶夫政权并没有重视这一必要过程。国际独立调查委员会认为，"他们（应急队伍——笔者注）都没有受过训练，不知道在使用暴力的动乱中应采取何种行为。采取措施的规定要么不存在，要么仅限于警方的命令——向空中开枪以驱散人群。在吉尔吉斯斯坦警察培训计划中，欧安组织是唯一一个教授他们如何对人群进行监控的组织。但是参加培训的人太少，他们在2010年6月的民族冲突中难以发挥作用"。[1] 一位参加过阿富汗战争的退役老兵说，"俄罗斯族人参与了由政府动员的维持秩序的行动，他批评吉尔吉斯斯坦政府军和警察缺乏训练，而且政府对实行种族灭绝行为掠夺者表现得过于'亲善'"。[2] 国际独立调查委员会认为，"临时政府有责任对部队进行适当的培训，使他们能保护好自己的武器和装备"。[3] 但所有这一切，巴基耶夫政权和临时政府都没有做，在民族冲突的紧急状态下，安全部队对如何使用、保护枪械并没有完全的经验。

（二）对民族问题掉以轻心

早在苏联末期，苏联的最高领导人就认为苏联的民族问题已经不复存在了。1986年2月，戈尔巴乔夫在苏共二十七大政治报告中认为，苏联已经"一劳永逸地消灭了民族压迫和民族不平等的各种形式和表现。各族人民牢不可破的友谊，对各民族的民族文化和民族尊严的尊重得到确立，并已进入亿万人的意识之中。苏联人民是一个崭新的社会的和族际主义的共同体，这个共同体是由一致的经济利益、意识形态和政治目标结成的"。[4] 正是对民族关系的盲目乐观和掉以轻心才丧失了对民族问题的警觉，1986年12月爆发的阿拉木图事件就是严重信号，但并未引起苏共高层的特别重

---

[1] Отчет международной независимой комиссии по исследованию событий на югеКыргызстана в июне 2010 года.
[2] The Pogroms in Kyrgyzstan, Crisis Group Asia Report N°193, August 2010.
[3] Отчет международной независимой комиссии по исследованию событий на югеКыргызстана в июне 2010 года.
[4] 辛华编译《苏联共产党第二十七次代表大会主要文件汇编》（1986年2月25日—3月6日），人民出版社，1987，第71页。

视，苏联仅仅把它看作"民族主义表现"就简单处理了，弋尔巴乔夫指出"正是社会主义消灭了民族压迫和民族不平等……我们党的民族政策所取得的成就是毫无疑义的，我们有权为此而自豪"。① 进入20世纪90年代，戈尔巴乔夫的改革步入死胡同，"苏联民族冲突数量之多、规模之大（其中就包括前文提到的吉尔吉斯南部1990年民族冲突——笔者注）、层次多样性和后果之严重，已从局部发展到全苏境内的总爆发"。② 纳扎尔巴耶夫曾回忆道，"苏联权力的最高层和学术界里，直至在苏联存在的最后几年，没有人希望认真研究民族问题。对民族间的矛盾，有时的解释，则是直接冲突"。③

苏共领导人对民族问题的忽视也延续到了独立后的中亚领导人，吉尔吉斯斯坦国家调查委员会认为，阿卡耶夫并未解决亟待解决的民族问题，而是将这一问题用于自己短期的政治目的。阿卡耶夫在总统选举和公民投票时经常讨好少数民族的领导人并利用他们及其文化中心来实现自己的政治目的。有时候他还利用他们来和对手做政治斗争，例如，阿卡耶夫在议会选举期间利用贾拉拉巴德州的乌兹别克族领导人巴迪洛夫来反对巴基耶夫，从而导致了吉尔吉斯族人和乌兹别克族人之间的民族关系紧张。阿卡耶夫的继任者巴基耶夫完全不重视民族政策，而将自己的精力主要集中在巩固政权和为自己的家族谋利益，在巴基耶夫执政期间，自1990年事件发生之后吉尔吉斯斯坦重新出现民族冲突。④ 2010年4月，巴基耶夫政权倒台后，与阿卡耶夫时期相似，临时政府也在有意利用吉尔吉斯斯坦南部的乌兹别克族人巴迪洛夫及其支持者来反对巴基耶夫，这也成为吉尔吉斯斯坦南部吉尔吉斯族与乌兹别克族交恶的重要原因。多名外交官及国际观察员都在私下为临时政府未能巩固政权而感到惋惜，而且临时政府在处理棘手问题上也未取得任何进展，他们认为在很大程度上总统忽视了问题的严重性，并且不了解暴力事件发生的根源。⑤

---

① 《戈尔巴乔夫关于改革的讲话》（1986.6—1987.6），苏群译，人民出版社，1987，第156页。
② 潘志平：《中亚的民族关系历史、现状与前景》，新疆人民出版社，2003，第30页。
③ 纳扎尔巴耶夫：《站在21世纪的门槛上》，时事出版社，1997，第19页。
④ Кыргызстан, Опубликовано заключение Национальной комиссии по расследованию июньских событий, http://www.ferganaws.com/article.php?id=6871&print=1.
⑤ The Pogroms in Kyrgyzstan, Crisis Group Asia Report N°193, August 2010.

2003 年所做的一项研究发现，吉尔吉斯斯坦南部爆发民族冲突的潜力很大。采访资料显示，这一地区吉尔吉斯族、乌兹别克族两大群体之间的仇恨在继续。这一情况由于乌兹别克族人在地方行政机关和国家层面的代表名额不足，吉尔吉斯斯坦、乌兹别克斯坦两国政府之间的边界划分和边界关闭事件以及乌兹别克斯坦政府在边界地区的采矿活动而更趋严重，乌兹别克斯坦政府的行为还导致了几起平民伤亡事件。总之，在吉尔吉斯斯坦的这一地区潜伏着民族冲突。①

从 2010 年 4 月巴基耶夫下台到"6 月事件"爆发的两个月内，临时政府一直集中精力做两件事：一是推出了改总统制为议会制的宪法草案，并准备在 6 月 27 日进行全民公决，二是防止巴基耶夫的支持者再次掌权。最重要的则是防止巴基耶夫的"反扑"，而对吉尔吉斯斯坦南部出现的民族关系恶化的种种迹象完全低估。吉尔吉斯斯坦南部民族冲突一经爆发，临时政府的成员们就立即发表公开声明，宣称这些事件完全出乎他们的意料；临时政府总统奥通巴耶娃说，"暴力事件爆发如此迅速，以致临时政府难以控制局势。"②

针对 2010 年 6 月吉尔吉斯斯坦南部民族冲突，欧安组织提前已经做出了预警。欧安组织少数民族问题高级专员（High Commissioner on National Minorities，HCNM）克努克·沃勒贝克 5 月访问吉尔吉斯斯坦后，他告诉欧安组织常设理事会：

> 我看到许多份有关要求把乌兹别克族人从吉尔吉斯斯坦驱逐，让吉尔吉斯族的穷人占有他们的房屋和土地等内容的报纸文章。在一些广播节目中类似的观点也占有重要位置。③

沃勒贝克曾表示，"担心民族间的局势可能会进一步恶化"，也非常担

---

① 尼尔·麦克法兰、斯提娜·托杰森：《吉尔吉斯斯坦：中亚轻武器的异常情况》，《轻武器研究》（日内瓦）2004 年第 12 期，第 5 页，http：//ocha-gwapps1.unog.ch/rw/RWFiles2005.nsf/fb9a3459e0c5a152c1257205004f1c3e/c1257243004e0cf2c1257344004b64ed/ $ FILE/s。

② Отчет международной независимой комиссии по исследованию событий на югеКыргызстана в июне 2010 года.

③ 《欧安组织少数民族高级专员在吉尔吉斯斯坦的声明》，2010 年 5 月 6 日，第 4 页，http：//www.osce.org/documents/hcnm/2010/05/45132_ en.pdf（2010 年 8 月 8 日访问）。

忧一些吉尔吉斯族官员做出的声明，即他们将解雇所有政府机关中的非吉尔吉斯族发言人。① 5月4日，欧安组织少数民族问题高级专员明确警告，"吉尔吉斯斯坦南部吉尔吉斯族与乌兹别克族的紧张局势正在加剧"，"'4月事件'导致吉尔吉斯斯坦境内民族主义情绪高涨，这将严重威胁民族关系"，欧安组织甚至警告"这是2008年高加索战争（俄格冲突）以来欧安组织面临的最大挑战"。② 欧安组织比什凯克中心通过自己的观测点、合作伙伴的监测网络，辅以国际国内的媒体报道，提交了大量（unusually high number）定期观测（点）报告，并得出结论，"吉尔吉斯斯坦民族冲突爆发的可能性不断增加"，③但是吉尔吉斯斯坦当局没有采取行动。5月下旬，欧安组织根据已经出现的不稳定迹象制定了预防民族冲突的战略，并在比什凯克和奥什连续召开包括官方和各种社会力量在内的会议进行沟通，以防止民族冲突的发生，并向临时政府建议尽快采取措施，防止民族关系进一步恶化而发生冲突。但欧安组织的建议依然没有引起临时政府的重视，临时政府也没有采取任何相应措施，并最终酿成大祸。

吉尔吉斯斯坦国内的一些非政府组织和官员也察觉到了民族关系日益恶化的迹象，并向临时政府总统表达担忧，但临时政府最终也没有采取预控性措施，如民族冲突爆发的前几个月，在吉尔吉斯斯坦南部地区，吉尔吉斯族人与乌兹别克族人之间频繁爆发一些人为挑拨的日常生活纠纷和冲突。一些乌兹别克族社团组织领导人多次向临时政府成员（其中也包括奥通巴耶娃）预先通报了此类问题并认为必须采取必要的预防措施。④ 奥什市市长梅尔扎克马托夫早在4月底就写信给奥通巴耶娃，表达了自己对南部族际关系日益紧张的担忧。⑤但所有这些都没有引起临时政府的重视，临时政

---

① "Where Is the Justice?" Interethnic Violence in Southern Kyrgyzstan and Its Aftermath, Human Rights Watch, August 2010.
② Frank Evers, OSCE Conflict Management and the Kyrgyz Experience in 2010, March 2012, p. 32, http: //ifsh. de/file – CORE/documents/CORE_ Working_ Paper_ 24. pdf.
③ Frank Evers, OSCE Conflict Management and the Kyrgyz Experience in 2010。March 2012, p. 32, http: //ifsh. de/file – CORE/documents/CORE_ Working_ Paper_ 24. pdf.
④ Ошская инициатива доклад по результатам независимого общественного расследования июньских (2010) событий в Кыргызстане. http: //news. fergananews. com/archive/2011/oshini. doc.
⑤ Отчет международной независимой комиссии по исследованию событий на югеКыргызстана в июне 2010 года.

府也没有采取相应措施。

国际危机组织认为,5月发生在贾拉拉巴德的事件是"6月事件"的预演:警察部门和国家安全机构根本不可靠;中央政府无所作为;吉尔吉斯族人对乌兹别克族人独立倾向死灰复燃的担心;个别政党、政治团体或个人占据主导性地位,以及瞬息万变、错综复杂且政党色彩鲜明的利益考量。如果吉尔吉斯斯坦中央政府能在5月顺利地解决这一问题,抑或包括危机监测机构在内的国际组织对此事予以足够的关注并向政府施压,奥什的暴力事件就可能被延缓,甚至被避免。① 但所有这些都是一种事后的判断和"预测",国际组织只是向临时政府提供了民族关系恶化的情报,但临时政府并没有采取相应措施。

2010年6月吉尔吉斯斯坦南部民族冲突恰好发生在1990年6月民族冲突20年后的相同时间和地点,从时间和空间特性上来讲,在重大节日、重要事件的纪念日都有可能成为历史性事件的"复燃点",必须引起政府部门的重视,但即使已经发生了多起民族性的冲突事件,吉尔吉斯斯坦临时政府仍然没能重视。鉴于吉尔吉斯斯坦南部复杂的民族和宗教形势,这种周期性的能量集聚和释放过程如果继续演化的话,吉尔吉斯斯坦南部在未来10~20年内仍有可能再次发生民族冲突。

(三)未吸取已有冲突的教训

吉尔吉斯斯坦作为吉尔吉斯苏维埃社会主义共和国的直接继承者,由于独立时间较短,本该将苏联时期该地区发生的民族恶性冲突事件作为"宝贵财富",吸取民族冲突的教训:查明民族冲突爆发的原因和事件后果;对政府在应急处置中的工作进行总结和评价;追究相关责任人的责任;安抚两个民族的关系;避免此类悲剧重演;但是很显然,独立后的吉尔吉斯斯坦政府并没有这样做。

关于1990年吉尔吉斯南部乌兹别克族人与吉尔吉斯族人之间的冲突,《奥什动议——吉尔吉斯斯坦(2010年)"6月事件"社会独立调查结果报告》认为,"究竟能不能避免1990年的那次民族冲突?我们认为是可以的,

---

① The Pogroms in Kyrgyzstan, Crisis Group Asia Report N°193, August 2010.

因为其根由并不是民族问题，而是社会问题"。① 这些社会问题在戈尔巴乔夫的民主化改革中逐渐激化并最终导致了两个民族间的直接对立。吉尔吉斯斯坦国家调查委员会也认为，"20 世纪 80 年代的改革和公开化政策使这些问题变得更突出，1990 年在奥什和乌兹根市发生的民族冲突就是这些问题的极端表现。当时并未对事件给出原则性的客观评价，也未从这些事件中吸取教训"。②

1990 年骚乱结束后，克格勃③给出的报告中列举了导致民族冲突的原因，包括"穷困的吉尔吉斯族人认为乌兹别克族人变得越来越富有，在他们看来，乌兹别克族人对市场的操控和行动太过自由与轻松。而乌兹别克族人自治的要求亦是导致此次摩擦的重要原因。乌兹别克族人则认为占警务部门和政界人员多数的吉尔吉斯族人偏袒同族的抗议者"。④ 苏联最高苏维埃民族委员会根据议员团的调查结论于 1990 年 9 月 26 日颁布了《关于吉尔吉斯苏维埃社会主义共和国奥什州事件的条例》（以下简称"《条例》"），《条例》中指出，"吉尔吉斯苏维埃社会主义共和国奥什州事件是由民族政策和干部任用政策中的失误、忽视对居民进行教育、漠视严峻的经济和社会问题、破坏社会公正等诸多因素引起的"。⑤ 这些原因与 2010 年 6 月吉尔吉斯斯坦南部民族冲突爆发的原因如出一辙。克格勃的报告中还指出，在暴动中，阿赖（Alay）山区的吉尔吉斯族村落向城市不断输送人员以加强

---

① Ошская инициатива доклад по результатам независимого общественного расследования июньских （2010）событий в Кыргызстане，http：//news. fergananews. com/archive/2011/oshini. doc.

② Кыргызстан，Опубликовано заключение Национальной комиссии по расследованию июньских событий，http：//www. fergananews. com/article. php？id＝6871&print＝1.

③ 这些是："①Докладная записка председателя КГБКиргизской ССР Д. Асанкул о ваособытиях в О-шской области；②Секретная докладная записка." The Progroms in kyrgy^{2st} Crisis Group Asia Report No193. August 2010.

④ 随后，这些紧张不安的乌兹别克族人进一步要求市和州的党委会所有成员引咎辞职。一份克格勃记录指出："居然有包括一些重要官员在内的一大部分人都唯挑衅性的谣言是从。"然而，在苏联时期，这一含蓄的话语却代表了极不寻常的批评。在克格勃的报告中的关键人物之一，奥什地区的政党首领尤森·斯蒂科夫被广泛地认为应对 1990 年的骚乱事件负责。此后，他成了巴基耶夫的心腹。与此同时，他也被指在 2010 年 5 月组织了反政府游行。The Progroms in kyrgy^{2st} Crisis Group Asia Report，No. 193，August 2010.

⑤ Кыргызстан，Опубликовано заключение Национальной комиссии по расследованию июньских событий，http：//www. fergananews. com/article. php？id＝6871&print＝1.

与乌兹别克族的力量抗衡，同时他们还要求警察和当地政府对其进行武装。克格勃的调查者还记录下了一些民众的住宅上标注"吉尔吉斯族人""乌兹别克族人"的字样以识别当地居民的民族归属。① 这些过程与2010年6月吉尔吉斯斯坦南部民族冲突的爆发过程也几乎一样。

1990年吉尔吉斯斯坦南部民族冲突发生后，《条例》第3条"建议吉尔吉斯苏维埃社会主义共和国对奥什事件进行原则性的政治评价"。② 但历史留给吉尔吉斯苏维埃社会主义共和国"进行原则性的政治评价"和苏共中央民族委员会监督其进行总结反思的时间太少，苏联解体后，吉尔吉斯共和国登上历史舞台，但新独立的"吉尔吉斯斯坦及奥什州的第一任领导们没有从先前严重的民族冲突中吸取教训，在对民族主义分子的激进化和严重的冲突方面的评估上显得疏忽大意和缺乏远见，没有采取任何预防性措施"。③ 吉尔吉斯斯坦国家调查委员会认为，"对于吉尔吉斯共和国的领导人而言，1990年事件本应成为一次教训，他们本应该对此次悲剧的原因和后果进行分析，对自身的工作进行原则性的政治评估，追究失职及采取错误决策的相关人员的责任，制定切实可行的措施以防止类似事件的再次发生。但是时间证明，已经发生的事件并未获得应有的重视"。④

吉尔吉斯斯坦国家调查委员会认为，临时政府5月在贾拉拉巴德州实施的紧急状态本不应该被取消，相反地，应该吸取1990年事件的经验，扩大该行为在奥什州的作用。1990年在吉尔吉斯斯坦南部的所有地方都进行了戒严，甚至在首都和伏龙芝市，如果实施了这些举措，那么导致6月悲剧发生的事件将不会升级。他们也没有从2008～2009年在奥什的开斋节庆祝活动中极端组织代表的挑衅行为和2009年的"诺奥卡特事件"（穆斯林宗教活动中发生大规模骚乱）中吸取教训。⑤

---

① 在1990年，克格勃总部同样也被划分了民族属性。
② Кыргызстан，Опубликовано заключение Национальной комиссии по расследованию июньских событий，http：//www.fergananews.com/article.php？id=6871&print=1.
③ Кыргызстан，Опубликовано заключение Национальной комиссии по расследованию июньских событий，http：//www.fergananews.com/article.php？id=6871&print=1.
④ Кыргызстан，Опубликовано заключение Национальной комиссии по расследованию июньских событий，http：//www.fergananews.com/article.php？id=6871&print=1.
⑤ Кыргызстан，Опубликовано заключение Национальной комиссии по расследованию июньских событий，http：//www.fergananews.com/article.php？id=6871&print=1.

2010年6月与1990年6月吉尔吉斯斯坦南部的民族冲突具有一些相似之处，可供借鉴：两起暴乱都发生于政治紧张时期，新领导人试图取代旧的政治领袖，中央政府被偶然的、激烈的政治变革削弱，奸淫暴行的传闻在两起事件中都起到了决定性的动员作用。① 除此之外，两次民族冲突都有犯罪集团、家族势力的作祟，但即使有如此多的相似之处，吉尔吉斯斯坦当局仍然没能吸取相关教训。国际危机组织也认为，吉尔吉斯斯坦历届政府对南部地区的民族紧张局势都没有采取任何行之有效的措施，甚至听之任之。2010年吉尔吉斯斯坦民族冲突的诸多特点便与1990年的种族流血冲突极为类似。同时，政府也没有采取任何措施寻找解决问题的根源，从而导致20年后此类事件再次在吉尔吉斯斯坦发生。截至2010年，过去20年政府的忽视和经济的下滑加剧了社会剥夺现象的发生，受教育程度较低和失业年轻人群体的规模不断增加，1990年的情况亦是如此……所有与1990年族际暴力事件有关的官方调查结论都经过了归类，但其中没有一项研究是在探寻暴力事件发生的根源，这便为2010年暴力事件调查报告奠定了基调。因为惧怕会加剧社会的紧张情绪，吉尔吉斯斯坦政府再次对暴力事件进行全面彻底的调查仍犹豫不决……鉴于目前吉尔吉斯斯坦政治和民族的两极分化现象，这将是一个严重的挑战。②

2010年6月的民族冲突进一步加深了吉尔吉斯族和乌兹别克族之间的仇恨，如果这一问题得不到很好的解决，在未来20年内再次发生暴动的可能性极大。国际危机组织认为，"可能在5年后发生，或者说，如果不制止这种极端的民族主义倾向，这一速度会更快。民族冲突的受害者在未来或将转向伊斯兰极端势力寻求帮助，或者暴力活动将蔓延到其他族群——俄罗斯人、维吾尔人、鞑靼人，或者东干人"。③ 因此，无论是吉尔吉斯斯坦政府、国际组织，还是作为吉尔吉斯斯坦邻国的俄罗斯、中国等，都应该对这一问题高度关注。

（四）缺乏民族关系评估预警

如前文所述，2010年4~5月，吉尔吉斯斯坦南部已经出现了煽动性言

---

① Отчет международной независимой комиссии по исследованию событий на югеКыргызстана в июне 2010 года.
② The Pogroms in Kyrgyzstan, Crisis Group Asia Report N°193, August 2010.
③ The Pogroms in Kyrgyzstan, Crisis Group Asia Report N°193, August 2010.

论、人口的异常流动、不同规模的集会、零星的冲突事件、民族精英的动员等一系列民族冲突爆发前的先兆,但吉尔吉斯斯坦临时政府并没有对其进行评估和预警。国际危机组织指出,"导致劫掠者采取行动的原因乃是民族因素而非经济方面的考量,6月发生的暴力事件便是5月贾拉拉巴德的民族关系和政治局势紧张状况的继续,但当时吉尔吉斯斯坦中央政府和国际社会并未对此采取任何行动"。① 从5月开始,贾拉拉巴德州和奥什州的民族关系已经一触即发,但临时政府只是宣布了5月19日到6月1日进入紧急状态,并任命了国防部部长伊萨科夫为驻吉尔吉斯斯坦南部特派员,其他几乎什么都没有做。《奥什动议——吉尔吉斯斯坦(2010年)"6月事件"社会独立调查结果报告》就诘问,"尽管国内外的专家和分析家都一再提醒说,在吉尔吉斯斯坦南部可能会出现族际冲突,但为什么吉尔吉斯斯坦的特工机构没有采取任何预防族际冲突的措施?!!! 为什么在奥什州被允许的违法行为在贾拉拉巴德州也被允许,即吉尔吉斯斯坦民兵装备有武器、弹药、装甲车?为什么在奥什事件发生之后没有采取任何预防措施,以加强对武器和弹药库的保护,以免它们落入吉尔吉斯斯坦民兵之手?"②

吉尔吉斯斯坦国家调查委员会也意识到了这一问题,调查报告指出,"临时政府和南方各州及各市的国家政权机构的领导人最先获得了关于局势急速恶化的消息和为防止民族冲突和即将到来的悲剧而采取紧急措施的充足的时间资源。地方的国家安全机构,尤其是吉尔吉斯斯坦国家安全局在奥什州及其首府奥什市的分局从2010年4月末到6月10日向州长送交了12份描述冲突形势的文件,向市长送交了4份文件,向国家安全局的中央办公室递交了34份文件。根据这些数据,国家安全局的领导向临时政府发送了9份相关文件。"但是,临时政府、州长、市长和州一级的其他领导人并未开展引起双方(乌兹别克族人和吉尔吉斯族人)居民注意的预防性工作。吉尔吉斯斯坦国家调查委员会断定:"临时政府、权力机构、提前获知民族关系发展趋势的南方各州及奥什市的地方政权机关,都未能预防大量悲剧

---

① The Pogroms in Kyrgyzstan, Crisis Group Asia Report N°193, August 2010.
② Ошская инициатива доклад по результатам независимого общественного расследования июньских (2010) событий в Кыргызстане, http://news.fergananews.com/archive/2011/oshini.doc.

的发生，尽管它们在几天内可以很快地消除或终止悲剧"。① 2010 年 6 月 16 日，临时政府公开诚恳地向吉尔吉斯斯坦人民和国际社会承认了自己的过失和责任。

吉尔吉斯斯坦国家调查委员会承认，在已经发生的悲剧中，国家安全机构、内务机构和检察机关应承担很大的责任。根据该国的法律，他们不仅应该告知和提醒当局将要发生的危险，还应该采取必要的侦查以预防和及时地制止危险。"在情况预测方面变得迟钝！！！临时政府和防止贾拉拉巴德州发生民族冲突的情报机关的领导人宣布 6 月 10 ~ 11 日奥什州进入紧急状态以避免在该州也发生民族冲突，但是已经太晚了。""吉尔吉斯斯坦临时政府、外交部、内务部、国家安全局以及奥什市、奥什和贾拉拉巴德州的领导人也没有采取相应的应对信息战争（最初由一些国外媒体提出）的预防性措施。"②

国际独立调查委员会认为，"有一点完全可以合理地预见，即事件的发展会导致那种 6 月 10 ~ 14 日在吉尔吉斯斯坦南部出现的暴力行为，临时政府应该预见到这种可能性并采取措施，以降低这种可能性"。国际独立调查委员会还认为，"在任何情况下，临时政府都应制订应急计划，以便在发生暴力事件时控制局势"，③ 但临时政府和吉尔吉斯斯坦各级政府并没有制订相应的应急计划。

在此需要注意的是，乌兹别克族居民则研制出了一套冲突事件的预防警报系统。这套警报系统可以在很短时间内召集包括年轻人在内的几十名、甚至上百名居民前往冲突地点集合。这种举措既可以看作一种自我防卫的方法，又可以看作一种对执法机关案件调查施加压力并防止暴力事件升级的途径。④ 但这套预防警报系统只属于乌兹别克族群体内部，并没有涉及吉尔吉斯斯

---

① Кыргызстан, Опубликовано заключение Национальной комиссии по расследованию июньских событий, http://www.fergananews.com/article.php?id=6871&print=1.
② Кыргызстан, Опубликовано заключение Национальной комиссии по расследованию июньских событий, http://www.fergananews.com/article.php?id=6871&print=1.
③ Отчет международной независимой комиссии по исследованию событий на юге Кыргызстана в июне 2010 года.
④ Хроника насилия, События июня 2010 г. на юге Кыргызстана (Ошский регион), Norwegian Helsinki Committee, Правозащитный Центр《Мемориал》, Freedom House, 2012 (2).

坦南部的所有居民，其研制主体和实施主体都应该是吉尔吉斯斯坦政府。

（五）民族冲突应急能力低下

突发事件应对主体应对能力的基本构项是两项，即"认知能力"和"反应能力"。前者指涉突发事件应对主体对与突发事件相关联的各类风险的预见能力，涉及主体对突发事件及其风险的认知与判断，是主体基于对有关信息的感知、收集、记忆、学习和处理等得出的对事件的认识，属于应对主体对突发事件在精神上的把握能力。"反应能力"指涉应对主体在一定条件下完成对突发事件应对的行动能力，它在实质上是一种物质反应能力。① 在吉尔吉斯斯坦南部的民族冲突应急处置过程中，吉尔吉斯斯坦临时政府无论"认知能力"还是"反应能力"，都表现得非常不专业。

1. 应急指挥机构缺乏能力

在吉尔吉斯斯坦南部民族冲突的应急处置过程中，无论是临时政府的领导人，还是奥什州及其首府奥什市、贾拉拉巴德州的领导人，并没有进行很好的协调。例如，副总理别克纳扎罗夫负责对临时政府内部的权力集团进行监督，与此同时，4月23日建立了以第一副总理阿塔姆巴耶夫为首的执法和安全委员会。阿塔姆巴耶夫证实，该委员会没有实权，存在时间也不长，旨在确保国家北方的稳定。但是自5月13日起，国防部部长伊萨科夫中将被任命为临时政府在南方的特使，且被赋予了很大特权。但是，无论是伊萨科夫还是整个临时政府都没有处理好和奥什市市长梅尔扎克马托夫的关系，这在国内外引起了极大的反响。②

在吉尔吉斯斯坦南部民族冲突的应急处置过程中，伊萨科夫作为整个南部地区（奥什州、贾拉拉巴德州和巴特肯州）的特派员，被授权全权处理"社会政治和经济局势"方面的问题。伊萨科夫也亲自指挥了奥什市和奥什州的作战部队，尤其是他还对紧急状态期间所实施的行动计划的制订进行了监督。但是根据《紧急状态法》，伊萨科夫的权力受到限制，因为该法令把所有的权力都交给了奥什市和奥什州的指挥官巴克特·阿雷姆巴耶

---

① 马怀德：《法治背景下的社会预警机制和应急管理体系研究》，法律出版社，2010，第104页。

② Кыргызстан, Опубликовано заключение Национальной комиссии по расследованию июньских событий, http://www.fergananews.com/article.php?id=6871&print=1.

夫以及贾拉拉巴德州的指挥官库巴特别克·拜博洛夫。在民族冲突期间，阿雷姆巴耶夫"非法拒绝对拥护伊萨科夫将军的执法机关进行监督"，伊萨科夫也向国际独立调查委员会表示，"6月11日，并不是所有奥什市的军事单位都服从合法命令。这包括驻扎在奥什的部队和两支于6月11日从比什凯克飞来的部队"。① 吉尔吉斯斯坦国家调查委员会认为，在民族冲突发生后，很明显地发现缺乏可以应对民族冲突的国家机构的协调系统，尤其是涉及奥什州和奥什市的各个执行行动的政权机构和内务机构的互动。同时，他们对临时政府的特派员、州指挥官和市指挥官还存在不理解和抵触。② 在民族冲突的紧急状态下，如果缺乏一个强有力的、协调良好的应急指挥机构，将无法统一调动应急队伍和应急资源，也无法对民族冲突进行快速、准确的紧急应对，将出现"群龙无首"的混乱状态。

不仅应急指挥机构缺乏相互协调，而且应急领导成员的个人素质和所采取的措施也存在很大问题。伊萨科夫作为吉尔吉斯斯坦南部的特派员，在"6月事件"期间，"唯一可行的解决办法就是进行武装干涉"，但"他都没有进行干涉，这是一个严重的疏漏"，"他应该加强对通往奥什路上的所有检查站的领导，以阻止进攻者从农村地区大量涌进奥什市"。6月12日，重型装甲车集合在奥什州办公大楼前的广场，而不是分散在城市周边。这使吉尔吉斯族男子的农村动员轻而易举地投入第二天的暴力事件中。③ 阿雷姆巴耶夫告诉国际独立调查委员会，在处理"6月事件"中，"他非常慌张，不知所措"。④ 拜博洛夫也不敢采取任何在其权力范围内的、能制止在贾拉拉巴德州发生的暴力行为的措施，直到6月13日上午10点，拜博洛夫指挥官才来到贾拉拉巴德市，他既未阻止夜间抢劫、烧毁乌兹别克族人的房屋，也未采取行动防止武器被强占。国际独立调查委员会认为，"贾拉拉巴德州的指挥官并没有采用其能力范围内的所有措施，以防止在贾拉拉

---

① Отчет международной независимой комиссии по исследованию событий на юге Кыргызстана в июне 2010 года.
② Кыргызстан, Опубликовано заключение Национальной комиссии по расследованию июньских событий, http: //www. fergananews. com/article. php? id = 6871&print = 1.
③ Отчет международной независимой комиссии по исследованию событий на юге Кыргызстана в июне 2010 года.
④ Отчет международной независимой комиссии по исследованию событий на юге Кыргызстана в июне 2010 года.

德州发生暴力事件"。① 军队、情报和执法机关的领导人的软弱和慌张在 6 月 12 日晚上表现得尤其明显。当时他们一听到未经证实的国家安全局的消息——以臭名昭著的胡带别尔基耶夫为首的武装民兵将从乌兹别克斯坦边境赶来帮助乌兹别克族居民时，就出现了恐慌甚至逃离的情况，事实上，居民仍在奥什州及其首府的内务机关的控制和监管之下。据目击者称，在那些日子，一些边防部队人员甚至谢尔尼亚佐夫将军擅离职守，边防局的领导人向吉尔吉斯斯坦国家调查委员会这样解释这些事实：当时存在城市居民抢占武器的威胁（害怕受到攻击——笔者注）。②

事实上，尽管缺乏足够的应急队伍，但是在民族冲突的应急处置过程中，仍有 2000 多人兵力受临时政府指挥。如果对这些部队进行适当命令和引导的话，那么防止或制止暴力行为、阻止农村地区的吉尔吉斯族人进入奥什市是可能的。《暴力冲突大事记：2010 年吉尔吉斯斯坦南部（奥什地区）事件》中描述称，"6 月事件"给伊萨科夫留下了深刻的印象，他做出结论，执法机关缺乏特殊手段来应对农村的吉尔吉斯族青年，他认为"没有人能制止"③。

2. 应急救援力量无所作为

在吉尔吉斯斯坦南部民族冲突的应急处置过程中，应急救援队伍没有采取一切可能的措施来制止冲突的蔓延，有时甚至什么也不做。如 6 月 11 日白天，一群吉尔吉斯族人截获了一辆步兵战车……军队并未试图驱散人群或制止抢劫。在强力部门的工作人员和吉尔吉斯族青年人群之间似乎形成了一种特殊的联盟关系。④ 尤其是在 6 月 13 日，当奥什市乌兹别克族人的马哈利亚遭到攻击时，警方不作为，吉尔吉斯族人突破了乌兹别克族人设的路障，在场的警察没有采取任何措施来制止杀戮和抢劫。奥什市第一副市长吉姆尔·卡姆别科夫（Тимур Камчыбеков，后来被撤职）回忆称：⑤

---

① Отчет международной независимой комиссии по исследованию событий на югеКыргызстана в июне 2010 года.
② Кыргызстан, Опубликовано заключение Национальной комиссии по расследованию июньских событий, http：//www.fergananews.com/article.php？id＝6871&print＝1.
③ Хроника насилия, События июня 2010 г. на юге Кыргызстана（Ошский регион），Norwegian Helsinki Committee, Правозащитный Центр《Мемориал》, Freedom House, 2012（2）.
④ http：//diesel.elcat.kg/index.php？showtopic＝4195203&mode＝linear.
⑤ Интервью с бывшем первым вице - мэром города Ош Тимуром Камчыбековым, Ош, 13 сентября 2010 г.

我用手机给市长打电话，说几百名年轻人已经闯进来了，他们正在进行非法活动和烧杀抢掠，请尽快派人增援，特种快速反应部队或陆军装甲车都行……市长答复道"立刻行动"。我一直在等，但什么都没有出现。半小时后，我再次拨通了市长的电话。到凌晨时分我一共给市长拨了 100 次电话……

事件调查过程中，关于应急救援队伍无所作为的指证比比皆是，如"军队的装甲运输车巡逻了主要的街道，但是军队没有介入发生的事情，军队或者警察没有在小区的街上固定值班。其对于城市里的形势不可能得到一种官方的消息，也打听不到被疏散的大学生们的所在地，也没有进行疏散人群的尝试"。[1] "我亲眼看到吉尔吉斯族人抓住了两名乌兹别克族人，随后便开始殴打。士兵们没有采取措施。"[2] "在这种一触即发的形势下，没有一个执法机构的人员试图对集合起来的吉尔吉斯族人进行劝解，也没有一个人在吉尔吉斯族人居多的毗邻区域采取措施来制止这些人的袭扰。"[3] "当武装分子闯入并抢劫居民房屋时，安全部队还是像以前一样没有干涉。"[4] "士兵们并没有介入正在发生的冲突，'只是站在附近观望'。"[5]

《"正义何在？"——吉尔吉斯斯坦南部民族骚乱及其后果》就诘问，"毫无疑问的是，吉尔吉斯斯坦政府当局在民族冲突期间面临巨大的严峻挑战，但是其并未制止冲突和大规模的财产破坏以及抢劫活动，政府当局是否尽了全力去保护所有的公民？政府当局是否有选择性地采取了措施或是在局部地区采取了措施？类似情况达到何种程度？"[6] 民族冲突由于自身的特殊性质，只能由政府和强力部门采取措施进行应对，如果政府和强力部

---

[1] Хроника насилия, События июня 2010 г. на юге Кыргызстана（Ошский регион）, Norwegian Helsinki Committee, Правозащитный Центр《Мемориал》, Freedom House, 2012 (2).

[2] Интервью с жителем Ошской области（имя не разглашается）, Бишкек, 4 июля 2010 г

[3] Хроника насилия, События июня 2010 г. на юге Кыргызстана（Ошский регион）, Norwegian Helsinki Committee, Правозащитный Центр《Мемориал》, Freedom House, 2012 (2).

[4] http://diesel.elcat.kg/lofiversion/index.php?t4188758-700.html.

[5] http://afisha.zakon.kz/175781-r.otunbaeva-chislo-pogibshikh.html.

[6] "Where Is the Justice?" Interethnic Violence in Southern Kyrgyzstan and Its Aftermath, Human Rights Watch, August 2010.

门选择"不作为"的话，只能任由冲突的不断升级和蔓延。

3. 应急救援队伍措施失当

（1）没有进行强制隔离

强制隔离就是为了防止冲突升级，所采取的强制将冲突双方分开，强制外围人员不能参与到民族冲突中去的措施。在吉尔吉斯斯坦南部民族冲突的应急处置过程中，应急救援队伍并没有主动进行强制隔离，更为严重的是，应急救援队伍的强制隔离是在民众的强烈要求下才勉强采取的。如6月13日，在克孜勒—克亚市（г. Кызыл-Кыя），一群吉尔吉斯族青年人用石块袭击了一名乌兹别克族男子。在同一天，乌兹别克族居民代表要求当局设立检查站，以检查从乌奇—库尔贡村（село Уч-Курган）方向进城的车辆。市政厅和国家安全局的领导们拒绝了这一要求，之后，约有1000人聚集在城市入口处的十字路口旁。当局不得不设立检查站，之后乌兹别克族人群才四散开来。① 没有进行强制隔离的后果就是人群的高密度聚集和对道路、桥梁等的封锁。如"对于警方而言，他们既缺少应对冲突的装备，又没有较高的工作效率。通往市警察局办公楼的道路完全被人群封锁。警员被打伤，警车被烧毁"。②

乌兰（Ulan）和梅利斯（Melis）告诉人权观察组织，他们白天在城市作战，晚上回到固尔查镇的家中睡觉。事实是这些村民不但能在暴力冲突爆发的6月11日自由进出，在6月12、13、14日也能自由出入城市，这种情况发生的时候，也引起了人们对政府力量是否做了任何阻止吉尔吉斯族村民进入城市的深深疑问。③《奥什动议——吉尔吉斯斯坦（2010年）"6月事件"社会独立调查结果报告》就指出，为遏制冲突并控制局势，为什么2010年6月10日23点30分吉尔吉斯斯坦及其执法机构的领导们没有在奥什市的所有出入口上设置路障来禁止吉尔吉斯斯坦民兵进入奥什市？④

---

① Интервью с жителем города Кызыл-Кыя（имя не разглашается），Бишкек, 16 февраля 2012 г.

② Отчет международной независимой комиссии по исследованию событий на югеКыргызстана в июне 2010 года.

③ "Where Is the Justice?" Interethnic Violence in Southern Kyrgyzstan and Its Aftermath, Human Rights Watch, August 2010.

④ Ошская инициатива доклад по результатам независимого общественного расследования июньских（2010）событий в Кыргызстане.

(2) 不恰当地使用武力

在吉尔吉斯斯坦南部民族冲突的应急处置过程中,既存在应急队伍"不愿使用武力"的现象,又存在应急队伍"过度使用武力"的情况。《暴力冲突大事记:2010年吉尔吉斯斯坦南部(奥什地区)事件》中指出,"受俄罗斯和乌兹别克斯坦军队进入传闻的影响,来自'西部'小区的抢劫者的许多团伙就消失了,这直接证实,军队和吉尔吉斯斯坦执法机关的不受制裁和不情愿为了局势的稳定使用武力对于6月11~12日在遭受大规模破坏的城市区域的暴力升级是重要的因素。"①

国际独立调查委员会调查显示,6月10日晚到11日凌晨,为了驱散"阿莱"宾馆附近的聚集者,执法机构确实存在过度使用武力的情况,造成了不该有的人员伤亡,而这一举动间接地成为进一步动员的工具。《暴力冲突大事记:2010年吉尔吉斯斯坦南部(奥什地区)事件》指出,毫无缘由地动用武器并驱散街道两旁许多心理处于高度紧张状态的平民,导致了奥什市局势的进一步动荡。部分青年将刚刚发生的事件看作"游戏规则"的改变,因为根据早前的"游戏规则",冲突双方在竭力避免开展一些可能造成人员伤亡的行动。②"不愿使用武力"和"过度使用武力"都是应急队伍缺乏培训和应急指挥机构指挥失误的重要体现,而这一切又是吉尔吉斯斯坦政府忽视国家安全而出现的严重后果。

(3) 没有无差别地保护人群

吉尔吉斯斯坦南部民族冲突的应急处置过程中,出现了应急队伍有选择性地保护吉尔吉斯族人而忽视乌兹别克族人的现象。前文指出,吉尔吉斯斯坦国家安全部门的人员构成中吉尔吉斯族人占多数,在民族冲突应急处置过程中,这种应急队伍不合理的人员构成就造成了应急队伍"偏袒"吉尔吉斯族人的现象。

《奥什动议——吉尔吉斯斯坦(2010年)"6月事件"社会独立调查结

---

① Хроника насилия, События июня 2010 г. на юге Кыргызстана (Ошский регион), Norwegian Helsinki Committee, Правозащитный Центр 《Мемориал》, Freedom House, 2012 (2).

② Хроника насилия, События июня 2010 г. на юге Кыргызстана (Ошский регион), Norwegian Helsinki Committee, Правозащитный Центр 《Мемориал》, Freedom House, 2012 (2).

果报告》中描述称，"临时政府，尤其是那些执法机构与军队，在防止民族冲突期间针对无辜公民的违法行为以及侦查民族冲突期间犯罪行为方面，还不能有效地、客观地行使自己的职责。在许多吉尔吉斯族人攻击乌兹别克族人的地方，这种攻击或者有执法机构或军队人员的援助和参与，或者得到了他们的默许"。① 《"正义何在？"——吉尔吉斯斯坦南部民族骚乱及其后果》中指出，"政府的一些武装部队有意或无意地帮助了暴徒们对乌兹别克族人街区的袭击……安全部队集中力量去处置由乌兹别克族人引发的危险形势，而不管吉尔吉斯族人，甚至后来吉尔吉斯族暴徒形成了紧迫的威胁后，这种情况变得更明显。如果说安全部队保护了乌兹别克族人的话，它采取的保护措施也很有限"。② 国际独立调查委员会认为，一些军队在奥什市参与进攻了乌兹别克族居住的马哈利亚，不仅分发了装甲车、武器和弹药，而且还有身穿军装的人专门驾驶装甲车，这些都表明，驾驶装甲车的不是平民，而是士兵，当警方参与撤离马哈利亚的居民时，被撤离的只有吉尔吉斯族居民，那些愿意撤离的乌兹别克族人却未被撤离。③

吉尔吉斯斯坦安全部队在处理不同民族的肇事者的暴力行为时，也有不同的反应，这使人们感到能力因素不是他们未能保护人民的唯一原因。总体来说，吉尔吉斯斯坦安全部队似乎将精力集中在解除乌兹别克族人武装上，甚至在吉尔吉斯族暴徒 6 月 11 日开始有计划地袭击乌兹别克族人社区时也是如此。49 岁的"Feruza F"（非真实姓名），是一名乌兹别克族人，告诉人权观察组织：④

  民族冲突发生时，她决定和她的两个女儿、一个侄女留在主要是吉尔吉斯族人的社区的家里。6 月 14 日，几个吉尔吉斯族年轻人踢她

---

① Ошская инициатива доклад по результатам независимого общественного расследования июньских（2010）событий в Кыргызстане, http：//news.fergananews.com/archive/2011/oshini.doc.
② "Where Is the Justice?" Interethnic Violence in Southern Kyrgyzstan and Its Aftermath, Human Rights Watch, August 2010.
③ Отчет международной независимой комиссии по исследованию событий на югеКыргызстана в июне 2010 года.
④ "Where Is the Justice?" Interethnic Violence in Southern Kyrgyzstan and Its Aftermath, Human Rights Watch, August 2010.

们的门,叫嚣着让她出来。Feruza F 给警察和市长办公室打了电话,但是他们告诉她不要恐慌,什么也不会发生的。这时,Feruza F 请求她一个有吉尔吉斯族发音名字的邻居拨打了同样的号码,说她处在危险中。Feruza F 告诉人权观察组织,我的邻居打完电话 10 分钟,两名警察就出现在她的门口,这时我们才给他们解释了情况,我想他们想什么都不做是不可能了,因为电话记录已经被登记。警察把 Feruza F 和她的亲人从汽车里带走了,但是在附近停车场停下来要求她下车,并且命令她为"搭乘电梯"支付 500 索姆(11 美元)。

《奥什动议——吉尔吉斯斯坦(2010 年)"6 月事件"社会独立调查结果报告》还指出,军人们既没有使用武器,也没有使用其他特殊装置来驱散吉尔吉斯族民族分子。吉尔吉斯斯坦军队和执法机构向吉尔吉斯族警察以及那些来自吉尔吉斯斯坦边陲或雇用的冲突者分发武器,这些人穿上平民服装,参与射杀乌兹别克族人及劫掠他们财产的勾当。①

(4)没能很好保护武器

前文指出,在吉尔吉斯斯坦南部民族冲突中,发生了多起武器抢劫的事件,造成大量武器丢失,民族冲突结束后仍有很多武器没被追回。而武器抢劫尽管也有在军火商店中发生的,但大多发生在普通平民与安全部队之间,即安全部门没能很好地保护武器。如奥什市警察部门高级领导人奥穆尔别克·苏瓦那耶夫(Omurbek Suvanaliyev)说:②

> 这实在太不可思议了,警察和军队没采取任何行动就交出了手中的武器。我想说的是,在军方军火库中投降的事情经常会发生。

国际独立调查委员会指出,仅在奥什的一个区被强占或被军官们转交给人群的武器就至少有 134 支步枪、2 把狙击枪、2 挺机枪、1 门迫击炮、3

---

① Ошская инициатива доклад по результатам независимого общественного расследования июньских (2010) событий в Кыргызстане, 2011.

② "Я не хочу стать соучастником губительной политики," Kommersant, 2010 年 6 月 22 日, http://kommersant.ru/doc.aspx? DocsID=1390360&NodesID=5。

把手枪（所有这些都装备有相应的弹药）、1 个 F1 - 榴弹和 2 辆装甲车。①有证据表明，军事机构除了毫不阻抗地交出武器外，有的甚至是主动分发武器：

> 6 月 12 日，约有 300 人闯进了"卡拉梅克"（Карамык-автодорожный）通道口处的边境检查站。经过谈判，该单位指挥部命令发放 2 支 AK - 47 式突击步枪、1 支 ПМ 手枪和 108 发子弹。琼阿拉区热肯基乡（сельский округ Жекенди）的 400 名居民来到"卡拉梅克"边境哨卡，哨卡凭收条发给袭击者们 6 支 AK - 47 式突击步枪和 120 发子弹。与此同时，300 名当地居民包围了"克孜尔—贾尔"（Кызыл-Джар，位于卡拉 - 伊宁区）边防哨卡，并通过与指挥部谈判获得了 4 支 AK - 74② 式突击步枪和 200 发子弹。③

（5）应急队伍士气低落

除了能力不足外，一些执法人员还告诉人权观察组织，安全部队士气低落，因为过去几次成为替罪羊而不愿使用武力。《"正义何在？"——吉尔吉斯斯坦南部民族骚乱及其后果》中记述，"4 月曾被派往塔拉斯（Talas）处理抗议活动的一名奥什警方官员告诉人权观察组织，他们一直不愿意在奥什使用武力，因为他们曾在处理塔拉斯暴力活动时遭受了激烈的批评，除了在少数一些地区，吉尔吉斯斯坦安全部队并未能牵制或制止冲突，在骚乱爆发几天后他们最终却消失了……安全部队受到缺乏训练、装备陈旧和在以前的冲突中使用武力招致的严厉批评的影响而士气低落的困扰"。④国际危机组织也指出，警察及其他安全部队在受到袭击和反政府示威者的抗击后士气都十分低落。在巴基耶夫时期，巴基耶夫纵容了安全部门的腐

---

① Отчет международной независимой комиссии по исследованию событий на юге Кыргызстана в июне 2010 года.
② AK - 74 式突击步枪是 AK - 47 式突击步枪的改型。
③ Хроника насилия, События июня 2010 г. на юге Кыргызстана (Ошский регион), Norwegian Helsinki Committee, Правозащитный Центр《Мемориал》, Freedom House, 2012 (2).
④ "Where Is the Justice?" Interethnic Violence in Southern Kyrgyzstan and Its Aftermath, Human Rights Watch, August 2010.

败,而巴基耶夫下台之后,安全部门还在"观望","对前政权的忠诚源于个人利益而绝非意识形态的原因。巴基耶夫政权体系维护政府工作人员的利益,而这也为他们提供了许多腐败的机会"。① 这也造成了民族冲突应急处置过程中安全部队的犹豫不决和士气低落。

4. 信息发布迟滞

在民族冲突形势迅速变化的情况下,关于民族冲突的信息会成为各方关注的焦点:对于应急指挥机构而言,要及时了解民族冲突的参与人数、蔓延情况等;对于冲突双方而言,要及时了解政府的措施、亲人的情况等;对于外界社会而言,要及时了解民族冲突的爆发程度,需要什么样的援助。如果信息发布不合理或不及时的话,就会围绕民族冲突形成一个"信息瀑布",造成谣言的传播和外界社会的指责。

在吉尔吉斯斯坦南部民族冲突中,关于民族冲突信息的收集和发布显然存在很大问题。如在应急处置过程中,没有很好的信息来源途径;在做出决策的过程中,政府机关并不总是能够掌握关于奥什市局势的可靠信息。② 一名吉尔吉斯族记者回忆称,"与1990年的冲突有所区别的是,在这次行动中,政府没有派出任何人拿着扩音设备沿街告知特殊行动,也没有人通知实施宵禁令"③。当时正住在"舍伊特—多波小区"("阿莱"宾馆附近)亲戚家的俄罗斯族平民说,他还是通过网络得知实施紧急状态的命令,奥什地方当局中没有人通知广大居民即将实施宵禁和禁止外出的命令。因而,乌兹别克族居民中遍布谣言,称比什凯克颁布的实施紧急状态的命令正好被当地执法机关当作一个动用武器打击乌兹别克族居民群体的堂而皇之的借口。④

吉尔吉斯斯坦国家调查委员会认为,无论是国内还是国外的媒体为了追逐"一时轰动",总是想抢先报道,而并非客观地反映当时的局势,它们发布了一些未经证实的与事实不符的消息。如最初在国外媒体中多次出现

---

① The Pogroms in Kyrgyzstan, Crisis Group Asia Report N°193, August 2010.
② Хроникансилия, События июня 2010 г. на юге Кыргызстана (Ошский регион), Norwegian Helsinki Committee, Правозащитный Центр《Мемориал》, Freedom House, 2012(2).
③ Интервью с журналистом из города Ош (имя не разглашается), Бишкек, 11 сентября 2010 г.
④ Интервью с жителем города Ош (имя не разглашается), Москва, 17 октября 2010 г.

"种族灭绝"的说法。与此同时，临时政府信息中心和外交部并未及时采取有效措施来抵制相关消息，尤其是事件发生之初，与吉尔吉斯斯坦方面态度相反，一些国外的媒体在进行一场信息战争。吉尔吉斯斯坦国家调查委员会指出，"还需要注意的是，在民族冲突发生前夕，受国外组织资助的奥什资源中心（Ошский ресурсный центр）在 6 月 8～10 日对国内外记者进行了关于民族冲突报道的专门培训，它追逐的是不正当的目的"①。

吉尔吉斯斯坦南部民族冲突虽然结束了，但两个民族由于冲突所造成的心理阴影却迟迟不会褪去，2010 年冬天，一切已经恢复平静，调查组在寒冬中重新审视这座城市时，无不唏嘘嗟叹……古丝绸之路上两个曾经创造出灿烂文明的古老民族能否在新时期和睦相处，人们翘首以盼。

---

① Кыргызстан，Опубликовано заключение Национальной комиссии по расследованию июньских событий，http：//www.ferganews.com/article.php？id＝6871&print＝1.

第五章　民族关系如何评估预警

吉尔吉斯斯坦南部民族冲突有五个重要的教训，其中"忽视对国家安全的维护"、"对民族问题掉以轻心"和"未吸取已有冲突的教训"是宏观层面的，是可以主观做到吸取教训的，鉴于民族问题的复杂性，大多数国家（包括中国）已经非常重视国家安全和民族问题，重视吸取已有冲突的教训（本书写作的目的之一也在于吸取已有民族冲突的教训）。但"缺乏民族关系评估预警"和"民族冲突应急能力低下"则是微观层面的，是需要客观建构的。

吉尔吉斯斯坦南部民族冲突的一个重要教训就是该国缺乏民族关系评估预警体系，在民族冲突爆发前，吉尔吉斯斯坦南部已经出现了煽动性言论、谣言传播、人口异常流动、不同规模的集会等现象，临时政府没有对民族关系进行任何有效的评估预警，没有听从国际组织对吉尔吉斯斯坦南部民族关系预警的建议。"与其等待冲突剧烈爆发之后采取收效甚微的行动，不如建立可靠的早期预警机制，对当地情况和传统有深入细致的了解，进而在冲突爆发之前即采取有效措施加以控制。"[①] 灾害经济学也提出一个"十分之一"法则，即"在灾前投入一分资金用于灾害的防治，通过降低灾害发生的概率或者避免灾害的发生，人类就可以降低十分的损失"。[②] 因此，在一个多民族国家，要及时对民族关系进行监测评估，通过评估民族关系

[①] 国际社会一致认为，1994年4月"可避免的灭绝种族行为"发生之前早有各种先期征兆，本来是有充分的机会做出反应的，但国际社会未能在卢旺达采取预防措施，导致了非洲大湖区整个区域的严重不稳定，胡图族和图西族的种族屠杀共造成80万~100万人死亡。国际社会为20世纪90年代在波斯尼亚和黑塞哥维那、索马里、卢旺达、海地、波斯湾、柬埔寨和萨尔瓦多进行的七项主要干预行动耗费了大约2000亿美元。如果采取了预防性做法，那么国际社会可节省将近1300亿美元。参见吴燕妮《论冲突中和冲突后社会的法治：联合国的行动及中国的贡献》，武汉大学出版社，2014，第86页。

[②] 莎日娜：《民族地区突发事件应急管理机制研究》，《理论研究》2010年第4期。

了解民族地区经济社会发展现状,识别民族地区的风险,以避免民族冲突的发生。

一 建立民族关系评估体系

(一)民族关系评估的可能性

1. 民族关系演变的规律性

恩格斯曾把马克思发现的人类社会发展规律同达尔文发现的有机界的发展规律相提并论,称"正像达尔文发现有机界的发展规律一样,马克思发现了人类历史的发展规律,即历来为繁芜丛杂的意识形态所掩盖着的一个简单事实:人们首先必须吃、喝、住、穿,然后才能从事政治、科学、艺术、宗教等等,所以,直接的物质的生活资料的生产,从而一个民族或一个时代的一定的经济发展阶段,便构成基础,人们的国家设施、法的观点、艺术以至宗教观念,就是从这个基础上发展起来的,因而,也必须由这个基础来解释,而不是像过去那样做得相反"。"不仅如此。马克思还发现了现代资本主义生产方式和它所产生的资产阶级社会的特殊的运动规律。"① 马克思主义正是在人类社会发展规律的基础上,才做出了《共产党宣言》中"资产阶级的灭亡和无产阶级的胜利是同样不可避免的"的伟大预言。

人类社会发展的规律性也涉及人类社会发展过程中各种社会现象的规律性,只要把握了人类社会发展过程中各种社会现象的规律性,就能够对各种社会现象的发展趋势做出预测。阎耀军认为,"由人类构成的社会运动不过是物质运动的一种高级形式,他和自然运动一样也具有不以人的意志为转移的客观规律,只要人们把握了社会运动的规律,就能对社会发展的未来进行预测"。② 江志友也认为,"任何事物的存在过程都可以区分为过去、现在和未来,现在是过去的延续,未来是现在的延续……在这一连续过程中的任何一点上,事物的性质是不会发生改变的,即事物的本质和规律是连续的……只要事物处于连续的过程中,认

---

① 《马克思恩格斯选集》(第三卷),人民出版社,1995,第776页。
② 阎耀军:《为社会预测辩护(三)——论规律作为社会预测的基础和前提》,《江苏社会科学》2006年第3期。

识了事物的过去和现在的本质和规律,也就近似地等于认识了事物未来的本质和规律"。①

从表面上看,民族冲突的爆发好像具有一定的偶然性,其爆发时间、地点、方式、规模等都很难预测,但从本质上来看,民族冲突从生成、演化、酝酿到爆发都是具有一定规律的:民族冲突的能量未有积聚,民族冲突不会爆发,民族冲突的能量未释放完,民族冲突也不会结束;民族冲突爆发过程中的触发点、临界点、转折点、次生灾害触发点等在时间、空间、范围上也是有一定规律的。因此,每一次"偶然性"民族冲突的爆发都包含一种必然性和规律性,即使是大规模民族冲突,在事先也是有各种先兆的。

如前文所述,民族冲突是民族关系的一种极端表现形式,是民族关系演化、渐变过程中的一种短暂形态,而民族关系又是一个由"融洽"到"隔阂"的不断变化过程,民族关系的变化也是受社会发展规律支配的,如丁龙召认为,"民族关系的存在形态主要表现为民族间、民族地区与中央之间关系的团结、和睦、协调以及矛盾、冲突、对立两种形式,其特点和发展趋势是由社会发展规律所制约的",② 在民族关系不断发展变化的过程中,有些环节(如各个形态之间的过渡)是潜在的,不容易被察觉,而有些环节则是骤然激变的,是可以通过指标或仪器(计算机、摄像头)进行观测的。影响民族关系的作用力系统(政治系统、经济系统、文化系统、精英系统等)是多种多样的,这些系统都会不可避免地传递出一些特有的信息流,如果能够及时地对这些信息流进行收集和整理,分辨出某些敏感性指标的异常变化,并综合运用科学的理论和方法,是能够对民族关系的发展趋势进行预警和调控的。

2. 国内外民族关系评估的尝试

到目前为止,国内外已经开始了对民族关系进行评估的尝试,国外(特别是美国)开始的比较早,国内是近些年才开始在引进国外研究成果的基础上对民族关系进行评估和尝试的。但总体而言,国内关于民族关系评估所涉及的变量和指标都比较笼统和庞杂,在实际应用中效果

---

① 汪志友:《行政学概论》,四川大学出版社,1990,第421页。
② 丁龙召:《对我国民族关系发展基本态势之浅见》,《阴山学刊》2004年第5期。

有限。

如美国社会学家戈登（Milton Gordon）在 1964 年出版的《美国人生活中的同化》(*Assimilation in American Life*) 一书中提出了衡量民族关系的 7 个变量，这 7 个变量包括：①文化同化（acculturation），即文化移入或文化融合；②结构同化（structural assimilation），即实质性的社会交往或社会结构的相互渗入；③婚姻同化（amalgamation），即族际通婚；④身份认同同化（identificational assimilation），即族群意识的认同；⑤意识中族群偏见的消除（absence of prejudice）；⑥族群间歧视行为的消除（absence of discrimination）；⑦社会同化（civic assimilation），即价值及权力冲突的消除。① 戈登评价体系是建立在"少数民族必然被主体民族所同化"这样一种假设的基础上的，但随着 20 世纪 60 年代"民权运动"的产生和实践的检验，戈登的评价体系不能够很好地解释美国民族关系的变化。1975 年戈登又从民族同化过程的角度提出测量民族关系的"自变量与因变量"的理论模型，其中自变量有：①生理—社会发展变量（bio-social development variables），②互动过程变量（interaction process variables），③社会的变量（Societal variables）。因变量有：①同化的类型，②总体同化的程度，③族群冲突的程度，④各族群获得社会酬赏（access to societal rewards）的程度。②

1986 年，英格尔（J. Milton Yinger）以美国社会为背景，提出了分析民族关系的一个变量体系，其中包括影响民族成员认同程度的 14 个变量（见表 5-1），其中有一些变量主要是针对移民国家而言的。③

国内目前关于民族关系评估的研究还处于起步阶段，尚未形成统一意见。马戎是第一个把西方民族关系评价指标介绍到中国的学者，并将其实际应用到民族学社会调查中去，其民族关系评价指标深受戈登思想影响。④ 马戎教授

---

① 马戎：《西方民族社会学的理论与方法》，天津人民出版社，1997，第 14～15 页。
② 杨鹍飞、刘庸：《中国社会转型期民族关系评价指标研究综述》，《中央民族大学学报》（哲学社会科学版）2013 年第 2 期。
③ 马戎：《族群关系变迁影响因素的分析》，《西北民族研究》2003 年第 4 期。
④ 杨鹍飞、刘庸：《中国社会转型期民族关系评价指标研究综述》，《中央民族大学学报》（哲学社会科学版）2013 年第 2 期。

曾经提出用居住格局的"分离指数"① 来衡量不同民族之间的关系。② 他将影响民族关系的主要因素划分为 15 类：①体质因素,②人口因素,③社会制度差异,④经济结构因素,⑤社会结构因素,⑥文化因素,⑦宗教因素,⑧心理因素,⑨人文生态因素,⑩历史因素,⑪偶发事件,⑫政策因素,⑬传媒因素,⑭外部势力的影响,⑮主流族群对待其他族群的宽容度。③ 进而他提出用"反推比例法"，先调查不同民族之间的亲疏程度，然后分析这些因素如何影响和制约民族关系的看法。

表 5 – 1 影响民族身份认同的变量

使族群成员身份认同强化	使族群成员身份认同弱化	变量概括
①人口规模（在总人口中的比重）很大	①人口规模相对很小	人口规模
②在地区和基层社区中集中居住	②在地区和基层社区中分散居住	居住格局
③居住时间短（新移民比例大）	③居住时间长（新移民比例小）	移民比例
④回访母国既方便又频繁	④回访母国非常困难，因而很少回访	母国联系
⑤与本地其他族群的语言不同	⑤与本地其他族群的语言相同	语言差别
⑥信仰与本地主要族群不同的宗教	⑥信仰与本地主要族群相同的宗教	宗教差异

---

① 分离指数（Index of Dissimilarity），表现的是一个居住区（城镇）内各个区域单元（街区）的民族比例与城镇整体民族比例之间的偏差量，从而反映出居住方面这个城镇的民族隔离或民族融合程度。其计算公式为 $ID = \sum_{i=1}^{n} \left| \frac{t_i}{T} - \frac{h_i}{H} \right|$，其中，$t_i$ 和 h_i 分别表示第 i 个居住单位内民族 t 和民族 h 的居民数，T 和 H 分别表示该区域内民族 t 和民族 h 的居住人数，分离指数从 0 到 100 分别表示从"融合"到"隔离"的不同程度，0 表示融合度最高，100 表示隔离度最高，分离指数的具体数值表示在一个基层单位内为使所属的各个区域单元（街区、村）的族群比例与整个居住区的族群比例一样，至少有百分之多少的人口（或者是 A 族群，或者是 B 族群的成员）需要在区域单元之间进行迁移调整。参见马戎《拉萨市区藏汉民族之间社会交往的条件》，《社会学研究》1999 年第 3 期。

② 居住格局：不同民族的人口在特定的空间范围内（地区、社区、居民楼）的排列组合情况，它"可以反映一个民族所有成员（不分性别、年龄、职业、教育等个人特征）在居住地点与另一个民族相互接触的机会"。参见马戎《拉萨市区藏汉民族之间社会交往的条件》，《社会学研究》，1993 年第 3 期。

③ 马戎：《民族社会学——社会学的族群关系研究》，北京大学出版社，2004，第 474～491 页。

续表

使族群成员身份认同强化	使族群成员身份认同弱化	变量概括
⑦属于不同的种族（明显体质差异）	⑦属于同一个种族（没有明显体质差异）	种族差异
⑧通过外界强力或政府行为进入这一社会	⑧自愿地进入这一社会	迁移方式
⑨来自具有不同文化传统的其他社会	⑨来自具有相似文化传统的其他社会	文化差异
⑩母国的政治与经济发展对其具有吸引力	⑩被母国的政治和经济发展所驱除出来	母国情感
⑪在阶级和职业方面的同质性	⑪在阶级和职业方面的多样性	阶级构成
⑫平均受教育水平比较低	⑫平均受教育水平比较高	教育水平
⑬经历了许多族群歧视	⑬没有经历过什么族群歧视	歧视经历
⑭所生活的社会没有社会流动	⑭所生活的社会阶层是开放的	社会流动

资料来源：J. Milton Yinger, "Intersecting Strands in the Theorisation of Race and Ethnic Relations", in John Rex and David Mason eds. *Theories of Race and Ethnic Relations*, New York: Cambridge University Press, 1986, p. 31, 转引自马戎《族群关系变迁影响因素的分析》，《西北民族研究》2003 年第 4 期。

社会学家郑杭生教授从社会学的角度来研究民族关系，他认为，与一般社会关系相比，民族社会关系是低一层级的社会关系，因此，他用"民族社会关系"概念代替"民族关系"的概念。民族社会关系的主要形式有：民族政治关系、民族经济关系和民族文化关系。基于这种观点，他提出了衡量民族社会关系的指标体系：①文化，②空间分布，③社会参与，④日常交往，⑤通婚，⑥民族意识，⑦民族偏见，⑧民族歧视，⑨权力分配，⑩民族冲突。[1]

此后国内学者进行了不同的尝试，如童星于 1991 年提出"社会风险早期警报系统"，该警报系统包括四个指数体系，即痛苦指数体系、腐败指数体系、贫富指数体系和不安指数体系，每个指标体系又包括不同的指数。[2] 郑双怡、张劲松在《民族关系评价指标体系构建及监测预警机制研究》中将民族关系评估的指标分为政治、经济、文化、社会、宗教五个方面。[3] 阎

---

[1] 郑杭生：《民族社会学概论》（第二版），中国人民大学出版社，2011，第 107~108 页。
[2] 童星：《社会管理学概论》，南京大学出版社，1991，第 282~287 页。
[3] 郑双怡、张劲松：《民族关系评价指标体系构建及监测预警机制研究》，《民族研究》2009 年第 1 期。

耀军、陈乐齐、朴永日在《建立我国民族关系评估指标体系的总体构想》中论述民族关系评估指标体系的功能时指出民族关系评估具有"定量－定性"功能、"发现－解释"功能、"考绩－导向"功能、"监测－预警"功能、"预测－防控"功能。① 吴忠民认为社会问题预警系统具有预见、监测、防范和缓解的功能。② 卢守亭认为，在城市化进程中，应该从五个方面对民族关系的发展程度进行定性、定量考察：①民族平等度，②民族团结度，③民族互助合作度，④民族和谐度，⑤民族发展度。③

（二）民族关系评估指标体系

对于评估活动而言，"评价活动通常有两种类型，即系统评价和政策评价。其中，系统评价强调的是评价主体对于评价客体自然达到的状态的优劣程度的客观比较。政策评价强调的是评价主体对于外部实施于评价客体所赋予的目标的实现程度的客观比较"。④ 就民族关系评价而言，评估活动应该属于系统评估，评价的是诸多社会状态在某一时间点上对民族关系作用力的强弱，这些社会状态包括影响民族关系的各种因素。从评估对象上来讲，在语义上，民族关系评估的对象即为"民族关系"，是不同民族之间的相互关系，包括主体民族与少数民族的关系、少数民族之间的关系等，而简单以"关系"为客体的话是很难测算民族关系的，只有对影响民族关系的各种因素进行量化，通过对这些量化指标的分析核算来推测或评价民族关系的优劣。

1. 指标体系设计原则

关于指标体系的设计原则，国内统计学、计量经济学等不同学科都有各自的设计原则，本书认为，民族关系评估指标体系的设计应具备以下一些原则。

（1）综合性与系统性相结合

影响民族关系的因素具有历时性和共时性的特点，既包括历史上的诸多因素，又包括现实生活中的各种因素；既包括国内的诸多因素，又包括跨界民族、大民族主义等国际因素。民族关系的评估对象是社会关系，社

---

① 阎耀军、陈乐齐、朴永日：《建立我国民族关系评估指标体系的总体构想》，《中南民族大学学报》（人文社会科学版）2009年第3期。
② 吴忠民：《社会问题预警系统研究》，《东岳论丛》1996年第4期。
③ 卢守亭：《城市化进程中民族关系评价指标体系》，《贵州民族研究》2007年第5期。
④ 吴钦敏：《构建新型民族关系评价指标体系之初探》，《贵州民族研究》2007年第4期。

会关系涉及社会系统的整体，而社会系统又具有高度的复杂性，民族关系评估指标尽管不可能罗列社会生活的各个方面，但所建立的指标要尽量囊括社会生活的各个方面，能够指涉民族关系的不同特征、表现和后果，涉及某地区不同民族日常生活的全貌。因此，评价指标应选取具有综合性、能反映民族关系全部特性的指标。

（2）相关性和层次性相结合

民族关系是社会关系的一种，但在社会关系中，影响民族关系的基本因素又具有相对的独特性，在影响民族关系的诸多因素中，对民族关系影响的强度也是不同的，各个因素之间也会因统摄关系而具有相对的层次性。因此，在民族关系评估指标体系设计过程中，要尽量在影响社会关系的指标中选择影响民族关系的一些指标，还要根据这些指标的相互关系划分相应的层次，如在具体的测量指标中，可以将其设计为目标层、状态层、指标层等多个层次。

（3）可操作性和可测量性相结合

作为社会关系评估的一种，民族关系评估本身就具有很大的主观性，要想在具有极大主观性的社会观察中客观真实地反映民族关系状况，必须尽量做到各项测量指标的可操作、可观察、可测量和可检验，这样做的目的是：一方面便于数据的监测和获取，另一方面便于相关的数量计算。因此，民族关系评估指标的选取不能过于抽象和理论化。

（4）定性和定量相结合

鉴于民族关系评估的特殊性，为了能够精确反映民族关系的状况，必须尽量选择可以量化的指标，通过数据变化来衡量民族关系状况，但在民族关系评估过程中，有些社会现象和感受是无法完全通过仪器和数据得出的，如满意度、容忍度等，这就需要选择相关的定性指标。因此，在民族关系评估指标的选择过程中要坚持定性和定量相结合的原则，"用客观指标反映社会发展状态，用主观指标来评价、检验社会发展的绩效，两者互相补充"。[1]

（5）针对性和灵敏性相结合

就民族关系评估而言，评估指标的设计应该具有强烈的针对性，选取

---

[1] 陈秋玲、肖璐、曹庆瑾：《社会预警指标体系设计及预警评判标准界定》，《公共管理高层论坛》2008年第1期。

的指标应该指向影响民族关系的诸多因素，同时，在这些因素中，某些因素的作用效果是长期的，如经济发展水平、教育水平等，而某些因素的作用效果是短期的，如煽动性言论、非法集会等，这些短期的评估指标对民族关系的影响是非常敏感的，"指标的细微变化就能直接映射出某个或某类社会问题的发展变化情况"。[①] 因此，在民族关系评估指标的设计中要坚持针对性和灵敏性相结合的原则。

（6）科学性与最优化相结合

指标的选择要符合影响民族冲突各因素之间的联系，民族冲突从酝酿、发酵，到出现导火索及事态的扩大、蔓延，是遵循一定的客观规律的，民族关系从融洽到对立也是遵循一定客观规律的，因此，评估的科学性就是要保证数据指标能够反映民族关系的现实。同时，社会风险具有多种多样的形成因素与表现方式，反映社会风险的指标相应也是多种多样的。但作为一种社会风险指标体系，入选指标必须减少到最小限额。按照充分性原则罗列出来的指标，相互之间存在一定的可替代性。因而，要选择那些在显示社会风险方面具有较强的代表性或难于替代的指标，从而过滤与建构一个能够满足社会风险监测与预警需要的最小完备指标集。

2. 民族关系评估指标

如前文所述，造成民族冲突的原因是多种多样的，影响民族关系的因素也是多种多样的，但在民族关系评估的过程中，必须选择能够直观观察和测量的指标，对于造成民族冲突的诸如"民族国家构建过程的普遍现象""事实上的不平等""民族主义""民族偏见与歧视"等抽象原因必须进行化约以能够用指标数据的方式进行测量和表示。在此，根据民族关系评估指标的设计原则及已有的学术成果，本书将民族关系评估指标划分为常规指标和应急指标两种。其中常规指标指的是在没有民族冲突异常前兆情况下的指标，用于测定民族地区是否具备爆发民族冲突的可能，应急指标只是出现异常前兆后需要加以注意的一些指标。其中民族关系常规指标初拟如图 5-1 所示。

[①] 李金华、王锦宏：《对社会预警指标体系设计的构想》，《预测》1993 年第 5 期。

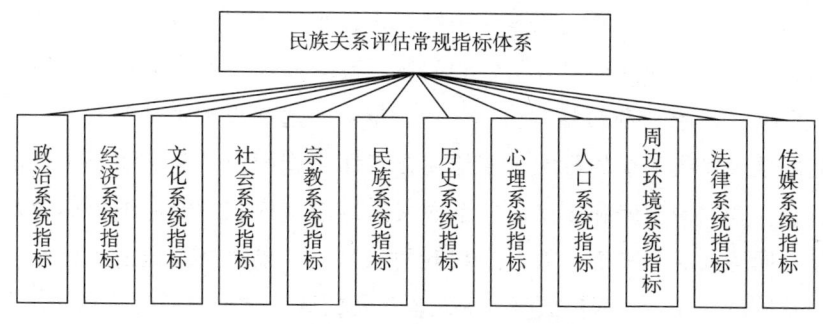

```
                    民族关系评估常规指标体系
   ┌────┬────┬────┬────┬────┬────┬────┬────┬────┬────┬────┐
  政治  经济  文化  社会  宗教  民族  历史  心理  人口  周边   法律  传媒
  系统  系统  系统  系统  系统  系统  系统  系统  系统  环境   系统  系统
  指标  指标  指标  指标  指标  指标  指标  指标  指标  系统   指标  指标
                                                  指标
```

图 5-1 民族关系评估常规指标体系

资料来源：笔者自制。

(1) 政治系统指标

列宁认为，"政治是民族之间、阶级之间等等的关系"①，这就揭示了民族关系是一个基本的政治问题，因此，民族关系的一个重要内容就是民族政治关系。"人是天生的政治动物"，每个公民都有参与政治生活的欲望和权力，不同民族的成员只有充分平等地享有参与国家政治生活的权力，才能增强其对国家的归属感和认同感，继而与不同民族成员和平相处。因此，民族政治关系的重要体现就是不同民族是否享有平等的政治参与、政治管理、政治发展的权利？国家的政治制度、政治政策、政治战略等是否充分保障了不同民族及其成员享有平等的政治权利？吉尔吉斯斯坦南部民族冲突的一个重要原因就是吉尔吉斯族与乌兹别克族在政治上的不平等，如前文指出的，"在吉尔吉斯斯坦的执法机构中，99%的领导及工作人员是吉尔吉斯族人……国家、州、区、市及乡镇各个层面上的领导职务，90%以上为吉尔吉斯族人"。② 相对于吉尔吉斯斯坦的人口构成而言，这是一个非常危险的信号。影响民族关系的政治风险主要包括以下几点。①政治参与问题，王浦劬认为，"政治参与是普通公民通过各种合法方式参加政治生活，并影响政治体系的构成、运行方式、运行规则和政策过程的行为"。③ 政治参与的主要方式有政治投票、政治选举、政治表达等，如果某一民族政治参与

---

① 《列宁全集》（第四十七卷），人民出版社，1990，第 522 页。
② Ошская инициатива доклад по результатам независимого общественного расследования июньских （2010） событий в Кыргызстане, http：//news.fergananews.com/archive/2011/oshini.doc.
③ 王浦劬：《政治学基础》，北京大学出版社，2005，第 152 页。

的热情降低，对合法的政治表达途径知之甚少，遇到事情采取非理性手段的话就容易产生冲突。②政治权利问题，政治权利是普通公民参与政治生活的资格，政治权利包括言论、出版、集会、选举权和被选举权等，政治权利问题对民族关系的影响主要体现在不同民族的成员是否享有平等的政治权利。③政治制度和政策，一个国家的政治制度和一定时期内的政治政策是不同民族成员平等享有政治权利的保障，如果一个国家的政治制度和政治政策没能保障不同民族平等的政治权利的话，就很容易引发冲突。④政治代言人问题，政治代言人是不同群体在政府机构中的任职代表，这里涉及的一个重要问题就是一个地区或一个国家的人口构成，政府机构中的政治代言人要与该民族的人口比例相协调，邓小平曾指出，"要树立一个选拔民族干部的标准，注意培养和选拔少数民族干部。干部问题具有极端重要性，少数民族地区工作能不能搞好，关键是干部问题。对思想作风正派，坚决维护祖国统一和民族团结，又有突出工作表现和一定资历的同志要大胆提上来，甚至放到很高的领导位置上来"①。⑤政府形象问题，政府形象是政府在普通公民心目中的总体印象和评价，政府形象的优劣直接影响政府对一个国家和地区的控制，进而会影响民族关系，影响政府形象的主要行为有：政府腐败，从狭义上说，"所谓腐化就是指在政治领域内干预财富"，② 一旦政府的腐败超过人们的预期底线，就会导致民众对政府的抵触；政府公务人员的工作方式，这里主要指的是公务人员的工作方式是否伤害到了部分民族的感情。⑥政府的控制能力问题，政府对民族地区控制能力强弱和机构的健全程度也是影响民族地区不同民族相互关系的重要因素。

在指标设计上，政治系统指标可以用民族干部比例、民族干部参政率、政府管理能力指数、干群关系满意度、政治参与满意度、少数民族政治参与率等来表示。

（2）经济系统指标

马克思指出，"人们奋斗所争取的一切，都同他们的利益有关"。③ 恩格

---

① 《视察新疆时的谈话》（1981年8月16日），载《邓小平思想年谱（一九七五——一九九七）》，中央文献出版社，1998，第199页。
② 〔美〕塞缪尔·P. 亨廷顿：《变化社会中的政治秩序》，王冠华等译，上海世纪出版集团，2008，第162页。
③ 《马克思恩格斯全集》（第一卷），人民出版社，1956，第82页。

斯指出,"一切政治斗争都是阶级斗争,而一切争取解放的阶级斗争,尽管它必然地具有政治的形式(因为一切阶级斗争都是政治斗争),归根到底都是围绕着经济解放进行的。"① 马戎认为,"少数民族方面基于经济利益方面的各种分散的微观矛盾,可以在一定条件下,通过民族文化聚集起来,演化为大规模的民族冲突"。② 民族经济是民族政治的基础与核心,民族利益是民族关系发展的中轴。民族利益的驱动使不同的民族在不同的历史环境中,与其他民族产生不同的民族关系。③ 一项研究报告指出,在1955年至1960年的70个国家里,人均国民收入与爆发革命的频率之间的相关度是-1.56。1958~1965年的8年中(见表5-2),84%的赤贫国家经历了严重的暴力冲突,相比起来,只有37%的富裕国家有同样的经历。④ 费伦等学者的研究也表明,经济发展落后的国家往往也是族群冲突与内战发生概率较高的国家。⑤ 在发生民族冲突的吉尔吉斯斯坦南部,"50%的奥什人以及贾拉拉巴德40%的人口都被吉尔吉斯斯坦政府划为贫困人口,即月收入不超过38美元"。⑥ 影响民族关系的经济风险主要体现为不同民族的经济发展不平等、经济发展过程中各种经济纠纷等,具体而言主要体现在以下方面。①不同民族成员的收入差距,不同民族成员由于个人原因或地区(民族地区与非民族地区、不同民族地区、同一民族的不同地区)经济发展差异所造成的收入差距,主要体现在不同民族的货币收入上,这种差距往往会造成落后地区民族个体的心理落差,郑永年认为,"经济不平等也有可能来自于一个族群对另一个族群的有意剥削,被剥削的那个族群可能会起来夺取政权或寻求分裂"⑦。②不同民族的分配不均,分配不均是指不同民族成员在分配上差距较大,这又可分为事实上的分配不均衡和结构上的分配不均衡,前者主要指社会成果的分配(经济分配)不均,后者主要指文化、地域等

---

① 《马克思恩格斯文集》(第四卷),人民出版社,2009,第306页。
② 宁骚:《论民族冲突的根源》,《中国社会科学季刊》1995年夏季卷。
③ 曹兴:《曾泰冲突与南亚地缘政治》,民族出版社,2003,第230页。
④ 〔美〕塞缪尔·P. 亨廷顿:《变化社会中的政治秩序》,王冠华等译,上海世纪出版集团,2008,第31页。
⑤ James D. Fearon, David D. Laitin, "Ethnicity, Insurgency, and Civil War," *The American Political Science Review*, No. 1, Vol. 97, pp. 2003, 75-90.
⑥ The Pogroms in Kyrgyzstan, Crisis Group Asia Report N°193, August 2010.
⑦ 郑永年、单伟:《疆藏骚乱原因剖析暨新加坡经验的启示》,《东亚论文》2010年第77期。

结构性的差异所造成的机遇（经济发展）不均衡，分配不均的主体主要是国家或政府，不同民族的分配不均容易引发民族间的相互指责。③经济发展过程中因为经济利益所造成的经济纠纷，经济关系是社会关系的一种，吴琼认为，"经济关系又是一切社会关系的主导和基础，所以，经济上的变化必然反映到民族关系上"，① 不同民族成员在经济交往中形成的经济关系会因为经济利益的竞争而引发纠纷，如就业机会、民族成员间的经济摩擦等。④民族地区自然资源的使用问题，对民族地区土地、森林、草场、矿山等自然资源的使用问题也容易引发民族矛盾，这主要体现在两方面：一方面，生活在同一地区的不同民族成员对稀有的自然资源进行竞争所引发的矛盾；另一方面，国家对民族地区自然资源的有偿使用是否让民族成员获得了应有利益。⑤经济政策是否照顾到了民族地区的经济发展，是否因为经济政策产生了新的问题，如退耕还林、禁牧还草、封山育林等造成民族地区林业工人失业、牧民缺乏草场及生活困难等。

表5-2　人均国民收入与暴力冲突（1958~1965年）

经济分类	国家总数（个）	发生冲突的国家数（个）	受影响国家的百分比（%）	冲突次数（次）	冲突次数与国家总数的比率
赤贫 （100美元以下）	38	32	84	72	1.9
贫困 （100~249美元）	32	22	69	41	1.3
中等收入 （250~749美元）	37	18	49	40	1.1
富裕 （750美元以上）	27	10	37	11	0.4
总数	134	82	61	164	1.2

资料来源：U. S. Department of Defense and Escott Reid, the Future of the World Bank (Washington D. C.: International Bank for Reconstruction and Development, 1965), pp. 64-70, 转引自〔美〕塞缪尔·P. 亨廷顿《变化社会中的政治秩序》，王冠华等译，上海世纪出版集团，2008，第32页。

---

① 吴琼：《西部开发：民族关系的变动及原因分析》，《贵州民族研究》2001年第1期。

在指标设计上，经济系统指标可以用人均纯收入、恩格尔系数、通货膨胀率、财政转移支付率、资源有偿使用率、地区发展差异系数、城乡居民收入差距系数等来表示。

（3）文化系统指标

文化可以被定义为"一系列意义、价值和信仰的体系，这些体系不仅为各个国家、族群或其他群体所共享，具有稳定性，而且还能体现这些群体的特征"。① 文化作为区别不同民族的重要标志，是民族自尊心和凝聚力的重要体现。民族文化是民族在形成和发展的过程中形成的具有本民族特征的文化，民族文化在表现形式上包括民族的语言、文字、节日等方面，不同民族教育水平、语言地位、对风俗习惯的尊重程度等都可能成为影响民族关系的重要因素。一项调查显示国民识字人数的比例，由低到高排列起来的结果表明，稳定性高的国家处于两极，处于这之间的国家则动荡不安。例如，人口识字率为25%～60%的国家中，有95.7%的国家是不稳定的，相比之下，识字率低于10%的国家中，只有半数国家是不稳定的，而识字率高于90%的国家中，只有21.7%的国家是不稳定的（见表5-3）。② 影响民族关系的文化风险主要体现在以下几个方面。①民族文字普及程度，文字的使用和普及是民族文化弘扬的主要标志，民族文字的普及一方面涉及使用该文字的民族，另一方面涉及与该文字有密切关系的其他民族，民族文字普及的主要方式就是民族成员的入学受教育。②民族语言使用情况，语言具有双重性，既是代表一个民族传统并融进民族感情的载体与文化象征，又是学习和对外交流的工具。③ 列宁认为，"语言是人类最重要的交际工具"。④ 他高度重视语言平等问题，强调马克思主义的民族纲领"首先是坚持民族平等和语言平等，不容许在这方面有任何特权"。⑤ 民族语言的使用情况不仅涉及某种特定民族语言的使用情况，还涉及民族成员掌握其他民族语言的能力和程度（"双语"使用等），民族语言推广使用的方式还包括

---

① 〔美〕狄恩·普鲁特、〔美〕金盛熙：《社会冲突：升级、僵局及解决》（第三版），王凡妹译，人民邮电出版社，2013，第68页。
② 〔美〕塞缪尔·P.亨廷顿：《变化社会中的政治秩序》，王冠华等译，上海世纪出版集团，2008，第33～34页。
③ 马戎：《语言使用与族群关系》，《西北民族研究》2004年第1期。
④ 《列宁选集》（第二卷），人民出版社，1972，第508页。
⑤ 《列宁全集》（第二十卷），人民出版社，1958，第10页。

以民族语言为载体的广播、报纸、杂志、出版物的发行情况等。有学者认为,"在文化上,对于少数族群在文化和宗教上的不尊重是产生怨恨的一个主要来源。语言差异及语言不平等地位这种社会语言学方面根基稳固的现象,不仅是政治效应及上层精英们努力的结果,还是地区、全国以及全球层次上各语言使用者总人数以及语言交际配置的结果"①。③民族成员受教育情况,民族成员受教育的内容不仅涉及民族语言文字的普及,还涉及科学文化知识的掌握,民族成员的受教育程度反映了一个民族的文明程度和现代化水平,如果不同民族成员的受教育程度悬殊,就会引发民族矛盾。④民族文化传承情况,民族文化的传承是民族成员心理安全和产生信任的主要源泉,民族文化遭到压制和灭绝的威胁会直接动员该民族成员参与到冲突中去。严庆等人认为,"语言是文化的重要载体和体现,很多传统民族尤为惧怕文化灭绝……民族文化灭绝的恐惧会因实际冲突所产生的安全恐惧而强化"。②

在指标设计上,文化系统指标可以用受教育率、双语普及率、大学录取率、文盲率、辍学率、受教育年限等来表示。

表5-3 国民识字率与国家稳定关系

单位:个,%

识字率	国家数	其中不稳定因素	不稳定国家的百分比
低于10%	6	3	50
10%~25%	12	10	83.3
25%~60%	23	22	95.7
60%~90%	15	12	80
高于90%	23	5	21.7

资料来源:Ivo K. Rosalind L. Feieraband and Betty A. Nesvold, "Correlates of Political Stability," Paper Presented at Annual Meeting, American Political Science Association, Sept. 1963, pp. 19-21,转引自〔美〕塞缪尔·P. 亨廷顿《变化社会中的政治秩序》,王冠华等译,上海世纪出版集团,2008,第34页。

---

① 〔俄〕瓦利里·季什科夫:《苏联及其解体后的族性、民族主义及冲突——炽热的头脑》,姜德顺译,中央民族大学出版社,2009,第189页。
② 严庆、青觉:《从概念厘定到理论运用:西方民族冲突研究述评》,《民族研究》2009年第4期。

（4）社会系统指标

亨廷顿曾认为社会变迁是导致动乱的主要原因，他指出"传统社会和现代性社会实际上都是相对稳定型的社会，而在传统向现代转型的现代化却滋生着动乱"。[1] 赵鼎新将亨廷顿社会变迁和政治动乱之间的关系用图5-2来表示，图中纵轴表示制度化的速率，横轴表示社会变迁的速率，中间斜率为45°的直线A，表示社会变迁都能够适当地制度化，A上方的曲线表示制度化快于社会变迁，此时是一种停滞不前的社会，A下方的曲线表示社会变迁快而制度化跟不上，而处在这种境况下的社会就容易发生社会运动和革命。[2]

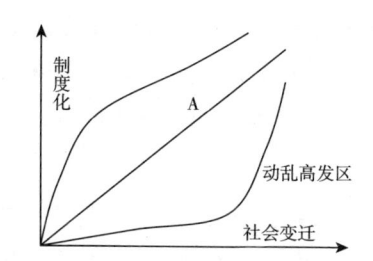

图5-2　亨廷顿关于社会变迁和政治动乱之间关系的模型
资料来源：赵鼎新《社会与政治运动讲义》，社会科学文献出版社，2012，第31页。

在一个转型的社会中，由于意识形态、社会结构、社会制度、利益分配等往往处在不断变化的过程中，社会系统中生活的个体就容易产生矛盾和冲突。对于民族关系而言，社会系统涉及民族成员的生活环境、就业环境、安全环境等诸多方面。影响民族关系的社会风险主要表现在以下几个方面。①社会安全问题，社会安全问题通常指一个地区的社会治安和社会秩序的整体状况，安全和谐的社会环境易于促进不同民族之间的和平交往，而社会治安恶劣的地区容易滋生相关的非法组织和黑恶势力，挑拨不同民族之间的关系，造成民族关系的猜忌和紧张。②社会保障环境，社会保障

---

[1] 〔美〕塞缪尔·P.亨廷顿：《变革社会中的政治秩序》，王冠华、刘为译，生活·读书·新知三联书店，1989，第38页。
[2] 赵鼎新：《社会与政治运动讲义》，社会科学文献出版社，2012，第31页。

是社会资源对社会弱势群体的帮扶和救助，社会保障包括社会救助、社会保险、社会福利等多个方面，完备的社会保障环境可以弥补政府对民族弱势群体关注的不足，增强不同民族成员对国家和社会的认同，还可以通过直接的社会保障来改善不同民族的关系。③失业贫困状况，失业贫困问题不仅是经济问题，还是社会问题，"尤其是在高失业率和高下岗率的情况下，脆弱的社会保障机制与巨大的失业下岗状况会产生严重的冲突"。① 失业和贫困问题不仅会产生大量的"无业游民"（成为冲突的主要力量），还会直接催生这些民众对社会（或对立民族）的不满。④基础设施状况，基础设施是人们生产、生活的物质基础，基础设施主要包括交通、医疗、卫生、邮电、环保等多个方面，基础设施的系统性、协调性和完备性不仅能够提升一个地区的整体发展水平，而且可以提升该地区居民的生活满意度和舒适感，进而促进不同民族成员之间的正面交流和往来，而基础设施的匮乏则会降低居民的满意度，继而挑起不同民族成员之间的相互竞争和矛盾。

在指标设计上，社会系统指标可以用失业率、贫困率、零就业家庭户数、社会保障覆盖率、恐怖事件发生率、暴恐分子家属安置率、青少年犯罪比率、每万人警力配备人数、社会治安案件数、生活环境的满意度、公民社会发展情况、人身安全满意度、防卫训练情况等来表示。

（5）宗教系统指标

江泽民曾指出，"宗教问题从来就不是孤立存在的，它总是同政治、经济、文化、民族等方面历史和现实的矛盾相交错，具有特殊复杂性。"② 乌兹别克斯坦总统卡里莫夫在表述宗教的作用时说，"宗教能够增强人们的信念，净化他们的心灵和美化他们的心灵，给他们经受生活考验、解决问题和克服苦难的力量，而有时是保存全人类财富和精神财富的唯一形式，是把这些财富一代一代传下去的唯一形式"。③ 宗教作为意识形态，不仅是人类精神归属的文化体系，还是人类由个体走向群体的主要动力之

---

① 国家计委宏观经济研究院课题组：《1998~1999：我国社会稳定状况跟踪分析》，《管理世界》1999年第5期。
② 《江泽民文选》（第三卷），人民出版社，2006，第373页。
③ 〔乌兹别克斯坦〕卡里莫夫：《临近21世纪的乌兹别克斯坦》，国际文化出版公司，1997，第34~35页。

一,"因为宗教本来就是人类用来团结力量、交流心灵的最古老组织之一。通过共同的仪式和兄弟之情,宗教便可以将完全没有共同性的人群集结在一起"。① 从宗教与民族的关系来看,"宗教是民族文化和意识的体现,是民族利益的重要表现形式。民族是宗教的载体,民族性本身就包含着宗教的因素"。② 钱雪梅认为,"宗教因素和民族主义的连接是情景性的,即它是特定群体出于特殊利益的需要,在特殊社会历史环境中激活宗教资源和民族主义资源的结果"。③ 宗教信仰可以强化一个民族的认同,增加民族成员对本民族的情感投入,增强归属感和凝聚力。其影响民族关系的宗教风险主要表现在以下几个方面。①宗教信仰是否得到保障,宗教信仰自由是不同民族公民的基本权利之一,政府必须保障信教民族的宗教自由(对立民族不能进行破坏),宗教信仰自由的保障包括必要的宗教活动场所、必要的宗教教职人员、必要的(合法)宗教出版物等,如果信教民族的宗教信仰自由不能得到保障的话就很容易引发其不满。②宗教信仰是否得到尊重,不同的宗教信仰都会有不同的生活习惯或饮食禁忌等,这些生活习惯和饮食禁忌对信教民众具有非强制性的至上权威,有时候会成为信教民众保持其纯洁性的重要底线,如果其他民众不尊重其宗教信仰的话,往往会引发不同程度的冲突,如曹菁轶、虎有泽认为,"由宗教信仰差异而产生的生活习惯、饮食禁忌等方面的差异,从而形成了人们交往的某些隔阂,同样阻隔了民族间的交流与交往……有时会因为一些细小的社会关系处理不当而演变成民族间的矛盾和冲突"。④ ③宗教极端主义,宗教极端主义在世界上普遍存在,宗教极端主义"在政治、宗教、文化和社会生活的多个方面表现出强烈的排他性和不妥协性",⑤ 宗教极端主义往往以民族关系为突破点,通过各种方式在不同民族间制造矛盾。廖小东、曹文波认为,"在民族地区,民族和宗教常常联系在一起,他们违法私办经文学校,利用讲经、传教蛊惑人心,尤其是少数别有用心的人利用

---

① 〔英〕埃里克·霍布斯鲍姆:《民族与民族主义》,李金梅译,上海人民出版社,2000,第77页。
② 李学保:《当代世界冲突的民族主义根源》,世界图书出版公司,2013,第76页。
③ 钱雪梅:《宗教民族主义探析》,《民族研究》2007年第4期。
④ 曹菁轶、虎有泽:《试论当前新疆的民族关系》,《伊犁师范学院学报》2006年第1期。
⑤ 杨恕、蒋海蛟:《伊斯兰复兴和伊斯兰极端主义》,《新疆师范大学学报》(社会科学版)2014年第2期。

讲经煽动宗教狂热和民族仇视"。① ④宗教信仰差异，不同民族会有不同的宗教信仰，如果两个民族的宗教信仰不同（或者信教与不信教，或者信仰同一宗教的不同教派）的话，就极有可能发生冲突，历史上曾多次发生不同民族因为宗教信仰差异所发生的冲突，李学保认为，"民族之间能够和平相处时，即使他们的宗教信仰不同，也大体能够互相宽容；但当民族之间发生矛盾甚至冲突的时候，各自不同的宗教信仰就可能进一步加剧对立"，② 如斯里兰卡僧伽罗人和泰米尔人。

在指标设计上，宗教系统指标可以用宗教活动场所数量、宗教信徒数量、宗教出版物数量、宗教信仰自由度、非法宗教活动次数、宗教政策的满意度、宗教活动参加情况等来表示。

（6）民族系统指标

民族因素是引发民族冲突的本体因素，民族关系在民族系统中的一个"晴雨表"就是不同民族之间的通婚状况，李培林等人认为，"族际'通婚'是一个人需要基本上能接纳有着民族感情和民族心理差异的另一个人才能与其达成婚姻关系，这样的婚姻标志着把一个'异族人'吸收进'本族'的族群"。③ 民族意识有利于凝聚民族成员、维护民族生存和稳定。影响民族关系的民族风险因素主要表现在以下几个方面。①民族特征是否受尊重，民族特征是民族在形成发展过程中所形成的文化艺术、生活方式、宗教信仰、服饰装扮、风俗习惯等方面与其他民族相区别的特点，"民族风俗习惯是少数民族群众在长期的生产和生活中形成的，是一个民族区别于其他民族的重要标志之一"。④ 对这些特点的尊重与否会直接影响不同民族的关系。②民族主义的存在，民族主义是民族因素的重要内容，民族主义主要包括"族裔民族主义"和"极端民族主义"两种：其中前者的典型特征是认为"本民族是最优秀的民族，别的民族都是'劣等民族'，都应该服从本民族的统治"；后者的典型特征是认为"非我族

---

① 廖小东、曹文波：《民族地区突发性群体事件与政府危机管理研究》，《中国行政管理学会 2011 年年会暨"加强行政管理研究"、"推动政府体制改革"研讨会论文集》。
② 李学保：《当代世界冲突的民族主义根源》，世界图书出版公司，2013，第 76 页。
③ 李培林、李强、马戎：《社会学与中国社会》，社会科学文献出版社，2008，第 336 页。
④ 武汉市民族事务委员会专题调研小组：《关于武汉市构建城市和谐民族关系调控机制的调研报告》，《民族研究》2001 年第 6 期。

类，其心必异"。民族主义的存在会引发民族冲突，严庆认为，"不同的族群人口居住在相应的地理边界内；发达地区与不发达地区之间存在族群差异；处于主导地位的族群倡导过强的民族主义引起相应的处于边缘地位的民族主义反应"。① ③民族"精英"的存在，民族精英在民族冲突的发生和发展过程中发挥着重要作用，民族"精英"也可以分为两类：制度内（合法）的"精英"和制度外（非法）的"精英"。前者在促进民族团结、加强国家政权与本民族的沟通方面发挥重要作用，后者则极力鼓动民族分离（独立），煽动民族仇恨，挑起民族纷争。④民族制度和政策，民族制度和政策是保障不同民族权利的重要武器，民族制度和政策不仅包括民族政治制度和政策，还包括民族经济政策、文化政策、语言政策等多方面内容，民族制度和政策对民族事务的关注度和处理效果的好坏、不同民族从本民族立场出发解读民族制度和政策的结果，很可能会导致思想偏差、言语过激等行为，进而影响民族关系。还需要注意的是，民族地区引发民族问题的因素很多，不能把一切问题归结为民族因素。2014年12月，中共中央、国务院就特别强调，"要依法妥善处理涉及民族因素的问题，坚持在法律范围内、法治轨道上处理涉及民族因素的问题，不能把涉及少数民族群众的民事和刑事问题归结为民族问题，不能把发生在民族地区的一般矛盾纠纷简单归结为民族问题"。②

在指标设计上，民族系统指标可以用民族通婚率、民族团结教育情况、风俗习惯受尊重程度、民族政策满意度、民族交往情况、民族政策满意度等来表示。

（7）历史系统指标

历史因素是引发民族冲突的重要原因之一，"参与蓄意谋杀战争的族群之间具有长期的冲突历史"。③ 民族间的仇杀和冲突会以"历史记录"的方式潜藏在不同民族成员的相互交往中。吉尔吉斯斯坦南部民族冲突的一个

---

① 严庆：《族群动员：一个化族裔认同为工具的族际政治理论》，《广西民族研究》2010年第3期。
② 《中共中央、国务院印发〈关于加强和改进新形势下民族工作的意见〉》，2014年12月22日，中华人民共和国中央政府网，http://www.gov.cn/xinwen/2014 - 12/22/content_2795155.htm。
③ 王剑峰：《族群冲突与治理》，社会科学文献出版社，2014，第50页。

重要原因就是吉尔吉斯族与乌兹别克族 1990 年的冲突在双方民族心理上留下了仇恨。影响民族关系的历史风险因素主要表现在以下几个方面。①历史上的冲突。历史上双方民族因为政治、经济、文化等所造成的冲突，只要引发了两个民族的整体性对抗并造成了相应的人员伤亡（普通民族成员之间的斗殴很难形成历史记忆），就会以"集体记忆"的方式保存在两个民族的关系史上，只要现实需要这种"集体记忆"，就会随时被"唤醒"。②历史遗留问题。两个民族由于种种原因（国家建构、迁徙、被国际社会解构等）所造成的历史遗留问题（民族跨界而居、领土争夺、水资源争夺）也会成为现实中民族冲突的重要原因之一，如巴以冲突。③历史评价问题。不同民族对历史事件和历史人物的评价问题在某些情况下会截然相反，一个民族的"民族英雄"可能是对另一个民族造成伤害最深的人，某一次历史事件对不同民族的影响也会不同，对历史人物和历史事件的评价问题可能会成为现实中不同民族引发冲突的重要原因。④历史文化的传承。历史问题的传承主要包括历史文化的记录、传承等情况，历史评价的不同会影响不同民族的历史文化传承，政府和媒体的有意取舍也会影响不同民族的历史文化传承，如民族历史博物馆、民族历史出版物、民族历史影视传媒等，历史文化传承问题也极易引起民族矛盾。以吉尔吉斯斯坦为例，吉尔吉斯族的历史名人有玛纳斯、奥尔曼、托克吐古尔·萨特尔加诺夫，乌兹别克族的历史名人有纳瓦依、乌鲁克伯克、帖木儿大帝等，但在吉尔吉斯斯坦的历史文化传承中，最多被提及的往往是玛纳斯、奥尔曼等。

在指标设计上，历史系统指标可以用历史上民族冲突次数、历史名人记录情况、民族历史遗产保护情况、民族历史文化传承情况、民族历史出版物情况等来表示。

（8）心理系统指标

心理因素是斯大林民族概念的重要构成要素之一，斯大林也认为，"心理素质本身，或者象人们所说的'民族性格'本身，在旁观者看来是一种不可捉摸的东西，但它既然表现在一个民族的共同文化的特点上，它就是可以捉摸而不应忽视的东西了"。① 民族心理对于一个民族与属于它的民族

---

① 《斯大林选集》（上卷），人民出版社，1979，第 63 页。

成员的关系来说，具有内聚性、向心性和自识性。① 影响民族关系的心理风险主要表现在以下几个方面。①心理承受度。心理承受度是个体对逆境所引起的负面情绪和压力的承受程度，心理承受度高，在面对逆境时就能够通过各种方式将负面情绪和压力及时释放出去，反之则会在个体心中不断积聚，并逐步产生逃避、抗拒、攻击等倾向。民族在交往的过程中，必然会遇到来自别的民族成员的"歧视""偏见""挑衅"等"逆境"，如果心理承受度高的话，就会将其负面情绪及时化解，反之则极易引起两个民族的冲突。②心理认同度。心理认同是个体对组织的一种肯定性情感，"从类别上看，民族心理认同应该包括该民族的群体心理认同和个体心理认同；从具体心理现象看，民族心理认同包括民族成员表现出来的多种具体心理现象认同，如感觉、知觉、记忆、思维、想象、注意、情感、意志、气质、性格、能力、需要、动机、兴趣、信念、理想、世界观等各方面的认同"。② 从层次上来讲，民族心理认同可以分为民族个体对本族群（ethnic）的认同，民族个体对国家民族（nation）的认同，民族个体对国家的认同等方面，民族成员在对本族群（ethnic）的认同度高于对国家民族（nation）和国家的认同度时，就极易引起不同族群的冲突。③心理满意度。心理满意度是个体对意愿是否得到满足的主观感受程度，心理满意度高不仅表明个体的意愿得到了应有的满足，还表明个体对满足本人意愿的客体给予了正面的回馈，在民族交往过程中，民族（个体）的意愿又可能根据实现难度分为不同的层次，如果一个民族（个体）的心理满意度高的话就不容易与对立民族产生纠纷，反之则极易引发冲突。

在指标设计上，心理系统指标可以通过满意度、可容忍度、承受度等分散到政治、经济、文化等系统中。

（9）人口系统指标

人口因素是人类发展和社会进步的必要条件之一，人口因素包括人口的数量、人口的质量、人口的分布、人口的迁徙、人口的年龄构成等各种因素。人口特性对民族冲突具有重要影响，在吉尔吉斯斯坦南部民族冲突

---

① 刘伯鉴：《关于建立中国民族学科学体系的探讨》，《民族研究》1981年第3期。
② 韩忠太：《论民族共同心理素质与民族心理的区别——兼与〈中国大百科全书·民族卷〉商榷》，《云南社会科学》1999年第5期。

中，相较于首都比什凯克人口密度最高的地方，奥什州和贾拉拉巴德州的出生率都比较高。① 这一地区约30%的人口都为15～25岁的年轻人，他们通常几近失业且所受的教育也很有限。② 正是这些来自城乡的年轻人成为"6月事件"的主角。③ 影响民族关系的人口风险的主要表现如下。①人口基本特征。人口基本特性指的是前文提到的人口数量、人口年龄构成、人口性别构成、人口职业构成等，这些因素是民族冲突的基本变量。②人口迁徙。人口迁徙是指由于各种原因（城市化、生态恶化、国家政策）所造成的人口移民，人口移民很可能造成人口结构的变化，原有主体民族的人口比例不断下降，新来民族成员的人口比例不断上升，原有主体民族和新来民族在社会生活中会因为生活方式、资源分配、经济利益等产生种种矛盾。③人口政策。人口政策是国家为了调解人口自然增殖所采取的政策，根据不同的目标，人口政策可以分为鼓励人口生育的政策和抑制人口生育的政策，人口政策的实施可能会导致不同民族的不同态度，不同民族会因为人口政策不平等、人口政策实施后的人口变动、人口政策与宗教习俗的关系等影响民族关系。

在指标设计上，人口系统指标可以用民族人口自然增长率、迁移率、民族人口居住格局、民族人口年龄构成、民族地区常住人口变动率等来表示。

（10）周边环境系统指标

对民族关系而言，周边环境是与一国相邻的周边国家的稳定局势、民族构成、民族政策、民族人口等的总体状况和条件。周边环境系统对民族关系的风险的主要表现如下。①周边的安全环境。周边国家的安全环境会影响到一国的民族关系，周边国家的政局动荡、民族冲突等蔓延到当事国的民族地区，诱发具有相同经历的民族之间的敌对和仇视，周边国家对毒品、武器等的不适当管理也会成为另一民族冲突的重要因素。②对民

---

① "Уровень жизни населения Кыргызской Республики 2004 – 2008," 2009, 第36页。

② 苏伊姆贝克·斯瑞迪巴耶夫、扎乌勒·斯蒂科娃、古娜拉·库大巴鄂娃：《年轻一代：吉尔吉斯斯坦的一笔战略资源》，载《国际志愿组织－联合国开发计划署白皮书》，2008，http：//www.un.org.kg/en/publications/publicationsarticle/5-publications/3454-youth-a-strategic-resource-forkyrgyzstan./。

③ The Pogroms in Kyrgyzstan, Crisis Group Asia Report N°193, August 2010.

分裂势力的纵容。周边的敌对势力通过支持当事国境内具有分裂倾向的民族成员从事民族分裂活动，挑拨当事国国内不同民族的对立，当事国的民族分裂分子以周边国家为大本营，蓄谋、组织、策划民族冲突。③周边国家的民族政策。周边国家的民族政策会造成跨国民族在国家间的流动，跨国民族的人口流动会造成一国国内民族结构的失衡，进而会引发民族间的矛盾和冲突。

在指标设计上，周边环境系统指标可以用跨国民族个数、跨国民族人口、周边国家稳定程度、周边国家经济发展指数、跨国犯罪团伙个数等来表示。

（11）法律系统指标

法律作为一套行为准则，既是维护国家稳定和社会发展的重要武器，又是促进社会公平和民族团结的重要手段，法律具有激励、强制、警戒等不同功能，用法律手段化解民族纠纷和矛盾能够有效避免民族冲突的进一步发酵和升级。中国统一战线理论研究会指出，"民族法制是协调民族关系的法律依据，依法协调民族关系是调整民族关系的制度、手段发展到一定程度的标志"。[①]影响民族关系的法律风险主要表现在以下几个方面。①法律法规不健全。法律法规不健全，一方面是指国家的民族地区的法律制定不能满足民族地区经济社会发展的现实需要，出现"无法可依"的状况；另一方面国家统一制定的法律法规在民族地区的适用性不强，在"无法可依"和法律适应性不强的状况下，很多组织或个人就会逾越法律界限，从事伤害民族感情的行为，进而诱发民族冲突。②法律意识淡薄。法律意识淡薄的主要表现是对已有法律"知之甚少"（或"不懂法"），不善于利用法律手段维护自己的合法权益等。赵华明、雷小欣认为，"少数民族群众不善于利用法律手段，总是试图通过政府渠道解决……原本可以通过法律渠道或其他途径解决的问题，最终演变升级为群体性突发事件"。[②]③法律惩戒度失当。由于民族问题的特殊性和敏感性，执法机构在处理涉及民族成员和民族因素的案件中往往会因为顾忌太多而造成惩戒失当（过轻、过重，

---

① 中国统一战线理论研究会：《中国民族政策与民族关系研究》，甘肃人民族出版社，2005，第123页。

② 赵华明、雷小欣：《论涉及民族宗教因素突发事件的成因及基本对策》，《沈阳工程学院学报》（社会科学版）2013年第3期。

或对当事双方惩戒力度不同），惩戒失当的案件如果被民族分裂势力利用的话，那么往往会诱发大规模的民族冲突。

在指标设计上，法律系统指标可以用民族法律出台率、民族法律完善度、民族法律知情度、民族法律利用度、民族法律满意度等来表示。

(12) 传媒系统指标

传媒因素不仅是文化传播和舆论扩散的主要工具，而且是一个地区经济社会发展的重要标志之一。随着科技进步，以互联网、手机短信、即时通话、脸谱（Facebook）、数字电视等为标志的新兴媒体不断涌现，对突发事件的传播和政府对其的处置产生了不同的影响。在吉尔吉斯斯坦南部民族冲突中，正是互联网、手机等媒体对"乌兹别克族人强奸吉尔吉斯族女大学生"谣言的传播引起了双方的冲突，并推动冲突不断升级。影响民族关系的传媒风险主要表现在以下几个方面。①传媒基础设施。传媒基础设施是指用于媒体传播的基础设施，其中包括宽带、电脑、手机、电视、电缆等，传媒基础设施不健全的话，不利于民族关系的监测和汇报，如"在中国西部民族地区由于地处老、少、边、穷地方，基础设施建设比较落后，大部分的民族乡镇缺少电脑，交通不便，使得基层发生的问题在上下级之间信息不对称，为了政绩，下级隐瞒情况的现象时常发生。同时也由于工作作风的问题，对危机发生前的种种迹象常常忽视"。① ②媒体传播内容。一些制作人对民族政策和民族习俗的不了解而导致的在影视作品、出版物、网络传媒等刊载的伤害民族感情、不尊重民族风俗习惯的内容而引发的民族间冲突。武汉市民族事务委员会专题调研小组指出，"部分媒体和出版物违反民族政策，伤害民族感情的现象时有发生，究其原因主要是作者、编辑不懂民族政策、宗教政策，不精通民族知识，又存在猎奇心理，片面追求可读（视）性，导致一些错误的说法、错误的作品发表出来。"② ③媒体传播自由度。媒体自由是公民的一项政治权利，国家和政府对媒体自由的限制会引发民族成员的不满并将其转嫁到民族关系上，由于新媒体发布门槛较低，一些新媒体使用者（网民、手机用户）为了追求一时的轰动效应

---

① 廖小东、曹文波：《民族地区突发性群体事件与政府危机管理研究》，载《中国行政管理学会 2011 年年会暨"加强行政管理研究，推动政府体制改革"研讨会论文集》。
② 武汉市民族事务委员会专题调研小组：《关于武汉市构建城市和谐民族关系调控机制的调研报告》，《民族研究》2001 年第 6 期。

或点击率，对谣言进行恶意传播也容易引发民族冲突。

在指标设计上，媒体系统指标可以用网络普及率、网民年龄结构、每万人拥有移动终端数、信息通畅指数、媒体舆论导向度等来表示。

3. 民族关系评估原始指标库

根据民族关系评估指标中影响民族关系风险因素的描述和相应的指标设计，本书初拟了民族关系评估原始指标库，作为指标遴选的参考和进一步研究的依据。本书初拟了民族关系日常评估和应急评估两个指标库。

（1）民族关系日常评估指标原始体系

表5-4是从影响民族关系风险因素里提取出来的日常评估指标，这些指标可以从日常的统计或调查中得到原始数据，作为分析民族关系的重要参考。

表5-4　民族关系日常评估指标原始体系

准则层	指标层	指标单位	数据来源
政治子系统	民族干部比例	%	客观数据
	民族干部岗位构成（正/副）	%	客观数据
	民族干部参政率	%	客观数据
	政府腐败指数	%	权威评估
	政府管理能力指数	%	权威评估
	基层政权完善度	%	客观数据
	对领导人认同度	%	问卷调查
	政务公开情况	%	问卷调查
	干群关系满意度	%	问卷调查
	政治参与满意度	%	问卷调查
	民主权力满意度	%	问卷调查
	公务人员工作方式满意度	%	问卷调查
	对政府诚信的满意度	%	问卷调查
	腐败现象的可容忍程度	%	问卷调查
经济子系统	人均纯收入	货币单位	客观数据
	恩格尔系数	%	客观数据
	基尼系数	%	客观数据

续表

准则层	指标层	指标单位	数据来源
经济子系统	通货膨胀率	%	客观数据
	消费价格指数	%	客观数据
	社会商品零售价格增长率	%	客观数据
	财政转移支付率	%	客观数据
	资源有偿使用率	%	客观数据
	税赋承重率	%	客观数据
	地区发展差异系数	%	客观数据
	行业收入差距系数	%	客观数据
	城乡居民收入差距系数	%	客观数据
	城市不同民族收入差距系数	%	客观数据
	农村不同民族收入差距系数	%	客观数据
	人均水资源消耗	m^3	客观数据
	人均耕地拥有量	亩	客观数据
	对从事职业的满意度	%	问卷调查
	对家庭收入的满意度	%	问卷调查
社会子系统	失业率	%	客观数据
	贫困率	%	客观数据
	零就业家庭户数	户	客观数据
	社会保障覆盖率	%	客观数据
	非正常死亡率（自然灾害）	%	客观数据
	恐怖事件发生率	%	客观数据
	暴恐分子家属安置率	%	客观数据
	公民团体数量	个	客观数据
	人均武器拥有量	件	客观数据
	青少年犯罪比率	%	客观数据
	每万人警力配备人数	人	客观数据
	社会治安案件数	个	客观数据
	警民关系满意度	%	问卷调查
	生活环境的满意度	%	问卷调查
	公民社会发展情况	%	问卷调查
	人身安全满意度	%	问卷调查
	群体性事件	起	客观数据
	防卫训练情况	次	客观数据

续表

准则层	指标层	指标单位	数据来源
文化子系统	受教育率	%	客观数据
	双语普及率	%	客观数据
	大学录取率	%	客观数据
	文盲率	%	客观数据
	升学率	%	客观数据
	入学率	%	客观数据
	辍学率	%	客观数据
	受教育年限	年	客观数据
	双语教学实施情况	%	问卷调查
	民族语言使用情况	%	问卷调查
	民族语言传播情况	%	问卷调查
民族子系统	民族通婚率	%	客观数据
	民族纠纷数	起	客观数据
	民族团结教育情况	%	问卷调查
	风俗习惯受尊重程度	%	问卷调查
	对方民族诚信程度	%	问卷调查
	民族制度满意度	%	问卷调查
	民族交往情况	%	问卷调查
	民族政策满意度	%	问卷调查
宗教子系统	宗教活动场所数量	个	客观数据
	宗教信徒数量	人	客观数据
	宗教出版物数量	册	客观数据
	宗教信仰自由度	%	问卷调查
	非法宗教活动	起	客观数据
	宗教政策的满意度	%	问卷调查
	宗教活动参加情况	%	问卷调查

续表

准则层	指标层	指标单位	数据来源
传媒子系统	网络普及率	%	客观数据
	网民年龄结构	%	客观数据
	每万人拥有移动终端数	台	客观数据
	信息通畅指数	%	客观数据
	媒体舆论导向度	%	客观数据
	网络自由度	%	问卷调查
历史子系统	历史上民族冲突次数	次	历史记录
	历史名人记录情况	%	问卷调查
	民族历史遗产保护情况	%	问卷调查
	民族历史文化传承情况	%	问卷调查
	民族历史出版物情况	册	客观数据
人口子系统	民族人口出生率	%	客观数据
	民族人口自然增长率	%	客观数据
	民族人口迁移率	%	客观数据
	民族人口比例	%	客观数据
	民族人口分布	%	客观数据
	民族人口居住格局	%	客观数据
	民族人口规模	人	客观数据
	民族人口年龄构成	%	客观数据
	民族地区常住人口变动率	%	客观数据
	民族人口贫困线以下比例	%	客观数据
	中产阶级民族人口比例	%	客观数据
周边环境子系统	跨国民族个数	%	客观数据
	跨国民族人口	%	客观数据
	周边国家稳定程度	%	权威调查
	周边国家经济发展指数	%	客观数据
	跨国犯罪团伙个数	%	客观数据

续表

准则层	指标层	指标单位	数据来源
法律子系统	民族法律出台率	%	客观数据
	民族法律完善度	%	问卷调查
	民族法律知情度	%	问卷调查
	民族法律利用度	%	问卷调查
	民族法律满意度	%	问卷调查

资料来源：笔者自制。

（2）民族关系应急评估指标库

民族关系在不断恶化的过程中，会逐渐出现一些标志性或信号性的事件，如煽动性言论、非法集会等，对这些前兆性信息的监测和分析有助于提高民族冲突预警的准确度。本书初拟了民族关系比较紧张地区的一些应急指标（见表5-5）。

表5-5 民族关系应急评估指标原始体系

准则层	指标层	指标单位	数据来源
政治领域	煽动性演说	次	政府机构
	非法集会	次	政府机构
	非法游行	次	政府机构
经济领域	经济纠纷	次	政府机构
	资源争夺	次	政府机构
社会领域	人口异常	人	情报调研
	恶性事件	次	政府机构
	恶意攻击	次	政府机构
	打架斗殴	次	政府机构
	聚众闹事	次	政府机构
	串联活动	人	情报调研
	恐怖事件	次	政府机构
宗教领域	教派冲突	次	政府机构
	非法讲经	起	情报调研
	非法宗教	个	情报调研

续表

准则层	指标层	指标单位	数据来源
传媒网络	谣言传播	例	网络监控
	小道消息	例	网络监控
	网络串联	次	网络监控
	通信异常	次	网络监控
其他领域	激进言论	次	情报调研
	牢骚言论	次	情报调研
	热点话题	条	情报调研
	敏感话题	条	情报调研
	武器流入	支	情报调研
	刀具异常	把	情报调研

资料来源：笔者自制。

4. 指标体系的确定——德尔菲法（Delphi Method）

以上只是笔者初拟的民族关系评估指标体系，许多风险的描述和指标的选择还存在重叠或不准确的地方，在具体的民族关系评估中，可以采用德尔菲法选择特定的专家和当地官员以确定最终的民族关系评估指标体系，对指标进行相应的修订和增删。限于本书的研究重点，笔者并没有选择特定的民族地区进行民族关系评估指标的实践，在此只是提供了一种方法选择。

德尔菲法，又称专家规定程序调查法。该方法主要是由调查者拟定调查表，按照既定程序，以函件的方式分别向专家组成员进行征询；专家组成员又以匿名的方式（函件）提交意见。经过几次反复征询和反馈，专家组成员的意见逐步趋于集中，最后获得具有很高准确率的集体判断结果。在实际的民族关系评估指标遴选的过程中，具体步骤如下（如图5-3所示）。

第一，拟定原始指标。明确要对民族关系进行评估的地区，整理该地区民族关系的背景资料（历史恩怨、人口变动等），拟定调查提纲和填写方法（见附录Ⅱ《民族关系评估指标体系调查问卷》）。前文中的民族关系评估原始指标库就可以作为对某地区进行民族关系评估的原始指标。

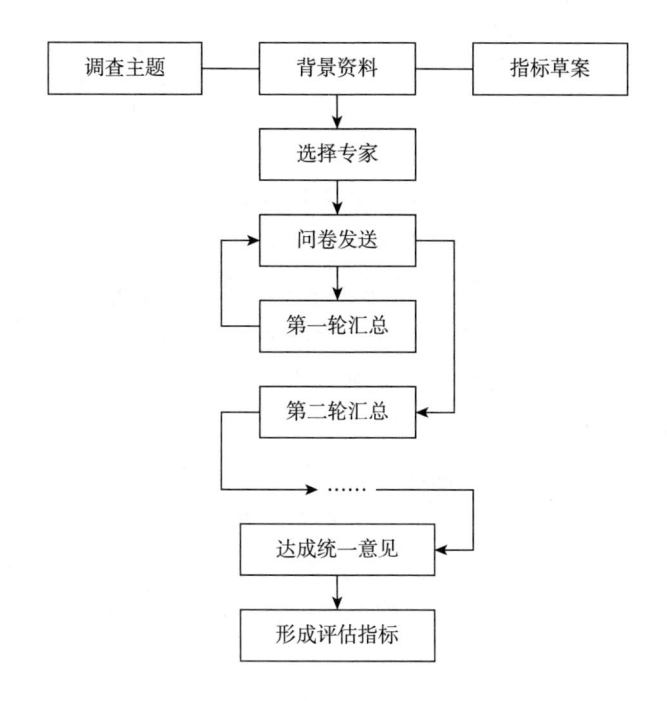

```
┌────────┐   ┌────────┐   ┌────────┐
│调查主题│──▶│背景资料│◀──│指标草案│
└────────┘   └────┬───┘   └────────┘
                  ▼
             ┌────────┐
             │选择专家│
             └────┬───┘
                  ▼
        ┌───▶┌────────┐
        │    │问卷发送│
        │    └────┬───┘
        │         ▼
        │   ┌──────────┐
        └───│第一轮汇总│
            └────┬─────┘
                 ▼
        ┌──▶┌──────────┐
        │   │第二轮汇总│
        │   └────┬─────┘
        │        ▼
        │      ……
        │        ▼
        │   ┌──────────┐
        └───│达成统一意见│
            └────┬─────┘
                 ▼
            ┌──────────┐
            │形成评估指标│
            └──────────┘
```

图 5-3　德尔菲法选定民族关系评估指标

第二，选择专家组。根据民族关系评估的主题和目的，选择与民族关系评估相关的政治学、民族学、管理学等领域的资深专家和有一定实践经验的当地官员，事前与其进行联系和沟通，以组成民族关系评估专家组。在民族关系评估专家组的选定过程中要兼顾专家的学科和地域结构。

第三，把包含调查项目的调查表及背景资料寄送给专家，专家以匿名的方式独自对问题做出判断或预测，相互之间不存在对此问题进行任何形式的交流，专家需要对各项指标与评估主题做出独立判断，同时请专家提出还需要增加的指标。[①]

第四，将第一轮专家的判断和增设的指标进行汇总，结合调查者的研究需要形成新的指标体系。新的指标体系形成调查表后，再次将该调查表寄送给各位专家，由各位专家对比同其他专家的意见后对指标体系进行再

---

① 寸雪涛：《应用德尔菲法预测东盟国家语种专业发展趋势的探讨》，《高教论坛》2012 年第 1 期。

次修改。

第五，将第二轮专家的意见进行收集和汇总，判断专家的意见是否达到一致。逐轮收集意见并为专家反馈信息是德尔菲法的主要环节。收集意见和反馈信息一般要经过3～4轮，直至各位专家不再修改自己的意见。

第六，将所有专家的意见进行分类汇总和综合处理，形成最终的民族关系评估指标体系。鉴于专家遴选的科学性和权威性，最终形成的民族关系评估指标体系可以作为进一步数据采集和权重确定的基础。

第七，按照民族关系评估指标进行数据采集，对于客观数据而言，其可以从当地的统计局、民族局、宗教局等机构获得，对于主观数据而言，其要选择合适的样本，采取李克特量表（Likert Scale），通过调查问卷的方式对受访者就指标中对某一问题的看法评判自己的认同程度，该量表由一组陈述组成，每一组陈述可以设置"非常满意""满意""不一定""不满意""非常不满意"五种回答，每个答案分别记5、4、3、2、1分，这些分数可以对某一问题的某项答案进行汇总得到（见附录Ⅱ《民族关系评估指标体系调查问卷》）。

（三）确定民族关系指标权重

在获取民族关系评估指标数据之后，原始数据并不能直接进行简单的加减运算，因为各指标之间的数字单位（如平均受教育年限、人均纯收入和历史文物保护状况等因计量单位不同，不能进行直接运算）对民族关系影响的强弱不同（如家庭收入的满意度和历史上民族冲突发生次数对民族关系的影响效果是不同的），虽然单个数据可以反映该指标在该地区的优劣，但并不能反映该地区的民族关系的综合状况，所有原始数据需要进行加权汇总，通过最终值才能直观看出该地区民族关系的好坏。因此，民族关系评估指标体系建立后，还要确定各个指标在民族关系评估中的权重。

综观我国学术界关于民族关系指标权重的确定，采用的主要方法有：①研究者个人或团队根据研究需要选择评估指标，根据自身经验对指标进行权重赋值，如在确定了政治、经济、文化等指标体系后，根据自身经验认为政治指标的权重是20%、经济指标的权重是25%、文化指标的权重是15%……这种方法具有较大的随意性，实践的效果也有待检验；②研究者通过专家咨询，根据专家的理论判断，求解平均数或标准差并经过运算得到权重系数，这种方法征询了资深专家和相关官员的意见，虽然专家的选择有其主观性，但经过多个专家的反复筛选，每个指标的权重系数对该地区民族关系的影响是较为客观的。本书也选择这种学界通用的层次分析法来确定各个评估指标之间的相对重要性。

层次分析法是美国运筹学家、匹兹堡大学教授萨蒂（A. L. Saaty）于20世纪70年代提出的一种定性与定量相结合的决策分析方法。它是一种将决策者对复杂系统的决策思维过程模型化、数量化的过程。应用这种方法，决策者通过将复杂问题分解为若干层次和若干因素，在各因素之间进行简单的比较和计算，就可以得出不同方案的权重。层次分析法的基本步骤如下。

第一，明确要研究的问题，确立影响研究结果的各项。如本书的研究对象是某一地区的民族关系，通过德尔菲法已经确定了需要研究的各项评估指标体系，以进一步确定各个指标在影响民族关系中的权重。

第二，建立评估指标体系递阶层次结构模型。将评估指标体系按照评估目标划分为目标层、准则层、指标层、方案层等若干个具有相互隶属关系的层级，每个层级的元素彼此独立，分别对下一层级的若干元素具有支配作用。在民族关系评估指标体系中，目标层即为"民族关系评估"，准则层可以设为"政治子系统""经济子系统""社会子系统""文化子系统"等相互独立的对民族关系构成直接影响的各个子系统，指标层为各个"子系统"下面的"影响因素"，如"政治子系统"下面的"民族干部比例""民族干部参政率""政府腐败指数""政府管理能力指数"等。

第三，建立两两比较的判断矩阵，即式（5-1）。要求专家按照Saaty标度（见表5-6）对同一子系统的各个指标对上一层次的影响程度进行两两比较，对不同的情况进行1~9级的数量标度，以得到量化的判断矩阵。[①] 参照表5-6，两两比较的结果可以根据专家经验得到实际的数值。

---

① 《运筹学》教材编写组编《运筹学》，清华大学出版社，1990，第461页。

表 5-6 Saaty 标度

标度 a_{ij}	定义
1	i 指标与 j 指标相同重要
3	i 指标与 j 指标略重要
5	i 指标与 j 指标较重要
7	i 指标与 j 指标非常重要
9	i 指标与 j 指标绝对重要
2, 4, 6, 8	为以上两判断之间的中间状态对应的标度值
倒数	若 i 指标与 j 指标比较，得到判断值为 $a_{ji=1}/a_{ij}$，$a_{ii=1}$

资料来源：运筹学教材编写组编《运筹学》，清华大学出版社，1990，第461页。

$$\begin{array}{c|cccc} B & C_1 & C_2 & \cdots & C_n \\ \hline C_1 & r_{11} & r_{12} & \cdots & r_{1n} \\ C_2 & r_{21} & r_{22} & \cdots & r_{2n} \\ \vdots & \vdots & \vdots & \vdots & \vdots \\ C_n & r_{n1} & r_{n2} & \cdots & r_{nn} \end{array} \qquad (5-1)$$

在层次分析法中，使判断定量化的关键在于设法使任意两个方案对于某一准则的相对优越程度得到定量描述。一般对单一准则来说，两个方案进行比较总能判断出优劣，层次分析法采用1~9标度方法，对不同情况的评比给出数量标度。两两比较的判断矩阵中 B 代表上一层的指标，C 代表该层次的指标，r 代表两两比较的结果，C_1 代表该层次的第1个指标，C_n 代表该层次的第 n 个指标，r_{1n} 代表 C_1 和 C_n 与 B 相比的重要程度。其中 $r_{1n} > 0$，$r_{1n} = \frac{1}{r_{n1}}$。例如，专家将指标层"财政转移支付率"和"资源有偿使用率"对准则层"经济子系统"的重要性进行比较的话，如果认为"财政转移支付率"得分是7，并且"资源有偿使用率"比"财政转移支付率"更重要的话就可以为"资源有偿使用率"赋值8或者9，那么就会得到一个关于"经济子系统"两两比较的数值结果。

第四，计算层次单排序，层次单排序是根据判断矩阵计算对于上一层某因素而言的，本层次与之有联系的多个因素的重要性次序的权值，也就是计算判断矩阵的特征和特征向量，即式（5-2），所得特征向量即为所求指标的权重系数。其中 R 表示特征向量，R_1 表示指标1的特征向量，R_n 表示指标 n 的特征向量，r_{ij} 表示第 i 个指标与第 j 个指标相比的重要程度。

两两判断矩阵要分层次进行,如先对准则层进行两两判断,然后对指标层进行两两判断,准则层的一份权重打分问卷见表5-7,由于某两个指标对比的重要性是呈倒数关系的,因此可以只填写一半区域。例如,如果专家认为对于民族关系而言,"政治子系统"和"社会子系统"相比较的得分是7的话,那么反过来社会子系统和政治子系统的比较就是1/7。

表5-7 民族关系评估指标权重打分问卷

指标	政治子系统	经济子系统	文化子系统	社会子系统	……	……	心理子系统	周边环境系统
政治子系统	1			7				
经济子系统		1						
文化子系统			1					
社会子系统	1/7			1				
……					1			
……						1		
心理子系统							1	
周边环境系统								1

注:您只需要填写上半矩阵。
资料来源:笔者自制。

$$R = \begin{bmatrix} R_1 \\ R_2 \\ R_3 \\ \vdots \\ R_i \end{bmatrix} = \begin{bmatrix} r_{11} & r_{12} & r_{13} & \cdots & r_{1j} \\ r_{21} & r_{22} & r_{23} & \cdots & r_{2j} \\ r_{31} & r_{32} & r_{33} & \cdots & r_{3j} \\ \vdots & \vdots & \vdots & \vdots & \vdots \\ r_{i1} & r_{i2} & r_{i3} & \cdots & r_{ii} \end{bmatrix} \quad 其中, r_{ij} > 0, r_{ji} = 1/r_{ij}, r_{nn} = 1 \quad (5-2)$$

将式(5-2)所得到的数据(R_1,R_2,R_3,R_4,…,R_n)进行归一化处理,每一横轴的数值总和除以所有数值的总和得到每一横轴的特征向量,即每横轴指标的权重系数。

第五,进行一致性检验。在层层计算权重向量中,由于征询了不同的专家,专家之间的学识和经验不同,他们对某一指标的直观感受和理解也不相同,需要对所有专家所做出的判断进行一致性检验,以最大限度地避免指标权重的误差。一致性检验涉及一致性指标,一致性指标的计算公式为:

$$CI = \frac{\lambda_{max} - n}{n - 1} \quad (5-3)$$

其中 CI 表示一致性指标,n 代表阶数(指标数量),λ_{max} 代表最大特征值。

当计算出一致性指标后,就可以判断矩阵的一致性比率,一致性比率的计算公式为:

$$CR = \frac{CI}{RI} \quad (5-4)$$

其中 CI 表示一致性指标,RI(见表5-8)表示随机一致性指标(是一定的)。当最终判断矩阵的一致性比率(CR)小于0.10时,即认为判断矩阵具有满意的一致性,说明所有专家的意见是一致的,权数分配也是合理的;否则,就要调整判断矩阵,直到取得具有满意的一致性为止。

表5-8　平均随机一致性指标 RI

阶数 n	1	2	3	4	5	6	7	8	9	10	11
RI	0	0	0.58	0.90	1.12	1.24	1.32	1.41	1.45	1.49	1.51

资料来源:运筹学教材编写组编《运筹学》,清华大学出版社,1990,第462页。

第六,进行层次总排序。在对单个层次进行了排序之后,需要对总层次进行排序,计算总层次在目标层中的权重,即先计算出每个子系统内部(如文化子系统内部的文盲率、升学率、入学率等)的权重后,然后计算准则层(政治子系统、经济子系统、文化子系统、社会子系统等)的权重。

(四)民族关系综合评估

1. 对指标进行无量纲化

无量纲化(Nondimensionalize 或者 Dimensionless)是一个物理学名词,是将一个物理导出量用若干个基本量的乘方之积表示出来的表达式,称为该物理量的量纲式,简称量纲。无量纲化是一个将所有指标统一计量单位的过程。

在用 n 个指标确定民族关系评估程度时（如前文政治子系统下面有14个指标），由于多个指标之间的单位（％、个等）不同，不同指标之间的数值也差距很大，如果直接简单相加或者加权相加的话，那么所得的数据肯定不合理，也失去了评估意义，因此，需要将实际指标值转化为无量纲（没有具体量化指标）的相对值，将评估数值的大小规范为 [0，1]，这样所得的数据才能够进行价值判断。

在无量纲化的过程中，通常存在两种情况。一种是正指标，该指标对结果的影响是正方向的，即指标值越大，对结果的影响越好，这种指标称为正指标。如民族通婚率越高，民族关系越好，民族通婚率就是正指标。另一种是逆指标，该指标对结果的影响是反方向的，即指标值越小，对结果的影响越大。如不同民族人均纯收入差距越小，民族关系就相对越好，民族人均纯收入差距就是逆指标。

2. 对指标进行加权汇总

在对每个指标进行无量纲化之后，就可以将无量纲化后的数据与该指标的权重进行加权汇总，最终计算出的值就是民族关系的评估值。

前文中的各个子系统的评价值 VI 为：

$$VI = \sum_{j=1}^{n} W_{ij} Z_{ij}, i = 1,2,3,\cdots \qquad (5-5)$$

式（5-5）中，Z_{ij} 表示第 i 个子系统中第 j 个指标的无量纲化值；W_{ij} 表示第 i 个子系统中第 j 个指标的权重系数。

目标层民族关系评估值 V 为：

$$V = \sum_{i=1}^{n} W_i Z_i \qquad (5-6)$$

经过以上加权运算，就可以得到民族地区某一时段民族关系的直观数值，该数值就可以作为评判民族关系优劣的原始数据，通过该数值的变化可以看出该地区民族关系的变化。

3. 确定民族关系评判标准

某一地区民族关系的具体得分在计算出后，虽然可以直观地看出民族关系的变化，但要想准确判断该数值的"危险与否"，还要确定民族关系的评判标准，即在什么样的得分下是安全的，什么样的得分下是有风险的。

关于民族关系评判标准的选择，国内外也有不同的标准。

（1）国际惯例法。国际惯例法是参照联合国、世界卫生组织、国际货币基金组织等世界通行的划分标准，根据每项指标的实际值与国际标准进行对比，确定相应的等级，这些指标如人均GDP、恩格尔系数、基尼系数、通货膨胀率、失业率等（3%以下为无警区，3%~4%为三级预警区，5%~8%为二级预警区，9%以上为一级预警区）、社会零售物价上涨率（10%以下为无警区，10%~20%为三级预警区，20%以上为一级预警区）、10%最高收入户平均收入与10%最低收入平均户之比（500%为有警与无警的界限）。① 基尼系数：国际上一般把0.4作为警戒线。恩格尔系数是国际上通用的衡量生活水平的重要指标，反映城乡居民的生活水平，包括城镇恩格尔系数、农村恩格尔系数两项指标，权重各占1/2，根据国际经验，恩格尔系数60%以上为贫困型，50%~60%为温饱型，40%~50%为小康型，30%~40%为富裕型，30%以下为最富裕与富有型。② 以此为标准，反观发生民族冲突的吉尔吉斯斯坦南部地区，调查显示，"如果说吉尔吉斯斯坦是亚洲最贫穷的国家之一的话，那么奥什、贾拉拉巴德则更处于该国民族经济、社会或人口发展指标的最低水平"；③ "奥什州的失业率是全国最高的"，④ "真实的失业率已超过20%"。⑤ 所以发生民族冲突的可能性就非常大。

（2）对比文献法。参考国内外已有的研究成果，根据民族地区的实际情况划分等级。如陈秋玲等认为"城乡收入水平差距"≤1.5倍时属于"很安全"，1.5~2倍属于"无警"，2~2.5倍属于"轻警"，2.5~3倍属于"中警"，超过3倍就属于"重警"。"中产阶级收入阶层结构"占比≥70%时属于"很安全"，50%~70%为无警状态，30%~50%为轻警状态，10%~30%为中警状态，小于10%为重警状态，⑥ 李美娟认为"每万人在校大学生人数"大

---

① 丁水木等：《社会稳定的理论与实践——当代中国社会稳定机制研究》，浙江人民出版社，1997，第294页。
② 宋林飞：《我国基本实现现代化指标体系与评估》，《南京社会科学》2012年第1期。
③ The Pogroms in Kyrgyzstan, Crisis Group Asia Report N°193, August 2010.
④ Статистический ежегодник Кыргызской Республики, 2009, 第376页。
⑤ The Pogroms in Kyrgyzstan, Crisis Group Asia Report N°193, August 2010.
⑥ 陈秋玲：《社会预警指标体系设计及预警评判标准界定——基于社会稳定视角》，《公共管理高层论坛》2008年第1期。

于 60 人属于"无警",50~60 人属于"轻警",40~50 人属于"中警",30~40 人属于"重警",小于 30 人则属于"巨警"。① 宋林飞认为"贫困线"以下居民的比重超过 10% 就达到了警戒线。② 现代社会中物价上涨率的一般警区分界标准如下:3%~6% 为轻度通货膨胀;6%~10% 为中度通货膨胀;10%~15% 为高度通货膨胀;15% 以上为恶性通货膨胀。③

(3)极值-均值法。将相应指标在民族地区出现的最大值、平均值和最小值作为评价标准,以此划分五级预警评判标准。此方法虽然简单易行,但评判的误差较大。

(4)专家判断法。对于民族地区的某些数据,既不能借助国际惯例,又没有可以借鉴的研究成果时,可以采用专家判断的方式确定不同的级别。对于本书的研究而言,国际惯例和对比文献的方法都不太合适,因此,最终也需要由特定的专家组根据民族关系评估的具体数值和民族地区出现的异常情况进行综合判断。

虽然本书提出用德尔菲法、层次分析法、加权汇总等方法来评估民族关系的优劣,但值得注意的是,民族关系评估的难点正在于民族关系的复杂性和难以测量性,所谓通过各种科学方法来判断民族关系的尝试只具有一定的借鉴作用,并不是民族关系研究的全部。正如邓志伟所言,"社会的动荡或者说社会的不稳定却并不始终需要社会各种风险要素的加权综合值达到一定程度才发生,更不需要社会各层面都达到某种临界值时才会发生。当社会系统某一方面的紊乱超出社会承受力时,它都可能把社会引向不稳定的边缘"。④

二 建立民族关系监测预警体系

20 世纪 60 年代,西方学者就开始了社会预警的尝试。1961 年,埃·蒂

---

① 李美娟:《县域经济发展失衡预警指标体系设计及预警评判标准界定》,《资源开发与市场》2013 年第 6 期。
② 宋林飞:《中国社会转型的趋势、代价及其度量》,《江苏社会科学》2002 第 6 期。
③ 宋林飞:《当前我国社会稳定性评估与对策》,《南京大学学报》(哲学·人文·社会科学)1996 年第 2 期。
④ 邓志伟:《关于社会风险预警机制问题的思考》,《社会科学》2003 年第 7 期。

里阿基安提出了社会动荡发生的经验指标[①];1968~1971年,德罗尔提出"系统群研究"的分析方法,确立了12项内容的指标体系,鼓励将社会预警的分析与政策自觉相结合。[②] 20世纪80年代以后,国外预警研究的重点转向预警模型的构建方面,如何改善预测、如何改进预警效果成为在方法研究方面争论的要点。20世纪90年代以后,国外对预警的研究已经在考虑多元的预警资源上形成统一的、能面对各种危机的预警体系。[③]

预警究其实质而言,就是"预"风险之"警",预警指标体系研究中所谓"警源""警兆""警情",就是"风险"之"源"、"风险"之"兆"、"风险"之"情"。[④] 从预警的内容上来看,主要包括"预"(预测)和"警"(警告)两个方面的内容,其中"预"(预测)指的是研究未来,对客观事物或事件未来的存在状态及其变化发展趋势所做的分析、判断、估计和判断;[⑤] "警"(警告)指的是根据预测结果,通过公共媒体、政府内部信息等渠道,及时对特定的目标人群发布警告信息,从而把危机可能造成的损失降到最低。监测与预警是指在突然发生造成或者可能造成区域内重大人员伤亡、财产损失、生态环境破坏等危及公共安全的紧急事件之前或正在进行过程中,对紧急事件的有关信息进行收集、评估,在此基础上根据紧急事件的危害程度、紧急程度和发展趋势,确定相应预警级别、及时发布信息、采取应对措施的制度。[⑥]

从预警的目的上看:一是及时发现危机信息,对爆发危机的可能性做出准确的判断;二是及时发布危机可能爆发或即将爆发的信息,以引起有关人员或全社会的警惕。[⑦] 建立预警机制的目的就是有效防止和避免危机的发生,能够在民族冲突未能发生之前就及时消除危机根源,以节约危机处理过程中的大量人力、物力、财力的消耗。应急预警机制是政府突发公共

---

① 他提出的预警指标主要有:"(1)都市化程度的增长;(2)性的混乱及其扩张,以及对其进行社会限制能力的丧失;(3)非制度化、合法化的宗教极大增长。"
② 鲍宗豪、李振:《对国内外社会预警理论的讨论——社会预警与社会稳定关系的深化》,《浙江社会科学》2001年第4期。
③ 李美娟:《县域经济发展失衡预警指标体系设计及预警评判标准界定》,《资源开发与市场》2013年第6期。
④ 童星、张海波:《中国应急管理:理论、实践、政策》,社会科学文献出版社,2012,第18页。
⑤ 汪志友:《行政学概论》,四川大学出版社,1990,第420页。
⑥ 马怀德:《法治背景下的社会预警机制和应急管理体系研究》,法律出版社,2010,第270页。
⑦ 黄顺康:《印度洋"12·26"地震海啸灾难及其启示》,《甘肃社会科学》2005年第3期。

事件响应机制中的一个重要组成部分。

预警机制的功能包括四个方面：第一，预见功能，通过对政治社会生活领域中致错因子的研究，找出某些敏感性指标的异常变化并预先指出其发展征兆；第二，普示功能，通过对政治社会生活领域中的致错因子的监测，政府预警应急管理部门可以将有关信息和结果向相关部门或社会公众发出警示，发挥导向作用；第三，早期干预功能，如果在一些突发事件处于萌芽状态时就采取干预措施，尽可能地利用已存在和潜在的条件来尽力减缓、延缓其发展的速度，就可以减少其所带来的损失，避免突发事件的扩大和升级；第四，阻止化解功能，对于许多现实问题，政府可以通过一定的措施给予相应的阻止和化解，实际上，这也在某种程度上防范了未来突发事件的爆发。[①]

民族关系预警的基本原理是：预警管理者依照预警目标确定不同的预警监测指标，事前划定预警监测指标的级别，对民族地区预警监测指标的实际值进行监测判断，判定民族关系的级别，将民族关系的级别与监测指标的级别进行对比，然后根据预警监测指标的级别发布相关的警情和警告。民族关系监测预警涉及诸多部门和系统，需要社会各方的配合，但对信息权威性和准确性的要求而言，信息处理的主体只可能是政府，其他任何机构都不能完成如此巨大的工程。以政府为主体，要吸收社会团体、普通民众、高校科研单位的参与。民族关系预警可以划分为以下几个系统。

（一）指标管理系统

民族关系评估指标管理系统包括两个方面的内容。一是建立民族关系评估指标，民族关系评估指标的建立需要通过专家咨询、政府指导（前文提到的德尔菲法）等方式选取一套符合民族地区实际情况的敏感指标，并确定每项指标的权重（层次分析法），该指标体系经过加权运算后能够对该地区的民族关系进行准确预测，判断民族关系的发展趋势。二是适时对民族关系评估指标体系进行调整维护，民族关系评估指标和权重不是一成不变的，随着民族地区的经济发展、社会交往、环境变化等，影响民族关系

---

① 郭济：《政府应急管理实务》，中共中央党校出版社，2004，第97~119页。

的各项指标和权重也会发生变化，要根据民族地区实际情况适时对民族关系评估指标体系进行调整和维护，要对指标的规模、数量、权重、运算方法等进行深度匹配和调整，以使民族关系评估体系更加符合当地实情。必要时甚至可以对指标体系的框架结构进行调整。

（二）信息监测系统

信息监测是通过设计标准化样本，对特定人群（专家、不同民族群体、不同职业群体）进行样本信息搜集。信息监测系统主要负责民族关系的信息收集工作，要围绕民族关系评估指标的各项指标进行信息收集。信息收集系统涉及三个方面的内容。

1. 信息监测机构

信息监测机构可以分为两种。第一种是依附原有的国家机构（民族、宗教、统计局等）和层级（中央级、地方级、基层级）增设民族信息收集的机构，以增强民族信息收集的功能。在信息监测机构中，要特别重视基层民族关系信息监测机构的建立和数据的收集，还要尽量保证数据的原始性，快速、完整地将原始数据进行汇总。民族关系监测点的设置要有代表性，监测网络布局要合理，监测人员要具备专业的监测汇报知识（或者对其进行培训），完善数据监测24小时交接班制度，保证监测信息的准确性和完整性，建立监测数据归档制度，以方便以后的查验。

2. 信息收集渠道

信息收集渠道可以分为正式的渠道和非正式的渠道两种。正式的渠道又可以区别为两种情况：第一种情况是，一些基础数据（如入学率、宗教场所、网民规模）和历史数据可以通过教育部门、宗教部门、科技部门、统计部门等直接获得，此外，政府的文件、简报、报告，国内外权威媒体的相关报道都可能包括民族地区发展的一些信息；第二种情况是要建立专门的信息监测和传递渠道，对于一些敏感性强、获取难度大、时效性强的信息，要建立专门的信息监测渠道和传递通道，一旦发现重要情报，可以立即上通下达，保证数据及时准确地传送给数据分析和决策部门。非正式的渠道主要是通过自由、随机、无规律的方式对信息进行原始性发掘的渠道。主要有媒介内容分析、邮件分析、专业论坛、关键信息提供者和"谣言"分析。① ①媒介内容分析。媒介内容分析是确定和分析媒介中所报道的具体内容，以从中发现有关"信息"。例如，某些媒体登载了关于民族冲突的一些"爆炸性消息"或"不起眼消息"，这些消息只是为了"吸引眼球"或"增加版面"，但信息收集员就要对这类信息进行追踪，确定这些信息的真实性和准确性。②邮件分析。邮件（电子邮件和纸本邮件）很可能成为信息的扩散源和传播源，通过对邮件的发送量、发送方向、接收者等的分析，可以确定某些异常的数据，对关键地区和关键人物邮件的分析可以发现某些民族冲突的警兆性信息。③专业论坛。参加民族学和政治学等专业研讨会和学术报告会，通过倾听与会专家正反两方面的辩论和分析，在信息对比中发现一些激变性因素。④关键信息提供者。寻找关键信息的提供者，与他们进行深入的联系或追踪，往往能够获取有关问题的早期信号。⑤"谣言"分析。对民族地区流传的"小道消息"和"谣言"进行信息确认，通过确定"小道消息"的信息来源、真实性、传播途径等，也可以获取民族关系的一些重要信息。

3. 信息监测制度

在民族地区，要建立信息监测制度，信息监测制度可以分为定期监测制度和实时监测制度：①定期监测制度就是在民族关系比较缓和的时期，按照民族关系评估体系的日常指标采集到的数据，以每个月、每个季度为周期进行收集和汇总，并将监测到的数据存入数据库中；②实时监测制度就是在特定的时间对民族关系数据进行监测，特别是在民族关系比较紧张的地区，要每小时、每天、每周对民族关系信息进行汇总。

在信息收集的过程中，要注意以下几点：一是信息的全面性、及时性与准确性；二是信息收集渠道的多元化；三是保证信息的原始性；四是收集、分析、处理信息人员的专业化，使信息分析规范；五是收集机构的组织与层次尽量简单化，保证信息收集、传递的快速与完整，减少信息的扭曲和漏损。② 由于民族冲突具有突发性、敏感性和高度的不确定性，民族冲

---

① 蒋珩：《区域突发公共事件应急联动体系研究》，武汉理工大学博士学位论文，2006，第47页。

② 蒋珩：《区域突发公共事件应急联动体系研究》，武汉理工大学博士学位论文，2006，第35页。

突前的警兆很容易被认为是普通的民事纠纷而被忽略，有时候危机征兆出现的频率也可能很高，以至麻痹了人们的神经，未能引起人们重视。另外，由于从先兆出现到危机爆发的时间可能很短，有关部门来不及做出反应。[1]

（四）数据处理系统

数据处理系统是将采集到民族关系的数据进行分类、录入、汇总和整理，初步判断民族关系的优劣，并为专家的分析提供数据支持。对于定量数据（基尼系数、民族干部比例）而言，可以直接录入数据模型；对于定性数据（满意指数、痛苦指数、焦虑指数等）而言，要先对数据进行整理，在归一化处理之后，才能将其录入数据模型。鉴于民族关系数据模型的庞大性和复杂性，要建立计算机数据管理系统，以替代人脑完成大量复杂数据的计算和反馈工作，开发出数据更新、变量运算等模块，还要根据实际情况对计算机系统中的权重、指标等进行调整。具体步骤包括以下内容。第一步，对数据进行筛选。对采集到的庞大数据进行筛选，选出民族关系评估原始指标库或是对民族关系有影响的数据，对数据的筛选要尽量保证数据的原始性。第二步，对数据进行分类和整理。按照民族关系日常评估指标原始体系的设计，将采集到的数据按照二级指标（政治、经济、文化）的原则进行分类。第三步，对数据进行录入，将分类和整理好的数据录入民族关系日常评估指标原始体系中，在录入的过程中需要保证数据的量化。第四步，对民族关系评估指标体系中的数据进行运算。

在信息整理过程中应注意对信息的真实性进行甄别，如果不同的信息之间存在矛盾，那么就要质疑信息的真实性。如果信息的来源缺乏客观性，信息传递的环节多，信息传递过程中干扰较大，信息传递者与信息的内容有很强的利益相关性等，那么都会影响信息的真实性。因此，对于收集到的信息，需要有一个去伪存真的甄别过程，以排除那些虚假信息，[2] 然后进行分类和整理。

---

[1] 黄顺康：《印度洋"12·26"地震海啸灾难及其启示》，《甘肃社会科学》2005年第3期。
[2] 秦启文：《突发事件的预防与应对》，新华出版社，2008，第108页。

（五）专家分析系统

计算机和数据虽然能够计算出比较精确的民族关系评估值，但对于各级指标警限和随时可能出现的警情的判定，都需要各类专家根据实际经验进行分析和判定。专家分析系统的一个关键问题就是要判定各个级别的临界点，哪些指标达到哪些程度可以算是临界点，判定民族冲突的阈值，在什么情况下"看似正常"的民族关系会发生突变，专家库的选择应该涉及民族、宗教、管理、政治等方面的资深研究人员以及民族地区工作的一线政府工作人员，其数量和学术结构应该覆盖预警和应急系统的全部。要充分利用专家的经验和判断，通过信息沟通和反馈，达到"人—机"智能化互动，使预测结果更加契合民族地区实情。

专家分析的结果就是要进行风险识别，主要用于对民族地区民族冲突的发生地域、发生时段、发生概率、事态规模、攻击对象、衍生风险、冲突后果、应急处置等做出预测。在主观指标和客观指标数据处理的基础上，结合专家的经验，判断民族关系的"预警阈值"，对最可能发生的冲突，冲突的级别等进行划定。

（六）警情发布系统

警情发布系统是民族关系评估指标体系的输出系统，是政府和公众正确认识民族关系的直观呈现，其具体形式是发布预警信号（绿色、蓝色、黄色、橙色、红色、紫色），对风险级别比较高的地区和部门进行紧急干预，向专门的应急管理部门进行汇报。

危机预报子系统的职能在于：根据危机评估的结果，将危机程度较大的潜在危机向各利益相关者发出警报，提前注意并采取预控措施。发布民族冲突预报需要注意几个问题：①为了确保预报子系统的有效性，必须根据民族冲突潜在受害者的特点选择警报，并且确保民族冲突的潜在受害者及时准确地收到警报；②警报发布的范围依据民族冲突潜在受害者的分布情况而定，局部警报针对民族冲突潜在受害者相对集中的区域，以免造成不必要的恐慌，如果潜在受害者相对分散，则应选择覆盖面广（如手机短信、广播）的警报；③警报内容的选择上，应充分考虑潜在受害者的受教育水平和心理特点，确保警报内容能被他们充分理解，并根据警报内容采取相应的行动；④平时需要根据该地区的形势（恐怖事件多发、有民族冲突史等）对潜在受害者进行培训，让他们了解、熟悉警报的内容（如区分警车、消防车和救护车的声音），以提高突发事件来临时他们的反应速度。①

由于民族冲突的发生与发展具有高度的不确定性，应急机关所获得的信息也是瞬息万变的，专家的经验和学识也千差万别，即便在获取准确信息的情况下也有可能做出错误的判断，因此，在发现事态变化和信息变动后，应及时调整预警级别。

---

① 秦启文：《突发事件的预防与应对》，新华出版社，2008，第110页。

第六章　民族冲突如何应对

吉尔吉斯斯坦南部民族冲突的一个教训是在民族冲突中管理混乱、应急措施失当、没能及时发布信息。因此，为了有效应对民族冲突，必须建立高效、有力的民族冲突应急管理体系。应急管理（Emergency Management）是指政府应对突发公共事件的一系列举措，包括预防、准备、响应、恢复、重建、倡议和立法等，是为了减少人员伤亡，减少财产损失，控制破坏程度，以尽可能快的速度和小的代价终止紧急状态，恢复到正常状态。① 冲突管理的原则是尽早行动以防止冲突升级；防止国内冲突成为地区冲突。② 中国共产党十七大报告中指出，"完善突发事件应急管理机制"，③ 中国共产党十八大报告指出，"加快形成源头治理、动态管理、应急处置相结合的社会管理机制"。④ 中国共产党十九大报告也指出，"加强预防和化解社会矛盾机制建设"，"提高防范和抵御安全风险能力"。⑤

民族冲突应急管理的目标在于约束和控制冲突的爆发和升级：民族冲突在处于酝酿阶段时，阻止冲突的爆发；民族冲突爆发后，阻止冲突的蔓延和扩散；民族冲突蔓延升级后，阻止暴力行为的发生；暴力行为

---

① 姚国章：《典型国家突发公共事件应急管理体系及其借鉴》，《南京审计学院学报》2006 年第 2 期。
② Michael E. Brown, "Internal Conflict and International Action," in Michael E. Brown, et al., eds., *Nationalism and Ethnic Conflict* (The MIT Press, 1997), pp. 236–257.
③ 《胡锦涛在党的十七大上的报告》，新华网，2007 年 10 月 24 日，http://news.xinhuanet.com/newscenter/2007-10/24/content_6938568_7.htm。
④ 《胡锦涛在中国共产党第十八次全国代表大会上的报告》，新华网，2012 年 11 月 17 日，http://news.xinhuanet.com/18cpcnc/2012-11/17/c_113711665.htm。
⑤ 《决胜全面建成小康社会 夺取新时代中国特色社会主义伟大胜利——在中国共产党第十九次全国代表大会上的报告》，人民出版社，2017，第 49 页。

出现后，采取各种措施对暴力行为进行压制。① 民族冲突应急管理应该坚持以下两个原则：①以人为本原则，民族冲突应急管理中要把无差别保护不同民族人民的生命和财产安全作为首要任务，在各个方面都要体现"生命高于一切"的原则，最大限度地减少民族冲突造成的人员伤亡；②依法处置原则，民族冲突是一种非常规的社会状态，在这种社会状态下，政府决策和权力行使也是非程序性的，但这种非程序性决策和权力行使必须充分尊重法律的权威，依照法律规定的职权和范围维护社会秩序，既要保证有效控制民族冲突的扩大，又要防止民族冲突过程中的权力滥用。

一 民族冲突爆发前

根据吉尔吉斯斯坦政府在民族冲突应急处置过程中"领导机构缺乏协调""应急队伍和应急物资匮乏""应急措施失当"等的教训，在民族冲突爆发前，必须建立民族冲突应急预案，组建民族冲突应急体系，储备民族冲突应急资源，还要进行必要的应急宣传和培训。

（一）编制应急预案

应急预案，又称应急计划，"是针对可能的重大事故（件）或灾害，为保证迅速、有序、有效地开展应急与救援行动、降低事故损失而预先制定的有关计划或方案"。② 民族冲突应急预案是特定的主体（政府机构、企业、事业单位）为预防本辖区（单位）民族冲突的发生，降低民族冲突后果的严重程度，提高应对民族冲突的能力，在民族冲突发生前所制定的如何应对民族冲突的计划和方案。民族冲突应急预案主要用于规定民族冲突发生后应急管理工作的领导机构及职责，整个应急过程的运行机制及流程，应急过程中的保障措施，民族冲突发生后的恢复与重建，民族冲突应急过程中的监督与管理等内容。

1. 应急预案编写流程

刘铁民认为应急预案的编写应该有五个步骤：一是成立预案编制小组；

---

① 常健：《张春颜社会冲突管理中的冲突控制与冲突化解》，《南开学报》（哲学社会科学版）2012年第6期。
② 詹承豫、顾林生：《转危为安：应急预案的作用逻辑》，《中国行政管理》2007年第5期。

二是进行风险分析和应急能力评估;三是编写应急预案;四是应急预案评审与发布;五是应急预案实施。① 马怀德也认为应急预案的编写应该包括五个步骤:一是危险描述;二是确定目的;三是任务与应对措施;四是组织机构;五是各项义务。② 笔者认为民族冲突应急预案的编写应该至少有以下六个步骤。

第一步,明确预案目的。应急预案是对突发公共事件所编写的应对措施和方案,而突发公共事件又可分为突发自然灾害、突发事故灾害、突发公共卫生事件、突发社会安全事件等。民族冲突只是突发社会安全事件中的一种。在编写民族冲突应急预案的过程中,首先应该明确预案针对的特定对象是"民族冲突",预案的组织体系、运行机制、应急保障、监督管理等都应该围绕"民族冲突"的爆发和升级进行编制。

第二步,组织预案编写。民族冲突应急预案的编制主体主要包括中央(国家、部委)、地方(省、州)、基层(县、乡)等不同级别的政府、企业、事业单位,在每一级别内,又需要不同部门制定专项的部门应急预案。特别是民族关系紧张的地区和部门最应该制定应急预案。预案编制小组的成员"一般应包括行政首长或其代表,应急管理部门,消防、公安、环保、卫生、市政、医院、医疗急救、卫生防疫、邮电、交通管理等有关部门,广播、电视等新闻媒体法律顾问,有关企业以及上级政府或应急机构代表和技术专家等"。③

第三步,风险分析评估。风险分析评估是指在对灾害系统辨识和安全分析的基础上,对灾害系统的安全性或危险性,按有关的标准、规范、安全指标予以衡量,对危险程度进行分级,并结合现有的科学技术水平和经济条件,提出控制灾害系统危险性的安全措施。④ 风险分析评估的目的是要明确应急的对象,突发事件的性质及影响范围、后果严重程度,为应急准备、应急响应和恢复措施提供决策依据。⑤ 风险分析与应急能力评估主要包

---

① 刘铁民:《突发公共事件应急预案编制与管理》,《中国应急管理》2007年第1期。
② 马怀德:《法治背景下的社会预警机制和应急管理体系研究》,法律出版社,2010,第224~226页。
③ 刘铁民:《突发公共事件应急预案编制与管理》,《中国应急管理》2007年第1期。
④ 黄毅宇、李响:《基于情景分析的突发事件应急预案编制方法初探》,《安全与环境工程》2011年第3期。
⑤ 詹承豫:《动态情景下突发事件应急预案的完善路径研究》,《行政法学研究》2011年第1期。

括以下内容。第一，危险识别，危险识别的目的是识别可能存在的重大危险因素，如前文提到的警兆性现象，还要总结本地区历史上曾经发生的民族冲突，识别出可能发生的民族冲突和民族冲突爆发的模式或类型等。第二，脆弱性分析，要确定一旦发生民族冲突，最容易受到攻击破坏的地区或单位，以及最可能出现波动或激变的环节，脆弱性分析的结果应该提供下列信息：受民族冲突影响严重的区域，以及该区域的影响因素；预计位于脆弱带中的人口数量和类型（例如，居民、职员、敏感人群——医院、学校、疗养院、托儿所），可能遭受的财产破坏，包括基础设施和运输线路；可能的环境影响；可以标明最需要保护的地区、单位和人群。第三，风险评估，根据脆弱性分析的结果，评估民族冲突发生时造成破坏（或伤害）的可能性，以及可能造成的实际破坏（或伤害）程度。通常要选择对最严重的情况（或顶级事件）进行分析。风险分析可以提供下列信息：发生民族冲突的可能性，或同时发生多种衍生性事件的可能性；对人造成的伤害类型（肢体、精神）和相关的高危人群；对财产造成的破坏类型；对环境造成的破坏类型（可恢复或永久的）。第四，应急能力评估，依据风险分析的结果，对已有的应急资源和应急能力进行评估，包括城市和企业应急资源的评估，明确应急救援的需求与不足，应急资源包括应急人员、应急设施、装备和物资等；应急能力包括体制和机制运行状况与人员的技术、经验和接受的培训等，应急能力评估还应注意发现应急体系中的缺陷和不足。[①] 村镇和城市社区应急能力主要体现在隐患排查、信息报告与预警、先期处置、基层应急队伍建设、风险意识教育等方面。[②]

第四步，编写应急预案。按照风险分析和应急能力评估的结果编写民族冲突应急预案，民族冲突应急预案应该包括如下内容。①预案相关说明：如预案编制的目的与依据、使用范围、工作原则等；②组织体系：如应急预案的领导机构、办事机构、工作机构、地方机构和专家组等；③运行机制：预警级别发布、信息报告、应急处置、恢复重建、调查评估等；④应急保障：民族冲突过程中的人力、物力、财力保障，基本生活保障，医疗卫生保障，交通运输保障，治安人员防护、通信信息保障等；⑤监督管理：预

---

① 马怀德：《法治背景下的社会预警机制和应急管理体系研究》，法律出版社，2010，第240页。
② 张海波、童星：《应急能力评估的理论框架》，中国行政管理2009年第4期。

案的演练、宣传与培训、责任与奖惩等。

第五步，应急预案实施。应急预案实施就是开展应急预案的宣传、培训和预演，在这些活动中发现民族冲突应急预案存在的问题和需要改进的地方，如刘铁民认为，"应急预案实施包括开展预案宣传、进行预案培训，落实和检查各个有关部门职责、程序和资源准备，组织预案演练，使应急预案有机地融入公共安全保障工作之中，真正将应急预案所规定的要求落到实处"。①

第六步，应急预案修改。应急预案修改需要注意两个方面：一方面，随着民族关系的发展、新型监测手段的应用以及国家民族机构的调整，需要对应急预案中预警级别、办事机构、应急流程等进行调整；另一方面，对民族冲突应急演练中应急预案暴露出来的问题（衔接性、协调性、及时性等）进行修正。对于已经编制完成的应急预案，应加强修订升级，规定最低修订频率（如1年至少2次），建立预案修订与风险评估、应急演练、应急管理评估、机构改革、资源存量变化的联动机制，规定应急预案修订的启动时间和修订周期。

2. 应急预案主要类型

民族冲突应急预案针对的对象是可能发生的民族冲突，民族冲突的应对往往不是一级政府或单个部门的独立行动，需要多级政府和多个部门的协同配合，因此，要形成民族冲突应急预案体系。民族冲突应急预案应该包括：政府民族冲突应急预案、企事业单位民族冲突应急预案和大型活动民族冲突应急预案等。具体可以划分为：①不同级别政府的民族冲突应急预案，如《××州民族冲突应急预案》《××自治县民族冲突应急预案》等；②政府不同部门民族冲突应急预案，如《××自治县民族局民族冲突应急预案》《××自治县公安局民族冲突应急预案》等；③事务性民族冲突应急预案，如《民族冲突新闻发布应急预案》《民族冲突医疗卫生救援应急预案》《民族冲突后勤保障应急预案》等；④事业单位民族冲突应急预案，如《学校民族冲突应急预案》《养老院民族冲突应急预案》等；⑤企业单位民族冲突应急预案，如《××有限责任公司民族冲突应急预案》等；⑥大型活动民族冲突应急预案，如《大型体育活动民族冲突应急预案》《大型文娱活动民族冲突应急预案》等。

---

① 刘铁民：《突发公共事件应急预案编制与管理》，《中国应急管理》2007年第1期。

3. 应急预案注意事项

关于编制应急预案的注意事项，刘铁民认为，编写应急预案的过程中需要注意以下几点：①假定事件肯定发生；②应急事件具有不可预见性和严重破坏性；③应急预案的重点是应急响应的指挥协调；④应急指挥的核心是控制；⑤应急预案应覆盖应急准备、初级响应、扩大应急和应急恢复全过程；⑥预案只写能做到的；⑦应急预案中列入的所有功能和活动都必须经过培训演练。① 张海波认为，要"区分可消除的风险和不可消除的风险，对于可消除的风险，应该及时消除风险，而不是编制应急预案待其发生，对于不可消除的风险，应该编制应急预案，加强预防与准备"。② 郭雨彤、徐慧杰等认为，"要尊重少数民族的民风民俗，充分发挥民族地区'族老、寨老'的作用，必要时还可以让他们参与应急预案的制定"。③

结合民族冲突本身的特性和我国应急预案制定过程的现状，在民族冲突应急预案的编写过程中，要注意到以下几点。①假定民族冲突必然会发生。民族冲突具有一定的隐蔽性和潜在性，民族冲突爆发之前，政府主体和企事业单位往往会存在侥幸心理，认为民族冲突不会在本辖区（单位）内发生，民族冲突应急预案的编制就是要假定民族冲突必然会发生，以此为基础编制预案。②充分考虑民族冲突的严重性。民族冲突具有一定的破坏性和公共性，民族冲突爆发过程中会发生意想不到的次生或衍生灾害，民族冲突应急预案的制定要充分考虑民族冲突最严重的后果，以此为基础分级别编制预案。③民族冲突应急预案要有针对性。民族冲突虽然是社会安全事件中的一种，但与普通的社会安全事件还有一定的区别，民族冲突应急预案的对象只能是本辖区（单位）范围的"民族冲突"，不能在缺乏科学论证的情况下将普通应急预案的官样文本"置换"为民族冲突应急预案。④民族冲突应急预案的一致性。由于民族冲突应急预案制定主体的多样性和多层次性，应急预案制定过程中往往会出现不一致的现象，在民族冲突应急预案制定过程中应该遵循"企事业单位服从政府""下级政府服从上级

---

① 刘铁民：《突发公共事件应急预案编制与管理》，《中国应急管理》2007 年第 1 期。
② 张海波：《中国应急预案体系：结构与功能》，《公共管理学报》2013 年第 2 期。
③ 郭雨彤、徐慧杰等：《民族地区突发公共事件应急管理机制研究——以吉林省延边朝鲜族自治州珲春市为例》，载《构建和谐社会与深化行政管理体制改革》研讨会暨中国行政管理学会 2007 年年会论文集，2007。

政府"的原则,保持应急预案的协调性和一致性,民族冲突应急预案的一致性还要求应急预案要符合相关法律法规的规定,不能与之相抵触。⑤应急预案的宣传演练。民族冲突应急预案的制定不能停留在口头或书面层面,要加大应急预案的宣传力度,扩大宣传范围,特别是要将应急预案宣传到民族关系紧张的地区,可以以应急小手册的形式分发到不同民众的手中。

(二) 组建应急体系

1. 应急组织体系

从理论上讲,公共危机事件的管理涉及政府、非政府组织、公民团体、志愿者等多个主体,但对于民族冲突应急管理而言,必须以政府和强力部门为主体,因为政府掌握着强有力的资源,享有制度安排和制度实施的合法权利,对于政府及强力部门而言,由于民族冲突应急管理涉及多个部门和机构,而应急管理又是一个对综合性、协调性和资源性要求比较高的过程,这需要一个完整的可以在关键时刻集成各方智慧和资源的系统来支撑其运行。因此,必须在民族冲突前组建相应的应急指挥机构、应急办事机构、应急执行机构等。借鉴吉尔吉斯斯坦南部民族冲突应急处置中的教训,其中最重要的是要组建一个强有力的民族冲突应急指挥机构。

民族冲突应急指挥机构可以分为临时机构和常设机构两种:临时机构即在民族冲突爆发后组建的临时指挥部;常设机构是在政府内部建立的拥有固定编制、固定岗位的应急指挥机构。按照民族冲突的事发区域和事件后果,在民族关系比较复杂的地区,民族冲突应急指挥机构应该成为一个常设机构。从组织结构上来看,民族冲突应急指挥机构应该具有扁平化组织结构,减少指挥机构的层级,各个部门必须对应急指挥中心负责。从机构的组成人员来讲,民族冲突应急指挥机构的组成人员应该是政府和权力部门的正职领导,这些人具有比较大的权力和威望,能够在比较大的范围内调拨人力和物力资源,处理相关的协调工作以应对民族冲突。鉴于民族冲突的突发性和紧急性,民族冲突应急指挥机构的核心领导人在民族冲突中的作用至关重要:判断危机的性质和程度,对危机的来源、针对目标、波及面、破坏力和影响力的程度和大小进行迅速判断;明确危机管理的目标,确定危机管理的框架;明确危机管理的职责;支持危机管理部门的工作,及时调配各种应急资源。① 因此,民族冲突应急指挥机构核心领导人应该具备面对危机时沉着冷静、迅速果断、勇敢无畏、敢于担当等精神状态和心理素质,在民族冲突爆发前、民族冲突爆发中和民族冲突爆发后,要具备相应的危机领导能力(见表6-1)。民族冲突应急指挥机构还要配备来自高校和科研院所的民族学、政治学、管理学等专家学者,让他们作为顾问。

表6-1 危机领导力体系

危机前	危机中	危机后
预警识别力	快速反应力 迅速决策力 资源配置力 信息沟通力	学习反思力
信息搜集、分析、甄别、把握能力		
良好的心理素质		

资料来源:朱瑞博《突发事件处置与危机领导力提升研究》,中国法制出版社,2013,第67页。

在职责上,民族冲突应急指挥机构负责在民族冲突的紧急情况下调动应急队伍和应急物资储备,在民族冲突发生时进行应急处置指挥,对各个部门在民族冲突中的职责进行分配和监督。此外,"还要大力培养少数民族干部和发挥民族干部的作用,他们对本地区的各种风俗习惯较为了解,在处理由于民族原因造成的群体性事件时更为快速有效"。② 领导干部要充分认识到民族冲突的严重性和危害性,不能认为民族冲突爆发的概率非常小,对民族问题掉以轻心。

2. 应急法制体系

应急法制体系是在危机状态下各个行为主体(政府、社会组织、公民)必须遵守的法律和制度。在应急法制建设方面,美国联邦层面综合类立法包括两项——《国家紧急状态法》和《联邦灾害救助和突发事件救助法》,此外还有一些单项的立法,如《国家安全法》《国土安全法》等;在州的层

---

① 朱瑞博:《突发事件处置与危机领导力提升研究》,中国法制出版社,2013,第34页。
② 廖小东、曹文波:《民族地区突发性群体事件与政府危机管理研究》,载《中国行政管理学会2011年年会暨"加强行政管理研究,推动政府体制改革"研讨会论文集》,2011。

面,美国的每个州还有应对社会安全事件的专项法案,如加利福尼亚州的《应急服务法》、密歇根州的《突发事件处理法》。英国关于危机状态下的法律有《突发事件应急法》(2004年),加拿大有《危机准备法》(1988年)、《危机法》(1988年),法国有《戒严法》(1849年)、《紧急状态法》(1955年),俄罗斯有《俄罗斯联邦紧急状态法》(2001年)。

针对民族冲突应急管理的复杂性,在一些地区还应该制定一些专门性的制度和规定,如《民族冲突应急处理责任制度》《民族冲突工作致残、致病抚恤管理办法》《民族冲突信息报告制度》《民族冲突工作人员安全防护管理办法》《民族冲突应急保障制度》《民族冲突应急资金使用办法》《民族冲突应急队伍管理办法》《民族冲突交通管制办法》《民族冲突治安维护条例》等。

3. 应急联动系统

联动就是多个部门的联合行动,民族冲突应急联动系统是指与处理民族冲突有关的各个部门之间的联合行动。政府对民族冲突的应对负有不可推卸的责任和义务,但随着职能分工的细化,政府部门的组成也越来越多,而民族冲突的应对往往超出某一单一功能部门的权责和能力范围,需要多个部门和机构的协调配合(见表6-2)。当民族冲突超过一个地方政府的管辖范围或应对能力,并且需要多个部门共同应对的时候,就需要建立应急联动系统。张海波认为,"通常来看,一起大规模突发事件的应对至少包括13项职能的联动:接警与通知、指挥与控制、警报和紧急公告、通讯、事态检测与评估、警戒与管制、人群疏散、人群安置、医疗与公共卫生、公共关系、应急人员安全、消防和抢险、现场恢复"。[①] 本书所说的应急联动系统主要是指在民族冲突爆发后的紧急状态下,以应急指挥机构为核心的不同部门相互联动的系统,是一个集权力、信息、资源、智慧于一体的"应急联动中心",通俗意义上讲,"应急联动中心"可以将报警服务台、火警台、急救中心、交通事故报警台以及市长公开电话纳入统一的指挥调度系统,实现公安、消防、急救、抢险、民防等政府职能部门之间的统一指挥、协调一致、高效应急、联合行动,该系统既能够避免权力的相互抵触

---

① 张海波:《中国应急预案体系的运行机理、绩效约束与管理优化》,《中国应急管理》2011年第6期。

和推诿，又能够保障各种资源在民族冲突应急管理中的良性互动。"应急联动中心"在日常状态下可以作为处理民事纠纷和信息监测的平台，并不需要民族冲突应急指挥机构核心领导人的常驻，在民族冲突爆发后的应急状态下，可以作为临时指挥机构，发挥应急状态下信息集散和命令发布的功能。

表6-2 民族冲突应急管理部门及职责

主要部门	主要职责
民族部门、宗教部门、公安部门	为民族关系提供监测、预警等信息
交通部门、通信部门、气象部门	为民族冲突应急管理提供交通、通信、气象保障
财政部门	为民族冲突应急管理提供财政资金，在紧急情况下为应急管理提供资金并监督资金的使用
宣传部门	对民族冲突新闻媒体和舆论传播进行规范
民政部门	为民族冲突的应急物资采购和调配提供支撑，在民族冲突发生后接受社会援助，为恢复重建提供协助
卫生部门	对民族冲突过程中的伤员进行救治
军事部门、武警部门、公安部门	对民族冲突进行强力控制，对危机地区人员进行疏散和撤离，维护民族冲突期间的社会秩序
教育科研部门	加强民族冲突理论的研究，为民族冲突应急管理提供理论支撑

资料来源：笔者自制。

根据应急联动系统的功能，民族冲突应急联动系统至少应该包括六大平台。①网络通信平台：包括无线通信、有线通信和无线数据通信，是整合完善的应急指挥通信网络系统。②地理信息平台：建立支撑决策的地理信息系统，建设标准统一、信息共享的基础电子地图。③应急联动平台：实现跨区县、跨部门的应急信息资源交换、共享、整合、服务。④专题应急平台：建立城市重要部门或领域的专题应急平台。⑤决策支持平台：建立有效的应急联动支持体系，包含计算机网络系统、报警接入系统、视频监控系统、大屏幕显示系统、视频会议系统等。① ⑥管理共享平台：通过该

---

① 邹逸江：《城市应急联动系统的研究》，《灾害学》2007年第4期。

平台实现预案可视化和可操作化，可以基于电子地图制作图文并茂的应急预案，进行模拟的应急预案演练。①

针对民族冲突发生的区域，应急联动系统应该分为城市应急联动系统和农村应急联动系统两类。所谓的城市应急联动系统，就是在城市地区建立的综合以上各个平台的应急联动系统。钟开斌、彭宗超认为，"所谓城市应急联动，就是整个城市采用统一的民众求助报警号码，将公安、消防、交警、急救、防洪、防震、公共事业、民防等不同政府职能部门的运作纳入到一个统一的城市应急指挥调度系统当中，以供公众报告紧急事件以及政府和有关方面紧急救助，形成集公安、消防、交通、医疗卫生、公共事业等多个部门为一体的社会紧急救助保障体系"。② 美国在1967年就建立了911应急联动指挥系统，负责治安报警、救火、医疗救护等应急事件的处理、指挥协调；遍布美国的各个州市，服务覆盖全美国97%的国土，每年有超过2亿次呼叫，平均超过54万次/天，其中，芝加哥911系统保持了世界最快的响应速度，98%的呼叫能够在2秒钟内被应答，处理效率为3000次/时。③

此外，还需要充分发挥农村非政府组织与广大民众的作用，建立民族地区农村突发事件区域应急联动机制，以提高民族地区农村突发事件的预警、处置能力。农村地区的"应急联动中心"既可以以"流动警务室"为平台建立，又可以依托村委会、医疗室等平台建立。

（三）应急资源储备

1. 组建应急队伍

应急队伍是应急状态下应急指挥机构所能指挥、调动的主要力量，是开展应急处置和进行应急救援的人力资源。民族冲突应急队伍是民族冲突

---

① 沈蔚、陈云浩等：《城市应急联动系统的研究与实现》，《计算机工程》2006年第20期。
② 钟开斌、彭宗超：《突发事件与首都城市应急联动系统的构建》，《北京社会科学》2003年第4期。
③ 鹿全礼、牛锦霞等：《城市应急联动指挥系统建设》，《信息技术与信息化》2008年第5期。在美国，911是一个全国通用、涉及面最广、与公众联系最为密切，也是唯一的一个特服电话号码，它整合了警察、消防、医疗救助、交通事故处理和自然灾害抢险等多方面职能，承担了类似我国110、119、120、122、12345等各主要应急甚至公共事务的服务工作。公众一旦遇到各种紧急情况，如大到人身伤害，小到居住环境干扰，都可向它求救。参见潘捷军《美国公共危机应急机制及对我们的启示》，《公安学刊——浙江公安高等专科学校学报》2005年第3期。

应急状态下开展应急处置、应急救援的人力资源，通常而言，民族冲突应急队伍应该是国家的军队、武警、特警、预备役部队等。

组建民族冲突应急队伍之后，还要加强对应急队伍的管理、培训和演练。吉尔吉斯斯坦南部民族冲突中应急队伍士气低落、不能恰当地使用武力和保护人群，正是缺乏日常应急培训和演练的集中表现。①加强对应急队伍的管理。应急队伍的管理应该包括应急队伍的人事管理、薪资管理、奖惩管理、考勤管理等方面。②加强对应急队伍的培训。应急培训的内容应该涉及应急处置的法律法规、民族冲突应急预案、应急装备的使用和保护、应急人员安全防护、民族冲突应急救援措施等。③加强应急队伍的演练。民族冲突应急队伍的演练要以民族冲突的"真实场景"为情景预设，对应急队伍在民族冲突状态下的应急措施、心理素质、身体素质等进行检验。

政府除了应当加强对民族冲突应急队伍的管理、培训和演练外，还要为应急队伍提供必要的保障措施，包括购买人身保险、配备专门的防护装备等，以为应急队伍解除后顾之忧。

2. 应急资金储备

民族冲突应急资金主要指民族冲突应对过程中从监测预警、危机防控、人员救治到恢复重建各个阶段所需要的工作资金。民族冲突应急资金储备应该包括：①应急资金的来源，民族冲突应急资金的主要来源应该包括地方财政划拨、中央财政转移、设立专项应急资金等，民族关系比较紧张的地区，每个财政年度都要根据本地区的实际情况预留足量的民族冲突应急资金；②应急资金的使用，民族冲突应急资金必须专款专用，必须用在民族冲突监测、预警、评估、处置等各个方面，每一财政年度剩余的资金可以和下一财政年度进行合并；③应急资金的管理，应急资金管理的目的主要是防止民族冲突应急资金被侵吞和挪用，财政、监督、审计等部门要加强对民族冲突应急资金的监督和管理。

3. 应急物资储备

应急物资是指一旦发生突发事件，社会能够调动的其他同类或者替代资源，是成功应对突发事件的重要前提，而应急物资储备则是应对突发事件的基础环节和基本保障。根据作用不同，应急物资可以分为应急期间需要的处置突发公共事件的专业应急物资、在突发公共事件发生后用于救济的基本生活物资及与人民生产生活息息相关的重要物资三大类。如根据应急物资用途,可以将应急物资分为救生类物资、生活类物资、取暖御寒类物资和医药类物资四大类。[①] 应急保障物资根据用途不同又可细分为防护用品、生命求助、生命支持、求援运载、临时食宿、污染清理、动力燃料、工程设备、器材工具、照明设备、通信广播、交通运输、工程材料十三类239种。

  在应急物资储备不足的情况下,应急资金也很难发挥应有的作用。在民族冲突应急物资储备时需要考虑以下问题:应急物资储备的管理主体;应急物资的储备方式(实物储备、生产能力储备);应急物资储备的经费来源等。从全社会的角度来看,民族冲突应急物资的储备主体应该包括以下几个方面。①政府应急物资储备,包括中央和地方各级政府的应急物资储备,政府应急物资储备应该成为民族冲突应急物资储备的核心。②企业应急物资储备,企业应急物资储备主要有两种,一种是政府通过签订合同的方式委托企业进行应急物资储备,另一种是企业根据当地民族冲突的特点自行储备一定量的应急物资。③市场应急物资储备,通过市场流通和资金购买的方式充分吸收市场上的分散资源作为应急物资储备。④非政府组织应急物资储备,如慈善机构、红十字会等的应急物资储备。⑤家庭应急物资储备,家庭是民族冲突应对的第一单元,从民族冲突发生到应急队伍到达这段时间,需要使用家庭应急物资。从储备模式上来看,民族冲突应急物资的储备可以采用三种模式:①实物储备,储备应急所需的工具、药品、防护装备等物品;②合同储备,为了降低成本、提高资源使用效率,政府可以和企业、社会团体等签订合同,在紧急情况下保证应急物资的使用;③生产能力储备,对于无法长期保存、使用量大的应急物资可以与企业签订生产能力合同,保证在民族冲突发生后应急生产或研制特定物资。从民族冲突应急物资储备的经费来源看,地方政府应设立专门的应急物资储备金,各级政府要加强对应急物资储备资金的保障。对企业承储的应急物资要实行合理的动态补贴核算制度。还应动员社会力量建立灾害救助基金会等,并筹集资金解决应急物资在购买、

---

① 舒其林:《"情景—应对"模式下非常规突发事件应急资源配置调度研究》,中国科学技术大学博士学位论文,2012。

储备、补贴等方面的不足。① 此外，还要充分考虑不同民族的生活需要，如临时食宿的储备要充分考虑穆斯林的需求，加强清真食品的储备。应急物资关系到民族冲突的有效应对和民众的生命安全，必须做好民族冲突应急物资的购置、入库、保管和维护等，严防应急物资的贪污挪用。

4. 应急基础设施

应急基础设施建设是指在日常的市政和基础设施建设中充分考虑突发事件发生时的紧急状态，为突发事件的发生、发展、应急等提供监测、避险、逃跑等各种基础设施准备。随着城市化的发展，基础设施的涵盖面不断扩展，根据前文（民族冲突空间特征和民族关系评估）的描述，对于民族冲突应急处置而言，尤其要考虑以下几点。①监测基础设施。为了有效监测民族关系的异常，在民族地区的城市或农村的某些关键结点可以安装三维摄像头，这些摄像头在平时可以对一些警兆性信息进行探测和发现，在民族冲突的过程中为应急管理赢得宝贵时间。如芝加哥市区，共装有3000～5000个三维摄像头，几乎覆盖了该市的大街小巷、各主要公共场所，这就确保了在该市任何一个角落发生紧急情况时都可被中心所及时掌控。② ②市政基础设施。根据民族冲突爆发的特性，民族冲突的动员多在开阔的地带（广场、花园）进行，民族冲突（在城市）的破坏半径主要是街道两旁的基础设施和商业网点，民族冲突厮杀最激烈的场所往往在巷道、街角等应急力量无法到达的区域，民族冲突中的人群聚集多会造成道路、桥梁的阻塞（进而造成应急力量无法顺利到达指定区域），民族冲突往往会对重点区域（水、电、暖、气的设施和化学、生物等单位）和核心部门（政府机构、涉外机构、传媒机构）造成攻击。因此，在民族关系比较紧张的地区，在市政建设时，要加强对开阔地带（包括街道与街道两旁商业网点）的隔离（通过防护栏）、增加巷道（街角）的宽度（或减少其数量）、开辟（从市中心到外围）多条道路、加固重点区域和核心部门等。③应急避难场所。"应急避难场所是指利用城市公园、绿地、广场、学校操场等场地，经过科学的规划、建设与规范化管理，为社区居民提供

---

① 张红：《我国应急物资储备制度的完善》，《应急管理》2009年第3期。
② 潘捷军：《美国公共危机应急机制及对我们的启示》，《公安学刊——浙江公安高等专科学校学报》2005年第3期。

安全避难、基本生活保障及救援、指挥的场所。"① 应急避难场所一般分为临时性避难场所、固定性避难场所和中心避难场所。避难场所一般在发生地震、洪水、台风等自然灾害时为受灾民众提供一种临时性救助，但在民族冲突发生的过程中和发生后，避难场所可以为混乱状态下的普通民众提供避灾路线、医疗救助、安全防卫、生活保障等服务，避免普通民众卷入民族冲突以造成不必要的损失。民族冲突应急避难场所的选择应该充分考虑安全性原则、隔离性原则和急救性原则，还要考虑其覆盖半径、功能与要素等。在特殊地区，要在已有公园、广场、绿地等紧急避难场所的基础上，建设专门的民族冲突应急避难场所，场所的设计要结合民族冲突的特点和本地地形、人口等的实际，以进行网格化设计，快速隔离冲突人群。在城市改造、基础设施建设等方面也要充分预设民族冲突发生的可能性，预留应急避难场所。

（四）应急宣传培训

应急宣传培训就是要对普通民众进行应急知识的宣传和培训，提高民众的风险意识和在应急状态下自救、互救的能力。提高社会公众应对突发公共事件的综合素质、社会公众的危机意识、面对突发事件的心理承受能力和所掌握的应急救灾知识和自救互救技能，是应对突发公共事件所应具备的重要因素。② 张国庆指出，"当忧患意识成为政府与公民的一种共同意识，当应对危机成为公民一种日常习惯，甚至成为一种生活方式时，国家和社会的危机应对能力和危机承受能力才是现实可靠的"。③ 应急宣传培训主要分为应急宣传、培训、演练等环节。

1. 应急宣传

应急宣传就是对普通民众进行应急知识的宣传，可以借助村务公开栏、视听材料、黑板报、专题讲座、小册子、知识问答等形式，也可以通过将危机知识纳入国民教育的方式进行。如石路认为，"把危机防范意识教育纳

---

① 周晓猛、刘茂、王阳：《紧急避难场所优化布局理论研究》，《安全与环境学报》2006年第S1期。
② 郭其云、董希琳等：《我国突发公共事件应急管理机制研究》，《武警学院学报》2011年第4期。
③ 张国庆：《公共行政学》，北京大学出版社，2006，第518页。

入国民教育体系，积极开展以预防、避险、自救、互救、减灾等为主要内容的面向全社会的宣传教育工作，不断增强公众的危机意识和自救、互救能力，提高公众的自我安全风险防范意识，减少社会恐慌，最大限度地降低突发公共事件造成的危害结果"。① 金淼、郭玺认为，"应该把危机管理知识和技能的教育纳入国民教育体系，在各级学校开设相关课程，配备专职的教师和研究人员，把应对危机事件的基本知识和技能的教育作为素质教育的一个组成部分"。② 在民族冲突应急宣传中，要进行民族团结宣传，要重点宣传民族冲突的危害、自救知识、逃险技能等，还要对特殊群体进行应急知识宣传，如学校应该对学生开展应急知识宣传教育、企业应该对员工进行应急知识宣传。媒体和企业应该开辟应急宣传公益栏目，宣传民族冲突中的自我防卫知识、国家突发事件应对的法律法规、公民的政治权利与义务等。

2. 应急培训

应急培训是定期对特殊地区或特殊群体进行应急知识的培训，使人们掌握应急状态下各种求生技能的过程。民族冲突应急培训是对民族关系紧张地区的民众进行的应急知识的培训，目的在于提升不同民族成员在民族冲突状态下的求生技能，民族冲突应急培训可以行政村、社区或街道为单位，开展定期与非定期的培训与学习活动。民族冲突应急培训可以涉及以下内容。①求生的意识和技能的培训。民族冲突中往往出现恶意的人身伤害，因此，要增强不同民族成员的求生自信，培养其强大的求生欲望和求生的意识，并教授其掌握各种求生技巧和基本常识，例如，逃跑、躲避、隐藏、保护等。②求救的意识与方法的培训。培养不同民族成员在民族冲突、紧急状态下寻求救援的意识和方法，增强其寻求救援的信心，培训其通过社会组织（清真寺、社团）、强力部门（安全部门、政府机构）、手机短信等途径获取救援的基本方法③。③自救意识与技能的培训。民族冲突中

---

① 石路：《民族地区突发公共事件的应急预警机制探析》，《新疆大学学报》（哲学·人文社会科学版）2006 年第 4 期。
② 金淼、郭玺：《建立和完善民族地区突发事件应急管理机制的探讨》，《中共济南市委党校学报》2011 年第 1 期。
③ 这里需要注意的是，某些寻求救援的方法可能会暴露目标的原因，如强力部门有可能成为攻击的目标，手机短信有可能会泄露集体身份等。

往往会出现抢劫财物、劫持人质、不同程度人身伤害等状况,要培训公民掌握自救的技能,懂得利用各种资源进行自救。

3. 应急演练

应急演练是按照应急预案的流程,模拟民族冲突发生的真实场景以进行仿真演练,有计划地开展专业救助演习,对演习过程中出现的问题进行总结和反馈。通过演习可以增强民众对民族冲突真实情景的感性认识,训练他们在民族冲突中的心理状态。通过演练可以对应急预案进行评估:预案的执行情况、完备程度、是否要增加新的内容。对演练本身进行评估:人员的应急能力、各部门的配合情况、不同环节的衔接情况、人员撤离情况、能否有效控制事态进一步扩大。通过定期合成演练、定时定点抽测等方式,检验各级政府和各有关部门的联动能力,以增强协同意识,强化指挥权威,提高整体水平。①

(五) 进行危机预控

在民族关系紧张和群体疏离日益严重的情况下,必须采取措施进行危机预控。朱瑞博认为,"预控是指在发生危机预兆和危机信号,并进行确认后,或者在危机已经开始来临,但还没有造成巨大损失时,迅速采取措施,对可能发生的危机事件进行预先的控制和防范。预控和预防的目的是尽可能用较小的代价迅速化解危机,避免危机扩大和升级,避免危机造成大规模的人员伤亡和财产损失"。②对民族冲突的预控是指在(民族冲突发生前)发现和确认民族冲突爆发的警兆后,迅速采取措施,对警兆性信号进行及时、有效的控制,防止民族关系进一步恶化、升级为大规模的民族冲突。民族冲突危机预控的目的有三个方面:第一,确认民族关系异常的苗头,采取措施将这些警兆性信号(煽动性言论、零星纠纷等)消灭在萌芽状态;第二,将民族关系异常的警兆性信号向"应急联动中心"和有关部门及时汇报,为其采取相关措施提供建议;第三,即使不能把警兆性信号消灭在萌芽状态,也可以采取措施避免事件的扩大和升级,缓解民族关系的紧张

---

① 潘捷军:《美国公共危机应急机制及对我们的启示》,《公安学刊——浙江公安高等专科学校学报》2005 年第 3 期。
② 朱瑞博:《突发事件处置与危机领导力提升研究》,中国法制出版社,2013,第 58 页。

形势。瓦利里·季什科夫指出，在出现零星冲突后，至少可以采取两种主要对策：一个是动员当地各社群和舆论采取反对破坏和平的行动，包括在基层建立一些委员会和监视团体，以监视潜在的危险地区的局势；另一种方法是让公安机关和立法机构做一些有力而具体的工作，阻止暴力行为爆发。在出现紧张关系和冲突的条件下，大众传媒应当采取冷静立场，协助识别并谴责暴力行为的原因和挑动者。大众传媒有责任说明由于不宽容和冲突带来的悲惨后果。对于在冲突地区和社会关系紧张地区工作的新闻记者，要有明确的行为规范，还要有措施支持和鼓励记者们理解和报道和平缔结活动的复杂性。①

在民族冲突前，还有必要对民族关系紧张的地区进行"情景分析"，情景分析是一种多因素分析方法，结合设定的各种情景发生的概率，研究多种因素同时作用时可能产生的影响，并通过严密的推理与详细的分析来构建可行的应对方案。"情景设置时需要参考的基本要素包括：意外事故的起缘及严重程度；可能的关联事件与环节事件；受影响人群的规模及由此产生的救护措施类别；整个事件的时间进展安排；影响到救护人员响应能力的其他供参考因素。"②

二 民族冲突爆发中

对于应急管理而言，预警应该成为民族冲突应急管理开始的标志，于安认为，"预警是平常状态和应急状态的过渡性措施，它是基于应对经验或事件渐进性采取的应急措施……一旦预警所宣告的应急情形出现，政府就可以开始进入应急状态。所以在这种意义上，预警宣告和应急情形出现可以成为开始应急管理的共同条件。对于即使发生不能进行预警宣告的事件，则应当以政府对突发事件的发生为宣告，作为日常管理进入应急管理的转换宣布"。③ 加拿大的危机宣告制度（declaration of emergency）也将预警作为进入危机状态的前提条件。根据《加拿大危机法》第14条的规定，在总

---

① 〔俄〕瓦利里·季什科夫：《苏联及其解体后的族性、民族主义及冲突——炽热的头脑》，姜德顺译，中央民族大学出版社，2009，第537～538页。
② 黄毅宇、李响：《基于情景分析的突发事件应急预案编制方法初探》，《安全与环境工程》，2011年第3期。
③ 于安：《制定〈突发事件应对法〉的理论框架》，《法学杂志》2006年第4期。

理决定危机宣告前,应该咨询受危机直接影响的各省副省长的意见。① 根据前文民族冲突预警的步骤,只要经过专家分析,认为事件达到了严重程度,并发布相应的预警信号后,就标志着民族冲突已经发生,需要进入民族冲突应急阶段。

民族冲突发生后,要做好面对最糟糕情况的打算,各级政府、企事业单位要沉着应对,控制民族冲突的蔓延和扩散,最大限度地减少民族冲突造成的损害,防止民族冲突的扩大以及次生、衍生灾害的发生。民族冲突爆发后,应该采取下面几个步骤进行应对。

(一) 信息报告

信息是民族冲突爆发过程中最宝贵的资源,信息传递的及时与否会成为影响民族冲突应急处置的重要因素。在民族冲突爆发后,要第一时间进行信息搜集和汇报。

1. 信息汇集

通过前文提到的信息监测点、监测员发布的预警级别可以获取民族冲突开始的信息。民族冲突的信息来源还可以包括以下几个方面。①普通民众的直接报警,如在吉尔吉斯斯坦南部民族冲突中,23点40分,匿名电话打入国家安全局奥什市分局和奥什州分局时说有200多名乌兹别克族人"正在酝酿武装侵略"。②全球卫星定位系统(GPS)、北斗卫星导航系统(BDS)、卫星遥感系统(RS)、地理信息系统(GIS)等技术实时监控到的人群聚集等。③政府情报部门、国家安全部门通过各种途径提前获知的民族冲突信息。

获取信息的"信息汇集中心"也可以分为三种:①应急联动中心,前文提到的"应急联动中心"是信息汇集的最佳平台,信息监测点、普通民众的信息都可以直接汇集到"应急联动中心";②服务平台,在没有建立"应急联动中心"的地区,民族冲突预警信息最有可能首先汇集到服务平台,然后被进行分类;③应急指挥部门,民族冲突预警信息还可能被直接汇集到民族冲突应急指挥中心(应急办等),由相应级别的应急指挥中心进行汇

---

① 马怀德:《法治背景下的社会预警机制和应急管理体系研究》,法律出版社,2010,第281~282页。

集。信息汇集中心一方面可以将不同的信息进行汇总和整理；另一方面可以将信息统一传递给应急部门，使应急指挥机构快速、完整地获取各方面的信息，制定出有针对性的对策，大大提升应急处置的快速反应能力。

2. 信息识别

在收到民族冲突爆发的信息后，"信息联动中心"（服务平台、应急指挥部门）需要对汇集来的信息进行紧急识别，因为各个途径获取的信息总是部分的、不完全的、支离破碎的，有时候还存在失真的现象。信息联动中心信息识别的内容主要包括：①通过汇集来的信息对民族冲突的级别进行最后确定；②确定民族冲突的事发地点、参与人数、现场状况等；③根据汇集来的信息初步判断需要采取的对策。

3. 信息报告

信息报告是信息联动中心迅速将识别的信息汇报给同级、上级领导决策部门（第一负责人）的过程。信息报告过程中的信息传递应该是一个双向流动、动态交流的过程，这个过程的有效进行有赖于建立强大的实时信息沟通网络和严格的信息汇报制度，"信息联动中心"只有在得到准确、及时的信息后才能做出正确的形势预判和决策指令。马怀德认为，"重大突发事件的主要通报对象是上级人民政府、相邻区域政府、当地驻军以及可能存在影响的其他地区人民政府等。实践中，突发事件预警警报发布后，哪些区域可能会受到影响，是否有必要对这些区域进行通报，这些通报措施的决定权在于处理复杂突发事件的有关部门"。①

为了避免信息传递过程中迟报、瞒报、漏报、谎报的现象，应该做到以下几点：①信息收集的全面性和多元性，保证民族冲突信息的原始性；②传递过程中的及时性和保密性，要保证"信息联动中心"的决策指令及时准确地传递给相关执行部门，避免多个部门的权力重叠，注意信息传递的保密性，避免引起谣言和混乱；③还要建立相邻城镇之间的信息共享数据库，通过信息平台，临近城镇可以了解到事发城镇民族冲突和应急管理的最新动态，根据这些信息决定支援的时机（见图6-1）。

---

① 马怀德：《法治背景下的社会预警机制和应急管理体系研究》，法律出版社，2010，第286页。

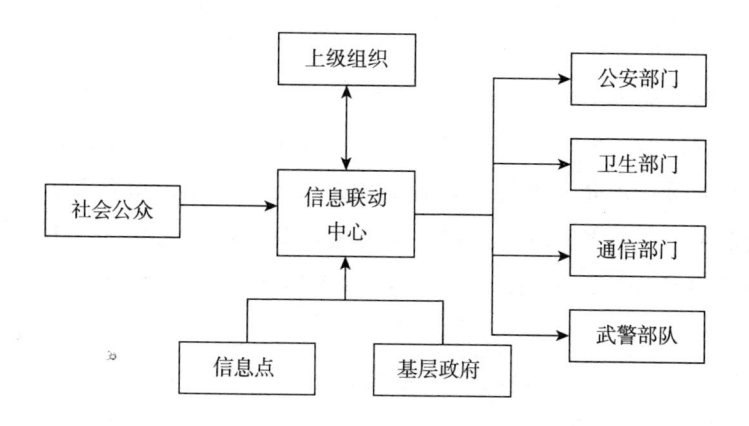

图 6-1　民族冲突发生中的信息报告

资料来源：笔者自制。

4. 先期处置

先期处置发生在民族冲突预警发出后，事态未升级、扩大之前，为阻止、限制事态的发生、发展所采取的措施。"信息联动中心"在收到预警信息后，可以进行先期的决策和指挥，以进行先期处置，如第一时间向事发地点派遣武装警察、消防力量控制现场秩序，对现场进行交通管制、持续监控事态等。在事前处理中，若由一般民事纠纷引起的，则要遵循常规的解决民事纠纷的方法；若涉及民族分裂活动或宗教极端势力的活动，则应当坚决给予打击。事发地基层组织（村、街道）应根据民族纠纷的起因、规模和事态发展，迅速提出相应的处置方案，妥善处理矛盾纠纷以避免事态扩大。

（二）危机响应

1. 成立临时指挥部

应急指挥机构负责人应该根据事态的严重程度，立即前往民族冲突事发地，以"应急联动中心"为依托迅速成立由当地主要部门负责人组成的临时指挥部（临时指挥部可以下设一些工作组，如事件调查组、劝说疏导组、政策法规宣传组、网络舆情跟踪组、防爆疏散组等），所有参与民族冲突防控的部门都要委派一名指挥员（一般为正职领导），听取民族冲突的事件汇报，并召集应急指挥成员召开对策会议，同时公安、武警、消防、医疗等部门应立即开始行动。由于时间非常紧急，领导者必须对民族冲突进行快速判断、快速反应、快速决策、快速行动，领导小组到达现场后要核实事态，确定是否与所获信息相符，如果情况未有变动则按照计划进行应急处置，如果事态进一步蔓延，则要有针对性地调整行动方案。在这个过程中要确保有一名高级领导人在事件处置和管理中心驻扎。由于民族冲突的特殊性和对抗性，不鼓励社会组织和志愿者参与民族冲突的应急处置工作。

在听取汇报时，报告的内容应该力求准确、详尽、全面、客观。"不能对突发事件的重要细节隐而不报，而且必须站在客观的立场进行报告，因为多数时候汇报人在汇报时会有意无意地为自己或是为社会组织开脱责任，隐瞒一些可能涉及自己或社会组织责任的事实或情节。"① 当地应急部门应立即向临时指挥部提供以下信息。①城市（或农村）危险源数据库，包括重大化学品仓库，城市燃气、热力、供水、电力输配线等生命线基础设施。②紧急通信录，即能够立即联系的有关部门的电话号码、联系人名单以及有关信息等，如公安、消防、警察、部队、政府、职能部门的联系电话。③城市（或农村）的市政地图，包括城市（或农村）的交通路线图、建筑物分布图等。

对策会议的内容一般涉及：民族冲突的情况及等级通报，应急指挥部的设立及人员组成，可能出现的意外情况，需要动用的资源、防控思路、防控的重点难点等；民族冲突发生后，除了直接对抗的民族外，哪些民族和群体会被卷入或受到波及？周边国家会有什么样的反应？国际舆论会有什么样的报道？民族冲突的决策指令要保证可操作性和安全性。目前，美国的应急决策指挥中心是总统直接领导的国家安全委员会，"当涉及国家安全的事件发生后，该委员会根据事态的形式以及后果的严重程度召开级别不同的安全委员会议，及时应对危机并且制定相应的危机应对政策"。② 对策会议后，要根据现有的资料和情报、拥有或可支配的资源、民族冲突应急预案等来制订民族冲突处置计划，其中包括处置程序、人员及分工、后勤保障和行动时间表、应急资源的调动和支配等。

---

① 秦启文：《突发事件的预防与应对》，新华出版社，2008，第155页。
② 马怀德：《法治背景下的社会预警机制和应急管理体系研究》，法律出版社，2010，第93页。

临时指挥部可以在"应急联动中心"内充分利用现场图像传输设备、文字传真设备、现场实况摄像和录像设备、卫星通信设备等对民族冲突进行应急指挥，能够在三维电子地图中生成民族冲突的发生地、扩散方向、交通路线图、周围建筑、民族构成、重点厂矿企业。"应急联动中心"还可以在数字模拟图上根据事件演化"配备"车辆、警力、应急部队，划定警戒区、隔离区、安全区等。蒋珩认为，"用现代技术支撑的交通运输管理网络系统在接到重大警情以后，可以利用电子地图系统快速确定位置，得到周围道路、交通情况等信息，根据警力的分布情况计算出车辆的最佳行进路线，供指挥人员进行参考。与此同时还可以通过警力信息数据库系统检索出该位置的详细资料，以便根据实际情况确定相应的措施"。①

临时指挥部形成之后，要对（可以通过临时指挥部下设的"新闻报道组"）媒体进行适度的引导，在这一阶段如果未能及时有效地对信息进行"控制"，就极有可能促成谣言的传播或报道的失真，造成民族冲突应急处置的被动。对媒体进行引导需要注意以下几点。①在媒体未公布之前，要根据事件的严重程度、发展态势和政府的控制能力，决定是否主动公布信息或迅速切断尽可能多的媒体传播途径，为民族冲突的应急处置赢得时间。②媒体对事件已经报道，要通过官方媒体或召开新闻发布会的方式澄清事件的真相，引导媒体对事件进行客观报道，对恶意传播民族冲突虚假信息的媒体进行舆论反击，"如果情况异常紧张，政府也不能冒着现场失控的风险而贸然对媒体无所保留地公开信息。可以采取对媒体透露有限信息的策略。政府必须明确其所发布的任何信息都将会被众多媒体转载，因此在事态没有得到控制的情况下只将有限的信息透露，一方面可以防止媒体自己挖掘信息而造成流言不胫而走的后果，另一方面可以利用媒体暂时的耐心，为自己赢得尽量多的时间"。② ③针对手机网络上的谣言，要通过各种途径中止谣言的传播，让冲突双方和外界了解民族冲突的真相。总之，对媒体进行引导的原则是让媒体了解事件的真相，监督其对事件进行客观公正的报道和评价。

---

① 蒋珩：《区域突发公共事件应急联动体系研究》，武汉理工大学博士学位论文，2006，第62页。
② 秦启文：《突发事件的预防与应对》，新华出版社，2008，第212页。

2. 启动应急预案

民族冲突爆发后，事发地政府在信息汇报和先期处置的同时，要立即启动应急预案，对于应急预案没有预想到的情况要及时采取对策。

启动应急预案的同时还要加强对民族冲突信息的收集和研判。民族冲突发生后信息收集的基本原则包括以下内容。①准确性原则，收集到的信息必须真实可靠。②全面性原则，收集到的信息要包括民族冲突的参与人数、事件规模、事态下一步发展的可能性等。③时效性原则，必须及时、快速地收集信息，分时段及时跟踪信息。由于民族冲突的突发性和高度对抗性，信息监测点和普通民众已经很难全面准确地掌握事态的最新信息，因此，要采取隐蔽调查法。隐蔽调查法是获取突发事件的重要材料和真实情况的重要途径：①派素质比较好的工作人员，以"积极参与者"的身份深入民族冲突中，从而获取真实的情况和材料；②民族冲突发生后，根据掌握的情况，选择那些能够争取过来的人为对象，对他们进行各种形式的教育，使其转变态度和立场。[①] 除此之外，参与应急处置和应急救援的应急队伍获取的信息也可以作为信息来源的重要途径。

信息获取的主要内容应该包括：民族冲突爆发的时间、地点，事态目前状况，是否还在蔓延，都采取了哪些措施，控制措施的实施情况，伤亡的情况，事件牵涉的范围，直接的受害者、间接的受害者、双方的即时情绪，冲突双方下一步的计划，冲突双方的支援情况等。

3. 宣布紧急状态

在事态非常严重或有可能进一步蔓延的情况下，应急指挥机构应该立即宣布紧急状态，实行戒严或宵禁。广义的紧急状态是指具有一定危险程度的非正常的社会状态，包括战争、叛乱、政治骚乱、经济危机、严重自然灾害、重大事故灾害、严重传染病流行以及重大刑事犯罪等所有社会正常生活受到威胁或法律实施受到严重阻碍的状况；狭义的紧急状态通常指通过国家行政权即可加以控制的危险事态，在某些国家专指某些特定的情形。[②] 瓦利里·季什科夫指出，"当群众暴动发生时，需要立即做出反应——当局要发表强有力的公开声明，公安部门和其他国家力量要得到授权可以采取强有力的措

[①] 秦启文：《突发事件的预防与应对》，新华出版社，2008，第148页。
[②] 江必新：《紧急状态与行政法治》，《法学研究》2004年第2期。

施加以控制，这种控制可以是下达戒严令和实施紧急状态"。① 根据情况发展可以实行定时、定地的宵禁。

4. 调集应急资源

应急状态启动之后，应该根据事态的严重情况和进一步发展态势，迅速调动相应的应急资源。应立即通知相应的应急队伍展开行动，并迅速调集相应的应急物资等。在应急队伍的选择上应该注意以下内容。

第一，通常情况下，为了节省时间，可以直接调拨冲突当地或周边的应急队伍（军队、特警、武警、公安等），以直接进行应急处置。

第二，最好可以调集非本地、非冲突双方民族的应急队伍，因为当地警方可能有偏向和感情色彩，如吉尔吉斯斯坦南部民族冲突中由于应急队伍多是吉尔吉斯族人，在民族冲突应急处置中，就会出现偏袒吉尔吉斯族而故意伤害乌兹别克族的情况。

第三，充分考虑民族冲突发生地的特殊性，如当高海拔民族地区遇有突发公共事件时，真正能很快适应当地气候并进行救援的，应该是当地应急民众，这是由高海拔民族地区公共事件特殊性所决定的，因为很多人一到高原就产生高原反应，必须服用抗高原反应的药物。②

5. 引导媒体报道

民族冲突期间，国家应该对媒体的报道进行适当的引导和管理，在保证外界知情权的情况下，防止媒体的非理性行为造成不必要的社会恐慌和谣言滋生。谣言滋生的前提是特定事件的不确定性没有得到官方的确定。其未知性往往包含两层含义。一是权威部门未公开事件的确实真相，二是权威部门虽然公开真相，但未能取得大众的理解和信任。③ 民族冲突发生后，人们会千方百计地到处寻找与民族冲突有关的任何消息，包括各种传闻和小道消息，如果任由这些传闻和小道消息肆意传播，很有可能会引发新一轮民族冲突，这个时候就需要得到真实、对称的消息。此时，要正确引导媒体对民族冲突进行报道宣传，对国外媒体的歪曲报道进行

---

① 〔俄〕瓦利里·季什科夫：《苏联及其解体后的族性、民族主义及冲突——炽热的头脑》，姜德顺译，中央民族大学出版社，2009，第539页。
② 张晓燕：《关于高海拔民族地区突发公共事件应急管理的思考》，《青海社会科学》2012年第3期。
③ 秦启文：《突发事件的预防与应对》，新华出版社，2008，第217页。

反击。要有足够的训练有素的人员来应对媒介及其他外部公众打来的电话。

美国心理学家奥尔伯特（Allport）和波斯特曼（Postman）认为"流言传播广度随其对相关人员的重要性乘以该主题证据的含糊性的变化而变化"，用数学语言来表示是：流言的传播广度（R-Rumor）= 信息的重要性（i-important）×信息的模糊度（a-ambiguity）：

$$R = i \times a \qquad (6-1)$$

从式（6-1）中可以看出，无论信息的重要性有多高，只要信息的模糊度足够低（或者为零），流言的传播广度都会很低。这就要求在民族冲突的信息发布上要及时、全面、精确、客观。要准确核对民族冲突的受伤、死亡情况，而在伤亡人员的详细情况还未得到证实和其家属还未被通知的时候，伤亡情况的具体信息一般不应公开。

现场的信息应该由民族冲突"应急联动中心"统一发布，以避免信息的多头来源和不必要的恐慌，新闻媒体在报道的过程中要重点关注伤员的救治和避难场所。政府要适时建立定期的新闻发布会制度，向公众和新闻媒体及时传达危机的信息，这样可以有效避免谣言四起，人心惶惶。[①]

（三）应急处置

应急处置是危机发生时或者危机风险较大时，应急体系对危机要素的主动干预，从而尽快解除风险和危机的过程。[②] 在危机响应之后，要根据民族冲突的规模、发生地域、自然环境等迅速采取强有力的措施，以进行应急处置。

1. 强制性措施

民族冲突发生后，往往会出现大规模的人群聚集和打砸抢烧活动，这时候就必须采取强制性的措施，将聚集人群分开，必要时采取强行驱散、强行带离现场以及使用警棍、催泪弹、高压水枪等驱逐性、非致命性警械进行驱离。发布命令或通告，责令聚集群众解散，对超过限定时间仍滞留现场的人员，可以使用必要的驱逐性或制服性警械强行驱散（尽量避免人

---

① 卢锐、黄强：《公共危机决策的影响因素与化解思路》，《党政干部论坛》2005年第12期。
② 谢迎军、朱朝阳等：《应急预案体系研究》，《中国安全生产科学技术》2010年第3期。

员伤亡),对于强行驱散仍不离去的人员可以强行带离现场。拘留、逮捕以及把闹事头目从冲突现场带走,都是强制措施的重要组成部分。

行政隔离是强制性措施的一种,行政隔离指一定期间内依法对公民的人身自由予以限制,使其无法与外界接触。在突发事件应对过程中,行政隔离对于有效阻止突发事件危害传播扩散、迅速稳定社会秩序、保护人民生命健康和财产安全具有重要作用。行政隔离又可大致分为两种。①阶段性隔离,即根据控制和处置突发事件的需要,将特定对象隔离相对较长的一段时间,直至确定其不会对公共安全造成危险,这种情况下要标明隔离的区域,隔离开始的时间和日期。②即时隔离,即对隔离对象采取临时性的隔离措施,以避免危险发生或者危险扩大。① 方立新、邵亚萍指出,行政隔离主要具有以下三个特点。①隔离手段的强制性。它是特定的机构根据法律授权强行限制某些特定对象的行动,以消除对于公众身体健康和生命安全的潜在威胁,维护正常社会秩序。②使用领域的特定性。如针对特定的传染病等。③适用方式的复合性。行政隔离在多数情况下必须与其他措施相互配合才能实现最终的行政目的。② 民族冲突爆发后,要迅速划定伤害半径,不允许在伤害半径内有人员聚集活动,依法设置隔离控制区,并设立隔离标识。要迅速进行交通管制,及时有效地切断外援,对受损道路要迅速进行抢修,交通受阻的道路要迅速疏浚或者开辟第二条道路。

除了行政隔离外,还要强制没收用于械斗的各种工具和武器。对民族冲突区域内出现的危险物品(土制炸弹、自制枪支)进行强制封存和销毁,对非法携带的管制刀具、武器、易燃易爆物品及用于非法宣传和煽动的口号、工具、传单、标语等予以收缴。在骚乱期间,施暴者所用的工具往往是匕首、棍棒、石头、纵火材料和猎枪。在冲突地区,相关当局应当没收所有平民的猎枪,比起表面上看是为了人身保护而让人们保留及获取新武

---

① 马怀德:《法治背景下的社会预警机制和应急管理体系研究》,法律出版社,2010,第309~310页。
② 方立新、邵亚萍:《行政强制隔离制度》,《浙江大学学报》(人文社会科学版)2006年第4期。

器来说，这是一种更好的保护性及预防性措施。① 在国内，政府有关部门应对小武器严加管制，尤其是对散落在民族关系紧张地区的小武器。国际上，应通过有关国际公约使国际小武器交易透明化，以杜绝小武器的黑市或"灰市"交易。在条件允许情况下，应采取集体行动，对国际小武器交易加以限制。② 法国 1955 年 4 月 3 日《紧急状态法》规定，有关行政机关在紧急状态下可以采取"下令交回武器及其弹药"等紧急措施。③《俄罗斯联邦紧急状态法律制度法》第 4 条规定，国家权力机关和管理机关在实行紧急状态的情况下视具体情况可以采取"临时没收公民的火器、冷兵器和弹药""没收企业、机关和组织的训练用军事技术装备、炸药、放射性物质和材料、烈性化学物品和毒品"等措施。④

在采取强制性措施的时候，要坚持慎用警力、慎用武器警械、慎用强制措施的原则。既要防止因使用警力和强制措施不当而激化矛盾，又要防止因警力和强制措施当用不用而导致事态进一步扩大。⑤ 通过手持式大功率喇叭喊话、播放电视内容、悬挂条幅、张贴标语与政府公告及时"宣传有关聚众闹事等法律规定，遏制精英的组织动员冲动"。⑥

2. 限制性措施

所谓限制性措施，"是政府限制公民法律权利的行政应急措施……在应急期间公共安全利益上升到第一位，行政机关享有极大的应急处理权，所以公民权利必然受到克减"⑦。民族冲突中对公民权利的限制主要包括以下内容。

第一，对人身自由的限制。对在民族冲突发生区域内的公民进行人身自由限制，严格限制民族冲突发生区域内的人员流动并设卡检查，规定公

---

① 〔俄〕瓦利里·季什科夫：《苏联及其解体后的族性、民族主义及冲突——炽热的头脑》，姜德顺译，中央民族大学出版社，2009，第 541~542 页。
② 曾强：《民族冲突研究的独特视角——〈武器与民族冲突〉介评》，《现代国际关系》2004 年第 4 期。
③ 马怀德：《法治背景下的社会预警机制和应急管理体系研究》，法律出版社，2010，第 299~300 页。
④ 马怀德：《法治背景下的社会预警机制和应急管理体系研究》，法律出版社，2010，第 299 页。
⑤ 张俊贵：《社会群体性事件的预防与处置》，《领导科学》2010 年 10 月中。
⑥ 杨鹍飞：《民族群体性事件的类型演化与冲突干预研究》，《广西民族研究》2012 年第 3 期。
⑦ 于安：《制定〈突发事件应对法〉的理论框架》，《法学杂志》2006 年第 4 期。

民"可以"或"禁止"进入哪些地区，情况必要时，"可以不论昼夜随时进入或搜查公民的住宅；禁止公民离开其住宅，或禁止他人进入某住宅；对抗拒紧急措施的人员，依法予以即时强制或依法处罚等"。《俄罗斯联邦紧急状态法律制度法》第 4 条规定，国家权力机关和管理机关在实行紧急状态的情况下视具体情况可以采取"实行特殊的公民出入制度""禁止某些公民在规定的期限内离开某个地方、自己的住宅"等措施。① 在民族冲突中，要对退伍军人和离开正规安全及军事机构的人采取特殊的登记制度和报到制度。

第二，对政治权力的限制。对民族冲突发生区域内公民的言论、出版、集会、结社、游行、示威等政治权利进行限制，这些权利在和平时期是公民维护自身利益的有力武器，但在紧急状态下会成为民族冲突蔓延和扩散的主要形式，其中任何一项权利的滥用都会加重民族冲突的严重程度，因此，在民族冲突爆发过程中，要强行驱散非法集会、游行、示威的人群，强行解散任何有碍民族冲突应急处置的组织团体和政党，强行收缴煽动民族情绪的标语、手册、出版物等。《俄罗斯联邦紧急状态法律制度法》第 4 条规定，国家权力机关和管理机关在实行紧急状态的情况下视具体情况可以采取"中止妨碍形势正常化的各政党、社会团体、群众运动、公民的业余团体的活动""禁止举行游行示威""禁止举行罢工"等紧急措施。②

第三，对经济权力的限制。依法限制民族冲突发生区域内（银行、企业、证券交易场所）不同经济体的经济行为，限制经济体法人的经济管理权，限制公民的劳动权、就业权和休假权（如取消双休日、节假日和探亲假），因应急物资短缺对公民的合法财产（粮食、物品、房屋等）进行临时征用。如因形势必要（清障）时，可以依法破坏、烧毁公民所拥有的动产、不动产等；可以依法检查公民所拥有的住宅、建筑物、船舶、车辆等。

第四，对通信自由的限制。通信自由是指公民、法人有权运用各种通信手段与外界进行正当交往而其他任何公民和组织不得非法干涉，不得非法扣押、隐匿、截取或毁弃他人的信件，不得妨害和限制公民、法人使用

---

① 马怀德：《法治背景下的社会预警机制和应急管理体系研究》，法律出版社，2010，第 299 页。

② 马怀德：《法治背景下的社会预警机制和应急管理体系研究》，法律出版社，2010，第 299 页。

这些通信手段的权利。在民族冲突的危急情况下,手机、互联网等通信工具和媒体是民族冲突双方动员、串联的主要手段,在此情况下,要及时切断不同群体的联络,防止民族冲突双方亲戚、朋友的卷入,也防止民族冲突在次生地的发生。必要时可以依法拆阅、扣押或没收来往于紧急状态地区的信件、电报等;可以依法监听有关人员的电话,拦截电子邮件等。《俄罗斯联邦紧急状态法律制度法》第4条规定,国家权力机关和管理机关在实行紧急状态的情况下视具体情况可以采取"限制和禁止使用复印机以及无线电和电视广播装置、试听和录像设备,没收扩音技术装备""监督舆论工具"等措施。①

第五,对选举权和被选举权的限制。民族冲突状况下国家权力秩序的稳定显得尤为重要,一些民族极端分子会以选举权和被选举权为借口"选举"非法领导人并向国家权力提出过分要求,加剧民族冲突的混乱局势,在特殊情况下,选举权和被选举权的错误行使(强迫他人选举、公投等)更会造成国家领土、地方政权的丧失。因此,必要时可以依法临时剥夺或限制民族冲突双方(或某些个人)的选举权和被选举权,提高选举权和被选举权行使的法律要件,对选举权和被选举权的特定性和有限性进行重新界定等。②

3. 躲避性措施

躲避性措施就是通过封闭某些活动场所的使用以躲避人群聚集和冲突的措施。在民族冲突的危机情况下,可以通过封闭学校、企业、超市、商场、电影院、KTV、集贸市场等来躲避人群聚集。实行区域性交通管制,公共交通系统、出租车系统可以通过停止运营的方式避免受到攻击。法国1955年4月3日《紧急状态法》规定,有关行政机关在紧急状态下可以采取"禁止人或车辆在命令规定的地点和时间内通行""禁止任何试图以任何方式阻碍政府当局行为的人在省的全部或部分地区逗留""软禁""临时关闭剧场、酒馆及各种性质的集会场所"等措施。③

---

① 马怀德:《法治背景下的社会预警机制和应急管理体系研究》,法律出版社,2010,第299页。
② 赵颖:《突发事件应对法治研究》,中国政法大学博士学位论文,2006,第94~95页。
③ 马怀德:《法治背景下的社会预警机制和应急管理体系研究》,法律出版社,2010,第299~300页。

4. 保护性措施

保护性措施就是通过对某些人群、场所、单位等的保护以免受损失所采取的措施。有权优先得到政府帮助和救助的应当包括实现公共安全利益直接相关的企业及其设施，外国和国际组织在华的公共机构，自救能力低下的老人、儿童和妇女。[①] 在民族冲突发生后，要加强对重点地区、场所、人群、物资设备、重点单位和关键部门的保护。

民族冲突应急保障一览见表 6-3。

表 6-3　民族冲突应急保障一览

应急保障类型	应急保障内容
应急组织保障	建立临时应急指挥部；成立应急执行机构、办事机构；组建专家组
应急队伍保障	充分依靠军队、武警和预备役民兵；建立健全先期处置队伍、后续处置队伍、增援队伍的组织保障方案
交通运输保障	明确铁路、公路、机场的分布位置；明确各类交通运输工具的数量、分布、使用状态等；建立交通通畅（堵塞）动态数据库
医疗卫生保障	提供民族冲突发生后医疗救援设备和器材，及时为受袭击对象提供卫生和医疗救助，为受伤的民众提供医疗救治，医疗急救器械和急救药品、氧气、救护车、担架、急救箱、夹板、消毒液等
应急通信保障	民族冲突发生后的通信设施和通信器材应保障应急状态下的信息通畅，对谣言等进行过滤，提供有限装备和无线装备、对讲机、传真机等
应急物资保障	紧急状态下应急物资的调配、生产和紧急供应；加强对紧急状态下应急物资的监督管理；提供专用应急设备，侦测装备（水源、空气等的检测和分析，防止化学物品泄漏和水源地的污染），封堵设备（路障、破拆设备），保障在民族冲突发生时有足够的武装器材、安全防护设备、防爆装备、救护车辆
社会动员保障	明确民族冲突状态下社会动员的范围、方式和相关程序；明确社会组织（红十字会等）参与民族冲突处置的条件和方式；明确特殊情况下需要动员全国人民的配合、支持和参与，例如献血、集体募捐等
技术储备保障	成立专家组，根据民族冲突事态发展研究应急对策
应急经费保障	启动民族冲突应急资金；追加民族冲突专项应急资金；加强对民族冲突应急资金的监督管理；民族冲突应急处置期间的经费保障
社会治安维护	重点地区（场所）、重点人群、重要物质和设备的安全防护；明确民族冲突情况下维护治安的各项方案：警力集结、行动方式、布控方案、执勤方案
人员安全保障	无差别保护各族人民安全的措施；应急队伍应急处置过程中的安全保障；应急避难场所的分布和安全状况；紧急状态下人员的撤离、转移和安置

---

① 于安：《制定〈突发事件应对法〉的理论框架》，《法学杂志》2006 年第 4 期。

续表

应急保障类型	应急保障内容
应急语言保障	不同民族语言翻译人员，为治安维护、医疗救助、人员安全保障等提供语言服务和文字援助，以防造成不必要的信息时滞和人员伤亡
应急生活保障	保障在民族冲突发生后的1~2天内有充足的生活必需品（食物、淡水、衣物、帐篷）供应
公共设施保障	保障在民族冲突发生后水、电、油、气、煤等的供给，保障废水、废气、固体废弃物等有害物质的处理，对水源、供水设备、供电设备、供气设备、供暖设备采取安全防控措施

资料来源：笔者自制。

5. 救助性措施

所谓救助性措施，就是政府提供公民基本生存条件的行政应急措施。民族冲突应急中，要疏散安置受到民族冲突威胁的人，对因民族冲突造成的伤员及时提供医疗救助，对在民族冲突中房屋受损、失去亲人等无家可归的人提供饮食、住宿、维持生命健康必需的生活环境。日本《灾害救助法》第二章规定的救助种类中也包括提供收容设施，通过饮食以及其他手段向灾民提供视频及饮用水，提供或者出借被服、寝具等生活必需品，紧急抢修受灾的住宅，提供或者出借生计所需的必要的资金、用具或者资料，提供学校的生活用品，埋葬等。① 要通过电视媒体、手机短信等刊登或者播放自救知识。

（四）应急保障

政府行政部门和强力部门在采取强制性和限制性措施后，其他部门也应该做好相应的应急保障工作：①新闻发言人迅速召集有关媒体发布通告，告诉公众事发地的状况、政府正在或即将采取的措施等；②后勤保障部门根据民族冲突的紧急情况补给相应的应急物资；③警察、消防部门根据民族冲突的等级，携带相关的救灾设备、备用发电机等，以确保现场的电力及无线电的通畅；④医疗部门根据民族冲突的级别，迅速指派就近医

---

① 马怀德：《法治背景下的社会预警机制和应急管理体系研究》，法律出版社，2010，第300~301页。

疗单位的救护车前往救援,并把现场伤亡情况及时报告指挥中心和急救中心;⑤专家组根据民族冲突的发生地点、民族构成、人口结构、交通线路等,迅速找到控制民族冲突的关键点,判断和预测民族冲突可能出现的新情况、蔓延的可能性及危害程度,协助政府官员制定民族冲突防控对策,进行民族冲突应急救援的研究;⑥民政部门根据民族冲突等级,动用赈灾储备物资,以妥善安置受灾人员;⑦交通运输保障,特别是当民族冲突发生在边缘民族地区时,既要对当地进行必要的交通管制,又要保障专业的应急人员和物资能够顺利进入事发地区;⑧通信保障,保障在民族冲突发生后的通信网络设施的安全,保障外界能够及时了解民族冲突的最新情况;⑨居委会、村委会等基层群众自治组织要在能力范围内做好相关工作:开展自救和互救、协助维护社会秩序。民族冲突应急处置流程见图6-2。

在民族冲突时期,虽然政府为了对抗紧急状态必须采取各种紧急措施,但是法治行政的原则又要求政府及相关部门在应急处置的过程中必须将其行为限制在法律框架范围内。政府的行为必须受到法律规范,同时,也只有通过法律的规范,才能真正整合全社会的力量。

当民族冲突得到有效控制,不再发生人群聚集和打砸抢烧活动后,就要适时宣布取消必要的应急措施,当突发事件造成的危机减轻或消除,采取日常管理足以控制时,必须立即停止继续使用行政应急措施。在应急需要结束以后继续维持应急措施的效力,属于超越行政职权的严重违法行为,也是对公民、法人和其他组织合法权益的侵权行为。①

三 民族冲突发生后

政府不仅在民族冲突应急处置中发挥着主导作用,在民族冲突后的恢复重建和调查评估中还应该发挥主导和协调的作用。在民族冲突后,可以在恢复重建和心理援助方面吸收社会组织、志愿服务机构参与。在民族冲突发生后,要具体做到以下几方面工作。

---

① 于安:《制定〈突发事件应对法〉的理论框架》,《法学杂志》2006年第4期。

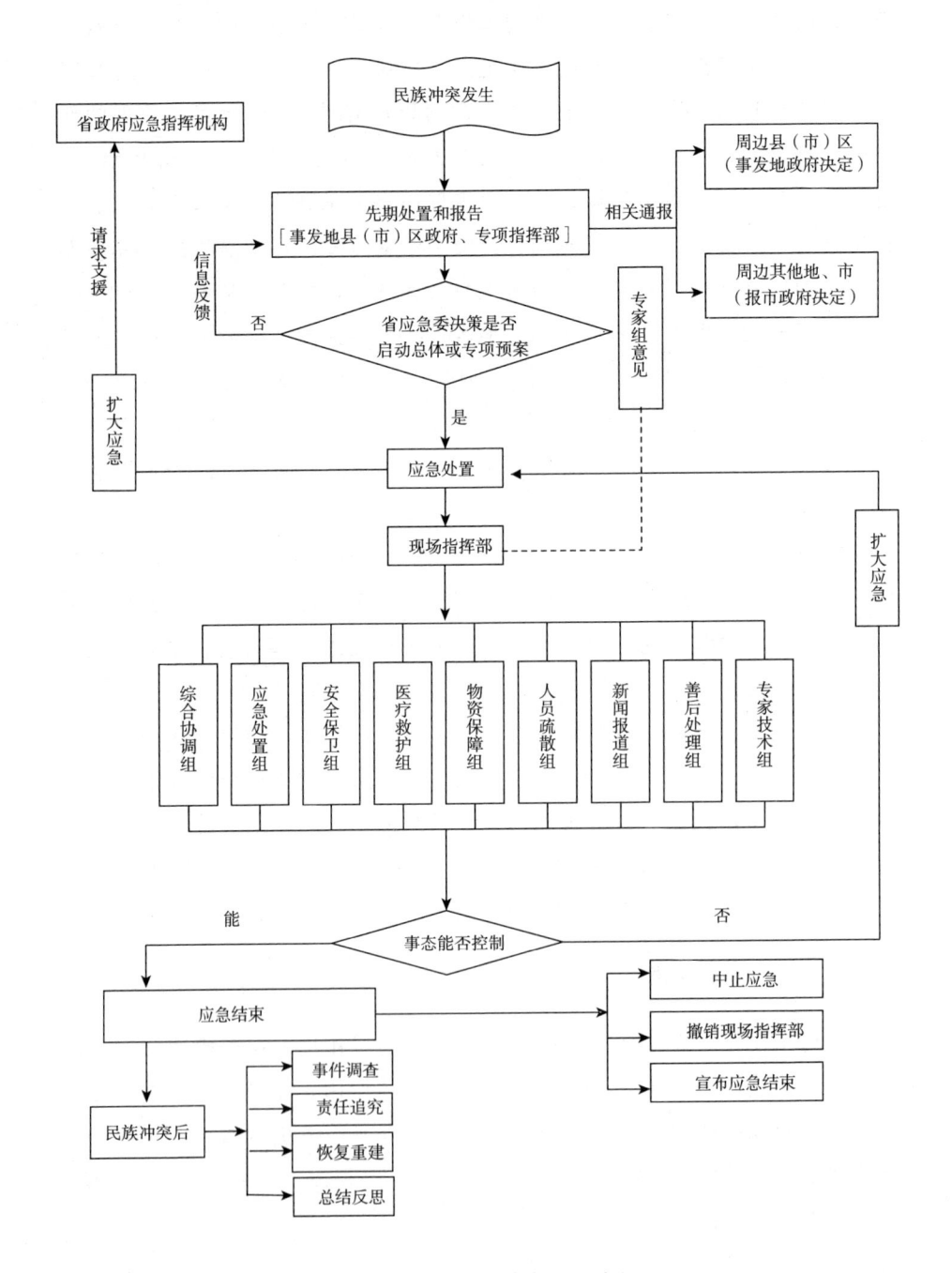

图 6-2 民族冲突应急处置流程

资料来源：笔者自制。

(一) 事件调查

民族冲突结束后,要成立民族冲突调查小组对民族冲突进行深度调查,调查的内容主要包括以下几个方面。

1. 民族冲突爆发的原因

民族冲突爆发的原因是多种多样的,但具体到某一次民族冲突,其爆发的原因又是非常具体的:主要原因、次要原因,主观原因、客观原因,直接原因、间接原因等。要深度调查民族冲突爆发的原因、导火索、谣言等,将民族冲突爆发的原因、导火索、谣言、民族动员等进行备案,以避免此类冲突再次发生。

2. 民族冲突造成的影响

每一次民族冲突都会造成或多或少的人员伤亡、经济损失和社会影响,关于民族冲突造成影响的调查也应该分为这几类:①人员伤亡,要通过户籍档案、入户调查、家属申报、DNA 鉴定等方式调查民族冲突中的人员伤亡情况,对伤亡人员的性别、年龄、民族、籍贯、伤亡类型等进行详细调查;②经济损失,要通过现场勘查、专家评估、个人(企业)申报等方式调查民族冲突中的建筑物、商业网点、基础设施、银行信托等的受损情况,深度调查民族冲突所造成的经济损失;③社会影响,要通过统计数据、问卷调查、个人访谈等方式调查民族冲突对一个地区的投资环境、居住环境、生活环境、从业环境、旅游环境、经济发展和社会稳定等所造成的影响。

3. 民族冲突中的违法行动

民族冲突中往往会发生打砸抢烧、人身伤害、破坏财产等暴力违法行为,在民族冲突后要对这些违法行为进行调查:①刑事案件,执法机构要通过走访、排查、询问、查看监控画面、技术性侦查、个人提起等方式调查民族冲突爆发过程中的打砸抢烧、人身伤害、强奸劫持等刑事案件,对这些刑事案件进行立案调查,在立案调查后,要对涉事的机构或个人进行起诉;②违法活动,对民族冲突中恶意编造传播谣言、不服从应急指挥机构命令、阻碍民族冲突应急工作、违法出售(购买)枪支弹药、故意煽动民族仇恨、进行虚假新闻报道的个人或组织进行调查,调查其违法犯罪活动;③投机行为,对在民族冲突期间哄抬物价、敲诈勒索、囤积居奇、扰乱市场秩序等投机行为的个人或组织进行调查;④犯罪组织,对挑起、参与或在民族冲突中暴露出来的邪教组织、黑社会组织等进行调查,特别要注意对民族冲突期间"三股势力"的调查,调查其参与人数、参与方式、违法犯罪行动等。

事件调查后要适时公布真相,"如果没有一个权威性的和令人信服的调查结果,包括它的原因和肇事者,那么实现两个民族的和解将是不可能的"。① 纳德诺(Lederach)认为,"冲突单方或者通常双方都曾经遭受过苦难——即一方或者双方都有受害者。这些已往的真相必须挖掘出来,让所有人都能看到——受害者、迫害者和第三方"。② 公布真相的原则主要有:①主动公布真相,对民族冲突的发生原因、人员伤亡、发生过程、政府的处置等进行公布;②深层次揭示民族冲突发生的本质,揭露挑起冲突者的动机;③根据民族冲突的性质、本质和目的决定公布真相的多少(对国家发展和社会稳定而言,并非"真相越多越好")。

(二) 责任追究

责任追究就是要追究民族冲突发生过程中相关参与者的责任,主要包括两方面的责任追究:一方面是对事件调查过程中发现的违法犯罪行动、投机行动的个人或组织进行追责,弗格斯·莱恩(Fergus Lyon)认为,"冲突过后,如果暴徒未能得到惩罚,正义无法被彰显,那么新的和平将无法达到,人民的愤怒和不信任都将成为阻碍社会重建和发展的主要力量。而未能彻底解决的不正义就成为新的战争和冲突的源头"③;另一方面是对造成民族冲突发生和在民族冲突应急处置中表现不力的相关负责人的追责。前者的追责需要按照法律程序进行立案和起诉,后者的追责是一种事实上的问责。问责只是手段,并非目的,其目的是要以追究责任的形式来减少突发民族事件,减轻政府面临的危机。④

第一,问责主体,即"谁来问"。民族冲突问责的主体不仅应该包括事发地行政官员的同级问责机构、上级行政部门,企事业单位的问责主

---

① The Pogroms in Kyrgyzstan, Crisis Group Asia Report N°193, August 2010.
② 〔美〕狄恩·普鲁特、〔美〕金盛熙:《社会冲突:升级、僵局及解决》(第三版),王凡妹译,人民邮电出版社,2013,第263页。
③ Fergus Lyon,"Trust, Networks and Norms: the Greation of Social Capital in Agricultural Economies of Ghana," World Development, No. 28, 2000, pp. 663 – 664.
④ 童星、张海波:《中国应急管理:理论、实践、政策》,社会科学文献出版社,2012,第543~544页。

体,还应该包括各类媒体和一般公众,要充分吸收各类媒体和普通公众的参与。

第二,问责客体,即"向谁问"。民族冲突的问责不仅要问责事发地的行政官员、企事业单位的负责人,而且要问责国家的民族政策和民族制度,更要反思国家的经济制度、文化制度、干部任用制度等。

第三,问责方式,即"怎么问"。通常情况下可以在国家行政系统(企事业单位)内部根据相关的规章制度进行问责,还可以采取电视问责、电话问责、来信问责等多种方式。

第四,问责内容,即"问什么"。民族冲突的问责内容不仅要包括事中问责(在民族冲突预警、处置过程中政府、企业、事业单位的各种"失责"和"过当"行为),还要包括事前问责,是什么原因导致了民族冲突的爆发?政策原因是什么?制度原因是什么?文化原因是什么?

第五,问责结果,即"问后怎么办"。问责的结果不仅是某些官员的升降、处分,还应该包括民族政策、民族制度、经济制度等的修订,某些机构或制度的设立或调整,某些民族的利益得到尊重、满足等。要建立严格的责任追惩机制,使政府官员在处理民族冲突中勇于履行职责,减少事故损失。

对在民族冲突应急处理中表现突出的官员和应急队伍进行奖励,因违法行使行政职权造成侵权的官员,应该承担相应的法律责任。"对于政治领导层的变化,应当鼓励由那些未曾过度参与暴行的人,或者对政治谬误及战争罪行不承担直接责任的人来执掌权力。"①

(三)恢复重建

恢复(recovery)是在突发事件的威胁和危害得到控制或者消除、停止执行应急处置措施之后,民众、政府向突发事件之前相对正常、稳定、安全的社会经济秩序回归的过程。② 特德尔(Ruti G. Teitel)认为,"冲突社会的重建,首先要厘清经济、社会、政治和文化的各个方面造成冲突的原

---

① 〔俄〕瓦利里·季什科夫:《苏联及其解体后的族性、民族主义及冲突——炽热的头脑》,姜德顺译,中央民族大学出版社,2009,第543页。
② 马怀德:《法治背景下的社会预警机制和应急管理体系研究》,法律出版社,2010,第332页。

因；其次要孤立那些计划和执行暴行之人，将他们从社会中剔除，从而避免其再度产生有害的影响；再次是有必要将人们的注意力从对暴行的愤怒和仇恨中转移出来，促使其达成和解并参与重建社会组织；最后是建立有利于对话的制度和机构，在这样的环境下受冲突操纵的社会关系方能得以修补"。① 民族冲突造成的破坏和影响是多方面的，民族冲突的恢复重建也应该是多方面的，具体而言，民族冲突后的恢复重建主要应该包括以下几方面。

1. 普通民众的恢复

（1）身体恢复。民族冲突中往往会对人的身体造成不同的伤害：对于在民族冲突激烈对抗下死亡的冲突双方或无辜群众，要允许民众按照不同习俗对死去的人举行葬礼和哀悼仪式；对于在民族冲突中受到身体伤害（不同程度）的个体，应该动员地方乃至全国的医疗资源为其提供医疗服务。

（2）精神恢复。前文指出，个人会在民族冲突中产生精神性紧张、情境性焦虑、精神恐惧、精神抑郁等复杂精神状态，"民族冲突导致的更为深远而严重的影响是造成对社会心理和个人心理的破坏性冲击，特别是在发生严重灾害时，人们在激情状态下很可能做出非社会化和异端的行为。受伤人群及其家属会长时间地被恐惧包围，社会安定受到威胁"。② 因此，在民族冲突后，必须对民族冲突的参与者、旁观者等进行心理疏导，心理疏导是通过精神分析疗法、系统脱敏疗法、阳性强化疗法、认识领悟疗法、生物反馈疗法、药物治疗法等方法排除负面情绪，消除不良心理倾向，把受众的情绪引导到健康、向上、乐观的方向上来，从而消除其盲目恐慌的不良心理。在民族冲突后，"提供及时有效的心理卫生服务，能够防止或减轻突发公共事件造成的不良心理社会反应和精神疾病发生"。③

---

① Ruti G. Teitel, "Human Rights in Transition: Transition Justice Genealogy," *Harvard Human Rights Journal*, No.16, 2003, p.69. 转引自吴燕妮《论冲突中和冲突后社会的法治：联合国的行动及中国的贡献》，武汉大学出版社，2014，第73页。
② 覃燕红：《突发事件应急预案有效性评价》，《科技管理研究》2010年第24期。
③ 郭雨彤、徐慧杰等：《民族地区突发公共事件应急管理机制研究——以吉林省延边朝鲜族自治州珲春市为例》，载《"构建和谐社会与深化行政管理体制改革"研讨会暨中国行政管理学会2007年年会论文集》，2007。

（3）财产恢复。民族冲突往往会造成个人财产的损失，在民族冲突后，要对个人财产进行恢复。个人财产恢复的方式主要有：①紧急损失补偿，紧急损失补偿是指主管当局采取合法的紧急对抗措施给公民、法人或其他组织的生命财产造成损失后，由主管当局在给遭受损失的当事人以适当的补偿；①②社会捐赠，个人可以接受来自红十字会、其他公益团体、企事业单位等的捐助，以弥补在民族冲突中受到的财产损失；③个人财产的追回，在对违法犯罪者的刑事审判中追回民族冲突期间被抢劫的财物，以返还财产所有者，这也是个人财产恢复的主要方式之一；④个人保险，当事人在民族冲突前购买或参加的商业保险和社会保险，在民族冲突后可以根据其中关于人身保险、财产保险、医疗保险等的条款提出索赔。

（4）特殊群体。民族冲突后要关注特殊的群体，对于民族冲突后的孤儿、失去亲人的老者、身体致残者应该动员相关力量给予特殊照顾；对于被强奸的妇女尤其是在不太现代的社会里的这种妇女要给予特殊照顾，因为她们常常面临双重"惩罚"——除了强奸本身造成的创伤之外，她们接着还会被自己的家庭和所在社区回避。②民族冲突中死亡（或致残）的无辜群众家属、民族冲突中被击毙的犯罪分子家属、被司法处理的犯罪分子及其家属等都会把政府处理的不当转嫁到对方整体民族身上，存在破坏民族关系的极高风险性。政府要深入这些群体之中做思想工作，为这些人提供必要的生活救助，教育引导这些人群不信谣、不受挑拨煽动、不再参与违法活动。③

2. 行业、企事业单位的恢复

（1）行业的恢复。民族冲突往往会通过人口的异常流动（人口流出）对一个地区的不同行业造成冲击，如房地产行业、旅游业、保险业、餐饮服务业、零售批发业等，民族冲突后一个地区行业的恢复首先应该营造一个安全、健康的社会环境，其次要通过降低税收、增加补贴、政策倾斜等

---

① 李瑶：《突发环境事件应急处置法律问题研究》，中国海洋大学博士学位论文，2012，第85页。
② 〔俄〕瓦利里·季什科夫：《苏联及其解体后的族性、民族主义及冲突——炽热的头脑》，姜德顺译，中央民族大学出版社，2009，第545页。
③ 张少云：《河南"中牟事件"后回汉民族关系调控研究》，中央民族大学硕士学位论文，2010，第48页。

方式吸引外界投资，助推本地区受损行业的恢复。

（2）企业的恢复。民族冲突对企业造成的损失往往包括财产损失、净收入损失和人力资本损失等，其中财产损失又包括有形资产（动产、不动产）①和无形资产（合同）的损失，净收入损失包括营业收入的减少（企业利润的损失、营业中断的损失）和经营费用的增加（原材料费用的增加、租金的增加），人力资本损失包括人员死亡和人员丧失劳动能力等。企业的恢复可以通过以下方式：①申请紧急损失补偿，企业向主管当局申请适当的补偿；②合同补偿，企业在经济行为中与合作企业签订的各种关于减少经济损失的合同，如关于突发事件造成的供货量减少等；③法律补偿，执法机构通过对民族冲突中从事非法行为的组织或个人的惩罚来对企业进行补偿；④商业保险，企业购买的关于财产损失的商业保险也可以作为企业补偿的一种方式。企业的恢复的主要表现就是恢复正常的生产、工作和营业秩序。

（3）事业单位的恢复。民族冲突对事业单位造成的损失也包括财产损失、人力资源损失（殉职、转岗）和工作环境破坏等。事业单位的恢复也主要包括这几方面：①减轻财产损失，事业单位可以通过"申请紧急损失补偿"和"社会捐助"（学校、养老院）等方式恢复财产；②人员招聘，可以通过招聘、考试等方式弥补因为民族冲突造成的人力资源损失；③工作秩序恢复，通过考勤、查岗、登记等方式恢复正常的工作秩序。

3. 基础设施的恢复

民族冲突会对一个地区的道路、桥梁、邮电、通信、供水、供电、供气、供暖、供油等基础设施造成严重损毁，民族冲突后要通过各种途径加强这些基础设施的恢复重建。

4. 社会秩序的恢复

丁烈云认为，"危机善后阶段的社会秩序重构不同于危机全面爆发、持续阶段的重新建构，它必须建立在社会惯性价值观基础之上，必须与原有的社会文化相契合"。②因此，民族冲突后社会秩序的恢复也要建立在"强

---

① 有形资产的损失除了财产本身价值的丧失外，还包括丧失使用该财产所得到的收益，如拆除建筑物未受损坏部分、场地清理费、增加建筑费用等。
② 丁烈云：《危机管理中的社会秩序恢复与重建》，《华中师范大学学报》（人文社会科学版）2008 年第 5 期。

制"和"自愿"相互结合的双重原则上,既不能通过国家权力、暴力强制执行,也不能完全依靠社会的服从和认同。民族冲突后社会秩序的恢复主要包括以下内容。①政府权威的恢复。民族冲突往往会发生对政府机构的冲击、官员的不当言论或行动等,这些会对政府权威或形象造成影响,如果民族冲突掺杂"三股势力"因素的话,那么很有可能造成某个地区国家政权的短期丧失,在民族冲突后,要尽快恢复政府的权威。②社会治安的恢复,民族冲突会造成维系社会的规则、规范和制度等的短期丧失,进而造成社会治安的混乱,在民族冲突后,要通过巡查、检查等方式恢复社会治安。③生产秩序的恢复,民族冲突会造成企业生产秩序的中断,在民族冲突后,要通过各种途径恢复企业的生产秩序。④生活秩序的恢复,民族冲突会对生活在冲突地区不同民族成员的物质生活、精神生活、文化生活、政治生活等生活秩序造成冲击,在民族冲突后,要通过各种途径恢复民众的生活秩序。⑤工作秩序的恢复,民族冲突还会对学校、医院、企业、银行、市场、政府等的工作秩序造成影响,在民族冲突后,要尽快恢复不同人员的工作秩序。

5. 民族关系的修复

民族冲突往往会造成冲突民族之间的隔阂与仇恨,如果不及时化解,极有可能酝酿出新的民族冲突,民族关系的修复不仅是一个复杂而漫长的过程,而且是一个"充满柔性"的过程,任何冒进或强力的推动都可能起到相反的效果。

(1) 真相促进和解。民族冲突爆发的真相有助于促进民族的和解,主要有两方面的原因:一方面,"它给受害者提供了一个机会,让他们公开讲述自己的苦难,这本身就能在很大程度上促进伤口的愈合";另一方面,真相能修正过去不精确或扭曲的叙述。"受害者往往会过分夸大他们遭受的苦难,而作恶者则往往会对自己在作恶过程中所起的作用轻描淡写",① 这就会造成民族关系的不断紧张。真相可以消解冲突双方对冲突本身的不精确描述,进而促进双方的和解。

(2) 接触促进和解。相互接触可以化解彼此对对方的"刻板印象",进

---

① 〔美〕狄恩·普鲁特、〔美〕金盛熙:《社会冲突:升级、僵局及解决》(第三版),王凡妹译,人民邮电出版社,2013,第264页。

而促进双方的和解。奥尔伯特（Allport）于 1954 年提出"群际接触假说"（Intergroup Contact Hypothesis），他认为，群际偏见是由于某一群体对另一群体缺乏充足信息或存在错误信息而产生的，群际接触则为获得新信息和澄清错误信息提供了机会。因此，他提出的群际接触假说的主要内容是：减少群际偏见的主要方式是与外群体（自己所不属于的、由他人属于的群体）在最佳条件下进行接触，而最佳的群际接触要符合以下几个关键条件：平等的地位、共同的目标、群际合作、权威和法律的支持。[①]

（3）市场促进和解。"人是社会关系的总和"，在现代市场经济条件下，人的生存和发展与"市场"有着密不可分的关系，市场经济的运行遵循着特定的价值规律、竞争规律、淘汰规律等，其中"理性人"（rational man）是市场经济参与者的主要特征。"理性人"是指作为市场决策的主体都是充满理智的，既不会感情用事，又不会盲从，而是精于判断和计算，其行为是理性的，在市场经济活动中，主体所追求的唯一目标是自身经济利益的最大化（消费者追求的是满足程度最大化，生产者追求的是利润最大化）。在市场经济的运行过程中，"理性人"（包括冲突各方）对市场规则、社会规范和国家法律的遵循会冲淡个体心中的仇恨和怨愤，从而促进彼此间的和解。

（四）总结反思

在民族冲突后，要允许在一定范围内（学术界、理论界）对民族冲突进行话语讨论和学术研究，总结经验教训，以避免此类事情再次发生。

1. 爆发原因的总结反思

民族冲突后，要总结该地区为什么会发生民族冲突，哪些原因是历史性的，哪些原因是现实性的；哪些原因是制度性的，哪些原因是政策性的；哪些原因是可以避免的，哪些原因是无法避免的……在民族冲突爆发原因的总结反思中要做到以下几点：①总结反思民族冲突爆发的原因，即反思什么原因造成了民族冲突的爆发；②总结反思民族冲突爆发原因的深层动因，造成民族冲突爆发的原因往往有民族歧视与偏见、精英的竞争、民族主义

---

① 李森森、龙长权：《群际接触理论——一种改善群际关系的理论》，《心理科学进展》2010 年第 5 期。

的鼓动等,但这些原因(民族偏见、精英竞争等)的产生也是有特定动因的,如为什么会产生歧视与偏见(可能由于贫富分化)?民族精英为什么要竞争(可能因为机会不均等)?③总结反思避免民族冲突爆发的措施,在弄清了民族冲突爆发的深层次原因后,要反思消解这些原因的措施。通常而言,通过经济扶持促进民族地区的经济发展可以缩小不同民族之间的差距,进而促进民族团结,但在特殊情况下(如分裂势力参与)经济目标并不是最主要的目标,因此,对民族冲突消解措施的反思要有针对性。此外,还要区别对待民族地区的问题:如要区别对待民族问题与宗教问题,避免民族问题的社会化和社会问题的民族化,要重视少数民族的边缘群体等。

2. 应急管理的总结反思

要总结和反思民族冲突应急处置过程中从应急预案、预警预测、先期处置,到应急响应、发布命令过程中哪些措施是合理的,哪些措施造成了谣言传播、危机扩大。在民族冲突应急管理的反思中要做到以下几点:①总结反思应急管理中的经验,即总结反思政府在民族冲突应急管理中值得肯定的地方;②总结反思应急管理中的失误,即总结反思政府在民族冲突应急管理中哪些措施存在不当;③总结反思更好处理民族冲突的方法,通过对民族冲突应急措施的总结,反思是否有避免人员伤亡和财产损失更好的办法。

3. 制度政策的反思

民族冲突的爆发并不都是制度或政策上的问题,但对制度和政策的反思会促进民族问题的更好解决:①制度反思,制度即一个国家实行的民族制度,民族制度往往规定了不同民族的权力、义务、地位等,民族制度的作用往往在于促进民族平等和团结,制度反思就要反思国家的民族制度是否存在继续改进的地方;②政策反思,政策即一个国家或地区实行的民族措施、规定等,相对于民族制度而言,民族政策往往是短期的,造成的影响也是"急促的",民族政策的反思就要反思国家或地区实行的民族政策是否造成了短期内民族成员之间的不平等、民族矛盾的增加等。

第七章 结语

江泽民曾指出,"民族、宗教无小事","高度重视民族工作和宗教工作,对当前存在问题的潜在危险性,要十分警觉,切不可掉以轻心"①;胡锦涛曾指出,"民族问题始终是我们建设中国特色社会主义必须处理好的一个重大问题","民族工作始终是关系党和人民事业发展全局的一项重大工作"②;习近平多次强调民族工作的重要性,他指出,"处理好民族问题、做好民族工作,是关系祖国统一和边疆巩固的大事,是关系民族团结和社会稳定的大事,是关系国家长治久安和中华民族繁荣昌盛的大事"。③ 本书研究的吉尔吉斯斯坦南部民族冲突不仅对吉尔吉斯斯坦是一次严重的教训,而且对我国而言,也具有极其重要的启示意义。

一 本书的一些主要观点

本书认为,民族冲突是民族关系由"完全融合"到"完全隔离"发展变化过程中的一种极端表现形式,是不同民族主体由于资源、地位、文化等特定目标和客体的分歧而发生的不同民族或民族与政府之间的暴力行为。国内外学者从不同角度论证了民族冲突爆发的原因,本书的研究论证了任何民族冲突的爆发都不是单一因素作用的结果,而是一系列因素共同积累的后果。

民族冲突具有特定的生命周期。在民族冲突前,会经历"不公平比较"、产生"相对剥夺感"、"稀缺性零和思维"、产生"安全困境"、"优先发动进攻"等阶段;在民族冲突中,会出现"打砸抢烧等暴力行为"、不同

---

① 《江泽民思想年编》(1989—2008),中央文献出版社,2010,第134页。
② 《十六大以来重要文献选编》(中),中央文献出版社,2006,第899页。
③ 《中央民族工作会议暨国务院第六次全国民族团结进步表彰大会在北京举行》,2014年9月30日,人民网,http://politics.people.com.cn/n/2014/0930/c1024 - 25763359.html。

民族的"身份"辨别、"去人性化"和"去个体化"等现象;一次民族冲突结束,并不意味着民族冲突的完结,而是民族关系进入一种"沉潜结构",为下一次民族冲突积累能量,一旦民族冲突爆发的主客观条件具备,就会进入下一次民族冲突生命周期。

精英、谣言、武器、媒体、空间等变量在民族冲突中发挥着重要作用。民族动员和冲突升级是民族冲突的必经阶段,民族动员又可以分为"认同动员"、"问题动员"、"症结动员"、"预后动员"和"行动动员"五个阶段。民族冲突的升级主要表现为冲突程度、冲突范围、冲突对象、冲突问题等的升级,民族冲突的升级主要有"争斗者—防御者"和"冲突螺旋"两种模型,推动冲突升级的动力主要有"复仇的愿望"、"冲突自身的惯性"和"族性的力量"等。

2010年6月吉尔吉斯斯坦南部民族冲突不仅是吉尔吉斯族与乌兹别克族事实上的不平等、历史上的仇恨、民族歧视与偏见、双方精英鼓动等的共同后果,还是吉尔吉斯斯坦民族国家构建过程中的普遍现象。吉尔吉斯斯坦南部民族冲突不仅对吉尔吉斯斯坦国内的生命财产和社会秩序造成灾难性影响,还对中亚地区的国家关系和安全环境造成了严重后果。

吉尔吉斯斯坦南部民族冲突会爆发并造成严重后果,除了历史仇恨、民族偏见等基质性原因外,吉尔吉斯斯坦政府"忽视对国家安全的维护""对民族问题掉以轻心""未吸取已有冲突的教训""缺乏民族关系评估预警体系"和"民族冲突应急能力低下"是主要的教训。在民族冲突爆发前,欧安组织、国际危机组织等已经多次提醒该地区民族关系恶化,但并未引起临时政府的注意,在民族冲突应急处置过程中,出现了应急人员和应急物资短缺、应急指挥机构缺乏协调等,最终酿成悲剧。

为了避免类似吉尔吉斯斯坦南部民族冲突的悲剧再次发生,必须构建民族关系评估体系和民族冲突应急管理体系。在民族关系评估体系中,本书初拟了影响民族关系的政治、经济、文化等12个系统指标,每个系统指标又初拟了若干个测量指标,提出通过德尔菲法、层次分析法和无量纲化等来测算民族关系状况。在民族关系评估体系中,本书根据"能力本位"和"重心下移"的标准将民族冲突划分为六个级别,提出建立信息监测系统和信息收集渠道,通过专门的数据分析系统和专家分析系统来分析民族关系的优劣,并根据民族冲突的级别适时发布警情。

为了有效应对民族冲突，在民族冲突爆发前，政府要制定民族冲突应急预案，组建民族冲突应急体系，进行必要的应急资源储备，还要进行必要的应急培训、宣传和演练，培养公民的求生技巧和基本常识。在民族冲突爆发后，要建立专门的信息识别和信息报告制度，成立临时指挥部，适时启动应急预案，在应急处置中，要综合使用强制性、限制性、躲避性、保护性和救助性等措施。在民族冲突发生后，要对民族冲突进行调查，进行相应的责任追究和恢复重建，还要对已经发生的民族冲突进行必要的总结和反思。

二 有待进一步研究的议题

我国公共危机研究起步较早，但对涉及民族冲突的社会安全事件的研究则相对滞后，对于民族冲突的危机管理的研究则更少，能全面把握和了解民族地区特殊性及危机事件本质的学者并不多。虽然也有学者对民族地区的危机管理进行研究，但涉及面过广，大多涉及民族地区的自然灾害的防范，对民族冲突本身的研究尚不完善。学术研究只是提供了事态发展的某种可能，在民族关系迅速激变的危机状态下，要想定时定点地发现某些社会性现象变异的苗头并采取相应的措施，显然是非常困难的，这不仅是当今危机管理实践的难题，还是本书进行学术研究的一个难题，但只要将重视民族问题、重视民族关系评估预警、重视民族冲突应急管理继续坚持和研究下去，就一定会对有效防控大规模民族冲突起到意想不到的作用。

回顾本书研究中所涉及的一些问题，还有进一步拓展研究的可能，以下是在本书研究后需要进一步研究的一些主题。

第一，我国当前正处于一个结构调整和社会转型的关键时期，改革和转型直接融合，经济发展不平衡、收入差距较大、资源环境问题较突出，"社会矛盾和问题交织叠加……国家治理体系和治理能力有待加强"。在这样一个转型期，社会矛盾和社会纠纷往往会以群体性社会安全事件的方式爆发，民族冲突属于特定的社会突发安全事件，其突发性、公共性、破坏性等与普通的社会安全事件具有很多相似性，因此，对于民族冲突，可以拓展到对群体性事件、社会安全事件、突发事件的爆发、应对这些事件的研究上，也可以拓展到对突发公共卫生事件、事故类灾害事件的研究上。

第二，在对民族冲突进行研究的理论选择上，本书选择了社会运动理论、冲突理论、骚乱理论、危机管理理论、数据模型理论等来分析民族冲突的爆发过程、动员过程、升级过程等，这些方法和理论是比较成熟的，但国内外已经开始尝试用耗散结构理论、系统动力学理论、社会燃烧理论、社会物理学理论等来分析社会安全事件，对这些理论的学习和研究也是本书进一步探索的方向。

第三，在研究重点上，本书着重关注了民族冲突如何爆发和政府如何应对两个方面，民族冲突对一个社会的伤害不仅表现在人员伤亡和财产损失上，还表现在民族冲突后对社会秩序、公共安全、民族心理等所造成的影响上，对如何持续有效地进行民族冲突后续工作（如何促进冲突民族的交流与和解）的研究也应该成为一个重要的研究方向和领域。

地理的不可选择性决定了中国新疆与中亚地区基于地缘环境而形成的千丝万缕的联系，也正是这种联系将中国新疆的经济发展和社会稳定与中亚地区紧密地关联在一起。不可否认的是，该地区是世界上"三股势力"最活跃的地区之一，"三股势力"通过各种手段破坏该地区的安定与团结，这不仅影响到当事国的繁荣与稳定，还影响到世界的和平与发展。

2013年9月，习近平在哈萨克斯坦纳扎尔巴耶夫大学演讲时提出了建设"丝绸之路经济带"的倡议，旨在向西开放，建设"世界上最长、最具有发展潜力的经济大走廊"，目前这项倡议正在进行中。无论是中国新疆南疆（和田、喀什），还是吉尔吉斯斯坦南部地区（奥什、贾拉拉巴德），都处在"丝绸之路经济带"的重要位置，维护好该地区的繁荣与稳定，促进各民族的团结与友爱，不仅是"一带一路"建设的要求，还是实现全面建成小康社会和中华民族伟大复兴中国梦的要求。

参考文献

一 中文文献

《马克思恩格斯全集》(第1卷),人民出版社,1995。
《马克思恩格斯选集》,人民出版社,1995。
《德意志意识形态》,人民出版社,2003。
《〈政治经济学批判〉序言》,载《马克思恩格斯选集》(第2卷),人民出版社,1995。
《家庭、私有制和国家的起源》,中共中央马克思恩格斯列宁斯大林著作编译局译,人民出版社,1999。
《在马克思墓前的讲话》,载《马克思恩格斯选集》(第3卷),人民出版社,1995。
《列宁全集》,人民出版社,1990。
《列宁论民族问题和民族殖民地问题》,中共中央马克思恩格斯列宁斯大林著作编译局译,人民出版社,1960。
《斯大林全集》(第4卷),人民出版社,1956。
《斯大林全集》(第5卷),人民出版社,1957。
《斯大林全集》(第7卷),人民出版社,1958。
《斯大林选集》(上集),人民出版社,1979。
《论列宁主义的基础》,载《斯大林选集》(上卷),人民出版社,1979。
《马克思主义和民族问题》,载《斯大林选集》(上集),人民出版社,1979。
《孙中山选集》(卷一本),人民出版社,1981。
《建国以来毛泽东文稿》(第10册),中央文献出版社,1996。
《支持美国黑人反对种族歧视斗争的声明(1963年8月8日)》,载

《建国以来毛泽东文稿》(第10册)，中央文献出版社，1996。

《邓小平文选》(第3卷)，人民出版社，1993。

《邓小平思想年谱(一九七五——一九九七)》，中央文献出版社，1998。

《江泽民文选》，人民出版社，2006。

《加强各民族大团结，为建设有中国特色的社会主义携手前进》，载《十三大以来重要文献选编》(下)，人民出版社，1993。

《高度重视民族工作和宗教工作》，载《十四大以来重要文献选编》(上)，人民出版社，1996。

〔苏〕伊凡·麦斯特连柯：《苏共各个时期的民族政策》，林钢译，人民出版社，1983。

中国社会科学院民族研究所编《列宁论民族问题》，民族出版社，1987。

北京外国语学院俄语系语言学教研组编《马克思主义经典作家论语言》，商务印书馆，1959。

中国统一战线理论研究会民族宗教理论甘肃研究基地秘书处编《中国民族政策与民族关系研究》，甘肃人民出版社，2005。

李爱华：《马克思主义国际关系理论》，人民出版社，2006。

曹泳鑫：《马克思主义国际关系理论研究》，上海世纪出版集团，2009。

〔俄〕瓦利里·季什科夫：《苏联及其解体后的族性、民族主义及冲突——炽热的头脑》，姜德顺译．中央民族大学出版社，2009。

钟金洪主编《马克思主义社会学思想》，中国审计出版社、中国社会出版社，2001。

《政治学大家伯伦知理之学说》，载《梁启超全集》(第2册)，北京出版社，1999 。

〔美〕狄恩·普鲁特、〔美〕金盛熙：《社会冲突：升级、僵局及解决》(第三版)，王凡妹译，人民邮电出版社，2013。

〔美〕本尼迪克特·安德森：《想象的共同体——民族主义的起源与散布》，吴叡人译，上海人民出版社，2003。

〔美〕塞缪尔·P. 亨廷顿：《变化社会中的政治秩序》，王冠华等译，上海世纪出版集团，2008。

〔英〕拉尔夫·达仁道夫：《现代社会冲突》，林荣远译，中国社会科学出版社，2000.

〔美〕詹姆斯·多尔蒂、〔美〕小罗伯特·普法尔茨格拉夫：《争论中的国际关系理论》（第五版），阎学通、陈寒溪等译，世界知识出版社，2003。

〔美〕乔纳森·H.特纳：《社会学理论的结构》，吴典辉等译，浙江人民出版社，1987。

〔美〕西摩·马丁·李普塞特：《一致与冲突》，张华青等译，上海人民出版社，1995。

〔美〕拉塞尔·哈丁：《群体冲突的逻辑》，刘春荣、汤艳文译，上海人民出版社，2013。

〔英〕安东尼·D.史密斯：《民族主义：理论、意识形态、历史》（第二版），叶江译，上海人民出版社，2006。

〔英〕安东尼·D.史密斯：《全球化时代的民族与民族主义》，龚维斌等译，中央编译出版社，2002。

〔英〕安东尼·吉登斯：《民族－国家与暴力》，胡宗泽、赵立涛、王铭铭译，生活·读书·新知三联书店，1998。

〔日〕星野昭吉编著《变动中的世界政治——当代国际关系理论沉思录》，刘小林等译，新华出版社，1999。

〔法〕弗朗索瓦丝·勒莫：《黑寡妇——谣言的示意及传播》，唐家龙译，商务印书馆，1999。

〔法〕皮埃尔·布迪厄、〔美〕华康德：《实践与反思——反思社会学导引》，李猛、李康译，中央编译出版社，1998。

〔美〕戴维·波普诺：《社会学》（第十版），李强等译，中国人民大学出版社，1999。

〔美〕斯蒂芬·P.罗宾斯、〔美〕蒂莫西·A.贾奇：《组织行为学》，关培兰译，中国人民大学出版社，2006。

〔澳〕彼得·康戴夫：《冲突事务管理——理论与实践》，何云峰等译，世界图书出版公司，1998。

马戎编《西方民族社会学的理论与方法》，天津人民出版社，1997。

马戎编著《民族社会学——社会学的族群关系研究》，北京大学出版社，2004。

马戎：《民族社会学导论》，北京大学出版社，2005。

杨恕、李捷：《分裂与反分裂：分裂主义研究论集》中国社会科学出版社，2014。

张新平：《地缘政治视野下的中亚民族关系》，民族出版社，2006。

王学俭、张新平编著《政治学原理新编》，兰州大学出版社，2006。

郑杭生主编《民族社会学概论》（第二版），中国人民大学出版社，2011。

赵鼎新：《社会与政治运动讲义》，社会科学文献出版，2006。

金炳镐：《民族关系理论通论》，中央民族大学出版社，2007。

金炳镐：《民族理论通论》，中央民族大学出版社，1994。

宁骚：《民族与国家——民族关系与民族政策的国际比较》，北京大学出版社，1995。

时殷弘：《国际政治——理论探究、历史概观、战略思考》，当代世界出版社，2002。

严庆：《冲突与整合：民族政治关系模式研究》，社会科学文献出版社，2011。

秦启文：《突发事件的预防与应对》，新华出版社，2008。

冯仕政：《西方社会运动理论研究》，中国人民大学出版社，2013。

王剑峰：《族群冲突与治理》，社会科学文献出版社，2014。

何显明：《群体性事件的发生机理及其应急处置》，学林出版社，2010。

王惠岩：《政治学原理》，高等教育出版社，2006。

潘志平主编《中亚的民族关系历史、现状与前景》，新疆人民出版社，2003。

潘志平主编《民族自决还是民族分裂——民族和当代民族分立主义》，新疆人民出版社，1999。

陈衍德、彭慧等：《全球化进程中的东南亚民族问题研究》，厦门大学出版社，2008。

李学保：《当代世界冲突的民族主义根源》，世界图书出版公司，2012。

赵磊：《国际视野中的民族冲突与管理》，社会科学文献出版社，2013。

杨毅主编《中国国家安全战略构想》，时事出版社，2009。

熊坤新主编《21世纪世界民族问题热点预警性研究》，民族出版社，2006。

杨灏城、朱克柔主编《民族冲突和宗教争端——当代中东热点问题的历史探索》，人民出版社，1996。

中国现代国际关系研究所民族与宗教研究中心：《全球民族问题大聚焦》，时事出版社，2001。

丁水木等：《社会稳定的理论与实践——当代中国社会稳定机制研究》，浙江人民出版社，1977。

李培林、李强、马戎主编《社会学与中国社会》，社会科学文献出版社，2008。

朱瑞博：《突发事件处置与危机领导力提升研究》中国法制出版社，2013。

吴燕妮：《论冲突中和冲突后社会的法治：联合国的行动及中国的贡献》，武汉大学出版社，2014。

乌力更：《生态移民与民族问题——以内蒙古为例》，内蒙古人民出版社，2009。

龙太江：《论政治妥协——以价值为中心的分析》，华中科技大学出版社，2004。

海力古丽·尼亚孜主编《中亚五国国情》，西安交通大学出版社，2013。

汪志友：《行政学概论》，四川大学出版社，1989。

童星编著《社会管理学概论》，南京大学出版社，1991。

童星等：《中国应急管理：理论、实践、政策》，社会科学文献出版社，2012。

熊锡元：《民族心理与民族意识》，云南大学出版社，1994。

《运筹学》教材编写组编《运筹学》，清华大学出版社，1990。

王天玺：《民族法概论》，云南人民出版社，1988。

刘中民、左彩金、骆素青：《民族主义与当代国际政治》，世界知识出版社，2006。

谭跃进主编《定量分析方法》，中国人民大学出版社，2002。

二 英文著作

Anthony Smith, *National Identity* （London：University of Nevada Press,

1991).

B. Weingast, "Constructing Trust: the Politics and Economics of Ethnic and Regional Conflict," in V. Haufler, K. Soltan and E. Uslaner, eds., *Institutions and Social Order* (Ann Arbor: University of Michigan Press, 1998).

Charles Ragin, *The Comparative Method* (Berkeley: Uiversity of California Press, 1987).

Daniel L. Byman, *Keeping the Peace, Lasting Solutions to Ethnic Conflicts* (Baltimore and London: The Johns Hopkins University Press, 2001).

David Bloomfield, *Peacemaking Strategies in Northern Ireland: Building Complementarity in Conflict Management Theory* (London: Macmikkam Press, 1997).

David Levinson, *Ethnic Relations: A Cross-Cultural Encyclopedia* (California: Santa Barbara, 1994).

Emst Barker, *Principles of Social and Political Theory* (London: Oxford Univesrity Press. 1967).

Gordon W. Allport, Leo Postman, *The Psychology of Rumor* (New York: Henry Holt and Company, 1947).

H. H. Gerth, C. Wright Miler, eds., *Frorn Max Weber: Essays in Sociology* (New York: Oxford University Press. 1958).

Harold Saunders, *Peace-A State of Interpersonal Relationship: Comments on a Public Peace Process: Sustained Dialogue to Transform Racial and Ethnic Conflicts* (New York: St. Martins Press, 1999).

Kaufman, S. J., *Modern Hatreds: The Symbolic Politics of Ethnic War* (Ithaca, New York: Cornell University Press, 2001).

Lewis A. Coser, *The Founctions of Social Conflict* (New York, 1956).

Manning Nash, *The Cauldron of Ethnicity in the Modern World* (Chicago: University of Chicago Press, 1989).

Montserrat Guibernau, John Rex, *The Ethnicity Reader: Nationalism, Multiculturalism and Migration* (Cambridge: Polity Press, 1997).

Robert Jervis, *Perception and Mispercepti on inInternational Politics*

(Princeton: Princeton University Press, 1976).

Ted Robert Gurr, Michael Haxton, *Peoples Versus States: Ethnopolitical Conflict and Accommodation at the End of the 20th Century* (Washington, D. C.: US Institute of Peace Press. 2000).

William Kornhauser, *The Politics of Mass Society* (Glencoe: The Free Press, 1959).

三 中文期刊

马戎:《族群关系变迁影响因素的分析(民族社会学连载之二)》,《西北民族研究》2003年第4期。

马戎:《拉萨市区藏汉民族之间社会交往的条件》,《社会学研究》1990年第3期。

马戎:《语言使用与族群关系(民族社会学连载之三)》,《西北民族研究》2004年第1期。

马戎:《21世纪的中国是否存在国家分裂的风险》,《领导者》2011年第2期。

宁骚:《论民族冲突的根源》,《中国社会科学季刊》1995年夏季卷。

马曼丽:《论民族关系的实质与当代民族关系的核心问题》,《烟台大学学报》(哲学社会科学版)2005年第4期。

张三南:《论马克思主义民族理论中国化的历史发展——从经典作家民族理论到"中国模式"》,《民族研究》2010年第1期。

曹兴:《从民族冲突类型看巴以冲突的根源与走向》,《西亚非洲》2008年第1期。

郑永年、单伟:《疆藏骚乱原因剖析暨新加坡经验的启示》,《东亚论文》2010年第77期。

严庆:《族群动员:一个化族裔认同为工具的族际政治理论》,《广西民族研究》2010年第3期。

严庆、闫力:《极端民族主义的厘定与解读》,《黑龙江民族丛刊》2014年第3期。

严庆、青觉:《从概念厘定到理论运用:西方民族冲突研究述评》,《民族研究》2009年第4期。

孙代尧：《解释民族冲突的三种理论图式》，《贵州民族研究》1999年第3期。

曹伟：《吉尔吉斯斯坦南部民族冲突评析》，《中亚研究》2014年第1期。

马新建：《冲突管理：一般理论命题的理性思考》，《东南大学学报》（哲学社会科学版），2007年第3期。

闵浩：《正确认识民族关系及其表现形式》，《中央民族学院学报》1990年第3期。

余梓东：《民族关系辨析》，《内蒙古社会科学》（文史哲版）1992年第4期。

李占荣：《宪法的民族观——兼论"中华民族"入宪》，《浙江大学学报》（人文社会科学版）2009年第3期。

郝时远：《对西方学界有关族群（ethnic group）释义的辨析》，《广西民族学院学报》（哲学社会科学版）2002年第4期。

王赐江：《当前中国群体性事件的学理分析》，《人民论坛》2010年第17期。

国家计委宏观经济研究院课题组：《1998~1999：我国社会稳定状况跟踪分析》，《管理世界》1999年第5期。

鲍宗豪、李振：《社会预警与社会稳定关系的深化——对国内外社会预警理论的讨论》，《浙江社会科学》2001年第4期。

寸雪涛：《应用德尔菲法预测东盟国家语种专业发展趋势的探讨》，《高教论坛》2012年第1期。

陈秋玲、曹璐、曹庆瑾：《社会预警指标体系设计及预警评判标准界定——基于社会稳定视角》，《公共管理高层论坛》2008年第1期。

高歌：《中东欧国家的民族冲突、民主转轨与政治稳定》，《世界民族》2011年第4期。

何曜：《作为冲突解决的国际干预》，《世界经济研究》2002年第6期。

韩忠太：《论民族共同心理素质与民族心理的区别——兼与<中国大百科全书·民族卷>商榷》，《云南社会科学》1999年第5期。

黄顺康：《印度洋"12·26"地震海啸灾难及其启示》，《甘肃社会科学》2005年第3期。

季峰、杜孝珍：《新疆少数民族地区政府危机管理现状分析》，《新疆大学学报》（哲学社会科学版）2006年第6期。

张俊杰：《俄罗斯避免民族纠纷与冲突的法律机制》，《辽宁大学学报》（哲学社会科学版）2008年第1期。

〔美〕Steven I. Wilkinson：《骚乱》，汪卫华译，《观察与交流》2009年第37期。

曾强：《民族冲突研究的独特视角——＜武器与民族冲突＞介评》，《现代国际关系》2004年第4期。

薛澜、钟开斌：《突发公共事件分类、分级与分期：应急体制的管理基础》，《中国行政管理》2005年第2期。

石正义、邓朴：《我国边疆民族地区特色应急管理体系探析》，《西南民族大学学报》（人文社科版）2010年第6期。

孙元明：《当前国内群体性事件及其发展趋势研究》，《江南社会学院学报》2008年第3期。

宋林飞：《我国基本实现现代化指标体系与评估》，《南京社会科学》2012年第1期。

宋林飞：《中国社会转型的趋势、代价及其度量》，《江苏社会科学》2002年第6期。

宋林飞：《当前我国社会稳定性评估与对策》，《南京大学学报》（哲学社会科学）1996年第2期。

石路：《民族地区突发公共事件的应急预警机制探析》，《新疆大学学报》（哲学社会科学版）2006年第4期。

莎日娜：《民族地区突发事件应急管理机制研究》，《理论研究》2010年第4期。

卢守亭：《试论城市化进程中的民族关系及其评价指标体系》，《贵州民族研究》2007年第5期。

刘伯鉴：《关于建立中国民族学科学体系的探讨》，《民族研究》1981年第3期。

阎耀军：《为社会预测辩护（三）——论规律作为社会预测的基础和前提》，《江苏社会科学》2006年第3期。

杨静、陈建明、赵红：《应急管理中的突发事件分类分级研究》，《管理评论》2005 年第 4 期。

杨鹍飞、刘庸：《中国社会转型期民族关系评价指标研究综述》，《中央民族大学学报》（哲学社会科学版）2013 年第 2 期。

杨仁厚：《论民族冲突的影响、原因和消除——民族政治学的观点》，《贵州民族研究》1996 年第 1 期。

郑双怡、张劲松：《民族关系评价指标体系构建及监测预警机制研究》，《民族研究》2009 年第 1 期。

阎耀军、陈乐齐、朴永日：《建立我国民族关系评估指标体系的总体构想》，《中南民族大学学报》（人文社会科学版）2009 年第 3 期。

阎耀军：《论社会预警的概念及概念体系》，《理论与现代化》2002 年第 5 期。

阎耀军：《我国社会预警体系建设的纠结及其破解》，《国家行政学院学报》2012 年第 4 期。

汤夺先、高永久：《试论城市化进程中的民族关系——以对临夏市的调查为视点》，《黑龙江民族丛刊》2004 年第 4 期。

吴忠民：《社会问题预警系统研究》，《东岳论丛》1996 年第 4 期。

吴钦敏：《构建新型民族关系评价指标体系之初探》，《贵州民族研究》2007 年第 4 期。

吴琼：《西部开发：民族关系的变动及原因分析》，《贵州民族研究》2001 年第 1 期。

吴开松：《少数民族地区基层政府危机管理能力研究》，《中南民族大学学报》（人文社会科学版）2010 年第 2 期。

武汉市民族事务委员会专题调研小组：《关于武汉市构建城市和谐民族关系调控机制的调研报告》，《民族研究》2001 年第 6 期。

王彩元：《21 世纪初期影响我国社会稳定的因素分析》，《求索》2005 年第 6 期。

王建基：《市场经济背景下的新疆民族社会关系及其调适》，《兰州大学学报》2003 年第 4 期。

徐晓旭：《古希腊人的"民族"概念》，《世界民族》2004 年第 2 期。

潘蛟：《"族群"及其相关概念在西方的流变》，《广西民族学院学报》（哲学社会科学版）2003 年第 5 期。

邸永君：《"民族"一词见于〈南齐书〉》，《民族研究》2004年第3期。

刘绎华：《试论冲突》，《求实》1999年第12期。

刘俊波：《冲突管理理论初探》，《国际论坛》2007年第1期。

马新建：《冲突管理：基本理念与思维方法的研究》，《大连理工大学学报》（社会科学版）2002年第3期。

任剑涛：《从冲突理论视角看和谐社会建构》，《理论参考》2006年第5期。

萨阿德·埃丁·易卜拉欣：《阿拉伯世界中的民族冲突与建国》，漆芜译，《国际社会科学杂志》（中文版）1999年第2期。

丁烈云：《危机管理中的社会秩序恢复与重建》，《华中师范大学学报》（人文社会科学版）2008年第5期。

艾莱提·托洪巴依：《吉尔吉斯斯坦政局发展现状及其对中吉关系的影响》，《新疆社会科学》2012年第2期。

艾莱提·托洪巴依：《吉尔吉斯斯坦奥什骚乱评析》，《新疆社会科学》2011年第2期。

董玉洁：《吉尔吉斯斯坦的奥什之殇》，《世界知识》2010年第13期。

雷琳、罗锡政：《全球化进程中的吉尔吉斯斯坦变局与困境》，《新疆大学学报》（哲学·人文社会科学版）2011年第6期。

焦一强：《当代西方政治发展理论与后苏联国家政治转型实践的悖论透析——以吉尔吉斯斯坦为例》，《新疆社会科学》2011年第5期。

库鲁巴耶夫：《吉尔吉斯斯坦独立20周年回顾与展望》，丁晓星译，《现代国际关系》2011年第8期。

徐海燕：《近20年吉尔吉斯斯坦转型与稳定的悖论》，《新疆师范大学学报》（哲学社会科学版）2011年第3期。

蒙慧、蒋海蛟：《从吉尔吉斯斯坦政变看政府合法性的构建》，《新疆大学学报》（哲学·人文社会科学版）2011年第3期。

宋蕾：《吉尔吉斯斯坦两次革命之共性及其对中国的影响》，《阴山学刊》2011年第2期。

张子特：《吉尔吉斯斯坦事件及其影响》，《国外理论动态》2011年第2期。

孙壮志：《中亚地区安全的热点问题与走势分析》，《新疆师范大学学报》（哲学社会科学版）2011 年第 2 期。

赵华胜：《不干涉内政与建设性介入——吉尔吉斯斯坦动荡后对中国政策的思考》，《新疆师范大学学报》（哲学社会科学版）2011 年第 1 期。

邓浩：《从吉尔吉斯斯坦剧变看中亚地区形势走向》，《新疆师范大学学报》（哲学社会科学版）2011 年第 1 期。

王鸣野：《吉尔吉斯斯坦："中间地带"的困境》，《新疆社会科学》2011 年第 1 期。

中央统战部研究室四处：《吉尔吉斯斯坦因民族问题引发骚乱对我国做好民族工作的启示》，《重庆社会主义学院学报》2010 年第 6 期。

王树亮：《吉尔吉斯斯坦政治稳定的政治文化解读》，《新疆大学学报》（哲学·人文社会科学版）2010 年第 6 期。

丁志刚、董洪乐：《吉尔吉斯斯坦国家政权建设存在的问题——从国家政权建设看吉尔吉斯斯坦政局》，《新疆师范大学学报》（哲学社会科学版）2010 年第 3 期。

潘光：《吉尔吉斯斯坦动荡：俄美欧的作用、对中国的影响》，《新疆师范大学学报》（哲学社会科学版）2010 年第 4 期。

薛福岐：《吉尔吉斯斯坦独立以来的两度政变与政治发展前景》，《新疆师范大学学报》（哲学社会科学版）2010 年第 4 期。

赵伟明：《吉尔吉斯斯坦无色革命的原因与政治前景》，《国际观察》2010 年第 5 期。

赵会荣：《吉尔吉斯斯坦的乱局背后》，《当代世界》2010 年第 8 期。

吴宏伟：《吉尔吉斯斯坦政权更迭的深层次原因及未来政局走向》，《当代世界》2010 年第 5 期。

赵永华：《穷媒体、无序民主与国家动荡——解析吉尔吉斯斯坦政变中的传媒之争》，《新闻与传播研究》2010 年第 4 期。

党生翠：《"颜色革命"中的媒体乱象分析》，《西安交通大学学报》（社会科学版）2010 年第 4 期。

张英姣、孙启军：《"郁金香革命"领导者反被革命之原因》，《人民论坛》2010 年第 17 期。

贾丽红：《吉尔吉斯斯坦对中国的重要性及其当今局势对中国的影响》，《新疆大学学报》（哲学·人文社会科学版）2010 年第 6 期。

吴宏伟：《吉尔吉斯斯坦政局动荡何时了》，《党建》2010年第8期。

石岚、马媛：《中亚国家政局突变对新疆的影响及对策研究》，《决策咨询通讯》2010年第6期。

艾莱提·托洪巴依：《议会选举后的吉尔吉斯斯坦政局前景》，《新疆师范大学学报》（哲学社会科学版）2011年第1期。

四 英文期刊

Anna Simons, "Democratisation and Ethnic Conflict: The Kin Connection," *Nations and Nationalism*, Vol. 3, No. 2, 1997.

David A. Lake, Donald Rothchild, "Containing Fear : The Origins and Management of Ethnic Conflict," *International Security*, Fall 1996.

Fergus Lyon, " Trust, Networks and Norms: the Greation of Social Capital in Agricultural Economies of Ghana," *World Development*, No. 28, 2000.

Jacob Bercovitch, "Third Parties in Conflict Management: The Structure and Conditions of Effective Mediation in International Relations," *International Journal*, Vol. 40, No. 4, 1985.

James D. Fearon, "Ethnic and Cultural Diversity by Country," *Journal of Economic Growth*, Vol. 8, No. 2, 2003.

James D. Fearon, David D. Laitin, "Ethnicity, Insurgency, and Civil War" *The American Political Science Review*, Vol. 97, No. 1, 2003.

Mikael Eriksson, Peter Wallensteen, Margareta Sollenberg, "Armed Conflict: 1989 – 2002," *Journal of Peace Research*, No. 40, 2003.

Posen, B., " The Security Dilemma and Ethnic Conflict," *SURVIVAL*, No. 2, 1993.

Shultz, R. H., "State Disintegration and Ethnic Conflict: A Framework for Analysis," *Annals of the American Academy of Political and Social Science*, Vol. 541, No. 78, 1995.

Stephen M. Saideman, "The Dual Dynamics of Disintegration: Ethnic Politics and Security Dilemmas in Eastern Europe," *Nationalism and Ethnic Politics*, No. 25, Spring 1996.

五　俄文文献

Кыргызстан，Опубликовано заключение Национальной комиссии по расследованию июньских событий.

Ошская инициатива доклад по результатам независимого общественного расследования июньских（2010）событий в Кыргызстане.

Хроника насилия，События июня 2010 г. на юге Кыргызстана（Ошский регион）. Norwegian Helsinki Committee，Правозащитный Центр《Мемориал》，Freedom House. 2012（2）.

Отчет международной независимой комиссии по исследованию событий на юге Кыргызстана в июне 2010 года.

Интервью с бывшем первым вице-мэром города Ош Тимуром Камчыбековым，Ош，13 сентября 2010 г.

Исмаил Исаков,《Ни политической, ни какой другой вины у Временного правительства нет》.

Заявление жителя г. Ош（имя не разглашается）в международные и правозащитные организации，9 августа 2010 г.

Мырзакматов М. Мен издеген чындык. Бишкек，2011，с. 18.

六　网络文献

斯大林：《马克思主义和民族问题》，中文马克思主义文库，http：//marxists. anu. edu. au/chinese/stalin/marxist. org-chinese-stalin-1912. htm。

《江泽民：加强各民族大团结　为建设有中国特色的社会主义携手前进》，甘肃统一战线，http：//zgao. gansudaily. com. cn/system/2011/06/28/012049267. shtml。

马戎：《从文化角度对待中国民族问题》，中国民族宗教网，http：//www. mzb. com. cn/html/Home/report/390034 - 1. htm。

《习近平：扩大新疆少数民族到内地居住规模》，新华网. http：//news. xinhuanet. com/politics/2014 - 05/29/c_ 1110926294. htm。

《在吉尔吉斯斯坦暴力再现夺取了很多生命后，潘基文呼吁冷静》，联合国新闻中心，http：//www. un. org/apps/news/story. asp？NewsID = 34992&

Cr＝（2010年7月27日访问）。

《就吉尔吉斯共和国局势所发表的声明，美国呼吁和平和公共秩序的迅速恢复》，美国国务院，http：//www. americ. gov/st/texttrans-english/2010/June/ 20100614155948SBlebahC7. 630122e－02. html&distid＝ucs。

欧安组织少数民族问题高级专员：《对于常设理事会的早期预警》http：//www. osce. org/documents/hcnm/2010/06/44564_ en. pdf。

《上海合作组织成员国元首理事会第十次会议宣言（全文）》，新华网，http：//news. xinhuanet. com/world/2010－06/11/c_ 12211722_ 2. htm。

《中共中央、国务院印发〈关于加强和改进新形势下民族工作的意见〉》，中华人民共和国中央人民政府网，http：//www. gov. cn/xinwen/2014－12/22/content_ 2795155. htm。

《新疆库车县启动城乡应急联动系统工程》，中国广播网，http：//news. cnr. cn/gnxw/201112/t20111207_ 508893012. shtml。

《江泽民：高度重视民族工作和宗教工作》，中华人民共和国国家民族事务委员会，http：//www. seac. gov. cn/art/2004/6/28/art_ 633_ 6414. html。

《中央民族工作会议在京举行 胡锦涛发表重要讲话》，新华网，http：//news. xinhuanet. com/misc/2005－05/27/content_ 3012553. htm。

附　录

I　吉尔吉斯斯坦南部民族冲突简编

2010年4月7日　　民众示威后，总统巴基耶夫下台，以奥通巴耶娃为首的临时政府上台。

2010年5月13日　　巴基耶夫的支持者占领了巴特肯州、奥什州和贾拉拉巴德州的政府大楼。

2010年5月14日　　临时政府的支持者再次控制贾拉拉巴德州的政府大楼。一群吉尔吉斯族人和乌兹别克族人前往巴基耶夫的家乡提伊特村，巴基耶夫的房屋被烧。

2010年6月10日　　22：00，赌场附近发生冲突，此次冲突导致奥什市各个地区的人们的情绪激化，当局无法控制人群。

关于在宿舍发生了强奸这一毫无根据的谣言以惊人的速度在农村的吉尔吉斯族人群当中传播开来。

2010年6月11日　　2：00，临时政府宣布进入紧急状态并实行宵禁。

4：00，在奥什市中央的伏龙芝市场附近开始出现纵火和抢劫行为。

临时政府代表团抵达奥什市。

纳里曼的乌兹别克族村民在一条主干线上设障，该路线连接着奥什市与机场和比什凯克市。

吉尔吉斯族人开始大规模地从农村向奥什市的西部和东部移动。

中午，在奥什市福尔卡特村，吉尔吉斯族平民和士兵获得武器。乌兹别克族人的路障被毁，随之爆发了大规模的纵火和杀人。

13：30，在装甲车的掩护下，武装分子进入切列穆什基的马哈利亚。很多乌兹别克族人被打死，妇女被强奸，房屋被烧毁。

中午时分，在装甲车的掩护下，一伙吉尔吉斯族人进入货物市场旁边的（阿尔－哈基姆院旁边的）马哈利亚。房屋被烧毁，许多人丧生。

贾拉拉巴德市的紧张局势加剧。乌兹别克族人开始为自己的马哈利亚设防，吉尔吉斯族人聚集在赛马场。

2010 年 6 月 12 日	有人散布谣言，说乌兹别克斯坦的军队将进行干涉。吉尔吉斯族人开始迁离奥什的马哈利亚。

7：00，装甲车突破障碍进入马日利穆塔尔。房屋遭到抢劫和焚烧。

继续在切列穆什基和福尔卡特抢劫和焚烧房屋。暴力事件蔓延到福尔卡特邻近的奥恩－阿德尔。

一伙吉尔吉斯族人袭击了纳沃伊街，发生了大规模的抢劫、杀人和纵火。

装甲车闯入（捷什克－塔什）马哈利亚。继续进攻舍伊特－捷别清真寺旁边的马哈利亚。

贾拉拉巴德市突发暴力事件。乌兹别克族人在苏扎卡设置路障并朝吉尔吉斯族人的汽车开枪。人民友谊大学（巴迪洛夫创立）遭到抢劫、焚烧。 |
| 2010 年 6 月 13 日 | 奥什暴力行为的规模和强度降低，虽然马哈利亚仍在继续受到袭击。劫持人质的行为尤为活跃。

整个上午，几伙吉尔吉斯族人一直在贾拉拉巴德州的警察和军队所在的数个地点抢夺武器和弹药。

乌兹别克族人在萨姆巴十字设置路障。他们焚烧汽车并向吉尔吉斯族人开枪。

13：30，一伙吉尔吉斯族人从赛马场向贾拉拉巴德市移动。（塔什－布拉克）马哈利亚和苏扎卡先后遭到袭击。楼房和房屋被烧毁。 |

	16：00，卡拉－苏区的警察局长及其司机在纳里曼被打死。 下午，临时政府宣布贾拉拉巴德州进入紧急状态并实行宵禁。
2010年6月14日	奥什的局势稳定下来。随后的几天偶然会发生一些暴力案件，包括抢劫、强奸和劫持人质。 在贾拉拉巴德，白天发生冲突，夜间则进行抢劫。第二天清晨，局势得以稳定。

Ⅱ 民族关系评估指标体系调查问卷

一 民族关系评估指标遴选问卷

尊敬的教授：

您好！

我国《少数民族事业"十一五"规划》强调"要建立反映少数民族和民族自治地方经济社会发展状况和民族关系的指标体系"，《少数民族事业"十二五"规划》再次强调"进一步提高对民族关系分析评估、民族地区经济社会发展监测能力"。为了对民族关系进行科学而有效的评估，本课题组初拟了民族关系测量的指标体系，鉴于您对本问题深刻而独到的见解，我们特向您咨询初拟指标体系的科学性和针对性问题，非常感谢您的宝贵意见！

＊＊＊＊大学"民族关系评估"课题组

＊＊年＊＊月

以民族关系评估"民族子系统"为例。以下是我们"民族子系统"初拟的评估指标体系，请您在同意的选项上打"√"，不同意的选项上打"×"，若有新增指标，请您列出。

准则层	指标层	指标单位	数据来源	是否选用	备注
民族子系统	民族通婚率	%	客观数据		
	民族纠纷数	起	客观数据		
	民族团结教育情况	%	问卷调查		
	风俗习惯受尊重程度	%	问卷调查		
	对方民族诚信程度	%	问卷调查		
	民族制度满意度	%	问卷调查		
	民族交往情况	%	问卷调查		
	民族政策满意度	%	问卷调查		
新增指标					

非常感谢您的意见！

二 民族关系主观数据调查问卷

您好!

我们是＊＊＊＊大学"民族关系评估"课题组,正在进行一项关于影响民族关系因素的调研,旨在找出影响民族关系的主要因素,促进不同民族间的团结和谐,现在需要征求您对以下问题的看法。本量表采用匿名回答方式,调查结果仅用于学术研究,请您不要有任何顾虑,量表答案无对错之分,请根据您的实际情况,凭借您的第一感觉,选择最适合您的答案。谢谢您的支持与配合。

＊＊＊＊大学"民族关系评估"课题组

＊＊年＊＊月

以下假定是专家遴选过的一些由"满意度"构成的主观评价体系。请您根据自己的主观感受,在您同意的"非常满意""满意""不一定""不满意""非常不满意"评估栏下面打"√"。

评估指标	非常满意	满意	不一定	不满意	非常不满意
干群关系满意度					
政治参与满意度					
家庭收入满意度					
警民关系满意度					
民族政策满意度					
宗教政策满意度					
历史传承满意度					
生活环境满意度					
民族法规满意度					
人身安全满意度					

非常感谢您的支持!

后 记

本书是在我的博士学位论文的基础上修改完成的，本书的写作过程也是我的学术探索和成长过程，本书的完成和出版是对我博士阶段学术成果的一个总结。博士毕业后，我在兰州大学工作，虽然研究方向有所调整，但我对该问题的思考一直没有停止。

本书能够顺利完成，首先要感谢我的博士生导师杨恕先生，他是国内中亚研究的领军人物，本书的写作从选题到完成无不倾注了杨老师大量的心血。论文开题时，老师腿痛难受，在老师家里，他一字一句地给我讲解；论文修改时，老师在看我的论文时眼睛充血，但他仍坚持逐句修改；论文评审时，老师拄着拐杖为我打听评审消息……杨老师不仅是我的学术导师，还是我的人生导师：做人上，老师教育我要"老老实实做人"；做事上，老师教育我要"踏踏实实做事"；为学上，老师教育我要"严谨求学"；生活上，老师教育我要"勇敢无畏"……杨老师深厚的学术造诣、渊博的专业知识、丰富的实践经验和严谨的治学态度都使我受益匪浅。师恩似海，永生难忘，衷心祝愿杨老师和师母开心快乐、万事如意、福寿安康。

感谢我的硕士研究生导师蒙慧教授。硕士三年，蒙老师将我带入学术的殿堂。博士学习期间，我的自习室与蒙老师的办公室相邻，蒙老师每次经过我的自习室时都要询问我的博士学位论文进度、学习生活状况等。对此，我无不感怀，祝愿蒙老师身体健康、工作顺利、青春永葆、桃李满天下。

感谢张新平教授、刘先春教授、王学俭教授、蔡文成教授、杨宏伟教授、曾向红教授、李捷副教授、朱永彪副教授、杨志超副教授、王彦涛老师、边耀君老师、曹伟老师以及其他各位老师在我的博士学位论文写作过程中所给予的关注，你们高尚的人品都将使我终生难忘。

感谢蒋慕群老师。六年的研究生生活，蒋老师在学习、生活等各个方面都给了我莫大的帮助，蒋老师积极乐观的人生态度和勤勉有序的工作作风必然会激励我在人生的道路上勇敢前行，真心祝愿蒋老师开心幸福、永远年轻。

感谢博士学习期间的同学们，尤其是同门的兄弟姐妹们，在我的博士学位论文写作过程中在生活上和精神上所给予的支持，同门情谊，一生温馨，祝你们身体健康、天天开心。

感谢兰州大学中亚研究所，书中的诸多俄文资料都是由研究所的前辈们翻译和校对的，本书的出版也得到了研究所经费上的大力支持，祝愿兰州大学中亚研究所越办越好。

感谢社会科学文献出版社的谢寿光社长、高明秀编辑、王晓卿编辑、王春梅编辑和其他各位编辑对书稿中资料、文献、病句、错字等的认真核对和勘误，你们一丝不苟的工作作风避免了书中的很多错误，也祝你们工作顺利、万事如意。

感谢我至亲至爱的父母，他们多年来任劳任怨的付出和默默无闻的支持永远都是我奋发向上的精神动力，"言忠信，行笃敬，常怀感恩之心，永不言弃"，父母身体力行的家庭教育时时刻刻都在鞭策和激励着我。焉得谖草，言树之背，养育之恩，无以回报，感谢我伟大的父母，愿父母身体安康、永远年轻。

最后还要感谢我的妻子赵利娟女士，硕士学习期间，我们相识在兰州大学；我在兰州读博三年期间，她到临夏教书，无间寒暑、无怨无悔，在学业上给了我极大的理解和支持，愿我们相濡以沫、相扶相持、幸福一生！

此外，本书在写作过程中还借鉴了相关领域专家与学者的思路和言论，在此一并表示感谢。本书虽已完成，但由于能力所限，在行文与遣词造句等各方面还存在纰漏之处，在此恳请各位专家、教授多多批评指正，本人不胜感激。

追梦的路上，就要风雨兼程，
即使山高路远，即使天寒地冻，
也要不忘初心、继续前行。

蒋海蛟
2017年6月

图书在版编目(CIP)数据

民族冲突及应对研究：以吉尔吉斯斯坦南部民族冲突为例/蒋海蛟著. -- 北京：社会科学文献出版社，2019.7

ISBN 978-7-5201-0794-5

Ⅰ.①民… Ⅱ.①蒋… Ⅲ.①民族问题-研究-吉尔吉斯 Ⅳ.①D736.462

中国版本图书馆 CIP 数据核字（2019）第 135949 号

民族冲突及应对研究
——以吉尔吉斯斯坦南部民族冲突为例

著　　者 / 蒋海蛟

出 版 人 / 谢寿光
责任编辑 / 王晓卿
文稿编辑 / 王春梅

出　　版 / 社会科学文献出版社·当代世界出版分社（010）59367004
　　　　　地址：北京市北三环中路甲29号院华龙大厦　邮编：100029
　　　　　网址：www.ssap.com.cn

发　　行 / 市场营销中心（010）59367081　59367083
印　　装 / 三河市龙林印务有限公司

规　　格 / 开　本：787mm×1092mm　1/16
　　　　　印　张：22.5　字　数：367千字

版　　次 / 2019年7月第1版　2019年7月第1次印刷
书　　号 / ISBN 978-7-5201-0794-5
定　　价 / 128.00元

本书如有印装质量问题，请与读者服务中心（010-59367028）联系

▲ 版权所有 翻印必究